图 1　洞廊村——位于左江支流明江河畔的壮族村落

图 2　环绕村庄的翠竹既是天然屏障，又是村民们重要的生产生活资料

图 3　独木成林的大榕树——村庄的“守护神”

图 4　壮族先民骆越人的文化遗迹——明江东岸的花山崖壁画

图 5　村庄重要的历史文物——水运码头遗址，现已成为村民的运动场

图 6　洞廊谷地是袁隆平超级水稻推广及县农业局优质马铃薯种植示范基地

图 7　立碑寄情——洞廊人深情怀念“壮族骄子”抗日英烈周元将军

图 8　斯人已去，精神犹在——周元将军故居现为爱国主义教育基地

图 9　作为县基层民主示范点，村委会组织村民参加人大代表选举

图 10　天造地设的“大榕树课堂”——村民学习的好地方

图 11　村庄因陋就简建立老年人活动中心

图 12　各类示范户是村民勤劳致富的好榜样

图 13　良好的生产条件使洞廊村成为县无公害农产品基地

图 14　盛夏之际村民忙于抢种高产水稻

图 15　洞廊村的甜玉米种植已初具专业化生产规模

图 16　以成片的芋头种植为代表，村庄土地实现合理利用，多种经营模式初见效益

图 17　“双抢”季节随处可见辛勤劳作的农民

图 18　村民们下地耕田用上了现代交通工具

图 19　传统畜力在村庄农业生产中仍然发挥着重要作用

图 20　通畅的道路和便捷的交通工具使村民出行有了更多选择

图 21　便捷的“三马仔”运营成为村民们增收的新途径

图 22　手扶拖拉机的普遍使用标志着村庄传统农业步入转型期

图 23　现代通信的商业广告与农村建房的现代设备标志着村民生活方式正悄然改变

图 24　村庄里醒目的标语让国家政策法规深入人心

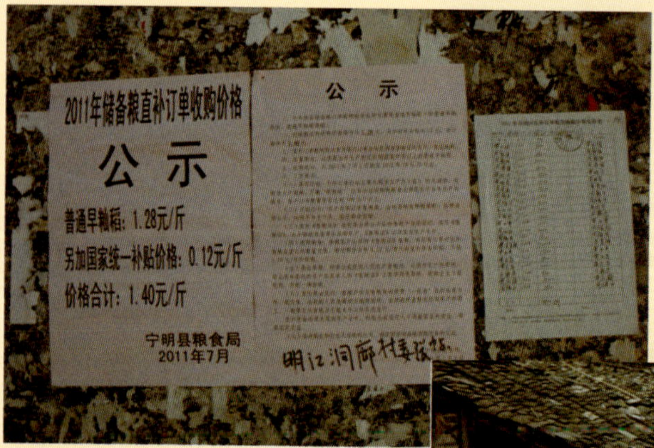

图 25　国家“储备粮直补收购”政策昭示村民

图 26　“收成不错”——村民对夏粮丰收颇感自足

图 27　就地取材——村民正为壮族传统舞蹈“竹竿舞”准备道具

图 28　挑灯夜战是夏收季节村民的“家常便饭”

图 29　蔬菜种植专业户正在分拣香葱

图 30　农产品市场的专业化集中收购已经入村入户

图 31　沼气等清洁能源已进入村民生活，村里生活能源的混合利用较为普遍

图 32　热情好客的村民们为调研组准备了白切鸭、卷筒粉等壮乡风味饮食

图 33　调研组与明江镇部分干部及农民代表座谈

图 34　调研组成员冒雨访谈积极进取的村团支书周利强

图 35　“撰史三翁”对调研组讲述村庄文化和民俗风情

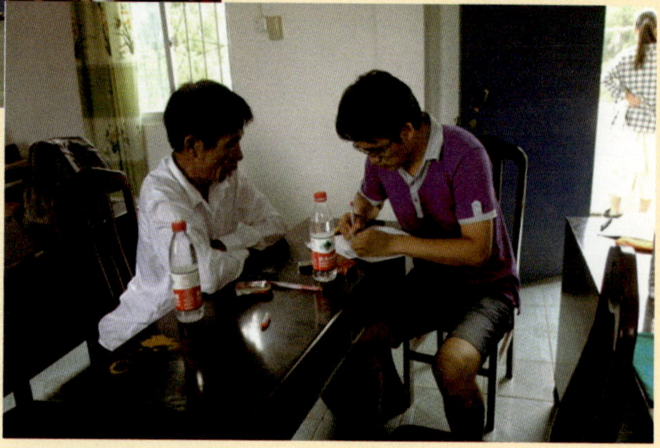

图 36　调研组成员专访洞廊村村委会主任韦敏坚

图 37　调研组成员正在采访抗日英烈周元将军的后人周卫平

图 38　村庄小卖店的商品琳琅满目，店主韦海忠正在畅谈商店经营规划

图 39　身残志坚的周贵深依靠藤蔑加工自食其力

图 40　《洞廊村史略》编写组成员之一黄育章接受调研组专访

图 41　马铃薯种植专业户韦建雄向调研组成员介绍科技种植情况

图 42　调研组成员在小向导的带领下访谈黄明昌

图 43　藏书不少的村庄图书阅览室是村民学习知识和文化交流的好地方

图 44　调研组全体成员与《洞廊村史略》编写组及当地干部合影

中国民族经济村庄调查丛书

洞廊村调查

（壮族）

李　澜　主编

中国经济出版社
CHINA ECONOMIC PUBLISHING HOUSE
北　京

图书在版编目（CIP）数据

洞廊村调查：壮族／李澜主编.
北京：中国经济出版社，2014.9
（中央民族大学“985 工程”中国民族经济村庄调查丛书）
ISBN 978－7－5136－3414－4

Ⅰ.①洞… Ⅱ.①李… Ⅲ.①壮族—乡村—民族
经济—调查报告—宁明县 Ⅳ.①F327.675

中国版本图书馆 CIP 数据核字（2014）第 181356 号

责任编辑 余静宜
责任审读 贺 静
责任印制 马小宾
封面设计 华子设计

出版发行 中国经济出版社
印 刷 者 北京市媛明印刷厂
经 销 者 各地新华书店
开 本 710mm×1000mm 1/16
印 张 22 彩插 1
字 数 330 千字
版 次 2014 年 9 月第 1 版
印 次 2014 年 9 月第 1 次
定 价 56.00 元
广告经营许可证 京西工商广字第 8179 号

中国经济出版社 网址 www.economyph.com 社址 北京市西城区百万庄北街 3 号 邮编 100037
本版图书如存在印装质量问题，请与本社发行中心联系调换（联系电话：010－68330607）

中央民族大学
“211 工程”中国少数民族经济发展研究项目
“985 工程”中国民族地区经济社会发展哲学社会科学创新基地

中国民族经济村庄调查丛书　编委会

本书写作分工

主　编：李　澜
副主编：刘　勇

各部分具体分工：

宋　洋　一；十六（一）、十六（二）、十七（一）、十七（二）、十八（二）、十九（一）、二十（二）、二十（三）、二十（四）、二十（七）

曾　珊　二、三；十（七）、十（八）、十二（三）

南措吉　四；十（一）、十（六）、十二（四）、十三（五）、十三（七）、十四（二）、十八（一）

衣大鹏　五；十七（三）、十七（四）、十七（五）、十七（六）、十九（三）、十九（四）、十九（五）、二十（一）、二十（五）、二十（六）

詹晓菲　六、七；十（三）、十（四）、十（五）、十（九）、十三（六）、十四（三）、十九（二）

杨必增　八；十五（一）、十五（二）、十五（三）

沙炳彤　九；十（二）、十一（一）、十一（二）、十二（一）、十二（二）、十三（一）、十三（二）、十三（三）、十三（四）、十四（一）

总　序

村庄，是农民的聚居地，也是农民生产和生活的社会形式。村庄形成于农业文明时代，在中国最为典型和普遍，迄今依然是中国基本的社会单位。所有中国人，或是生于长于村庄，或是父祖辈来自村庄。村庄是中华民族的根基，是我们走向现代化的立脚点和必须改变其内容和形式的地方。认知中国的现实和历史，一个重要环节，就是了解村庄。

中国的民族经济，包括以下层次：一是以中华民族为主体的经济，二是中华民族五十六个支民族的经济，三是少数民族地区的经济。不论从哪个层次研究，都必须涉及村庄这个基本单位。以往的民族经济研究和行政管理研究，对于村庄的关注，主要是在总体性的统计及对策方面，鲜有对某一村庄的专注的系统调查。这种情况使我们所从事的理论探讨总显得有些飘浮，言不及意，大而不当。反思许久，不能不下决心从小处做起，将村庄调查作为根基，扎实做去。恰“985”项目实施，经费有所保障，故组织本创新基地近百名教师带二百余博士、硕士研究生和高年级本科生，结十五个调查组，计划用六七年的暑、寒假，从五十六个支民族中各选一二典型村庄，深入调查，总百余村，每村一书，为中国民族经济三个层次研究，为政府行政决策，提供基础资料。

百村，不及中国村庄万分之一。我们的村庄调查虽只是抽样性质，但却是探根摸底，力求深入、真实、详细。二〇〇八年夏各组分赴河北、内蒙古、宁夏、云南、广西调查点，历经一月左右，获初步资料。因为首次，困难颇多，思路和方法也要不断调整，秋、冬写作时又各自补充调查。时间虽短，但师生与村官、村民情谊颇深，既为调查提供条件，又为后续补充予以协助。各地党、政机构，对调查全力配合。无此，则调查难以进行。这套丛书，实为共同努力之成果，并赖中国经济出版社黄允成社长、孙岩主任鼎力支持，得以出版。本调查还要持续数年，望读者批评，我们再努力。

刘永佶

二〇〇九年三月十八日

前言

马克思在《资本论》第二版跋中指出，“研究必须充分地占有资料，分析它的各种发展形式，探寻这些形式的内在联系。只有这项工作完成以后，现实的运动才能适当地叙述出来”。中国少数民族村庄调查工作正是基于探索民族经济发展规律的研究需要而展开的，具体体现了科学的理论思维方法对研究实际的正确指导。

广西壮族自治区崇左市宁明县明江镇洞廊村的调研工作，始于2011年8月，至2012年5月结束。整个调研过程分为三个阶段：前期工作，首先确定了由中央民族大学经济学院教师李澜（主持调研组全面工作）、硕士生杨必增、曾珊、南措吉、沙炳彤、宋洋、衣大鹏、詹晓菲等组成的调研组。接着，围绕《中国民族经济村庄调查丛书》的编撰目的、主题、内容，调研组进行了反复论证，按照经济学院的统一部署确定了选点的基本依据：一是在广西壮族自治区左江流域壮族聚居区内选择具有代表性的村落；二是村庄的发展要能体现中华人民共和国成立60余年来民族经济、政治、文化的变迁特点；三是注意村庄的发展要具有特色，能够为总结民族经济发展规律，考察民族经济政策实施情况，规划民族地区经济社会发展提供参考；四是注意结合新时期农村各项建设工作的开展，突出村庄调研分析的现势性。中期工作分四步展开，第一步，与宁明县县委、县政府、县人大主要领导及县里长期从事民族事务管理与民族文化研究的同志直接沟通，交换选点意见。先由地方提出选点方案，进而在选点方案中结合调研工作的选点依据，共同确定明江镇洞廊村为调研点。第二步，室内作业。尽可能多地通过网上查询及相关图书资料收集，先期了解调研点的基本情况，并对拟开展的研究内容进行分工、落实到人。第三步，展开预调查。在全面进行实地调研之前，调研组全体成员与明江镇主要领导进行调研路线勘察，设计具体实施的调研方案。在预调查的工作基础上，由李澜依据经济学院的调研设计，从突出调研区域发展特点出发，一是具有针对性地修订洞廊村调研大纲；二是进一步明确调研重点，并以突出左江流域壮族村民的新变化、乡村的新发展为目标，具体落实访谈农户。第四步，全面展开村庄田野调查工作。工作分两个层次：其一由明江镇政府组织安排与村庄工作相关的情况交流会，从镇政府工作层面了解村庄发展背景，找准调研方向。其二实地考察、入户访谈。后期工作，以中央民族大学经济学院《中国民族经济村庄调查丛书》的撰写要求为指导，对调研材料进行全面汇总、数据分析，分工撰写研究报告。

本调研组的工作点——洞廊村位于左江流域的明江河畔，处于宁明县城西部，距县城约8公里。全村不仅已经实现了村路相通、屯路相接的村庄路网，而且享有过境水陆交通的便利，其中既有贯穿村北的322国道，还有蜿蜒村南的河道。全村辖法那、贯江、落那3个自然屯，每个自然屯又分几个“贯”（壮语，意为聚居点）；村总人口1288人，100%人口为壮族，为单一民族村落；村土地总面积约6000亩，其中耕地面积1880亩（含水田1546亩，坡地334亩），人均耕地1.46亩（人均水田1.20亩，人均坡地0.26亩）。由于村庄位处明江河谷，村里的田垌实际是一片冲积平原，不仅地势平坦，耕作条件良好，而且土壤肥沃，土地利用类型多种多样。加之，地处北回归线以南，境内属亚热带季风气候，全年光照充足，无霜期长，雨量丰沛，农业生产的气候条件得天独厚。

洞廊村经济以农业为主，粮食种植是农业发展的重要支柱，其中以水稻种植为主，其次是玉米、豆类、薯类种植。进入21世纪以来，在宁明县县委、县政府的引导下，洞廊村围绕市场的需求变化，积极推广和种植农作物新品种，不断提高农业科技水平，改变了传统农业产业结构，调整了粮食作物与经济作物的种植比例，在粮食种植方面，积极推广袁隆平超级水稻品种种植，已发展成为重要的超级水稻种植示范村；在农产品多种经营方面，以传统种植经验为基础，充分利用有利的自然条件和现代科技成果，大力发展了增产、增效、高收益的无公害蔬菜生产、优质马铃薯和甜玉米生产，成为县域内具有示范效应的种植基地。伴随着农业发展由传统向现代的转型，洞廊村一方面村庄经济建设不断推进，农村经济实力逐渐增强，农民收入水平逐年增高，特别是近几年发展起来的种植专业户，不仅积极推进了村里生产发展、生活富裕的新农村建设目标的实现，而且还成了村庄里创新传统农业经营方式、增收致富的示范户，引领着更多的农户迈进现代农业发展之路，共同致富、建设家园。另一方面，村庄精神文明建设也取得了显著成效，村里业已形成政治建设、经济建设、文化建设、社会建设“四位一体”的发展格局。往昔的典型传统稻作民族村落在“产业富村、科技兴村、人才强村、生态建村、民主治村”科学发展理念的推动下，正向现代化的壮乡新村演变。

作为位处我国南部“老、少、边、山、穷”地区的典型壮族村落，洞廊村自中华人民共和国成立以来，特别是改革开放以来的发展变化是翻天覆地的。与2007年7月中央民族大学“985工程”社会主义新农村建设基地的研究点——位处广西右江河谷的壮族村庄中平村①相比，洞廊村在化解“三农”问题方面所取得的发展成就既有明显的共性，也有其突出的特性。从民族经济学研究视角考察，其由传统向现代的转型具有重要的现实意义和理论研究价值，具体而言，主要启发与思考集中于如下方面：

其一，洞廊村的发展历程深刻诠释，积极推动由传统向现代转型，是以传统种植业为主的民族地区农村摆脱长期滞后状况的根本出路。

洞廊村与广西许多分布于山地丘陵河谷地带的壮族村落相似，受自然地理环境影响，全村绝大部分耕地为水田（占耕地总面积的82.23%），传统农业生产以水稻种植为主。尽管在长期的生产实践中，祖祖辈辈积累了丰富的农耕经验，与周边地区相比，农业土地开发利用程度水平较高，极大地保证了村民的温饱需要。特别是20世纪50年代成立农业合作社以来，洞廊村的水田种植总是以连年稳产增产在当地享有盛誉，是县里粮食生产的重点示范村。但是，农村社会经济发展水平在较长时间里提高并不快，譬如，生产上机械及半机械化设备在20世纪80年代才开始广为应用；村庄卫生、交通、通信等基础设施建设以及简陋的传统干栏式民居建筑也是20世纪80年代以后，特别是进入21世纪才有了较大改观；农民生产受制于耕地的有限性增产有限，农产品商品率并不高，且来自水稻种植之外的收入途径很少，以至于农民人均收入在21世纪之前也就寥寥数百元。归结起来看，单一的传统种植业虽使得远离都市繁华的少数民族山乡能够实现自给自足的“桃源生活”，可毕竟是低水平的“自足”，距离全社会共同富裕的小康目标还是很远的。而且，随着工业化、城镇化进程的加快，如果不能取得突破性发展，这样的发展差距只会越来越大。

然而，令世人为之振奋的是，进入21世纪以来，现代农业科学技术的普遍推广与应用直接拉动了洞廊村传统农业的跨越式发展，一是打破常规水稻

① 中平村调查（壮族）[M]．北京：中国经济出版社，2010（3）．

品种种植的传统生产习惯，在我国著名的杂交水稻工程技术专家袁隆平院士的指导下开展了早稻超级稻超高产攻关示范片工程建设，通过水稻新品种的规模化推广，实现了水稻生产的专业化，彻底改变了传统粮食生产分散经营、规模效益不高的被动局面。二是在推广新品种的同时，新的耕作技术及田间管理技术也得到了很好的推广，农民在新的实践中不仅提高了传统生产水平，而且在掌握新技术的同时较大程度地提高了自身的素质技能。三是新品种、新技术的推广与普及推动了特色农业产业开发，突破了传统农业产业结构的局限，形成了以甜玉米种植、高品质马铃薯种植为特色的种植基地，农业土地利用效益得到了极大的提高。毫无疑问，洞廊村进入21世纪以来农业现代化水平的快速提高，既提高了农民源自农业生产发展的收入水平（2010年有的种植专业户收入近10万元），为改变农民的传统生活方式奠定了基础，又促进了农村经济的增长，为进一步改善农村的生产条件和生活环境创造了条件。也正是通过农业由传统向现代的转型，才使得传统的农村发展拥有了新前景，才使得长期依靠传统种植业发展的壮族山乡得以走向富足之路。

其二，作为“老、少、边、山、穷”地区现代农业发展的示范村，洞廊村现代农业科学技术的普及与推广成就显示出政府支持力与市场引导力的整合效应。

纵观人类农业生产的发展历程，由传统农业向现代农业的递进与演化，是人类在农业生产和经营中大规模应用现代科学技术和农业机械的结果，其突破性在于彻底改变了传统农业技术停滞、劳动生产率低下、自给自足、封闭性自我发展的被动状态；其演进条件在于一是要具备农业现代化的物质技术基础；二是要具备农业自我发展的条件和能力；三是要具备农产品市场发展条件。以此为据，客观而言，洞廊村依托于自然条件发展起来的自然农业由传统向现代转型的条件并不充分。

洞廊村农业发展的限制性主要在于，长期形成的自给自足的自然经济使之农业的自我发展能力较弱，整体发展条件亦较差；而且由于农产品商品率较低，商品农业发展基础较差，农民市场意识亦较为薄弱，农业发展的自闭性较强。改革开放后，尤其是进入21世纪以来，在国家民族政策和农村政策的扶持下，由各级政府积极推动的新农村建设工程的战略实施以及现代农业科学技术的推广，从根本上破解了自然农业发展的制约性，启动了洞廊村现代农业的发展步伐。在县委、县政府的统一部署，各级农业部门、农业研究机构、农业专家的具体指导下，洞廊村立足本地的农业资源优势，通过引进现代农业科技进步成果，实现了由传统单一的水稻种植向多元化种植方式的农业产业结构转变。村里先后实施了“丰收计划”、“跨越计划”、“生态家园富民计划”等重大科技项目，推动了种子优化工程、技术更新工程、农业设施工程、创新品牌工程等建设，以超级水稻种植、甜玉米种植、高产马铃薯种植为代表，农业机械化、良种化、专业化首先得以实现，为推进村庄农业现代化奠定了基础。同时，随着传统种植方式的转变，农业产出水平的提高，在农产品市场的引导下，特色种植业与商品经济发展在洞廊村得以联系起来。既有的自闭性生产逐渐向市场开放，自给自足农业开始向商品农业转变，村里的“订单农业”逐步发展成型，“公司＋基地＋农户”的农业产业化经营模式已成雏形，农业生产由自然、分散的小农生产向市场化、规模化生产转型，特色农业商品经济的发展促使洞廊村迈上了具有左江流域壮乡特色的现代农业产业化之路。由此可见，正是政府对于洞廊村传统农业转型的支持才使之具备了自我发展能力和发展条件，而且，也正是市场的引导作用才使之具备商品农业大发展的有利条件。

其三，作为左江流域一个有着近千年历史的壮族村落，壮、汉民族自然融合所形成的文化进步力始终是推动村庄社会经济发展的重要力量。

洞廊村所处的左江流域是壮族文化的发源地之一，左江支流明江河畔的壮族文化杰作——“花山岩画”① 为世人展示了壮族先人古骆越民族历史的恢宏画卷，这里是天下骆越后裔的朝觐圣地。据《洞廊村史略》记载，洞廊村的历史要追溯到宋代，距今已有950多年历史，其先人乃宋仁宗皇帝遣狄青率部南下广西平乱时留下的军士。全村现主要有周、韦、黄、王、陆、凌、闭七个姓氏，各姓氏均有家谱，以洞廊村尊立将军庙纪念的村庄先祖陆佑将军的族人记载为证，陆氏为山东省青州府临淄县人，约在公元1052—1057年间随狄青南征至此，战事平息后率兵士们拓荒造田驻留于此。其后，在长期的壮、汉民族共同相处的过程中，通过经济交流、人际往来、相互通婚等方式，民族间隔阂日趋衰微，相互的融通、包容、涵化日渐明显，民族文化自然融合促使民族同化，既存在汉族与原著民族壮族交往的“壮化”，即迁入的

① 花山岩画是左江流域岩画中的代表，也是世界同类岩画中单位面积最大、画面最集中、内容最丰富、保存最完好的一处岩画，被誉为中国稻作文化的最大标志、壮族文化的瑰宝和世界岩画的极品。据专家考证，花山岩画创作始于春秋时期，延至后汉，距今已有2500多年的历史。

汉族后人接受了壮族的生产生活习惯，逐渐演变为壮族的一部分；也存在壮族与汉族长期交往受之影响的“汉化”，主要在服饰和习俗方面表现较为明显，语言上则以壮汉相通的官话、粤语为特征。

洞廊村民族同化的过程，首先体现为不同民族在自然交往中的文化融合，以村里的民间艺术来看，其得意之作是壮腔南调的粤剧；以村里的民俗节庆来看，壮族、汉族的主要节日基本齐全，“几乎每个月都有节日”[①]，像正月初一祭祖祈安康，三月三“拜扫”、“围龙”，七月十四“祭鬼”、“放灯”[②]，八月十五团圆盼平安……。再则体现为对不同文化先进性的继承与发扬，例如，受自然地理环境的影响，聚居于河谷地带的壮族习惯于稻作生产，并积累了丰富的经验；而历史上汉族征战于此则入乡随俗，亦学习水田耕作，同时还将兴修水利的技术、田间管理的技术引入当地，由此形成了洞廊人精于农田耕作和善于土地利用的优势。又如，尽管洞廊村群山环绕，但历史上村庄从未与外界相隔绝，利用明江河绕村而过的地缘优势，兴建商业码头，使人、财、物都能通过水路与外界沟通、交流，因而洞廊人也就得以历练其开放、宽容的性情，易于接受外来文化的积极影响。同时，洞廊村能够英才辈出，既有抗日战争时期的壮族骄子——周元将军，还有踊跃参加对越自卫还击战的英勇战士，这都与优秀的传统文化精神能够在洞廊人中继承与发扬密不可分。

近千年的村庄发展史显示，壮、汉民族历史上自然交往所形成的民族文化融合实为一种内在的进步力，它对外界的开放性、对新事物的包容性及其自身发展的适应性和创新性，不仅在过去的岁月里促进着民族的和谐共处、村庄的形成发展，而且在现代化的今天，在推动偏远乡村的文明建设、传统农业的现代转型中更是发挥着积极的作用，村里“大榕树课堂”的创立就颇具表现力。“大榕树”是洞廊村村口一棵“独木成林”的古榕树，1700多年的生长已是枝繁叶茂，遮天蔽日，占地二十余亩，置身于内如同沉入一片绿海。从传统文化意义而言，这是壮族的图腾象征，护佑着村庄的繁衍生息。村民们劳作之余歇息树下，欢歌笑语乐不思归，就连耕牛也闲而忘返，村里的学童更是把这当成了自然天成的乐园。如今，古榕树下依然还有村民们向自然祈福的印记，年节盛会时也还会飘荡充满真情爱意的壮族山歌。而与时

① 当地村民的说法。

② “拜扫”、“围龙”、“祭鬼”、“放灯”均为壮族的节日习俗。

俱进的是，民族传统文化之中创新性地融入了现代文化的丰富内涵。在镇党委的指导和组织下，村里充分利用村民们喜欢在古榕树下消闲、纳凉、聚会、议事的传统习惯，将“大榕树”打造成了传播党的新政策、新理论，传播科学知识的平台和载体，设立为直接面对广大农村干部群众的，集理论宣讲、科技服务、群众建言献策于一体的农民课堂——“大榕树课堂”，除了市委、县委领导和党校教授在此做过党的理论宣讲外，“世界杂交水稻之父”、中科院院士袁隆平也在此为村民们做过超级水稻种植现场培训。

其四，在经济现代化的推进下，民族间的经济交流、文化交往更为广泛、深入，社会经济发展方式以及人的生活方式的相似性会越来越强，而差异性则会减弱，民族传统文化的继承和发扬面临严峻挑战和压力。

众所周知，经济现代化是人类历史发展的必然趋势，在这一历史进程中，现代发展理念、发展模式的广为认同以及现代科技的广为传播与运用，是现代发展的明显标志和重要驱动力。不论是世界上先进程度迥异的发达国家和新兴的发展中国家，还是中国现代化起步不一的东部沿海地区和西部民族地区，甚至就是像洞廊村这样远在国家的南部边陲、群山环抱之中的壮族小村庄，都同样印证了这一普遍规律。而且，作为发展者、进步者的现代之变毋庸置疑地说明，大则一个国家、一个地区，小则一个城市、一个乡村，顺应历史之变则能获得发展，否则，不是停滞不前就是被历史发展的洪流所淹没。然而，也正是这具有同一性发展特点的现代化，使得产生于不同地域、具有不同文化特质的民族传统文化在现代文化交流与碰撞之下受到了严峻的挑战，人们的认识观、价值观随之悄然而变……

在生活上，以民居建筑为例，洞廊村20世纪80年代随着生活水平的提高，有条件的村民接受了现代卫生理念的影响，改建了传统人畜共居的老宅，实现了人有屋、牛有栏、猪有圈、鸡鸭有棚的人畜分居，农村卫生环境得到极大改善；进入21世纪以来，现代农业的发展以及农民转移就业机会的增多，农民的生活日益富足起来，村民们再次进入兴建家宅的热潮，新建楼房以“洋”为标准，不仅室内格局功能明确，客厅、卧室、厨房、卫生间一应俱全；而且室外装饰装修现代时尚，光鲜艳丽的瓷砖取代了质朴传统的青砖红瓦，坚实冷硬的水泥廊柱取代了自然清凉的竹木构架；同时，在“洋”风的吹袭之下，家中的院落大都铺上了厚厚的水泥，村庄周遭“翠竹千竿迎日出，红棉万朵印蓝天”的自然美景则正因疏于珍惜而日添遗憾。客观而言，这一切变化无疑蕴含着进步，反映着现代生活理念的深入人心。但是，其在对传统生活方式中落后理念否定的同时，也忽略了传统理念中的优秀成分，例如传统建筑中节约空间、就地取材、因地制宜的科学性，人居环境建设对自然条件的巧借善用、和谐共处的先进性，等等，这都不应简单地“洋”而代之的。在生产上，随着农业由传统向现代的转型，现代农业改变了传统农业分散经营方式，使自然农业转变为商品农业，洞廊村农民对致富的追求与其说是对土地的期望值越来越高，莫不如说是对市场的期望值越来越高；而市场的逐利性及其价值标准又进一步影响着农民的人生价值观。

尽管洞廊村对面的河流仍然日夜流淌，河畔先祖的岩画依旧高悬于峭壁之上，但今日的农民已非昔比，也许他们会更富有，也许会更“洋”，唯传统之民族风气难续。所幸同样有感于此，洞廊村的有识之士在“丁财两旺，百姓安居乐业”[①] 之际，出于“弘扬吾村之光荣传统，唤起村人锐意进取之志向，以建美好家园”[②] 的质朴思想，倾情倾力编撰了《洞廊村史略》以载记村庄之地杰人灵、历史沧桑。也许村史之简与洋洋数百万字的巨著无法比拟，也许洞廊村之小、之偏很难得到世人的广泛关注，但村史所录的洞廊村千年变迁至少能作为一个小小的缩影，使我们能够通过其对民族经济发展的历史过程窥视一斑；而村志所载之史实、传说、民俗等则使我们能够更深刻地领悟民族传统文化之精髓。纵观中华民族上下五千年的文明发展历程，正是凭依着国家有史，地方有志，家族有谱，民族之脉得以延绵不断。愿有千年村史之志的洞廊村，在现代化的历史进程中，能够兼受传统文化与现代文化之长，将优秀的民族传统文化继承发扬下去！

《荀子·儒效》中曰，“不闻不若闻之，闻之不若见之，见之不若知之，知之不若行之，学至于行之而止矣”。民族经济研究在其成为独立学科30年后正处于不断完善、进而创新的重要时期，对民族经济发展实践的深入调研将有助于我们构建正确的理论思想。我们在调研中思考，在探索中创新……

李　澜

2010年5月10日

---

①② 《洞廊村史略》编著者语。

目　录

第一部分　村庄

一、村庄概况与历史变迁

洞廊村，地理中心坐标为东经 107°08′1″，北纬 22°05′58″，隶属广西壮族自治区崇左市宁明县[①]明江镇，位于县城西部，距离县城约 8 公里，距镇政府 3 公里。北与思明村南街为邻，东连双龙村，南接安马村，西靠思明村亭疗屯，村域约有 4 平方公里。国道 322 线贯穿洞廊村北，明江河贯穿村南，水陆、交通便利。全村现辖法那、贯江、落那 3 个村落，总人口 1288 人，现有 331 户，共设 8 个村民小组，1 个经联社。

（一）自然状况

洞廊村地处宁明县境内的重要河流——明江河岸边，属明江河谷平原地貌，全村田垌是一片冲积的小平原，土壤肥沃，一年可种双季稻，收完晚稻还可种瓜菜，所谓“四季无闲田”。地层构造主要属第四系，分布于明江河两岸，按阶地级别可分为更新统和全新统，阶地类型多为基座阶地，少数为堆积阶地，阶地平坦，略受侵蚀，一般高出当地河水面 10 ~ 30 米，下部为砂砾层、砂土层，上部为亚黏土层和沙质壤土层。地质构造为宁明—上思构造盆地，呈东西向展布，由于盆地北缘近东西向断裂的长期活动，造成沉积中心北移；南北两翼不对称，南翼宽阔，北翼狭窄。

---

① 宁明县地处中越边境，背靠南宁、崇左两大中心城市，与越南的谅山、广宁省接壤，边境线长 212 公里，是广西边境线最长的县。全县总人口 42.55 万人，总面积 3698 平方公里。

1. **土壤及水文条件**

洞廊村土壤类型主要以水田、坡地为主。其中，水田以潴育型和淹育型土壤为主，潴育型土壤属平垌田，土质有沙壤土，也有黏沙土，耕作层较深，有机质比淹育型多，通透性较好，保水保肥力较高，宜种双季稻；淹育型土壤多属岭排田，土质有沙壤土、黏土、重黏土，土层较浅，有机质少，保水保肥力差，易旱。坡地以赤红壤土和河流冲积土为主，赤红壤土土质为赤红土、赤沙土等，富含铁和铝等元素；河流冲积土土质为沙质壤土，有机质少，疏松易耕。洞廊村土地资源类型多样，全村耕地面积1880亩，其中水田1546亩，坡地334亩，主要种植作物为蔬菜、水稻、甜玉米等。另外还有竹林450亩，鱼塘60亩。从洞廊村的地貌、土壤类型及土地资源结构来看，平坦的地势，肥沃的土质，以及多种类型的土地利用，为孕育丰富的农、林等自然资源创造了必要的条件。

洞廊村境内河流为明江河，是左江的主要支流，发源于上思县，从那堪汇入宁明地域，流经海渊、北江、东安、明江、宁明、驮龙、龙州等地，最终汇入左江。明江河全长315公里，流域面积6441平方公里，每年汇入左江总水量约40亿立方米，占左江来水量的四分之一左右。其中流经宁明县142公里，河宽150~250米，河道迂回曲折，天然落差20米。以前在洞廊村有一段落差较大的河滩，位于洞廊屯南面，水流湍急，称为洞廊滩。明江曾是宁明县水路交通要道，上通海渊、那堪、上思县，下达上金、崇左和南宁。1965年以后，由于海丘、鸠鸪、本县辉村和龙州县上金等处相继建设水电站或水轮泵站水坝，中断了长途水运交通。

洞廊村内有三十六口池塘，其布局别具匠心，很有特色。其中，有三分之二的池塘挖在大村屯和大村屯相接的地方，目的是防火。由于前人住的大多数是草房，很容易发生火灾，池塘分布在村屯房子附近，万一发生火灾，人们可以就近提水救火，减少火灾造成的损失。另外三分之一的池塘，则挖在村周围，目的是用来防盗。当有盗贼来的时候，他们很难跋涉而过。另外，池塘走向也符合一定的科学原理。经过先人多年的观察，发现常年进村的洪水流向都是从东向西，所以村内的池塘也是从东向西，一口连着一口，一字排开，与洪水流向一致，每当洪水来袭，洪峰就随着池塘走向流到村外，降低了洪波对住房的冲击，或多或少能减少住房的坍塌。

2. **气候条件**

洞廊村地处北回归线以南，纬度较低，距离北部湾较近，受海洋季风的影响，形成了终年温度较高，雨量较多，夏半年多雨，冬半年少雨，雨季、旱季分明的亚热带季风气候。每年四五月份开始受夏季风影响，多吹偏南风，升温迅速，雨季随之而来；6 月至 8 月，夏季风极盛，常受台风影响，多大雨、暴雨天气，是全年雨量最集中的时期；9 月起，夏季风渐趋减弱，逐渐退出，雨季告终；11 月至次年 3 月，受冬季风影响，常吹偏北风，温度偏低，干燥少雨。

受亚热带季风气候的影响，洞廊村年平均气温为 21.9℃，4 月至 10 月，月平均气温在 23℃至 28℃之间；11 月至次年 3 月，月平均气温在 13℃至 19℃之间。月平均气温的变化特点是：1 月最低，2 月起逐月升高，至 7 月达到最高峰，8 月起逐月降低，至次年 1 月降至最低。从冷到热和从热到冷，月平均温度上升和下降的幅度及速度近于相等。雨量分配随季节有所变化，一般把 4 月至 9 月称作雨季，占全年雨量的 82%；10 月至次年 3 月称为旱季，占全年雨量的 18%。每年 7 月至 9 月多出现大雨、暴雨等强对流天气，多为台风等热带天气系统所引起，降水强度大，范围广泛，往往造成较大水灾。

总的来看，尽管历史上洞廊村偶受水灾、旱灾影响，但雨热丰沛的气候条件还是为其农业发展提供了得天独厚的条件。得益于此，作为宁明县远近闻名的无公害蔬菜种植基地和超级水稻种植基地，洞廊村农业产业形成了一体式种植模式，对农田实现全年充分利用：初春在全村全面铺开甜玉米种植，夏秋两季种植超级稻及再生稻，冬季以种植马铃薯为主。

3. **主要自然灾害**

据《宁明县志》记载，本县常见的自然灾害是水灾、旱灾、病虫害、低温阴雨、寒露风等，风、霜、雹、冰、地震等灾害也时有出现。尽管中华人民共和国成立后，宁明县人民花了大量的人力、物力、财力同水旱灾害做斗争，但是，这些自然灾害仍然是影响农业发展的重要因素。

（1）水灾：明江流域的水灾，80% 是由台风带来的暴雨形成的，经过多年观察，流域内大部分地区连续降雨量在 50～100 毫米，可引发中等洪水；100～150 毫米可引发大洪水；150 毫米以上，则引发特大洪水。明江河下游，河道迂回狭窄，泄洪欠佳，水灾特别严重。明江河岸边的洞廊村处于明江河谷平原地带，地势较低，所以极易发生水灾[①]。据洞廊村村委会提供的资料记载：（2008年9月24日至29日，第14号强台风"黑格比"正面袭击明江镇，明江河水暴涨，洞廊村等几个沿河的村庄受灾极为严重。据统计，洞廊村全村331户，1288人，农作物全部受淹绝收，其中甘蔗受淹342亩，水稻受淹975亩，西瓜受淹133亩，甜玉米受淹274亩，葱花、冬瓜等蔬菜受淹136亩，全村农作物经济损失达250多万元。全村全倒民房2户6间，危房10户30间。受持续强降雨的影响，10月31日再次遭受水灾，全村农作物再一次受淹绝收，特别是14号台风之后恢复生产种植的马铃薯530亩，甜玉米、葱花各150亩，其他蔬菜350亩遭受灭顶之灾全部绝收。）洞廊村2008年之前盖的住房，外墙壁以及屋内墙壁现在都能看到明显的水痕，可以估算当时的水位大致有两米左右。2011年9月29日晚，明江镇再次遭受台风袭击。受17号台风"纳沙"影响，2011年9月29日晚至9月30日下午，全镇暴风雨持续不断，几乎所有村庄都受到不同程度的影响。截至10月8日上午，洞廊村共有680亩农作物受灾，其中：受淹水稻100亩；甘蔗倒伏334亩，215亩重度倒伏；蔬菜31亩，花生15亩，其他作物200亩，均呈现不同程度的受淹状况。洞廊村村民在村委会的组织下，积极抢救受灾作物，尽量减少经济损失。由于此次台风持续时间较短，因此对洞廊村的生产生活没有造成较大影响。

（2）旱灾：旱灾仅次于水灾，多出现于春秋两季，南部山区旱情较轻，北部岩溶地区较重。旱灾的成因主要是因为十万大山山脉耸立于上思县的东南部，防城县的西北部。当北部湾的暖气流北上时，在大山南侧迎风面上，暖气流沿山坡上升，温度下降，水汽凝结，大部分水汽在山前成云致雨，而后在防城和越南境内降下。当气流越过大山进入宁明县境内时，则沿山坡下沉，温度升高，湿度降低，雨量锐减。因此，本县雨量同山南的防城县相比，大为减少，雨季来得迟。这往往是造成干旱特别是春旱的原因之一。新中国成立后，先后兴修了许多水利设施，大大提高了抗旱能力，但旱情仍有出现。以2009年为例，8月、9月明江镇出现持续高温、久旱少雨天气。受此影响，包括洞廊村在内的整个明江镇农业生产遭受严重损失。据统计，水稻受旱7650亩，甘蔗25550亩，花生、玉米、红薯等620亩，蔬菜受旱面积1230

---

① 宁明县志编纂委员会编．宁明县志［M］．北京：中央民族学院出版社，1988（1）．

亩。受旱人口 23363 人，其中利江、百泉、洞廊等村旱情较重。基础设施方面，三大水库保持流水位，多用小抽水机抗旱，大型抽水机设施缺乏，此次旱灾造成经济损失 223 万元。

（3）寒冻害：寒冻害包括低温阴雨和寒露风天气。两种天气都会对农作物的种植造成影响。低温阴雨灾害性天气，是指每年 2、3 月份，日平均气温降至 12℃以下，细雨绵绵，天气阴冷，维持时间在 3 天以上的天气。这种天气主要是影响早稻的种植。寒露风天气是指寒露节气前后，由于北方冷空气南下影响，造成日平均气温低于 21℃，或最低气温降到 16℃以下，维持 3 天以上的低温天气。在宁明县县城一带，寒露风多出现于 10 月中旬，这种天气主要影响晚稻的种植。据宁明气象站记载，1959 年至 1985 年的 27 年中，有 24 年出现低温阴雨天气，有 8 年寒露风出现在 10 月中旬。最为严重的一次倒春寒发生在 1985 年，整个 1 月至 2 月几乎全是阴雨天，3 月 9 日再次受冷空气影响，出现倒春寒，一直持续到 3 月 22 日，导致全县烂秧严重。2008 年 1 月底，宁明县再次受到寒冻害的影响，此次寒冻害特点是持续时间长，平均气温低，平均气温连续 17 天低于 8℃，是 1985 年以来持续时间最长的寒冷阴雨天气过程，给全县农业生产造成巨大损失。

（4）病虫害：洞廊村地处亚热带，气温高，病虫害容易发生，而且发生早，蔓延快，对水稻和蔬菜等作物的危害特别严重。1958 年的晚稻，黏虫（俗称行军虫）在明江等沿河一带稻田爆发危害，满田谷落，损失惨重；1962 年，晚稻再次遭受黏虫危害；1963 年，明江公社飞蝗成灾，县委发动机关干部职工、学校师生捕捉蝗虫；1975 年，稻椿象危害严重，中晚稻均受到影响，村委会组织村民参加捕捉；2011 年 6 月，洞廊村再次遭受病虫害，主要是卷叶虫、叶瘟、稻飞虱、稻纹枯病等。

（二）独特的村庄人文资源

洞廊村村民素以村庄“有文化、有景色、有名人”而自豪，发展村庄旅游已是村民们很热衷策划的大事。在当地，洞廊村对外界最具有开发吸引力的旅游资源就是“独木成林”的奇观，抗日英雄周元将军的英勇事迹以及老码头的奇闻逸事也是其独特的村庄人文资源。

1.“独木成林”景观

“独木成林”景观位于洞廊村北村口，由一棵距今已有1700多年历史的榕树生成，占地面积20多亩，树枝横扫长岭，有80多条须根落地生长，大小不等，各展风采。天长日久，老榕树扩展成六个榕树群，独成一林，十分壮观。

榕树是当地壮族的原始图腾，是“龙”的象征，是壮族村落的保护神，所以当地壮族群众对榕树十分敬畏，对村落中的榕树加以保护，任由榕树生长，榕树通过气根繁殖，不断扩张榕树，久而久之就形成一树成林的自然奇观。洞廊村是明江河畔典型的壮族村落，已有900多年历史。由于每年明江洪水使地处低洼的洞廊村备受洪水侵害，几百年来，当地群众在洞廊溪沿线种植榕树、竹子，并加以保护，禁止乱砍滥伐，形成如今“独木成林”、竹村防洪林，这对明江洪水起到阻滞、保护村庄的作用。

另外，洞廊村村民朴素的生态文明观念，造就了“独木成林”景区的完好无损，使备受人们关注的珍稀物种“偏颅蝙蝠”在此安然生存，谱写了人与自然的和谐。20世纪80年代初，广西电视台来到这里拍摄电视剧《林莽寻踪》，从此，千年古榕树引起了人们的注意，中央科技频道也专程到此拍摄科技专题片。此外，这里独特的壮族民居、壮族服饰、壮族山歌风情亦时常引起游客的驻足。1989年2月28日，广西国际民歌节在古榕树下设立分会场；1994年春天，毛泽东的后裔毛新宇和其母亲一起前来参观了“独木成林”景观。景区“独木成林”从1996年开始规划建设，现已建成山歌比赛舞台、竹林烧烤场和生态农业观光园，是集旅游观光、休闲娱乐和歌圩比赛于一体的旅游胜地。据悉，从2012年起，明江镇列入全县四个重点建设乡镇之一，洞廊村作为重中之重，更要全力建设。以“独木成林”为依托的“大榕树课堂”深受广大群众的欢迎，赢得上级有关部门的重视和肯定。2011年，“大榕树课堂”被中央媒体宣传报道，列入中宣部典型案例，崇左市委宣传部划拨20万元，建设独木成林公园，规划图已经制成，并已动工建设。这些措施的实施进一步丰富了洞廊村的人文景观内涵，为提升村庄旅游资源质量创造了条件。

2. 周元将军纪念碑与将军故居

周元将军纪念碑位于洞廊村村北口，与“独木成林”景观仅有一路之隔，于2005年9月8日落成。纪念碑正面朝东，北面碑体题有“壮族骄子，浩气长存”八个大字，南面碑体题有“抗日英烈，名垂青史”八个大字，庄严肃穆。纪念碑是宁明县人民政府为了纪念壮族英雄周元将军，弘扬周元将军忠贞报国精神并激励后人，在纪念抗日战争胜利60周年之际，于周元将军故里——洞廊村建立了周元将军抗日殉国纪念碑。纪念碑的建立与周元将军的故居一起成了崇左市的爱国主义教育基地。

据碑志记载：周元，字凯之，壮族，1894年12月出生于广西宁明县（时明江县）明江镇洞廊村。周元出身贫寒，敏而好学，少存报国之志。1909年考入广西龙州学兵堂，投笔从戎，为南方国民革命军，参加北伐战争，屡立战功，晋升团长。1934年入中央军校第六分校高级班学习，1936年秋毕业后出任第二十一集团军第四十八军一七一将副师长兼五一七旅旅长，驻防荔浦。1937年，“七七事变”爆发后随第五战区司令长官李宗仁部经广州北上，集结徐州，同年10月参加淞沪会战时中弹负伤，仍指挥战斗，忠勇异常，擢升陆军中将，淞沪失守后，率部转战华东，屡建战功。

1938年4月蒙城之战中，周元率官兵奋勇抗击，与敌作殊死搏斗。周元将军在激战中身中数弹，壮烈殉职，终年44岁。此次战役激战三昼夜，毙伤日寇千余人，沉重打击了日寇嚣张气焰，极大鼓舞了抗战军民的士气。周元将军以四十四之英年殉国，更为国人敬仰。

为表达对这位抗日名将的敬仰之情，中国共产党曾在《新华日报》发表《悼周元副师长》文章，称“痛惜国家失去了良将”。日军撤走后，蒙城人民将周将军及其部属遗骸收集合墓而葬于周庄祠东侧，并铭“周副师长殉难记”碑立墓前，改蒙城城关镇为周元镇。周将军战斗过的桂林，当地军民建立“陆军中将一七三师副师长抗日阵亡纪念塔”，李宗仁、白崇禧分别书题“成仁取义”、“痛失干城”以示纪念。而周将军故乡明江县（今属宁明县）明江镇乡亲曾建忠烈祠以安放周将军灵位，祠前立青石巨碑，以昭彰烈士英灵，可惜祠碑皆毁于“文革”时期。1985年，国家民政部追认周元将军为革命烈士。周将军殉国五十周年之际，蒙城县重建“周元将军暨守蒙将士抗日殉国纪念碑”。

沿着纪念碑旁的主路向南大约200米，路的东面就是周元将军的故居，是一幢二层砖瓦结构的楼房。当年，这里是洞廊村最气派、最高大的建筑，现在由于年久失修，显得有些破落。故居是用青砖砌成，古香古色。现在已无人居住，只有几间屋里堆放着杂物。木质楼梯和楼板已经有些腐朽。

内室二楼正堂设有周元将军灵位，两旁挂着周元将军的戎装遗照。本来灵位上方还悬挂一巨幅牌匾，上面有李宗仁亲笔题词“攸跻攸宁”，2008 年因遭受特大洪水侵袭故居成为危房，周元将军后人便将牌匾取下另外存放。

周元将军虽已长逝，但却留给洞廊村村民们很多精神财富，村民们对周元将军怀有崇敬之情，也被他的爱国精神深深鼓舞。调研组在采访过程中了解到，1979 年对越自卫反击战中，洞廊村很多村民都是受到周元将军爱国精神的影响，自愿参加战争，为保卫祖国冲锋陷阵。

3. **村庄文化遗址**

洞廊村最具代表性的文化遗址是村口一大一小两座码头。大码头位于陆佑将军庙的北侧，建于乾隆二年（1737 年），至今已接近 300 年历史了，大码头有 36 级台阶，全是用长方形的青石板砌成的。码头面向东方，宽 6.3 米，长 25 米，从底部到顶部，高达 3.6 米，成 30 度斜坡。码头石材全部是用长 90 厘米、宽 30 厘米、高 10 厘米的长方形青石砌成，历经几百年的风雨侵蚀，至今仍保存完整，据当地文物局的同志讲，这座码头是宁明现存最古老、规模最大、保存最完整的码头，以前，长桥、峙浪和爱店乡人来明江圩赶集，都经过大码头。1962 年，宁爱公路修成后，码头才逐渐冷清了下来。小码头建在距大码头十米开外的地方，有 9 级阶梯，长 4.2 米，宽 3.5 米，高 1.8 米，是用长 80 厘米、宽 30 厘米、高 8 厘米的青石板砌成，建于道光四年（1824 年），是当年村民建陆佑将军庙时在庙前建造的。

洞廊村码头功用颇多，首先是保持村庄水土（青石板能固土）；其次是码头旁种了两棵大榕树，村民能在大榕树下码头上休憩纳凉；再次宁爱公路修通之前，码头是交通关口，承担了方圆数十里百姓集散交流功能；最后洞廊村的码头还有一个非常重要的作用，它是洞廊村测定洪水涨潮快慢的标准尺。洞廊村民讲，如果明江发洪水，村里就要根据水淹码头的台阶数来安排村里的事务，洪水淹没了 15 级，而且水势来头还很紧的，就把牛赶出村，放牧在高坡上，水淹到 20 级时，就放开水塘捞鱼，淹到 25 级时，就要先把小孩、老人搬到地势高的村庄去；淹到 36 级时，年轻人开始撤离，因为村中竹木多，家家都备有竹排，能及时撤退，确保人身安然无恙。

专栏 1.1

洞廊码头传说

关于洞廊的码头，村里曾有不少传说。

传说一：每逢洪水泛滥，洪峰来势便会异常凶猛，似直奔洞廊村而来，好像一把锋利的宝剑，顶住洞廊村的村头，对村庄很是不利。为了挡住这个河神，制住它的凶恶气势，乾隆二年（1737 年）村民捐资修建大码头，并得到风水先生指点，历经两年完工。修完后，码头威力大发，江水不再肆虐，连续多年，洞廊村风调雨顺，五谷丰登，人畜兴旺。

传说二：小码头建在陆佑将军庙正门前，有九级阶梯。相传在洞廊村东面天桃树林每逢初一或者十五，夜里会不时发出绿色的闪光，威胁着洞廊村的人畜安全。道光四年，在建成陆佑将军庙的同时，洞廊村村民在庙前砌了一个小码头，共有九级阶梯。这个码头的修建，一是要镇住东边天桃树林；二是要让陆佑将军出入顺遂，祈求神灵保佑生灵平安；三是方便人们上下祭拜将军庙。小码头建成后，天桃树林就不再闪光了，洞廊村民得以安居乐业。

（三）人口状况①

根据《广西各县概况》记载，今宁明县在民国二十四年时，人口为 83236 人。1949 年新中国成立后，人口增长到 157900 人，1985 年增长到 335259 人。洞廊村随着宁明县的社会发展，人口数量也逐渐增长起来。新中国成立，稳定的社会环境，不断改善的生活条件和迅速发展的医疗卫生事业，使洞廊村人口死亡率大幅度下降。1961 年因经济困难，造成洞廊村人口数量暂时性减少。从改革开放至今，洞廊村的人口数量一直呈上升趋势，到 2011 年，人口数量达到 1288 人。

1. 人口数量状况

改革开放以来，宁明县、明江镇以及洞廊村人口数量变化较大，根据第三次、第四次、第五次及第六次人口普查数据进行分析，得出如下结论（见表 1－1）：

① 此部分数据来源于宁明县统计局提供的《2010 年第六次全国人口普查宁明县主要快速汇总资料》和《2009 年宁明县国民经济主要统计指标》。

表1-1　　1982—2010年总人口数量　　单位：人

地域＼年份	1982	1990	2000	2010
宁明县	315939	326823	392020	412300
明江镇	34180	35297	36881	37376
洞廊村	1023	1117	1227	1288

从表1-1可以看出，根据第三次、第四次、第五次及第六次人口普查的统计数据可以发现，宁明县、明江镇以及洞廊村的人口数量总体上都呈上升趋势。从1982年第三次人口普查来看，洞廊村总人口数为1023人，到1990年第四次人口普查时，洞廊村人口总数为1117人，相比1982年人口普查值增加了94人，年均增加了12人，年均增长率为1.07%；而同期宁明县1990年第四次人口普查比1982年人口普查时，人口数增加10884人，年均增加了1360人，年均增长率为0.42%。可见，洞廊村的年均人口增长率远高于宁明县整体年均人口增长率。

从2010年宁明县第六次人口普查统计数据来看，洞廊村人口数为1288人，较2000年第五次人口普查的1227人，增加了61人，年均增加了6人，年均增长率为0.5%；而第六次人口普查宁明县总人数为412300人，较2000年第五次人口普查的392020人，增加了20280人，年均增加了2028人，年均增长率为0.49%。同时，明江镇2010年第六次人口普查总人口数为37376人，较2000年第五次人口普查数的36881人，增加了495人，年均增加了50人，年均增长率为0.13%。可见，进入新世纪，洞廊村年均人口增长率的0.5%和宁明县的年均人口增长率0.49%基本相同，说明人口增长速度基本保持一致，而明江镇年均人口增长率的0.13%却远远低于这一水平。

2. 家庭户人口状况

1982年第三次人口普查显示（见表1-2），洞廊村有家庭户291户，1023人，平均每个家庭有3.5人；而同时期明江镇有家庭户8312户，34180人，平均每个家庭有4.1人；同时宁明县有家庭户58508户，315939人，平均每个家庭有5.4人。可见，此时期，洞廊村平均每个家庭人口数远低于明江镇和宁明县同期平均每个家庭人数。到1990年第四次人口普查时，洞廊村有家庭户323户，1117人，平均每个家庭有3.5人，而同时期，明江镇和宁明县平均每个家庭户人数分别有4.5人和4.3人。2000年第五次人口普查时，洞廊村有家庭户331户，1227人，平均每个家庭有3.7人，同期，明江镇和宁明县平均每个家庭户人数分别有4.7人和4.2人。2010年第六次人口普查时，洞廊村有家庭户331户，1288人，平均每个家庭有3.9人，同期，明江镇和宁明县平均每个家庭户人数分别有4.1人和4.3人。由此可以看出，洞廊村1982年、1990年、2000年、2010年平均每个家庭户人数分别为3.5人、3.5人、3.7人、3.9人，家庭户人口数呈现出总体上升趋势。宁明县家庭户人口数总体趋势变化不大，但明江镇家庭户人口数在前三次人口普查时，呈总体上升趋势，2010年出现较大反弹，家庭户人口数下降至4.1人。

表1－2　　1982年、1990年、2000年、2010年家庭规模状况　单位：户、人

年份／地域	总户数				家庭规模（户均人口数）			
	1982	1990	2000	2010	1982	1990	2000	2010
宁明县	58508	75786	94068	96600	5.4	4.3	4.2	4.3
明江镇	8312	7808	7868	9727	4.1	4.5	4.7	4.1
洞廊村	291	323	331	335	3.5	3.5	3.7	3.9

3. **性别构成状况**

据村民介绍，清朝末期至民国初期，洞廊村人口性别均为男性多于女性。但由于随后的连年战乱，诸如抗日战争、第三次国内革命战争，男性公民在征兵、征夫中外出死亡较多，男性所占比例降低。新中国成立后，据《宁明县志》记载，1949年至1980年，仍为女性多于男性，但男性比例逐步上升。到1982年第三次人口普查，第一次出现男性多于女性的现象，接下来的三次人口普查数据也均呈现出男多女少的情况。比较而言，洞廊村男性人口比重比宁明县和明江镇的略低些。（见表1－3）

表1－3　　1990年、2000年、2010年人口普查性别比

时间／性别／地域	1990年	2000年	2010年
	男：女	男：女	男：女
宁明县	107:100	109:100	112:100
明江镇	103:100	115:100	118:100
洞廊村	104:100	109:100	102:100

4. 年龄构成状况

在2010年第六次人口普查中（见表1－4），宁明县、明江镇和洞廊村的总人口数分别为412300人、37376人和1288人，三者在包括学龄前儿童和学龄儿童在内的0～14岁人口数总额分别为73000人、11300人和117人，其在总人口中相应所占比重分别为17.71%、30.23%和9.06%；而三者15～64岁年龄段的人口数分别为264100人、21400人和949人，其在总人口中相应所占比重分别为64.06%、57.26%和73.45%；宁明县、明江镇和洞廊村65岁及以上的人口在总人口中相应所占比重分别为7.15%、12.31%和17.49%。

表1－4 **2010年人口年龄构成** 单位：人

地域 \ 年龄段	0～14岁	15～64岁	65岁及以上
宁明县	73000	264100	29500
明江镇	11300	21400	4602
洞廊村	117	949	226

与宁明县和明江镇的总体比较而言，洞廊村不足劳动年龄段的人口比重较低，但超过劳动年龄的人口比重偏高，高出宁明县同年龄段比重将近10个百分比。这意味着洞廊村人口老龄化现象较宁明县和明江镇总体都要严重；另外，老年人人数偏高，也表明洞廊村的医疗保健水平和生活水平相对较高，长寿的老年人较多。同时，由于洞廊村计划生育工作落实的较好，新生儿出生比率较低，从而出现同期不足劳动年龄段人口比重降低的情况。

5. 民族构成状况

洞廊村是一个单一民族村落，2000年第五次人口普查和2010年第六次人口普查数据均显示，全村人口100%为壮族。（见表1－5）

表1－5 **2000年、2010年汉族、壮族与其他民族人口普查状况** 单位：人

地域 \ 年份 / 民族	2000			2010		
	汉族	壮族	其他民族	汉族	壮族	其他民族
宁明县	61200	300600	30220	65200	310100	37000
明江镇	4510	32100	271	4600	32400	376
洞廊村	0	1227	0	0	1292	0

（四）村庄的起源与变迁

洞廊村的历史源远流长，其变迁与明江镇乃至宁明县的历史变革密切相连。

1. 村庄起源

据《洞廊村史略》记载，洞廊村的历史可追溯到宋代，距今已有950多年历史。当时，今宁明县属广南西路邕州左江道永平寨。宋朝皇祐四年（1052年），广西侬智高作乱，宋仁宗皇帝遣狄青率部南下征剿，洞廊村民的祖先是跟随狄青将军到广西平乱的军士。侬智高之乱平息后，祖先们原想再回老家，但觉得广西距老家的路途遥远，交通不便，加上当时社会治安较为混乱，若要长途跋涉回乡，确是难上加难。当时，先人们发现广西土地肥沃，水草丰茂，宜于从事桑田，于是就解甲归农，留居此地，安家立业。这就是历史上洞廊村的第一次大规模人口迁移。刚开始，祖先们都居住在现村南隔河相望的狮子山上，后来发现明江河的北面有一大片肥沃的土地，于是就伐木造竹排，渡过河来开垦耕作。当时，每当人们因劳动而感到疲劳时，都喜欢在如今“贯祖”（“贯祖”的壮语意思，是祖宗开拓之居地，即今第一生产队）的槟榔树下歇息。等到夜幕降临时，再赶牛群回狮子山，很是麻烦。人们就想若在此定居，就方便很多。于是，就有几户人家先从狮子山搬迁到“贯祖”居住。后来，祖先们请了人给勘察风水，风水先生说此地是一块风水宝地，此后不到三年，居住在狮子山的人们陆续地都搬到这个地方来居住。

到了清朝，今宁明县属广西布政司太平思顺道太平府，邑内又分为明江分府、宁明州、思州等行政区。开始时，洞廊属明江分府，雍正十三年，明江厅知府因罪被革职，改厅为分府，废土官世袭，割安马、洞廊等五十村置宁明州。这段时间，洞廊村经济发展迅速，呈现一派繁荣的景象，有史为证。据《洞廊史略》记载，那时洞廊有一段落差较大的河滩，上下商船不能通过，只得把货卸下来，在海滩上交易。明江河源远流长，上游有海渊、上思、明江府，下游有宁明州、龙州，更远处接邕州（今南宁）。由于明江两岸地域广大，物产丰富，上下游贸易繁荣，因此，水运货物繁多，交易额颇大，洞廊岸滩就成了一个规模不小的市场。后来，人们把洞廊村称为“洞廊府”。“文革”以前，洞廊村青石码头旁的大榕树上悬挂着一口大钟（“文革”期间被卖掉），钟上铸有“洞廊府”三个大字，落款为：乾隆二十五年（1760年）。

以此推断，在乾隆之前的200年到400年间，位于河岸高处的洞廊已经初具商埠码头的雏形。随着社会发展，经济繁荣，商品流量不断增多，到清代已有实力修建码头，乾隆四年（1739年）建成了明江流域高标准高质量的大型码头。由此可见，高滩促成了古洞廊村商贸发展，促成了大码头的修建，因此赢得了“洞廊府”美称。

民国时期，宁明县归属广西省龙州专区，置明江、宁明、思乐三县，洞廊村隶属于明江县永平镇。新中国成立后，1951年广西省政府决定将宁明、明江、凭祥三县合并为镇南县。同年土地改革，撤销行政村建立小乡，洞廊村隶属于明江区。1984年，完成政社分开建立乡政府工作，全县共有1281个自然村、街，其中洞廊村隶属明江镇。至今仍沿用这一行政划分。

关于洞廊村名称的由来，据村委会提供的《洞廊村史略》记载，祖先从狮子山搬迁到今日之村址定居后，曾两次更换村名。起初，先人看到清澈的明江河水和茂密的槟榔树林，就自然而然地把广阔的田垌和茂密的槟榔树连在一起，把村名命为“垌榔村”。后来，有人觉得“垌榔”二字不太惬意，称平日耕田种地不可无水，人、畜饮用亦不可离开水，而村子又三面环江，水源充足，何不把“垌”改为“洞”呢？于是便把“垌榔村”改为“洞榔村”。又过了一段时日，村里一位姓黄的中年人说：“现在有地有水好种田，不愁吃不愁穿，生活自是富裕了，但还要有好房子住才行，而房子要有廊才好。”这样，先人就把衣、食、住三样连在一起，再次把村名“洞榔村”改为“洞廊村”。村名的再度更改，反映了洞廊祖先们丰富的想象力和对于美好生活的憧憬。

目前，洞廊村已经发展成为一个较大的村庄，共有331户，1288人。村民住宅的分布，是以村路和池塘相隔来划分的。全村分为三个自然屯，而每个自然屯又分为几个聚居点。在壮话中，聚居点又叫作“贯”。村北面是百派屯（古称青宁里），即今第一、第二队，为“贯祖”、“贯枯里”两个聚居点。村的中部叫“贯江屯”（古称美仁里），即今第三、第四队，为“贯百坡”、“贯三畦”、“贯枯雷”等。村南靠田垌处，是“贯落那”（古称文瑞里），为村中最大的自然屯，是“上贯”、“下贯”两个聚居点。

2. 行政建制的变革

洞廊村的行政设置从民国时期开始，经历了几次变革，才最终形成目前的行政模式。在不同的社会时期，呈现出不同的行政特点。

民国时期，洞廊村设有村公所，隶属明江县永平镇管辖。村公所设有正、副村长各一人，正村长有的是本村人，有的是县政府或镇政府派来的外村人，如黄巨谟是亭亮梅湾人，甘沛泉是明江东街人，正副村长每年俸禄为两千斤谷子。村里除村长外，还有六个甲长。甲长没有报酬，只是享受免交其他杂费的待遇。民国时期的村长，经常对村民进行剥削，村民苦不堪言，对其也很痛恨。

1949 年新中国成立后，在中国共产党的领导下，人民翻身做主人。村里到处都呈现出一派和谐的社会新气象。新中国成立初期，洞廊村成立了农民协会，设有农会主席一职。1951 年，洞廊村成立村民委员会，设主任、副主任、文书等职位，皆由本村人担任。1952 年 7 月，县设区并乡，明江为第五区，洞廊和绿柳合并为柳洞乡，设有乡长、副乡长、文书、民兵营长、妇女主任、治保主任、调解委会主任等职位，办公地点在绿柳村。

1956 年，建立高级农业生产合作社，简称为“高级社”。洞廊村成立一个高级社，设有正、副社长各一人，其他职位如同设乡时一样配备。当时的洞廊高级社有三个生产队，即一个大屯为一个队。此外还有一个青年生产队，队员由三个生产队中挑选出来的青年男女组成。此队兵强马壮，在农业生产中经常起着示范作用。

1958 年，成立人民公社，实行政社合一。明江、东安、亭亮合为一个公社，名叫“三联社”，社址设在明江。三联社下属的各村成立生产大队，洞廊和明江西街合并为“西洞大队”，队部设在西街水洞桥处。此后不久，西洞大队和东街、北街和南街大队组成“思明大队”，大队部设在明江南街。

1978 年，洞廊村从思明大队分出，成立洞廊生产大队。1984 年 12 月，公社改为乡镇，洞廊大队改为洞廊村村民委员会，办公地点从村码头旁边的旧瓦房搬入新建的办公大楼。新中国成立以来，历任的村官都是经过民主选举，报上一级党政部门审核批准后任职的，民主作风甚好。

3. 各个历史时期的村庄发展状况

中华人民共和国成立之前，洞廊村主要受土司制度与封建地主所有制的影响，农业经济发展缓慢；新中国成立后，洞廊村在中国共产党的领导下，进行土地革命和农业的社会主义改造，变私有制为集体所有制，解放了生产力，大兴水利，开展科学种田，提高了生产水平，村庄经济迅速发展起来。目前，随着改革开放政策的不断推进，重点户、专业户和新的联合体正在村中涌现，多种经营正在发展，改革的成果正在一步一步显现出来。

（1）新中国成立之前

新中国成立之前，洞廊村先后主要受封建领主所有制与封建地主所有制的统治，经济发展相对落后。今宁明县于宋皇祐五年（1053年）建立土司制度。宋代以后，皇朝给当地民族的首领封以各种官职，使其“世为其民”，并“谨守疆土修职贡，供征调”。在这种经济制度下，土官分有官田、“养膳田”，其余的田地，“计口给民”，但不得典卖。垌民耕种这些土地，以赋税的形式交纳地租。当时的农业生产工具主要是踏犁，较为落后，洞廊村民负担很重，勉强能够填饱肚子，要想扩大生产就难了。若赶上灾年，更是出现民食微蕨、饿殍遍地的情况。到了清康熙五十七年，洞廊村实行改土归流，实行封建地主所有制，土地私有，典当、出卖自由。当时，如果村民想要出卖土地，就要向买者立下契约为凭，卖价因田而异，洞廊村好的坡地亩价250元，低洼及较差的坡地亩价39元。地主、富农通过收地租，雇长、短工，收取高利贷的形式剥削农民。以高利贷为例，农民向地主借贷，年利通行一本一利。若当年还不起，第二年又翻一番，利息高得惊人。洞廊村民备受土司及封建地主阶级的剥削，社会经济发展非常缓慢。

（2）新中国成立之后至改革开放之前

新中国成立之后，1952年实行土地改革，洞廊村基本实现了“耕者有其田”，村民生活逐步得到改善，1953年粮食产量、农业总产值等指标都出现增长的趋势。同年，在人民政府的指导下，洞廊村开始组织互助组，贯彻自愿互利的原则，以记工分的形式鼓励大家生产。农忙时节你帮我、我帮你的现象较为普遍。由于赶上农时，收成也比以前好了许多。不久，洞廊村成立农业生产合作社。那时候，许多地方大多先成立初级社，然后再成立高级社，而洞廊村直接由互助组进入高级农业生产合作社。1956年洞廊村的粮食总产量达68万斤，人均口粮450斤。除留足社员口粮、种子以及家畜、家禽的饲料之外，还卖给国家余粮21.6万斤。洞廊村的村民们铭记“水利是农业的命脉”这句话，在村中兴修水利。早在转入高级合作社之前，村民就在耕作区地势较低的地方，修建了一些山塘、水库，确保了农业生产用水的需要。这些山塘、水库，小的能灌溉二三十亩，大的能灌溉将近100亩。而在修建这些山塘、水库之前，洞廊村只有岑塘、那盐、落笃三处面积不到80亩地的地方能够种上双季稻。小山塘水库的修建，使全村的粮食种植面积一下子扩大到400多亩，粮食增收了，村民的生活也得到了改善。1956年以后，随着派连河水库的建成，洞廊村90%以上的土地都能受益，1900多亩的稻田都能实现自流灌溉，全村所有的水田都种上双季稻，粮食增产，比先前翻了两番。其他经济作物，由于水源充足，也获得了大发展。村民开始种植各种果蔬，有大豆、西瓜、芦笋、香葱、大蒜等，发展多种经营，增加了收入。

1958年，人民公社成立后，土地收归生产队集体经营，社员按工记分，年终按工分总数与分值，计算出社员全年应得的收入，各队经济独立核算，所有社员均按工分数在生产队领取钱、粮。而工分与生产队总收入是联动的，因此，每一工分价值从0.3元到0.9元不等，口粮钱还要从工钱中扣除，可见，当时家庭收入极低。为了增加收入，洞廊村四个生产队，除了种粮，各队也都经营多种经济项目，有养猪场、烤烟场等。后来，村里还成立了一个“副业联营队”，“联营”用地从各生产队收出来，面积有24亩，主要种植蔬菜类，经营收入一小部分归大队安排使用，大部分分给各生产队。村庄经济水平有了一定程度的提高。

（3）改革开放至今

1978年改革开放后，按照上级部署，洞廊村于1981年实行家庭联产承包责任制。生产队集体经营模式被打破，分田到户，水田人均在1.2亩左右，由农户各自经营自己的责任田地。虽说联产承包，但从未收过承包费。改革后，人民积极性空前高涨，1981年，粮食生产获得大丰收，农户踊跃交售爱国粮，并得到了国家奖给各种票证，售粮大户买到了当时极为紧俏的凤凰牌、永久牌自行车和蝴蝶牌缝纫机等商品，人民生活水平显著提高。生产搞上去了，洞廊村还是不忘兴修水利。1979年3月，在政府大力支持下，洞廊村在百岭处建起第一个20匹马力的电灌站。1980年1月，又在户维罗处建成了第二个15匹马力的电灌站。20世纪90年代初，洞廊村在驮疗处建成了第三个电灌站，有的电灌站还配上双管。除此之外，近几年洞廊村还修建了一条宽6米、长约1280米的泥石机耕路以及近2600米的灌溉渠道。全村的1800多亩稻田、120多亩池塘从此便有了充足的水源，基本满足了农业生产深灌、浅灌的需要。农民生产积极性提高，县乡对村里农业生产的重视逐年加强。

近几年来，洞廊村在政府的引导下，大力调整产业结构，根据市场需求，调出水田发展蔬菜生产。如今洞廊村已成为无公害蔬菜生产大村，先后成为西红柿、菜椒、马铃薯、优质杂交水稻生产示范基地。“世界水稻之父”袁隆平也亲自来到洞廊村视察水稻生产情况。生产基地的大发展，催生了农产品经纪人，出现了许多蔬菜、粮食经营大户和运营大户，村里的产销问题解决了，农民收入逐年提高。2010 年，洞廊村农民人均收入达 3978 元，比全镇农民人均收入 3669 元多 309 元，群众生活质量逐年稳步提高。自改革开放以来，洞廊村一直是宁明县以及明江镇的重点示范村，多次获得“文明村”的光荣称号。

二、村庄事务管理

洞廊村各项社会事务管理经历了不断完善的历史过程，党建、村民自治以及村庄管理等方面都取得了较大成效。洞廊村深刻认识到巩固党在农村的执政基础，必须加强村级组织建设。村两委积极开展村“两委”换届选举工作，推进以村党组织为核心的村级组织配套建设，健全村党组织领导的充满活力的村民自治机制。同时，洞廊村不断加强以村庄经济建设和精神文明建设为主的新农村建设工作。

（一）开展农民参政议政试点工作

为进一步加强农村基层民主建设，探索增强村“两委”班子工作活力的途径和办法，根据《中共宁明县委组织部关于开展农村党支部换届及村级组织配套建设试点工作的通知》（宁组发〔2008〕6 号）文件精神，明江镇洞廊村被选为宁明县村级“两委”班子换届选举的试点村。村“两委”换届选举是农村基层党内民主和人民民主最为广泛的实践，做好村“两委”换届选举工作，是调动农村党员和农民群众政治参与积极性，增强民主法制意识，提高民主素质，促进社会主义民主政治健康发展的需要。明江镇洞廊村第五届村“两委”换届选举被市、县定为试点后，明江镇党委、政府高度重视，把洞廊村“两委”换届选举工作作为各项工作的重中之重，加强组织领导，严格选举程序，精心组织，周密部署，村“两委”换届选举工作进展顺利。

1. 洞廊村具备村庄“两委”换届选举试点的基本条件

洞廊村各项社会事业迅猛发展，无论从区位条件、经济基础还是基层组织建设方面对于开展村“两委”换届选举工作都有很大的优势。一方面，洞廊村地理位置优越、区位条件得天独厚，村庄产业优势较为明显，尤其蔬菜种植业等支柱产业发展势头良好，发展潜力大、后劲足。另一方面，洞廊村农村基层组织建设比较健全，村“两委”的班子结构搭配合理，成员团结合作，在群众中具有较强的凝聚力、号召力和战斗力。而且，村民的生产生活条件比较宽裕，思想开明，特别是通过劳务输出，促进了农民更新观念，将一些城市文明带回农村，眼界更加开阔，这对于民主选举工作的开展起到了促进作用。

洞廊村以邓小平理论、“三个代表”重要思想和党的十七大精神为指导，深入贯彻落实科学发展观，以有关法律法规为准则，坚持干部队伍“四化”方针和德才兼备原则，以提高素质、优化结构、增强活力、完善功能为重点，紧紧围绕建设“富裕文明和谐新明江”，以“四评村官”（自我荐评、村民相评、组织考评、公开竞评）为措施，以落实群众“四权”（知情权、参与权、选择权和监督权）为保障，加强党的领导，充分发扬民主，严格依法办事，坚持改革创新，落实党员群众参与权、知情权、选举权和被选举权、监督权，选好配强村“两委”班子，为建设社会主义新农村提供坚强的组织保证。

2. 第五届洞廊村“两委”换届选举概况

第五届洞廊村“两委”换届选举试点工作在认真运用“公推直选”办法的基础上，坚持继承与创新相结合，将整个试点工作分为六个阶段，突出“加强组织领导”、“把好关键环节”、“创新工作举措”，按照步骤环环抓紧，依照法规开拓创新。

（1）周密部署，健全机构，切实加强组织领导

第一，加强领导，建立健全组织机构。成立了洞廊村“两委”换届选举领导小组、监察小组和维稳协调小组，积极做好村“两委”换届选举督察和安全保卫工作，负责维持换届工作正常秩序，对妨害和破坏选举的违法行为、用不正当手段干扰选举的违法行为进行严厉打击。洞廊村成立了8个换届工作小组，为每个小组分别配备了1名包村联络员，在每个村民小组挑选了1至2名政治上靠得住、敏锐性强的党员或村民代表作为村级信息员。通过信息直通道，使党委能迅速发现换届选举中出现的苗头性问题，及早应对，有效排除，为村“两委”换届选举试点工作创造良好的环境。同时，明江镇下派换届工作指导员以及驻村干部、新农村建设指导员深入洞廊村，加强对换届选举工作的具体指导。洞廊村上下联动，建立了完备的组织指导体系，各级组织健全、职责清晰、分工明确、任务清楚，为全面依法做好洞廊村“两委”换届选举工作提供了强有力的组织保障。

第二，深入调研，全面摸清真实情况。选举前，洞廊村换届选举领导小组组织村干部入户调查走访，通过召开座谈会、发放调查问卷、个别访谈等形式重点走访党员户、村民代表、村民小组长及在村里有影响力的老干部，围绕“村两委成员及其现状如何，村上经济发展状况如何，村上近两年来暴露出的突出问题是什么，影响党群、干群关系和影响班子内部团结的问题是什么，村上是否存在宗族势力，有无自荐当村干部热情较高的人员，可能影响村党支部和村民委员会换届的因素有哪些”等问题，对洞廊村情况进行了深入的摸底调查，全面了解洞廊村的村情民意、班子现状、干部威信和群众的思想动态等情况，对洞廊村在选举期间可能出现的问题，都提前制定并落实了应对措施。在调查走访过程中，还采取“票推”的形式，发动党员群众推荐村干部人选。票推实行党员一人一票、群众一户一票。通过深入的调查走访，真正掌握了洞廊村的第一手资料，详细了解到影响此次试点工作的各种情况，为拟定科学的新一届洞廊村村“两委”班子成员任职条件、任期目标，制定切实可行的选举工作实施方案、工作步骤提供了可靠的依据。

表 2－1　　　　**2008 年洞廊村“两委”换届摸底调查表**

人口数（人）		村民小组（个）	村党员数（人）		外出务工情况（人）			
总数	选民数		总数	外出数	总数	区内		区外
						小计	本县	
1338	1041	8	53	8	495	30	15	465

资料来源：根据明江镇政府及洞廊村村委会提供资料整理得来。

（2）发动广泛宣传，加强教育培训，提高换届选举积极性与规范性

村级“两委”换届选举是基层民主政治生活中的一件大事，涉及家家户户。增强村民的参与意识，是洞廊村“两委”换届选举能否成功的关键环节。因此洞廊村始终把宣传动员，激发选民参与民主选举贯穿整个工作的全过程。为充分调动广大群众参与本次试点工作的积极性，使广大党员群众明白选举、支持选举、积极参与选举，洞廊村从 2008 年 3 月 1 日就开始了声势浩大的宣传发动工作。通过召开全村村民动员大会 1 次，召开各村民小组会、村社干

部、党员会20余次，以及利用张贴标语、开办公开栏、广播短信等多种群众喜闻乐见的形式，广泛宣传村“两委”换届选举试点工作的有关法律法规及重要意义、选人标准、方法步骤和选举程序，力求做到家喻户晓，人人皆知。为增强宣传效果，洞廊村下发了《致全村选民的一封公开信》，由村干部逐户送达给群众，并当面解答群众提出的疑难问题。针对外出选民较多的情况，洞廊村建立了联络站，加强与外出务工选民的联系，通过打一个电话、发一条短信、寄一封信等方式，使外出选民也积极参与洞廊村“两委”换届选举工作。据统计，洞廊村在选举期间共拉横幅5条、发短信2期、张贴标语65条、寄信72封及打电话156人次，通过深入宣传，广泛发动，广大村民法制观念明显增强，主动参与选举的积极性有了明显的提高，为村“两委”换届选举夯实了思想基础，营造了浓厚和谐选举的氛围和风清气正的换届环境。[①]

与此同时，洞廊村紧抓教育培训。其一，开展换届工作培训，增强选举工作人员依法办事能力。村级两委换届工作的法规性、政策性很强，为提高选举工作人员的业务素质，增强依法办事的能力，洞廊村结合本村实际，举办了形式多样、内容丰富的培训活动，采取集中学习、专题讨论、模拟投票等形式，对干部进行了全面系统的选举知识培训，让他们熟悉、掌握法律法规以及选举工作的具体程序和操作方法，切实提高他们做好换届选举试点工作的能力和水平，从而进一步提高了认识，明确了任务，增强了责任感、掌握了操作规程。其二，加强村后备干部培训，推行村级后备干部“公推择岗”跟班学习制度，为选好配强村级“两委”班子提供充足的后备干部力量。为了进一步提高村干部的整体素质，洞廊村积极推行村级后备干部“公推择岗”跟班学习制度，有针对性地对后备干部实行跟班培训学习。通过村“两委”推荐及村民提名的方式，选出周尚尧、韦建雄、王彩兰三名村后备干部到镇跟班学习一个月，熟悉明江镇党委、政府的各项农村工作，提高了其理论知识水平及驾驭农村工作的实践能力，为村“两委”换届选举提供人才保证。

（3）规范程序，把握重点依法操作[②]

洞廊村把保证选举程序和操作上的依法公正作为换届选举工作的重中之重，作为确保选举成功的关键，在具体工作中把坚持党的领导、充分发扬民

① 根据洞廊村第五届村“两委”换届选举资料整理得来。

② 根据《洞廊村第五届村“两委”选举工作实施方案》整理得来。

主、严格依法办事统一起来、贯穿始终，做好党员动员和选民登记工作、扩大人选推荐范围、精心组织大会选举、严格执行换届纪律等关键环节，确保村“两委”换届选举工作圆满完成。

第一，做好村“两委”换届选举委员会的产生和选民登记工作，保证村“两委”换届选举工作的健康推进。其一，成立洞廊村第五届两委换届选举委员会。洞廊村把成立村民选举委员会作为做好换届选举工作的前提，积极做好组织和指导工作，严把程序关，依照召开代表村民会议、参户代表超过本村户数的2/3等有关法律法规的规定进行，产生了洞廊村“两委”换届选举委员会，并进行了张榜公布。其二，搞好选民登记工作。洞廊村建立健全工作责任制，认真进行具有选举权和被选举权的选民资格的登记工作，采取以村民小组为单位包干到人的方法，选举工作人员通过入户动员选民进行登记，把选民登记工作落到实处，按时张榜公布，确保不重登、不错登、不漏登，保证每个选民都有行使民主权利的机会。洞廊村确定选民人数为1041人，并于3月19日公布了选民名单，张贴了第五届村“两委”换届选举委员会公告、第五届村“两委”换届选举选民登记的公告，要求村民三日内有异议的向村选举委员会提出。其三，选好村民小组长和村民代表。在认真做好选民登记和选民公布的基础上，3月22日洞廊村组织召开了村民小组会议，按照直接、差额和无记名投票的方式依法选举产生8个组组长、村民代表37人，经联社主任1人，由他们全程参与选举工作。新当选的村民小组长和村民代表在当地都有一定的群众基础和工作能力，为选举工作顺利开展发挥了管理、决策和监督作用。①

第二，开展村官“四评”，确保提好选准候选人。洞廊村充分发扬民主，推选产生村委班子成员初步候选人。通过“四评”确定村党支部书记和村民委员会主任、副主任、委员候选人，候选人人数多于应选人数的20%。开展村官“四评”即“自我荐评、村民相评、组织考评、公开竞评”，把好候选人入口关，为村民代表会议依据法定程序确定正式候选人提供参考依据，从而达到全面提升“两委”班子候选人整体素质的目的。

一是注重思想引导，引导群众选准带头人。洞廊村党支部选举实行“公推直选”，群众推选的权利较往年相比明显扩大了。针对这种新的变化，洞廊

① 根据明江镇政府及洞廊村村委会提供资料整理得来。

村用心引导群众站在客观公正的立场上，从有利于今后本村事业发展的高度出发，正确评价那些敢抓敢管、公道正派、工作中坚持原则敢于得罪人的村干部，真正把那些有较强的事业心责任感、有实践经验、富有奉献精神、真心实意为村民群众服务的优秀人才选拔到村“两委”班子中，同时引导群众提选文化程度高、年龄合适的候选人，为改善和优化新一届班子结构做准备。由于有效引导党员、群众，洞廊村所提名的村“两委”初步候选人中，高中以上文化程度的占40%以上，45周岁以下的占85%，党员占56%，各类经济能人占76.8%。鼓励、引导选民和村选举委员会推荐经过“公推择岗”跟班学习的优秀后备干部为村委会初步候选人，使推行村级后备干部“公推择岗跟班”制度的成果通过村级“两委”换届选举转化为竞争优势，达到造就综合素质高、工作能力强、符合社会主义新农村建设需要的农村干部队伍的目标任务。

二是注重民主推荐的广泛性。民主推荐是实现群众满意的结合点。要实现所选干部达到群众满意，就必须充分发挥群众的选择权，充分调动他们参与选择干部的积极性，民主推荐的方式不但使群众参与到了干部选择的过程中，而且有充分的自主权，完全按自己的意愿选出了干部，从而使推选的干部让群众满意。

为了更广泛地收集和反映选民的意愿，推荐出村委班子成员初步候选人，洞廊村将初步候选人提名表发放到选民手中，通过选民提名、自我荐评两种方式提选初步候选人。自我荐评是指意欲继任的现任村干部和有志于为群众服务的本村选民自我推荐的方式，自我荐评用开放的方式给每个想干事的人机会，进一步拓宽了初步候选人推荐渠道。选民提名即让群众提出村干部标准，推荐自己满意的人选。采用群众口述、问卷调查、上门征求意见、召开村民大会、屯组群众会议等方式，让村民描述“我心中的村干部”，提出村干部选任标准，同时推荐自己满意的村干部后备人选为村民委员会成员候选人初步人选，接受组织考评，参加公开竞评。洞廊村经过组织严密的提选候选人程序，共推荐出主任初步候选人13名，副主任初步候选人15名，委员初步候选人48名。[①]

三是注重测评的客观性。洞廊村第五届换届选举初步候选人通过群众相

---

① 根据《洞廊村第五届村“两委”选举办法》整理得来。

评、组织考评、公开竞评的方式，把其中优秀人选确定为正式候选人，为选出群众满意的村“两委”班子打下坚实的组织保证。

公布初步候选人后，洞廊村组织进行群众相评，根据初步候选人在德、能、勤、绩、廉五个方面的现实表现进行评价，并填写《第五届村民委员会初步候选人群众相评表》，进一步了解初步候选人的群众基础。在组织“村民相评”的基础上，明江镇党委组织考评组对初步候选人进行考评，主要通过笔试、面试、召开座谈会、个别谈话、走访群众等方式对初步候选人进行综合考评，提出考评意见。最后还要在投票选举前召开由党员代表、群众代表参加的公开竞评大会，由初步候选人当众陈述治村理事思路、目标和措施，由党员代表、村民代表和明江镇党委考察组无记名现场打分、综合评定，作为村民代表推选正式候选人的主要参考依据。在“四评”的基础上，4 月 6 日洞廊村召开第五届村民代表大会，各村民代表以无记名投票方式，按照等额投票、差额确定的原则，按职位数投票选举确定正式候选人，其中主任正式候选人 2 名，副主任正式候选人 2 名，委员正式候选人 4 名。并在选举日前 3 日，以得票多少为序向村民公布。[①]

第三，精心组织大会选举。其一，创新竞选方式。竞职演讲是洞廊村第五届“两委”换届选举试点工作的新要求，实行候选人书面公开竞职承诺、竞职演说，以增加选举人对候选人的了解。洞廊村选举委员会在党员大会和选民大会正式投票前，将选民集中到演讲点，及时组织正式候选人进行演讲，新一届村“两委”成员候选人要根据建设社会主义新农村的目标要求，立足洞廊村实际，重点围绕加快农村经济社会发展、加强农村人口计生工作、增加村级经营性收入和农民收入、村务和财务公开、民主决策等内容，客观负责地提出治村方案、任职设想、三年任期工作目标及具体措施等。通过竞职演讲，选民们进一步了解了候选人的基本情况，为选准自己的当家人心中有了数，为村选举一次性成功奠定了基础。同时，切实采取措施，加大宣传力度，引导他们正确对待群众的选择，使他们认识到这是机遇也是挑战，发挥自己的能力为群众谋利益。其二，做好投票选举工作。为确保选举成功，洞廊村第五届“两委”换届选举委员会积极组织好选举日的投票工作，保证村民的投票权。在实际操作中严格做到严密组织，精心安排，确保万无一失，

① 根据《洞廊村第五届村“两委”选举工作实施方案》整理得来。

坚持差额、无记名投票和秘密写票的原则，在选举会场设立验证发票处、秘密写票处、代写选票处和投票处，由包村联络员对发选票、填选票、投选票三个重点环节进行监督，并通过逐人领票、逐人讲票的办法确保每个参加选举的选民都能充分行使个人的民主权利。

(4) 强化监督，落实责任，严肃纪律匡正风

洞廊村加强对参与竞选人员的纪律意识和法制观念教育，引导他们采取合法、正当方式有序参与竞选。同时进一步规范候选人的竞争行为，改进候选人介绍方式，加强对换届选举全过程的监督，采取设立监督委员会，邀请党代表、人大代表、政协委员等担任社会监督员等措施，加强社会力量对换届选举的监督。

总之，洞廊村坚持加强党的领导、充分发扬民主、严格依法办事有机结合，以促进城乡发展与和谐稳定为目标，积极稳妥地推进换届选举工作，切实保障党员群众的知情权、参与权、监督权和选举权。

第一，加强党的领导是搞好此次换届选举工作的前提。洞廊村党组织是洞廊村基层组织的领导核心，洞廊村坚持把党的领导贯穿整个换届选举工作的始终，强调发挥洞廊村党组织的政治堡垒作用和党员的先锋模范作用，把握村“两委”换届选举工作的主导权，充分发挥思想政治优势、组织工作优势和密切联系群众的优势，积极向村民做好宣传、教育、引导工作，严格把关选举程序，为确保换届选举工作依法依规有序进行打下坚实的组织基础。

第二，充分宣传发动群众是选举工作成功的重要手段。选举工作是一项严肃的工作，对于选举过程中的每一个环节都有明确的法律规定，尤其对选举大会的参会人数更是要求严格。洞廊村一方面外出务工人员多，在家的人少，另一方面选举大会所定时间正是农忙季节，人员召集不起来，很可能造成参会人数达不到法定人数。洞廊村针对这种情况，通过深入细致地宣传工作，积极发动引导群众，使广大群众真正认识到了此次公推直选的重要性、严肃性，从而不但使在家的群众积极参加选举，而且还动员了部分外出务工人员参与到选举中，使党员大会、村民大会都达到了法定人数，为村“两委”选举大会的成功召开提供了可靠的保障。

第三，严格依法办事是搞好换届选举工作的关键。洞廊村把严格按程序操作、依法组织选举，作为换届选举工作的重中之重。洞廊村从选举方案的制定实施、工作人员的配备、选举步骤程序的严格把关都要求紧紧围绕依法

办事原则，做到整体推进、有效保障。在工作中，洞廊村注重加强对选举工作人员的业务培训，并在具体操作过程中严格按照选举程序进行，严把村选举委员会推选、选举方式确定、选民登记、选举办法制定、选举大会组织等各个环节的法律关，对出现的诸如错登漏登选民等现象及时指出，及时纠正，做到了法定的程序不变通，规定的步骤不减少，确保了整个选举工作依法依规进行。

第四，充分发扬民主是搞好换届选举工作的保证。只有相信群众和依靠群众，充分尊重民意，民主问题用民主的方式和方法去解决，换届工作才能实现预定的目标。在选举工作中，洞廊村坚持做到引导不主导、到位不越位，发扬了民主又保证了选举工作的规范性、合法性。洞廊村在换届选举前就组织力量，深入社区调研，广泛听取意见，摸清了党员、群众的真实想法以及对新班子的建议；在洞廊村党委换届选举中，坚持实行党支部“公推直选”，在村委会换届选举中坚持群众民主提名候选人，确保了将真正符合党员群众意愿的优秀人才选入“两委”班子。在此次村委会、村党总支的换届选举中，村民和党员呈现出选民参选热情高涨、参选率高的特点，真正实现了民主选举。

第五，创新工作举措，努力探索村级“两委”换届工作新思路。洞廊村结合本村实际，大胆创新，积极将村级后备干部培养成果与“四评村官”举措运用于村级“两委”换届选举试点工作中，开辟了村级后备干部成长“快车道”，为村“两委”民主选举、依法选举工作的顺利开展打下了良好的基础。

经过近两个月的选举工作，洞廊村于2008年4月18日成功选出第五届党支部成员与村委会成员。洞廊村第五届“两委”换届选举工作实现村党总支书记与村委会主任“一肩挑”以及村“两委”班子成员交叉任职的预期目标。新一届村“两委”班子结构呈现出“三升两降”的趋势，即文化程度提升、交叉任职比例提升、女干部比例提升；平均年龄下降、村干部职数下降。

推选出洞廊村第五届党委成员共5人，班子整体素质明显提高，无论是年龄结构，还是学历结构都更趋合理，成员全部都是政治素质高、群众威信高、带头致富能力强、带领群众共同富裕能力强的“双高双强”型年轻干部，并且有1名妇女干部入选村党委班子，为洞廊村干部队伍增添了新鲜血液。

表 2 - 2　　第五届中国共产党洞廊村委员会成员

成员	职务	职责
韦敏坚	洞廊村总支部委员会书记	洞廊村党总支部的党务全面工作
周尚尧	洞廊村总支部委员会副书记	协助总支部书记抓好洞廊村党务工作
韦家贤	洞廊村总支部委员会委员	洞廊村党总支组织工作
韦现庭	洞廊村总支部委员会委员	洞廊村党总支宣传工作
王彩兰（女）	洞廊村总支部委员会委员	洞廊村党总支纪检工作

全村共选出洞廊村第五届村委成员共计 5 人，村委会成员平均年龄 50.8 岁，比上一届年轻 6.4 岁，其中最小的 39 岁，50 周岁以下有 3 人。村委会成员初中以上文化程度的 5 人，比上届多 1 人。①

表 2 - 3　　洞廊村第五届村民委员会成员

成员	出生年月	文化程度	职务	职责
韦敏坚	1952 - 09	中专	洞廊村村委会主任	洞廊村委全面工作
周尚尧	1963 - 08	中专	洞廊村村委会副主任	协助主任抓好洞廊村委工作
王彩兰	1969 - 05	高中	洞廊村村委会委员	洞廊村文书工作
韦家贤	1946 - 07	高中	洞廊村村委会委员	洞廊村计生工作
韦建雄	1967 - 07	高中	洞廊村村委会委员	洞廊村科技宣传工作

3. 存在的问题及下一步打算

调研组通过深入调研，发现在换届选举中仍存在着令人担忧的问题。一是新农村建设骨干力量不足与农村劳动力大量转移的矛盾依然突出，对如何选优配强村“两委”班子提出了新的更高的要求。农村发展是推动我国经济社会发展的巨大引擎，是全面建设小康社会的重点和难点，迫切需要大批年纪轻、有知识、素质高、善创新的骨干力量。而目前洞廊村的状况是：一方面现任村“两委”干部中年纪轻的和学历高的偏少，35 岁以下的仅占 12%，大专以上学历的仅占 6%。另一方面青年农民向城镇和非农产业大量转移，留守农村的以老人、儿童、妇女为主体，村干部后备力量严重不足。另外，个

① 根据洞廊村村委会提供资料整理得来。

别选民民主意识不强和民主能力不高，有的不重视和珍惜自己的民主权利，认为选举就是走形式“画圈圈”，没有表达个人真实意愿；有的没有正确的原则立场和是非标准，投票随意性大，缺乏民主议事能力；有的存有功利心理，以关系亲疏、感情好恶、利益轻重为标准进行推选；有的存有逆反抵触情绪，故意不给群众推荐、组织确认的候选人投票；有的基层干部不尊重群众民主权利，存在随意变通、简单操作等现象。

要解决好这些问题，最根本的是加强党的领导，把村“两委”换届工作的过程作为一次宣传教育的课堂，广泛宣传党的方针政策，加强对党员群众的教育，引导他们进一步增强民主意识，珍惜民主权利；拓宽民主参与渠道，引导党员群众在具体实践中提高民主能力；加强对基层干部的教育培训，增强他们的依法办事能力和民主实践能力，切实尊重和保障党员群众的民主权利。

（二）新农村建设与管理

建设社会主义新农村，是中央从贯彻落实科学发展观、构建和谐社会的全局出发作出的重大战略决策，是统筹城乡发展和以工促农、以城带乡的具体措施，是解决“三农”问题、缩小城乡差距的根本出路。洞廊村按照中央提出的“生产发展，生活宽裕，乡风文明，管理民主，村容整洁”的新农村建设二十字方针要求，形成了政治建设、经济建设、文化建设、社会建设四位一体的发展布局，把新农村建设与促进农民增收致富、加强农村精神文明、健全长效管理机制相结合，不断拓展和丰富新农村建设的外延和内涵，增强新农村建设的持久动力，新农村建设取得了初步成效，全村社会各项事业保持良好的发展态势。

1. 加强基层组织建设，提高村务管理水平

洞廊村重点加强村庄基础组织建设，建立完善村庄长效管理机制，提高村务管理水平。

（1）加强基层党组织建设。农民是新农村建设的主体，能否把农民的积极性调动起来，关键在于基层党组织。洞廊村设有村级党总支 1 个，下设 3 个屯级党支部，共有党员 53 人。洞廊村不断加强党的建设，充分发挥党支部的领导核心、战斗堡垒作用和党员的先锋模范作用，使村党支部焕发出勃勃生机，保障了各项工作任务得以顺利贯彻实施。经过多年建设，洞廊村党建

工作取得了很大成绩，1997 年荣获原南宁地区委员会授予“文明村”称号；自 2002 年以来，洞廊村连续 8 年荣获县先进党总支部称号；2005 年荣获中共崇左市委授予的“十佳村”党支部称号；2009 年 9 月洞廊村被县委定为学习实践科学发展观活动示范点，并获得该活动“先进集体”荣誉称号。

第一按照保持共产党员先进性教育的具体要求，搞好党的思想建设。洞廊村党支部紧抓党员的思想教育与技能培训工作，提高党员的政治素质和致富能力。组织全体党员进行保持共产党员先进性教育活动，通过学习，广大党员政治思想觉悟普遍提高，工作积极性充分调动，坚持积极参加组织活动和各类学习活动，能积极拥护本村党政各项工作，在经济建设和社会活动中发挥了共产党员先锋模范作用，在群众中树立党组织威望；在本年度“争先创优”评比活动中，有 2 名党员被评为镇优秀党员，其他党员都被评议为合格党员以上。通过开展各种思想教育活动，党支部领导成员更能坚持立党为公、执政为民的基本要求，作风更加朴实，更加深入群众，牢记党的本质和宗旨，走群众路线，力争多为村民办好事实事。2008 年 9 月，洞廊村遭受第 14 号台风“黑格比”的袭击，发生了 50 年一遇的洪涝灾害，人民财产、物资深受影响。在抗击台风工作中，洞廊村党支部充分发挥了党员的先锋模范作用，组织做好各项准备工作，抢险队伍 24 小时在村待命，及时组织好各项灾后复产工作，洪灾过后立即举办一期灾后重建知识培训班，帮助村民科学地展开灾后重建工作，使受灾的损失降到最低。洞廊村党支部制定本村党员群众培训方案，以党校教学点为基地，根据本村的主导产业，设置具有超级稻的种植和防害特色的培训内容吸引农民参与培训。突出“实用、实际、实效”，通过专题培训、技术讲座、现场参观学习和指导、农技 110 咨询、农业短信、农民信箱等多种形式全面开展培训工作。在 2008 年开展了 9 期培训，参加培训人数 748 人次，发放技术资料 1500 份。通过开展各种培训工作，开拓了农民的科技视野，增长了农民的科技见识，所有农村党员、干部基本都能掌握到 1～2 门致富技术。充分发挥流动党员的“双向带动”作用，使流动党员外出务工能发家致富，回到家乡又能带来新技术新观念，成为带领群众致富的领头雁。鼓励他们把外面致富信息带进来，把家乡富余劳动力带出去。2010 年，全村外出流动党员为家乡提供致富信息达 30 多条，取得实际经济效益的有10多条，组织外出劳动力达400多人次。[①]

第二加强党的组织建设，提高支部的领导核心作用和战斗力。洞廊村党支部坚持党的民主集中制的原则，严格按照党支部的职责范围，议事规则和决策程序办事，坚持集体领导，实行民主决策，坚持集体领导和个人分工相结合的原则，互相支持、互相帮助、统一思想、统一认识、统一步伐、统一干劲。坚持“三会一课”制度，推动机关支部工作各项活动的开展。全年召开支部大会8次，民主生活会1次，认真开展批评与自我批评，接受党员和群众的批评监督。同时，积极培养党的后备力量，严格按照“坚持标准、保证质量、改善结构、慎重发展”的要求，积极做好党员的发展工作和入党积极分子的培养工作，为组织增添新鲜血液，增强组织的战斗力。

表2-4　　**2010年洞廊村发展党员情况**

转正党员名单	预备党员名单	入党积极分子名单
李钦忠	周喜旋、韦英贤	韦金、周利强、黄立庆

（2）加强基层民主建设。洞廊村建立健全村民自治机制，完善各项规章制度，使屯级工作有章可循、有序开展。搞好村务、财务和党务“三公开”工作，确保农民群众的参与权、决策权和监督权，村内重大项目建设由村民自己商议决定。村务公开是实行民主管理、民主监督的重要内容，是村民参与村民自治和实现民主权利的重要形式。洞廊村将村里各项工作的实施方案、政策依据、工作进度和目前状况等有关村务予以公布和及时公开，让群众见证，让社会监督。在公开内容上，进一步充实信息公开内容，突出重点、热点和难点问题。把群众最关心、反映最强烈的事项作为政府信息公开的主要内容，发挥好信息公开平台的桥梁作用，如村里的财务状况，村子的发展规划、社会保障、计划生育情况等。在公开的形式上主要采用两种形式：一种是通过会议，向村干村民进行定期公开；另一种是建立“一栏、一簿、一箱、一台”的经常性公开阵地。“一栏”即在群众便于阅览的地方设公开栏，比如在村委会办公楼外墙设立村务公开栏，群众经常聚集的显著位置设置公示栏

① 根据洞廊村村委会提供资料整理得来。

和公示牌，“一簿”即政务公开簿，“一箱”即群众意见箱，“一台”即监督台。通过推行村务公开，加强了基层民主监督，提高了村干工作的透明度，方便了群众办事，密切了党群、干群关系，促进了村务工作的规范化管理建设。

表 2－5　**洞廊村村务公开审核监督执行领导小组**

组　长	副组长	成员
周涛波	黄世贤	李欣忠、韦英贤、黄伟兴

2. **大力发展农业，推动村庄经济建设稳定发展**

近年来，在“兴边富民”的政策引导下，洞廊村两委充分发挥综合服务和指导功能，带领全村人民大力发展农业，加快农业产业结构调整步伐，形成立体种植模式。洞廊村在宁明县委、县政府的支持下建立了千亩种植示范基地，在这千亩种植示范基地上进行四季循环种植，对农田全年充分利用，现已形成“甜玉米＋超级稻＋马铃薯”轮番种植模式，即初春在全村全面铺开甜玉米种植，夏秋两季以种植超级稻及再生稻为主，秋冬种植无公害蔬菜和马铃薯。这种循环利用土地资源的种植方式提高了土地利用率，为村民带来巨大的经济效益。同时，洞廊村逐步扩大农业产业规模，通过牵线搭桥引进公司与农户签订蔬菜产销合同，引导农民走“公司＋基地＋农户”的生产经营模式，群众的经济来源主要以种植蔬菜为主，蔬菜拳头产品有甜玉米、辣椒、马铃薯、葱花等，已初具产业规模，是宁明县主要的蔬菜基地，产品远销南宁、成都、重庆等地。2010 年洞廊村农民人均收入达 3978 元，群众生活质量逐年稳步提高。

洞廊村引导农民多元创收，建立起劳动力信息网络，不断拓宽劳务输出渠道，积极做好农民培训、组织和服务工作，转移农村劳动力，促进农村富余劳动力合理流动。调研组了解到洞廊村农民外出务工主要有两种形式：一是具有种菜技能的中青年农民到广东中山、顺德等地租地种菜，一般每亩年纯收入达 6000 元，每户租种 3 亩以上，年收入不低于 2 万元，这一方式解决了村人多地少，蔬菜种植规模和效益难以提高的问题；二是有一定专业技能的青年到广州、深圳等大城市或工业发达地区务工经商。洞廊村现有外出务工农民 425 人，外出务工成为洞廊村又一创收门路。

3. 构建和谐洞廊，促进社会各项事业全面发展

洞廊村以提高农民素质，树立文明村风为目标，狠抓精神文明建设不放松，不断提高群众精神文化水平和思想道德水平。切实加强对村民的思想道德教育，先后组织开展了“讲文明、树新风”、“婚育新风进万家、美德教育在农家”等一系列精神文明创建活动，设立了以宣传党的政策、村规民约和《八荣八耻》为主要内容的宣传牌。洞廊村先后投入十多万元新建2个硬底篮球场、一个气排球场，建立了“青年之家”、“妇女之家”、“图书阅览室”、“村民活动室”，洞廊村积极开展群众文化活动，利用农闲和节假日举办山歌比赛、篮球比赛等活动，丰富村民的文体生活，使全村男女老少不仅享受到物质富足带来的安逸，更体会到了健康有益的精神生活带来的充实与欢悦。洞廊村还注重加强社会治安综合治理，成立治安巡逻队实行24小时巡逻，有效地保障了村集体及个人财产的安全。积极倡导文明新风，通过开展精神文明创建活动，全村连续多年无刑事犯罪案件发生和黄、赌、毒等社会丑恶现象。洞廊村落实村庄社会保障政策，促进洞廊村社会各项事业全面发展。抓好计划生育、新型合作医疗工作，严格执行计划生育基本国策，开展“诚信计生”活动，全面做好计划生育示范点各项工作，计生工作扎实有效开展，村计划生育率99%，同时积极推行农村新型合作医疗保险工作，2010年洞廊村新农合参合率达96%。完善“五保户”供养、特困户救助、灾民补助等社会救助体系，探索建立农村最低生活保障制度，逐年加大帮扶力度，对困难户、低保户、老弱病残尽最大努力照顾，让村民享受更多的福利。

4. 规划建设新村镇，改善洞廊村人居环境

加强农村基础设施建设是新农村建设的基本内容。第一，加强科学规划。洞廊人早前已饱受无规划建房之苦，借新农村建设契机整治村建，他们按本村规划，预留足够宽的通道、排水沟，以每年建设十二栋楼房的规模加快新村建设。洞廊村还把“独木成林”风景区建设与社会主义新农村建设相结合，把全村分为四块建设：一是独木成林景区建设；二是周元将军故居及原旧村壮族风情民居区；三是小康新村区；四是现代农业区。第二，加强农村基础设施建设。洞廊村主要进行农村道路、水利、广播电视、能源、教育和文化医疗卫生等基础设施建设，投入40万元新建机耕道及水利渠道2500米；维修建设4座电灌站；开通了安全饮水工程，解决了331农户、1288人的安全饮水问题。投入50多万元，完成了田园化建设，修筑三面灌溉渠道4.5公里，修建电灌站4座，95%的水田得到水利灌溉，确保了农业生产用水；投资10多万元硬化进村村道1.5公里及多条支道。第三，改善人居环境。以实施“城乡清洁工程”为契机，着力开展改路、改水、改厕、改房、改圈等“五改”活动，铲除垃圾、路障等，整治脏、乱、差问题，村容村貌得到很大改观。

经过多年新农村建设，全村村庄基础设施、农田水利基础设施得到了较大的改善，产业富村、科技兴村、人才强村、生态建村、民主治村、公共事业、精神文明、基层组织建设取得明显成效，为洞廊村经济社会持续发展奠定了基础。

三、村庄教育与村民培训

洞廊村十分重视教育工作，始终坚持把教育放在优先发展的战略地位，认真落实农村义务教育政策，同时注重加强村民的素质教育及技术培训，形成了“党以重教为先，政以兴教为责，民以支教为荣，师以从教为乐”的社会风尚。洞廊村基础教育水平得到巩固加强，村民思想道德水平及素质技能普遍得到提高。

（一）基础教育

洞廊小学始建于1935年，学校现开办九年义务教育小学教学，主要面向洞廊村招生。学校现设学前班及一至三年级各一班，一至三年级在校生23人，学生在三年级毕业后将升入明江镇中心小学继续学习。洞廊小学通过努力改善办学条件，强化学校管理，加强教师队伍建设，全面实施素质教育，实现了普及义务教育的目标，促进了洞廊村教育事业的健康发展。洞廊村坚持把义务教育放在重中之重的战略地位，高质量、高水平地普及和巩固九年义务教育，2007年6月，洞廊小学“两基”工作顺利通过国家评估验收。

1. 办学条件

1989年洞廊小学通过“三个一点”筹资，兴建了一幢砖混结构的二层教学楼，建筑面积560平方米，生均24.30平方米。1992年在楼侧又建起一间70平方米的砖木结构平房。学校现建有校门楼、硬底化校道、围墙、运动场等设施，建有升旗台、旗杆，校园内绿化、美化、净化、亮化、规范化，实现班班有教室，人人有课桌椅。教学配套设施完善，具有图书阅览室、体育室、仪器室、电教室。图书室共有图书1650册，生均69.5册，电子图书98盒；体育设施有篮球场1个，乒乓球台2个，爬梯1个，双杠2副。[①]

2. 控辍保学成效

洞廊村由于经济发展迅速，存在着学生受教育观念淡薄的现象。调研组了解到学生辍学的原因主要有：有的学生或家长因受“读书无用论”思想的影响，不愿读书或送子女入学；有的学生因家庭贫困而无法入学；有的学生因学习成绩不好而产生厌学导致辍学等。洞廊村针对这些情况采取了多项措施，做了大量工作，使小学生辍学现象得到有效控制。

一是加大教育法律法规的宣传力度，增强家长送子女入学的责任意识。洞廊村通过普法宣传，向学生及家长发放教育法律法规资料，洞廊小学在每学期结束前，召开学生家长会，印发《致学生家长的一封信》等承诺书，用《义务教育法》、《未成年人保护法》、《预防未成年人犯罪法》等法律法规教育学生及其家长完成义务教育规定的学业等重要性，使他们认识到送子女接受九年义务计划教育是公民应尽的义务，是关系到下一代的思想道德和文化素质的大事，并用身边的事例说明“今天的文盲就是明天的贫困户”、“今天的经济就是昨天的教育”的道理，使群众自觉送子女上学，从而形成了人人懂“普九”、人人关心“普九”的浓厚氛围。

二是深入开展帮扶活动，动员辍学学生返校学习。每期开学前，由学校组织老师对已掌握的有辍学迹象的学生家庭进行走访动员，向他们晓之以理、动之以情、明之以法，做到早发现、早动员、早防范。通过学校动员仍未入学的，学校安排老师包村、包组干部头上进行入户走访再动员，该请则请，该劝则劝，该帮则帮，最终把学生拉回校园。

对于弱势群体和经济困难家庭子女入学难问题，洞廊村积极开展帮扶活动，确保在校学生的学额巩固率。认真贯彻落实《农村义务教育经费保障机制》，做好“两免一补”工作，利用国家划拨给的贫困寄宿生生活补贴费用，发给家庭经济困难的学生，实实在在让贫困家庭的学生享受到国家的惠民政策，保证学生不因家庭贫困而辍学，激发家长送子女入学的积极性，激励贫

① 根据洞廊小学提供资料整理得来。

困学生树立刻苦学习、立志成才，长大后报效祖国的远大理想。

3. 师资水平

洞廊小学现有教职工6人，年龄在55周岁以上4人，职称都是小高，大专学历1人，中师5人，教师合格率100%。由于洞廊村地处偏僻边远的山区农村，自然条件恶劣，工作生活环境差，所以教师的稳定性较差，加上相当一部分教师是20世纪七八十年代民转公的教师，故整体素质与发达地区相比较弱。因此，针对洞廊村教师队伍现状，学校按照“两基”攻坚要求，制定教师队伍建设规划，加大对小学教师培训，开展了一系列学习、培训提高活动。

第一，在教师中广泛开展师德师风集中教育整顿活动，有计划地组织教师集中学习有关教育的法律法规，《小学教师职业道德规范》，有关为人师表、行为示范的理论文章及先进典型材料，教师定期写出心得交流体会，从思想上增强广大教师的责任意识和教书育人的使命感，激励教师敬业奉献，扎根山区农村，安贫乐教，淡泊名利，在艰苦的环境中实现自己的人生价值。

表3-1　2010年洞廊小学教师师德师风学习计划

时间	书名	内容
3月	教师道德	第八章第一节 教师职业道德思想发展回顾
5月	教师心理健康与职业培养	第八章第二节 当代各国教师对教师职业道德建设概览
7月		第九章第一节 当代教师的地位和作用
9月		第九章第二节 当代教师劳动的特点
11月		第九章第三节 现代教育对教师的要求

资料来源：根据明江镇政府及洞廊村村委会提供资料整理得来。

第二，多次组织学校校长、骨干教师外出观摩学习，同时，积极选派骨干教师参加上级组织的各种长短期培训活动。近三年来，全校共有6人次参加过各种形式的县级以上培训学习，内容涵盖了各个学科，凡外出学习培训，听课的老师回来后都要组织二级培训或交流体会，形式不拘一格，其目的就是通过骨干引领带动，达到教师群体优化。仅2009年洞廊小学外出学习经费达12万元。

4. **加强德育教育和安全教育**

洞廊小学开展“留守儿童”心理健康教育，对有心理障碍的学生及时进行心理辅导，培养学生健康向上的心态，帮助学生培养良好的个性品格和健康心理素质。调研组在调查中发现，由于近年来洞廊村外出务工者越来越多，“留守儿童”问题也越来越严重，留守儿童由于在情感上缺少健全的关爱和沟通的环节，容易产生心理障碍。洞廊村留守儿童一般是隔代监护，即由祖辈抚养的监护方式。对于这种监护的方式，外出的父母比较放心。但这种监护方式在儿童成长过程中，却有着难以克服的问题。由于天然的血缘、亲缘关系，监护者多采用溺爱的管教方式，较多地给予物质、生活上的满足和过多的宽容放任，而较少注重精神、道德上的管束和引导，容易养成儿童任性的心理行为以及怕事、孤僻、内向的性格。而且大部分监护人往往对“留守儿童”要求不严，或缺乏文化知识，无法对孩子的学习进行监督，在学习、生活过程中出现一些差错得不到及时纠正，久而久之便形成一些明显的心理行为问题。洞廊小学建立留守儿童档案，针对“留守儿童”的特点和需要，建立专门的教育管理措施，如让亲子间保持电话联系，班主任根据孩子的校内外表现，尽可能地让孩子与父母取得联系，每月定期通电话，让家长对孩子进行“电话教育”；利用“五一”、“十一”、春节等学生家长返乡的机会约父母面谈，这样能使这些父母较为详细地了解孩子，以便更好地进行短期的家庭教育；对于一些留守学生出现的不良倾向和在校内外暴露出来的一些问题及时处理，耐心的进行说服和教育；教师定期家访，定期举行监护人座谈会，交流管教“留守儿童”的经验教训，相互沟通交流，共同制定教育策略。通过加强对学校留守儿童的人文关怀，使每一名留守儿童上得学、留得住、学得好。

同时学校还加强对学生进行法制、安全教育。开足安全教育课程，对学生进行系统的安全知识教育，强化日常安全教育，邀请公安等法制部门人员来校讲授法制安全教育课，并以每年3月“安全教育活动月”为契机，宣传防震、防电、防雷等知识，开展安全防范演练。以班风、学风、校风的建设为重点，加强学生的行为规范教育，通过课堂、主题班会等多种形式，宣传落实《中小学生守则》、《小学生日常行为规范》，使学生达到“自我管理、自我教育”的目的。2007—2010各学年度，洞廊小学学生行为规范合格率均为100%，犯罪率为0，毕业年级学生毕业率均为100%，体育合格率为100%。

洞廊村经过不懈努力，在国家义务教育、实现“两基”目标上完成了任务。但在调研过程中调研组发现洞廊村的义务教育现状仍然存在着一定的问题。

第一，教师整体素质不高，仍然严重制约着洞廊村教育的发展。教师队伍年龄偏高，洞廊小学教师平均年龄52周岁，50岁以上教师占75%。这就使得教师面对新课程背景下的教育教学工作显得力不从心，无所适从，不能适应新课程背景下的教学需求。另外，由于教师结构不合理，英语、美术、音乐等课程在洞廊小学难以正常开设。

第二，经济发展对教育的冲击很大。大量的农民外出打工，导致留守儿童增多，或交由年迈的父母看管，或托付给亲友照看，或自己独立生活，使这些未成年人缺乏必要的家庭教育甚至生活都不能保障，洞廊村留守儿童占学生总数过半，已经成为一个普遍的问题。

因此，洞廊小学一方面应逐步建立新的教育观念，加强对学校教师的培训，使其适应和掌握现代教学方式，另外还应着重加强“控辍保学”力度，加强对“留守儿童”的心理辅导，给予其更多的关注、鼓励、帮助，多关心、爱护、照顾、理解他们，在学习和生活中多予指导，帮助学生培养良好的个性品格和健康心理素质。

（二）村民教育与培训

洞廊村村委深深感到农民是推进新农村建设的主体，只有不断提高农村劳动力素质，才能把丰富的农村劳动力资源转化为人力资源优势，更好地发挥农民在新农村建设中的主力军作用。村委立足本地实际，整合各种教育资源，充分开展新型农民教育培训活动，做到“让干部经常受教育、使农民长期得实惠”，努力提高农民群众的思想政治素质、科学文化素质和增收致富本领，培养大批有觉悟、懂科技、善经营、会管理的农村新型管理者和劳动者，以及各类实用技术人才。

洞廊村培训形式多样化，主要以明江镇党校洞廊教学点、农村党员干部现代远程教育以及大榕树课堂为主要载体，采用现代教学与传统教学相结合、室内讲课与室外田间指导相结合、请进来与派下去相结合、理论授课与示范操作相结合的方式对农民进行教育培训。

1. 利用村党校教学点开展农民教育培训工作

洞廊教学点坚持以理论教育强素质，以政策教育增才干，以实用技术教育长本领，加大对全村党员的理论、科技培训力度。做到年初制定年度学习培训计划和培训任务，年末进行总结。在教学过程中，村党校教学点一是把党的路线、方针、政策宣传到广大党员、干部、群众中去，二是帮助他们解放思想、转变观念、发展创业，走上富裕路，向广大党员群众传授市场经济基础知识、财会知识、农村实用种养技术、电脑操作知识等，增强农村党员致富本领和闯市场能力，让农民党员在接受教育过程中得到实实在在的好处，成为带领群众致富的“领头雁”。2007 年以来，洞廊点培训基地共举办各类培训班 36 期，培训 758 人次，村党员的参学率不低于 90%，还组织村干部、群众代表等 50 多人次到扶绥、武鸣、田阳等蔬菜种植大县参观，聘请技术员到村培训 16 次，种植户受训率 100%。

表 3－2　**明江镇党校洞廊教学点 2010 年培训班**

班次	培训内容	培训对象	培训时间	培训人数（人）	聘请教师
第一期	甜椒种植技术培训	村两委成员、村民代表	1 月 15 日	20～40	明江镇人民政府阮海斌
第二期	超级稻田间管理培训	村两委成员、群众代表	4 月 20 日	20～40	县农业局陈锡院
第三期	诚信计生培训	村两委成员、群众代表	5 月 5 日	20～40	计生办主任甘俊
第四期	创先争优	村两委成员、部分群众代表	5 月 10 日	20～40	副镇长陈剑勇
第五期	再生超级稻技术培训	村两委成员、部分群众代表	7 月 28 日	20～40	明江镇人民政府陈剑勇
第六期	再生超级稻技术培训	村两委成员、部分群众代表	10 月 16 日	20～40	县农业局陈锡院

资料来源：根据明江镇政府及洞廊村村委会提供资料整理得来。

2. 通过远程教育平台强化农民教育培训工作

洞廊村远教点现设在洞廊村委会，于2008年12月开通。远教中心配有29寸电视机，机顶盒、稳压器、声像资料保管柜等远程教育设备一套，防尘、防雨、防盗、防潮、防火等设备齐全，各种管理、培训制度完备，全部上墙公布。收看场地面积50多平方米，配有16套学习桌椅，能同时容纳80多人同时观看。洞廊村远教点的主要服务对象是洞廊村党支部的党员、村“两委”成员、屯组干部、入党积极分子和本村群众。根据实际工作的需要，洞廊村远教点依托县涉农部门技术人员、电信技术人员、新农村建设指导员、镇中小学教师、驻村干部、村“两委”成员等成立了站点操作管理人员队伍、技术服务人员队伍、教学辅导人员队伍共10余人。

洞廊村远教点采取形式多样的学习方式，让党员干部和群众坐得住、学得懂、用得上，使他们在学中受教育，在用中得实惠。党员群众可以随到随学，同时还结合农村实际，采用“三少三多”的办法开展学习，即白天少学晚上多学、晴天少学雨天多学、农忙少学农闲多学等办法，把定期集中学习与定时开放自主学习相结合，每月组织集中学习，每周定时开放学习，确保党员干部每月集中学习到课率达到90%以上。据统计，2010年洞廊村共组织收看远程教育直播、点播节目30多场次，观看人员达600多人次，参加培训的党员干部1680多人次，为农民群众提供各类信息100多条，被群众采用22条，受到了广大党员干部群众的欢迎。

3. 运用“大榕树课堂”创新农民教育培训工作[①]

长期以来，洞廊村的村民都习惯、喜欢在村头大榕树下的平地消闲、纳凉、聚会和议事。为此，洞廊村按照明江镇党委的要求，决定把“大榕树”作为传播党的创新理论和传授科学知识的平台和载体，开设了由明江镇党委主办、直接面对广大农村干部群众的“大榕树课堂”，其在教学方式和教学内容上都有极大的创新。在教学方式中，把要求农村干部和群众代表到镇上集中学习法改为下到农村群众家门口设置课堂，把学习传播党的创新理论的课堂从镇党委政府的会议室“搬”到村头的大榕树下，使更多的农民群众听课方便。开设这一课堂，不需要建房子、摆桌椅、挂黑板，实行敞开式“办学”。课堂开讲一般定在村民出工之前或收工以后，每个宣讲人讲课15分钟

① 根据明江镇政府及洞廊村村委会提供资料整理得来。

左右，使农民既能方便听课、提问，与授课老师交流，又能在上课之后下地干农活或回家做家务，做到听课务工两不误、两促进。

在教学内容的选取中，洞廊村始终坚持以面向农民需求为重点，以推动农村发展为目标，在课程设置上，实行“1+n”模式：“1”即每次宣讲均以理论政策为基础，重点宣讲现阶段党在农村的路线、方针、政策；“n”即在宣讲理论政策基础上，就当地调整、优化农业农村经济结构需要解决的突出问题、难点问题及群众生产、生活现实中需要解决的热点、疑点等问题进行讲解。为了确保理论政策宣讲易于群众接受，洞廊村还委托县委党校编写具有较强针对性的教材，使用通俗易懂的语言解读理论政策。在宣讲人员选择上，注重邀请熟悉农村工作、善于使用群众语言、受群众欢迎的领导和专家，每课安排2人宣讲，一人主讲理论政策，一人主讲生产知识和生活常识。“大榕树课堂”用群众的视角、群众的语言和生动事例阐释党的创新理论的深刻内涵，把党的农村路线方针政策和科技知识送到村头屯尾、田间地头，满足了农村干部群众了解政策、执行政策的渴望，较好地解决了群众的思想困惑，使上级党委政府的决策部署能够潜移默化地传播到农村群众当中。

自集理论宣讲、科技服务、群众建言献策于一体的“大榕树课堂”开设以来，洞廊村共邀请明江镇党校、宁明县各职能部门的专家学者、科技工作者、致富能手等40多人，先后深入村屯、农业示范基地开展理论宣讲、科技服务等9期30多场，其中有崇左市委党校教授作建设学习型党组织理论宣讲，“世界杂交水稻之父”、中科院院士袁隆平作超级水稻种植培训。

表3-3　**2011年洞廊村“大榕树课堂”学习班**

班次	培训内容	培训对象	培训时间
第一期	中央、自治区党委、市委和县委“十二五”规划涉及农村基层的相关知识、农资“打假”相关知识	洞廊村村委、各组组长、党员代表	1月17日
第二期	学习换届选举相关文件及会议精神、换届纪律知识培训	洞廊村村委、各组组长、党员代表	2月16日
第三期	学习全国“两会”精神、农产品销售信息发布	洞廊村村委、各组组长、党员代表	3月25日

续表

班次	培训内容	培训对象	培训时间
第四期	中共党史、党建知识和农业综合开发知识	洞廊村村委、各组组长、党员代表	4月17日
第五期	再生稻栽培技术知识和学习型党组织知识	各屯经联社主任、各组组长、种养专业户、群众代表	8月31日

资料来源：根据明江镇政府及洞廊村村委会提供资料整理得来。

洞廊村整合党员干部远程教育接收站、“大榕树课堂”、党校洞廊教学点、农家书屋等各类教育培训资源，发挥群体合力，组建了面向广大农民群众的公共教育培训平台，以提高村民的综合素质为主题，以促进农业增效、农民增收为目标，开展了内容多样的村民素质教育及技术培训工作。

第一，思想道德教育。洞廊村利用广播、电视、板报等舆论宣传工具以及课堂资源加强村民的思想政治教育，组织党员、屯干部和村民观看政治思想电教片，学习党的基本理论、路线、方针、政策，学习邓小平理论和“三个代表”重要思想，学习《公民道德建设实施纲要》，向群众广泛宣传公民基本道德规范，使之家喻户晓，深入人心。同时把实现“乡风文明”作为农民教育的落脚点，在加强农民教育培训的过程中，全面渗透对农民的思想道德、社会公德、家庭美德、个人品德教育。开展新农村建设带头人先进事迹报告、创业富民先进事迹报告以及五好农户等宣讲报告，用身边的人说身边的事，教育身边人、影响身边人、激励身边人。由此不断强化村民的道德意识，提升村民的道德境界，倡导良好的社会风气。

第二，法制教育。洞廊村通过散发法制宣传资料及邀请县、镇司法人员到本村上法制课等多种形式开展法制宣传教育，提高群众的守法用法意识，遏制“黄赌毒”和封建迷信等丑恶现象，杜绝违法犯罪事件发生。在全村范围内开展“文明户”、“五好文明家庭”创建活动，每年评比一批“文明户”和“五好文明家庭”。积极开展“婚育新风进万家”活动，让群众熟悉并遵守各种计策法律法规。

第三，科普教育。洞廊村定期开展防雷、防电、防火等防灾减灾知识培训，重点宣传和普及防治灾害、保护生态环境、节约水资源、健康卫生和反对愚昧迷信、陈规陋习等观念和知识，在农村形成崇尚科学、追求知识、科技致富、文明生活的良好社会风尚，努力为提高村民科学素质服务。洞廊村通过开展各项科学知识宣传培训活动，使群众树立公共安全意识和减灾意识，普及减灾知识，提高公众的避险、自救、互救能力，使其能够有效预防和处置灾害事件，最大限度地避免或减轻灾害带来的损失。

第四，卫生教育。洞廊村卫生院设有固定健康教育专栏、展板，并利用村内广播、远程教育以及举办讲座的形式不定期对村民进行卫生知识培训，使农民了解常见病防治等基本知识，以提高农村居民的卫生知识水平，增强自我保健意识和健康素质，培养农民建立健康文明的生活方式，改变不良卫生行为，积极参与农村环境卫生整治，有效治理农村乱倒垃圾、乱堆及乱放等不良行为，改变农村环境脏、乱、差的现象。定期邀请明江镇及宁明县医院进村开展义诊及卫生知识宣传工作，活动内容主要包括开展卫生保健、计划生育等内容宣传教育。

第五，技术培训。洞廊村两委以增加农民收入为核心，坚持实际、实用、实效的原则，围绕新农村建设，优势农产品基地建设，特色蔬菜及超级稻种植产业，以农业科技和经营管理知识为重点，对各村农民开展示范性培训，因地制宜地传授和推广农民急需的农业高新技术、关键技术和实用技术，抓好种植业和养殖业适用技术的推广应用培训。洞廊村农民实用技术培训以聘请专家和镇科技种植能手为示范，以蔬菜、甜玉米、超级稻种植基地为学农实践课堂，实行手把手、面对面地可实践性强的教导，让党员、群众真正学到种菜技能。通过提高农民的生产积极性和生产能力，促进农业产业结构调整，加快农村经济发展；通过传授农业科技知识，带领村民学科技、讲科技、用科技，推广新技术、倡导树立文明新风，从而推动农村精神文明建设；通过围绕本地发展主导产业和特色农产品，指导农民发展生产，及时帮助农民解决生产中的实际困难，实实在在地给农民群众带去实惠，为加快社会主义新农村建设起到了积极的推动作用。

专栏 3.1

洞廊村 2010 年第二期农民实用技术培训班总结

为使我村广大党员、农民群众掌握单季晚稻新品种栽培知识，做强做大我村粮食产业，为又好又快建设新农村做贡献，2010 年 8 月 9 日，我村举办了2010年第二期农民实用技术培训班。此次培训班为期1天，村支书、主任、种养专业户、群众代表等共计50人参加。本次培训邀请了县农业局技术人员来授课。此次培训分理论讲授和现场实地指导两部分，具体情况如下：

理论讲授部分：首先介绍了单季晚稻新品种——超级稻的基本特性以及科学管理的理念，下来是介绍了单季晚稻新品种——超级稻高产稳产的具体栽培和管理的内容，最后是讲授如何防治常见疾病。

现场实地指导部分：首先是指导单季晚稻新品种——超级稻的种植，接着是灌溉、施肥、采光等管理细节，最后是指导鉴别常见疾病、药物选择与喷洒。

此次培训后的意见反馈表明，绝大多数的学员认为所授课内容科学实用，可操作性强，对于所授课内容基本了解，对授课内容、教学方法、教材质量基本满意。通过此次培训71%的学员认为开阔了思路，68%的学员认为提高了操作能力，52%的学员认为提高了理论水平。

通过此次培训，我村广大党员、农民群众掌握了单季晚稻新品种——超级稻栽培知识，为做强做大我镇粮食产业，增加农民的收入，为又好又快建设新农村做贡献打下了一定的基础。

以洞廊村“大榕树课堂”以及洞廊党校教学点为依托的洞廊村培训课堂已经成为提高党员干部综合素质的培训点、农民群众学习现代农业知识和适用技术的致富点、丰富农村文化生活和加强农村精神文明建设的活动点。洞廊村培训课堂发挥了倍加效应，其功能和服务不断扩展和外延。一是成了群众矛盾的“调节器”。村里有了纠纷，司法人员或者是镇里的干部来到“大榕树课堂”，大家坐下来摆事实，辨是非，很多棘手的事情很快得到了化解。二是成了落实政策的“承接器”。劳动保障部门把职业技能培训班和企业用工招聘会开进了课堂；卫生部门到洞廊村培训课堂宣讲新农合政策，农民参保积极性不高的问题迎刃而解；农业、科技、计生等部门也纷纷走进洞廊村培训课堂，原来很多棘手的工作变得容易多了。三是成了农业科学发展的“助推器”。聘请专家和种植能手为村民手把手、面对面地教导，让村民真正学到种菜技能，村民科学种植的积极性空前提高，极大地带动了农民增收。四是成了农民外出创业的“孵化器”。近年来，越来越多的洞廊村村民尝试到珠三角租地种菜，洞廊村适时将科学种菜技能作为洞廊村培训的重要课程，并将课堂“搬到”了广东等珠三角地区，“搬到”了外地种菜农民地头，派专家给他们传授科学种菜技能。有了洞廊村培训课堂的技术支撑，洞廊村农民“抱团种菜”。目前洞廊村有400多名农民在珠三角租地种菜，每年每人收入达到3万元左右，创造了“在广东种菜挣钱，赚钱回乡投资”的独特“异地种菜致富现象”，走出了一条解决“三农”问题的新路子。[①]

洞廊村通过理论政策和农业科技知识的培训，使广大农民深刻领会，了解和掌握农村经济和农业生产的新政策、新信息、新技术，培养了一批掌握先进实用技术的科技明白人、农村致富带头人和科技示范户，为建设社会主义新农村提供了强有力的智力保障。

四、农业发展

洞廊村建村历史悠久，有利的自然地理条件和洞廊人丰富的耕作经验使得洞廊村的经济长期以农业为主。进入21世纪以来，随着现代农业生产技术的推广，洞廊村村民以勤劳务实、不断向上的优良精神推动传统农业步入现代特色农业发展之路。

（一）村庄农业发展简史

洞廊村地处明江河岸边，属于左江河谷地带，地势低洼平坦，自然形成了土质肥沃的冲积小平原。由于地处亚热带季风气候区，一年可种双季稻，冬季还可种植蔬菜，土地利用充分——“四季无闲田”。长期以来，农业都是洞廊村经济发展的支柱产业。尽管目前农村经济迅速发展，村庄产业结构亦有所变化，但农业仍是洞廊村最主要的产业。洞廊村的农业生产以粮食种植为主，粮食作物中又以水稻为主，其次是玉米、豆类、麦类、薯类等。和全国各地一样，从新中国成立前至今，村里的农业生产经营经历了从分到合，又从合到分的发展历程。

1. 1949年之前的发展概况

据《洞廊村史略》记载：宋仁宗时期广西侬智高作乱，仁宗皇帝派狄青率部南下征剿。叛乱平息后，征剿的将士因路途遥远艰辛，再加上时局动荡，

---

① 根据明江镇政府及洞廊村村委会提供资料整理得来。

无法顺利回到家乡。将士们看到明江河两岸土地肥沃，适宜从事耕种，于是解甲归农，留居此地，安家立业①。由此可见，农业在洞廊村发展进程中的重要地位。

清康熙五十七年，土官统治被废除，封建地主所有制逐渐取代封建领主所有制。洞廊村设有村公所，隶属明江县永平镇管辖。当时土地私有，典当买卖自由。由于这一地区封建地主所有制的形成缓慢，地主占有的耕地面积并不多。1953 年土地改革时统计，占人口 5.9% 的地主，占有不到 12.43% 的耕地②。

没有形成典型的地主经济并不意味着地主与富农放弃盘剥农民。当时地主与富农剥削农民的方式主要有三种：一是收地租，二是剥削雇工，三是高利贷。地主与富农根据土地出租期限不同分为一年期、两年期和不定期等种类，租谷通常占收成的三至四成。一部分土地出租后，剩下的土地则需要地主雇佣长工和短工来耕种。长工食宿在地主家，短工的食宿价按长工标准折算。地主最大限度地压榨长工、短工，使得他们的收入无法维持家庭的正常支出。除向佃农收取地租和雇佣农民做长工、短工之外，地主与富农还向农民放高利贷。年利通行一本一利，若当年还不起，第二年利息翻一番。当时生产力水平较低，并在地主和富农残酷剥削下，农民的生产积极性不高。

新中国成立前，洞廊村村民大多依靠人力、畜力进行农业生产，使用的农具也是与当时生产力发展水平相适应，主要有犁、大小铁耙、十字锄、耘田爪、铲、锹、镰刀、割草刀、柴刀等。同时，农业发展离不开水利设施的基础建设，洞廊村村民的祖先曾在村里挖了三十六口池塘，其中三分之二的池塘挖在大村屯和大村屯相接的地方，用于防火；三分之一的池塘挖在村庄周围，用于防盗。除了具有防火防盗的功能外，这些池塘为洞廊村的农业发展起到积极作用，其丰富的水源保证了村民大面积种植粮食、瓜果蔬菜的灌溉用水。

2. 1949—1981 年的发展概况

1949 年新中国成立后，人民翻身做主人，通过土地改革和农业的社会主义改造，土地和生产资料的所有权从私有变为集体所有，制度的改变极大地

---

① 韦雄，黄育章，韦炳权．洞廊村史略［M］．2011：6.

② 宁明县志编纂委员会编．宁明县志［M］．北京：中央民族学院出版社，1988：237.

提高了农民生产积极性，生产力得以解放。洞廊村成立农民协会，并设农会主席一职，由周恩普担当，主要协助人民政府处理村中一切事务。在这一时间段，洞廊村的农业生产经营经历了由合到分的发展历程。

（1）互助组直接跨入高级农业生产合作社

新中国成立前，洞廊村的个体经济占优势，大部分耕地归农民所有。1952年至1953年春的土地改革，没收地主和富农的土地给无地或少地的贫农、雇农、佃农，使洞廊村真正实现了“耕者有其地”。1953年，粮食产量比上一年有所增长，农民的生活得到改善。

宁明地区从1952年开始组织互助组，1953年，洞廊村也同其他村庄一样成立农业生产互助小组。在组织过程中秉持互助互利的原则，自愿组合，农忙时节由各小组民主讨论安排生产，并确定劳动报酬。农忙时，农民间相互帮助，使洞廊村村民的收成得以提高。1955年发生的大涝大旱使粮食产量受到影响，但是宁明地区的96个初级社中多数初级社增产，即使减产的初级社也比互助组及个体农民的损失少。但初级社内部存在诸多私有因素，如当时初级社的土地和耕牛属于私有，这与农业生产中对生产资料的共同使用之间存在矛盾，并且土地分红与发挥社员劳动积极性之间存在矛盾，所以初级社刚建立就急于进入高级社。由于当时洞廊村与宁明其他地区的发展水平不一致，还处于互助组阶段，受到外界从初级社转入高级社的影响，当时洞廊村的8个小组在没有发展初级农业生产合作社的条件下，跨越发展到高级农业生产合作社。

这一时期，宁明县的大部分地区引进轻巧、使用方便的五三型水田步犁，很受农民欢迎。生产工具的改善也节省了部分劳动力，提高了农业生产的效率。洞廊村在尚未转入高级农业合作社时，村民就在地势低洼的耕作区修建山塘、水库，以确保农业生产用水的需要。小山塘水库的修建使洞廊全村的粮食种植面积扩大到400多亩。虽然农具改进、兴修水利等措施促进了生产力的发展，但是“要求过急，工作过粗，改变过快，形式也过于简单划一”的跨越式发展方式也产生了一些问题。

（2）高级农业合作社和人民公社时期

1956年宁明县各地区纷纷建立高级农业生产合作社。洞廊村成立一个高级社，设有正、副社长各一人。当时的洞廊高级农业生产合作社共有三个生产队，即一个大屯为一个队。从互助组直接跨入高级合作社后，原来属于互助组的土地、农具、耕畜都无偿转归高级社；新参加高级社的社员，其土地、农具和耕畜评价入社；实行“统一经营，分级管理”的制度。高级社由民主选举产生管委会，高级社下设生产队。生产队实行相对的三固定，即固定劳动力、固定耕作区和固定耕牛、农具。管委会拥有对全社生产资料的使用，生产计划、基本建设、技术措施、资金筹集、劳动力调度、工分定额、分配方案、财务制度等事项进行统一规划的权利。生产队的权限极为有限，只对某些技术措施的改进、工分定额的临时调整、多余劳动力的调整使用等方面有权实行。高级农业合作社对生产队实行包工、包产、包投资、超产奖励的“三包一奖”。高级社成立后，农民生产积极性高涨，粮食产量得以增加。但是由于当时政府对农业生产形势没有清晰的认识，高估产量导致高征购，使留给农民的口粮减少。1956 年洞廊村的粮食产量 68 万斤，人均口粮却只有 450 市斤。留足社员口粮、种子和牲畜饲料外，卖给国家 21.6 万斤①。1957 年几乎每个高级社都出现减产现象，高估产、高征购、“三包一奖”的政策实际无法执行。1958 年的大跃进，人们认为生产力得到飞跃发展，原有的生产关系已经不适用，“成立人民公社已经是全体人民和全国人民的要求了。”②

1958 年人民公社成立，实行政社合一。人民公社设管委会，管委会下设大队和生产队，人力、物力、财力被管委会无偿调用。当时以共产风、瞎指挥、浮夸风为标志的左倾错误十分严重，生产受到极大破坏，人民生活陷入困难，人民公社处于破产边缘。当时明江、东安、亭亮合为一个公社，称为“三联社”。“三联社”下属的各村成立生产大队，洞廊和明江西街合并为“西洞大队”。1962 年开展的整风整社运动，纠正左倾错误思想，克服队与队之间的平均主义。确定以生产队为基本核算单位的公社、大队、生产队三级所有制，恢复自留地，允许社员开荒扩种，放手让集体和社员搞副业。土地收归生产队集体经营社员按工记分，年终按工分总数与分值，计算出社员全年所得的收入，各队经济独立核算，全体社员按工分数在生产队领取钱、粮。通常在年中和年末发放工钱和口粮。洞廊村设置四个生产队，1962 年全村征购任务 25.6 万斤，平均每亩 280 多斤，是明江镇负担公粮任务最多的大队。

---

① 韦雄，黄育章，韦炳权．洞廊村史略［M］.2011（3）：27.

② 宁明县志编纂委员会编．宁明县志［M］．北京：中央民族学院出版社，1988：239.

洞廊村不仅年年完成征购任务，还有“双超粮”出售给国家[①]。为增加收入，各队除了完成种粮任务外还开设养猪场、烤烟场等。洞廊村还成立了一个“副业联营队”，“联营”用地从各生产队收出来，面积有24亩，主要种植蔬菜，经营收入一部分归大队安排使用，大部分分给各生产队[②]。

1966年“文化大革命”开始，强调“农业学大寨”，洞廊村的农业生产活动受到影响。生产队取消定额记分制，实行大寨评分制。狠抓“以粮为纲”，大割“资本主义尾巴”，大批“野马副业”。规定社员的自留地不能种商品性作物，要统一种、收、分，多余的农副产品不许参加集市贸易[③]。洞廊村的农业生产在村民的努力下除了1967年减产外，其余年份均获增产。

20世纪50年代宁明县各地普遍对耙、耕、播、耘等各种农具进行农具改进，洞廊村也不例外。但是由于群众不习惯使用这些农具，60年代时改进的农具已被淘汰。这期间农机开始用于农业生产活动中，农民开始使用机械提水灌溉、拖拉机电力提水灌溉、拖拉机耕地、机械脱粒、人力插秧机插秧。70年代机械化程度有所提高，尤其是机械碾米已经在洞廊广泛使用，基本上改变了过去用人力加工粮食的状况。农业机械的使用，解放了劳动力，极大地提高了洞廊村的劳动生产率。

在水利方面，1956年后派连河水库的建成，使洞廊村90%的农田实现自流灌溉，全村所有的水田都能种上双季稻，粮食得到大幅增产，产量比先前翻两番。大豆、西瓜、香葱等经济作物也因水源充足得到快速发展。在政治运动较为频繁的年代，洞廊村的大小渠道年久失修，再加上派连河水库容量逐年减少，水利灌溉功能不断减弱，影响了洞廊村的农业发展。1979年开始，洞廊村在政府的支持下，先后建立了20匹马力和15匹马力的两个电灌站，这些水利设施的建设再次为洞廊的农业发展做出了贡献。

3. 1981年之后的发展概况

十一届三中全会后，全国范围内开始“分田到户”，实行家庭联产承包责任制为主体的统分结合的双层经营体制。洞廊村于1981年开始实行包干到户的家庭联产承包责任制。生产队集体经营模式被打破，耕牛、农具等生产资

① 韦雄，黄育章，韦炳权．洞廊村史略［M］．2011（3）：27.

② 韦雄，黄育章，韦炳权．洞廊村史略［M］．2011（3）：25－26.

③ 宁明县志编纂委员会编．宁明县志［M］．北京：中央民族学院出版社，1988：240.

料按人口分配给农户；土地归集体所有，个人只拥有使用权。土地在这一地区分为水田和旱田，也是按人口进行分配，水田人均 1.2 亩，农民自己能够决定在自家的田里种植不同种类的农作物。由农民自己经营自己所分得的土地，从此彻底摆脱了“记工分，吃大锅饭”的现象。农民包种集体的土地，但从未出过承包费。收益除交公粮外，全部归农民自己所有。农民的生产主动性和积极性提高，洞廊村的农业经济获得巨大的发展。1981 年粮食产量大增，1982 年洞廊村大面积种植水稻良种——桂朝 2 号，获得大丰收，全年粮食总产量达到 172 万斤，除完成征购任务外，家家都有“双超粮”卖给国家。直到 2000 年，粮食种植仍是洞廊村的一大经济支柱①。

改革开放前洞廊村的农业生产主要是以粮食作物为主，经济作物为辅；改革开放后，粮食作物所占的比例减少，经济作物所占比例增加，种植结构发生较大变化。洞廊村根据市场需求，在政府的引导下，大力调整产业结构，积极发展蔬菜生产。洞廊村村民突破了原来产销分离的生产方式，尝试采取“公司 + 基地 + 农户”的生产方式，实行订单农业，进行产业化规模经营，目前已取得了一定的成效。在种植大户的带动下，农民生产各种高附加值蔬菜的积极性得以调动。目前，洞廊村已经成为宁明县无公害蔬菜生产村，建立了马铃薯种植示范基地、甜玉米种植示范基地和超级水稻示范片。

从 1981 年起，机械和半机械运输、机械碾米加工在洞廊村得到普遍使用。由于用人力插秧机插秧既费力，机器又容易损坏，已经基本无人使用。目前由于洞廊村青壮年劳动力外出打工的现象普遍，留守的主要劳动力对于机械化生产需求更为迫切，农业生产中机械化程度较高。农田水利方面，20 世纪 90 年代初，洞廊村修建了第三个电灌站。21 世纪初，历任的村官也将工作的重点放在农田灌溉渠道的建设上，先后修建了不同长度的三面光灌溉渠道，村里的农业生产有了稳定的水源保障。为了让农民掌握新品种农作物的种植技术和病虫害防治技术，洞廊村村委会先后邀请宁明县农业局的专业人员到村里给农民进行技术培训，“大榕树课堂”、“田间课堂”应运而生。

改革开放后，在宏观层面上，国家的农业政策稳定，进入 21 世纪以来，中央政府对农业更加重视。在微观个体上，洞廊村积极发展科学种田和农作物的良种推广，使得现代科技在农业中的应用越来越普遍，农业的发展走上

---

① 韦雄，黄育章，韦炳权．洞廊村史略［M］．2011（3）：27.

了一个新的台阶。

新中国成立至今，洞廊村的农业生产体制经历了由分到合再由合到分的发展历程。在这60多年的时间中，洞廊村不断加大对农业的投入，农业生产条件不断改善，生产水平不断提高。农民经营方式的多样化，增收渠道多元化，使得洞廊村农民的生活过得更加富足。

（二）村庄农业生产经营现状

2010年，洞廊村共有农户331户，总人数1288人。耕地面积1880亩，其中水田1546亩[①]，坡地334亩；林地主要以竹林为主，有450亩；水塘总面积60亩。进村主道1.5公里及多条支道已用水泥硬化。近年洞廊村在宁明县政府的引导下，根据市场需求大力调整产业结构，改变粮食作物与经济作物的种植比例，积极推广和种植农作物新品种，使洞廊村成为无公害蔬菜生产大村、马铃薯和甜玉米种植示范基地、超级水稻示范片。

1. 村庄的农业发展状况

洞廊村自改革开放以来一直是宁明县和明江镇的重点示范村。如今的洞廊村农业生产以种植蔬菜和超级稻为主，蔬菜拳头产品有甜玉米、辣椒、四季豆、黄瓜、香葱、马铃薯等。蔬菜生产已初具产业规模，洞廊村已成为宁明县有名的蔬菜基地，产品销往南宁、成都、重庆等地。

（1）农业发展具有独特优势

洞廊村积极发展农业有其先天优势和后天优势。先天优势有两方面：首先是洞廊村优越的自然地理条件，洞廊村是一片冲积小平原，土壤肥沃。种植双季稻的土质主要是河流冲积物，这种土质在洞廊分布较广，是洞廊大面积种植双季稻的优势条件之一。其次是洞廊村处于亚热带季风区，光能丰富，气温高，雨热同期。年均日照时数在1700小时以上，年无霜期在341~353天。年均降雨量1100~1200毫米，水稻生长期降雨量1000~1100毫米[②]。后天优势主要有三方面：第一是交通优势，洞廊村距宁明县城8公里。近年来

---

① 明江镇镇政府提供《洞廊村简介》2011年版。

② 宁明县志编纂委员会编．宁明县志［M］．北京：中央民族学院出版社，1988：242.

洞廊村村民在村委会的领导下修建村级水泥道路和机耕路，改善了村里的交通条件，为农产品的输出提供了保障。第二是水源和水利条件优越。洞廊村所处地区全年雨量分布不均，春冬易旱，夏季易涝。历史上洞廊村就有兴修水利的传统，明江河绕村而过，近年来洞廊村修建的三面光水利渠道约4.5公里[①]，纵横交错，95%的水田已得到水利灌溉。第三是现代技术在农业中的应用。洞廊村有着悠久的种植历史，村民们的种植技术和经验也很丰富。但在现代化过程中，科学种田可以达到农业增效、农民增收的效果。高效、可持续的发展农业是现代农业的发展趋势。洞廊村村民积极参加宁明县农业局和农业广播电视学校开展的农业科技培训活动，学习农业生产实用技术。洞廊村在农民实用技术培训工作中以村干部、种养专业户、返乡青年和群众为主要对象，根据不同产业发展情况，采取不同形式的培训办法。如“大榕树课堂”和田间培训，将培训的场所搬到村里、田里，请县农业局和农科所的技术人员到洞廊村给村民讲作物种植技术和病虫害防治技术。特别是在2010年，洞廊村在县农业局的支持下先后开展了甜玉米技术、香葱种植建设、甜椒种植技术、超级稻田间管理、冬种马铃薯、西瓜种植等培训活动，村民们积极参与。现代科技在农业中的广泛使用，正在改变洞廊村长期以来传统农业“靠天吃饭”的局面，农业发展加上了现代的“翅膀”。

（2）良种推广促进增产增收

洞廊建村以来农业生产一直以粮食种植为主。如今，尽管洞廊村农作物种植结构中粮食作物所占比重有所下降，经济作物比重有所上升。但是，农业生产还是以粮食生产为主。特别是从2007年起，洞廊村被列入全国水稻良种推广补贴范围，通过实施水稻良种补贴项目，运用政策导向和资金扶持手段，充分调动了农民种粮的积极性，鼓励和引导农民扩大粮食播种面积，提高水稻良种和先进栽培技术的入户率和覆盖率，并增加了种粮效益，使得粮食稳定增产，农民持续增收。

据洞廊村村委会提供的《2007年广西水稻良种推广补贴项目实施面积申报登记表》显示，2007年洞廊村水稻良种补贴面积1878.94亩，早稻申请补贴面积达1363.54亩，晚稻申请补贴面积达1359.73亩。采取直接补贴方式，按中央确定的补贴标准，早稻、晚稻每亩分别补贴10元、7元。补贴资金按

① 明江镇政府提供《洞廊村种植示范基地简介》。

核定的良种水稻种植面积直接发放到种植户的专门账户，对土地承包人租赁土地给他人种植或由他人代种水稻的，按谁种谁享受补贴的原则，补贴资金直接发放给租赁人或代种人[①]。2011 年调研组调研中统计的 2010 年洞廊村水稻良种补贴面积达到 1828.89 亩。洞廊村通过大力开展良种推广补贴工作，进一步调动了广大农民种粮的积极性，确保了粮食增产丰收。

(3) 农业发展取得丰硕成果

近年来，洞廊村农业发展取得较大成就。为推动超级水稻产业的发展，2007 年明江镇政府在洞廊村建立了 30 亩超级水稻样板点，亩产比普通品种高出 50～100 公斤，经济效益明显。2007 年以来洞廊村继续扩大样板点规模，每公斤超级水稻比普通水稻增收 0.1 元，人均增收 93 元[②]，成为耕地少、靠种超级水稻致富的典范。2010 年 7 月 29 日中科院院士、“杂交水稻之父”袁隆平亲临示范区指导，经测产亩产达 630.5 公斤，得到袁隆平的高度认可，并顺利通过国家农业部验收。

除粮食作物种植发展迅速外，洞廊村甜玉米、马铃薯、蔬菜等经济作物的发展同样令人瞩目。2007 年洞廊村农民种植甜玉米总产值达 140 多万元；种植西瓜总产值达 60 多万元；种植香瓜总产值达 54 万元；种植香葱总产值达 67.5 万元；冬种马铃薯总产值达 37.5 万元。2007 年洞廊村农民的人均纯收入达到 3476 元，比明江镇农民人均纯收入的 3265 元多出 211 元。2009 年洞廊村农民种植甜玉米、香葱、马铃薯的总产值分别达到 117 万元、67.5 万元、135 万元。2009 年洞廊村农民人均纯收入达 3978 元，比 2008 年的 3565 元增加 413 元，比全镇农民的人均纯收入多 309 元[③]。由以上这些数据可以看出洞廊村村民的收入水平在随着科学技术的应用不断增加，生活水平得以逐年提高。

2. 农业发展中存在的问题

洞廊村从 2005 年开始调整农业产业结构，积极运用现代技术发展农业并取得了一些成效。但在经济发展水平相对较低，农业基础仍然比较脆弱的前提下，发展过程中仍存在一些问题。

---

① 由于存在代种或他种的情况，水稻良种补贴面积与洞廊村的水田面积存在不一致。

② 明江镇政府提供《明江镇洞廊村超级水稻示范基地简介》。

③ 数据整理于宁明县明江镇统计资料。

(1) 自然灾害对农业发展影响较大

洞廊村的农业发展还没有完全摆脱“靠天吃饭”的状况，洪水、冰冻雨雪等自然灾害对农业生产的影响目前还十分严重，其中以水灾为主。洞廊村处于亚热带季风气候区，雨热同期，夏季雨水丰沛，春秋季节降水较少，全年降水不均匀；洞廊村靠近明江河，地势低洼，每逢连续暴雨，洪峰来势凶猛；台风的侵扰也在一定程度上加重了水灾的破坏程度。

2008 年 1 月中旬，中国南方遭遇罕见特大低温雨雪冰冻灾害，洞廊村所在的宁明县受灾严重，农作物受冻面积 38.35 万亩，损失 1.46 亿元。2008 年下半年受 14 号台风“黑格比”影响，洞廊村的农作物全部受淹绝收，其中水稻受淹 975 亩，西瓜受淹 133 亩，甜玉米受淹 274 亩，葱花、冬瓜等蔬菜受淹 136 亩，据统计，全村农作物经济损失达 250 多万元。受持续强降雨的影响，2008 年 10 月 31 日洞廊村再次受到水灾，全村农作物再一次受淹绝收，特别是 14 号台风之后恢复生产种植的马铃薯 530 亩，甜玉米、葱花各 150 亩，其他蔬菜 350 亩遭受灭顶之灾全部绝收①。2008 年以来洞廊村也遭受了几次洪水来袭，对农业生产有一定程度的影响。

(2) 水利灌溉设施缺乏建设资金

“水利是农业的命脉”，洞廊村历史上就有兴修水利的传统。历史经验证明水利基础设施的改善能够提高粮食生产，使农业获得稳定发展。目前洞廊村的三面光水渠约 4.5 公里，全村共有四座电灌站，其中三座电灌站建于 20 世纪八九十年代，目前灌溉面积达 1540 余亩，总装机 60 千瓦。但由于有些电灌站是 20 世纪七八十年代修建的，设备技术性能下降，出水量有所减小，一队、二队电灌站出水渠道有些渗漏。洞廊村村委会中主管农业科技的委员韦建雄提到在农忙时节全村用电量大增，电压不足影响电灌站的灌溉功能；虽然 2006 年以来洞廊村在资金不足的条件下修建了 2400 米的三面光水渠，但是灌区农业生产用水较大，需要加大资金投入对电灌站及灌溉渠道进行维修和改造。

(3) 务农劳动者年龄偏高，受教育程度偏低

在国际分工和产业升级的背景下，与广西接壤的广东在 20 世纪 90 年代会聚了大批的劳动力。广东经济的快速发展带来了众多的就业机会，吸引着很多年轻人去广东工作生活。近年来和宁明县很多村庄一样，洞廊村的很多

---

① 明江镇政府提供《洞廊村灾情简介》。

青壮年劳动力纷纷到广东打工。洞廊村的1200多人口中有将近一半的人口外出务工，除了在外读书的学生之外，留在村子里的村民大部分是老人和孩子。这部分人的文化程度普遍偏低，一些在家务农的老人在观念上更愿意用传统方式耕作，他们接受新技术的能力也有限。村庄务农劳动人口的“老龄化”趋势加速，这种状况的存在使农业新技术在推广的过程中难度较大，农产品标准化工作相对滞后，农产品质量普遍不高，竞争力不强，农业产业化水平不高，影响了农业综合效益的提高。

(4) 信息渠道有限影响农业生产规模化经营

洞廊村进入21世纪以来，在新技术的推广和新产品的引种下，现代农业发展正渐现雏形，规模化、经营化的农产品增多、农业生产与市场的关系日益增强。但从事现代规模化种植的农户时常受困于市场信息不畅所带来的麻烦。调研中，种植土豆的农户就多有反映此类情况，由于无法掌握市场信息，不能准确把握市场的价格变化，使得土豆销售中普遍存在滞销或“赔本”等问题，农民进一步开展生产的压力很大。现实中，作为信息的重要供给者——政府部门由于资金及人力的缺乏，对各乡镇农业信息的采集不足，直接造成农民了解信息的渠道不多，信息来源存在不准确的问题，使得农民对市场的供求判断不准确。虽然2008年县农业局免费为农户发布供求信息13条，向农业种养大户、龙头企业、经纪人反馈信息7条，但是无法满足广大农户的需求。由于受资金限制，电子信息网络发展还很滞后，网上交易还是一片空白；信息服务面不宽，受农民认识的限制，开展有偿信息服务还需要一个过程。政府机关没有专项信息资金，一定程度上影响了信息的传播面。加之，由于信息产业是一项新兴产业，工作难度较大；农民信息员虽然热情较高，但因职业技能不高，服务方式滞后，工作力度亦不大。这些都影响着农民对各类农产品信息的了解。

（三）特色农业产业开发

近年来，在“富民兴边”的政策引导下，洞廊村农业产业形成立体种植，对农田进行全年充分利用。目前洞廊村已初步完成农业产业结构调整并初显经济效益，打破以前的“稻—稻—菜”和“稻—菜—菜”的模式，已形成“甜玉米+超级稻+马铃薯”轮番种植模式，重点发展甜玉米、马铃薯等市场抢手农产品。洞廊村积极发挥特色农业优势，加快调整发展高效特色农业。目前已经形成一批高效农业典型示范基地，使洞廊村成为宁明县乃至崇左市的农业产业结构调整典型示范村。

1. 马铃薯特色产业开发

洞廊村自2008年开始试种马铃薯，2009年马铃薯得到大规模种植，2009年冬种2010年收马铃薯高产示范片种植面积达1089亩①，田块493块②。在短短的四年时间中洞廊村建立马铃薯高产示范片，扩大农民增收渠道；引导改变传统、单一、零散的生产经营模式，走上规模化、订单化的新型农业生产模式。

(1) 有利的发展条件

宁明县的年平均气温21.9℃，降雨量1500毫米，无霜期达350天以上，十分适宜冬种作物生长。洞廊村的沙质土适宜马铃薯的种植，加上农民有冬种马铃薯的传统习惯。冬种马铃薯通常不需要除草，容易管理，每亩产量很高，普通马铃薯亩产最多达2000斤，新品种马铃薯每亩产量在4000斤至5000斤。近几年来，洞廊村利用冬闲田种植马铃薯，采用脱毒种薯。核心示范片种薯主要由广东惠东县九华农贸有限公司提供。洞廊村的马铃薯是集中种植，由于洞廊外出务工人员较多，闲置的田地相应也较多。种植过马铃薯的土地在来年种植早稻时还有余肥，犁地也相对轻松，因此冬天种植马铃薯时，部分农户就会无偿给种植马铃薯的村民提供土地。集中种植、集中管理提高了马铃薯种植的经济效益，农户种植马铃薯的积极性得以提高。

(2) 有力的技术支持

洞廊村冬种马铃薯种植的统一规划、统一供种、统一种植管理、统一地膜覆盖、统一收获销售等一系列技术服务工作得到了宁明县农业局的大力支持。县农业局与明江镇政府、农业服务中心工作人员一起抓好种子供应、技术培训和种植管理工作。洞廊村示范片马铃薯采用优质高产脱毒品种威芋3号和克新18号，亩产3500~5000斤（最低销售价0.5元/斤，最高销售价达0.8元/斤），亩产值达1800~2500元。洞廊全村马铃薯总产值150万元以上，人均收入978元以上③。

---

① 明江镇政府提供《明江镇2009年冬种马铃薯（洞廊村）高产示范基地简介》。

② 宁明县农业局提供《宁明县洞廊村1000亩马铃薯高产示范片简介》2010年版。

③ 明江镇政府提供《宁明县明江镇洞廊村千亩冬种马铃薯示范片简介》。

(3) 有效的扶持措施

2008年洞廊村连续遭受3次大洪灾，农业损失惨重。县政府通过各种渠道筹集资金100多万元用于灾后农业恢复生产示范片建设，洞廊村获得1000亩马铃薯种子免费补贴，群众积极性大增。2009年宁明县政府专门下发“关于印发《宁明县2009年冬种马铃薯实施方案》的通知”，出台了优惠补贴政策，并落实责任制，以抓示范带动全县生产。为实施好示范片，县财政投入了专项扶持资金，主要用于薯种、化肥、机耕农药等补贴。其中：每亩种薯补助200元（每斤0.8元）和机耕费每亩80元，由农业生产救灾资金、发改项目资金和县财政资金负责解决；每亩补助一包进口高效三元复合肥（175元）由扶贫资金解决[①]。

(4) 良好的经济效益

宁明县政府全面推广马铃薯“订单”农业，由广东省惠东县九华农贸有限公司与示范区里的农民签订马铃薯种植收购合同。九华公司负责提供种薯，种植技术指导，并且负责收购所有合格产品，收购价格与市场联动，收购最低保底价0.7元/斤，平均价格在0.9元/斤左右。

2007年，洞廊村共种植冬种马铃薯150多亩，总产量375吨，总产值37.5万元；2009年上半年，洞廊村收获马铃薯1000多亩，总产量1500吨，总产值135万元[②]；2010年3月22日受区农业厅委托，崇左市农业局、市科技局、宁明县科技局、农业局、统计局等组成专家验收小组对示范片进行实地测产验收：平均亩产1603.4公斤，高品薯1434.4公斤，高品率89.5%，其中最高亩产田块达2619.5公斤，商品率达96%；单个最大最重的薯块达1.7斤。平均销售价每公斤1.5元，亩产值2404.5元。种植马铃薯的农户人均纯收入400元以上[③]。经济效益可观，为农民增收创造了一条新途径，成为全县带动面上恢复生产的主要示范片之一。

(5) 存在的主要问题

截至2011年，洞廊村的冬种马铃薯生产有了一定规模，农民群众掌握种植技术，对新技术乐于接受，马铃薯的产量、质量、效益逐年提升，但是仍然存

---

① 宁明县农业局提供《宁明县冬种马铃薯情况汇报》，2005年11月13日。

② 数据整理于《洞廊村简介》。

③ 宁明县农业局提供《宁明县洞廊村1000亩马铃薯高产示范片简介》2010年版。

在一些急需解决的问题。第一是销售困难问题依然存在。“订单”马铃薯占总量的比重不大，宁明县全县的“订单”马铃薯只占总量的四分之一左右，还有四分之三仍然需要寻找市场，信息来源有限的农民在自己寻找市场的过程中，成本加大。洞廊村种植的加工型马铃薯品种较少，也影响了“订单”发展。洞廊村种植的马铃薯以鲜销为主，一旦出现滞销状况，农民损失将十分严重。第二是技术培训的力度不够。2009 年洞廊村所在的明江镇采取了以会代训的方式加强对村干部及种植能手的培训，共培训 2 次，参加人员 80 多人。培训频率较低，受训人数少，也影响大部分洞廊村民掌握马铃薯种植技术。

2. **甜玉米特色产业开发**

洞廊村村民根据市场需求，自 2005 年下半年开始种植甜玉米，并获得较大的经济收益。目前洞廊村的甜玉米种植示范基地已经成为明江镇农业结构调整的典型。

（1）有利的发展条件

洞廊村全年气候温和、土壤肥沃，一年四季均可种植甜玉米。除水稻之外，玉米也是这一地区的主要粮食作物之一。近年来，市场对甜玉米的需求不断增加，加之适宜加工的甜玉米因其高附加值逐渐受到农民的欢迎，使洞廊人在有限的土地上赚取最大的利润成为可能。自然条件的优越和利润的驱动，洞廊村农民种植甜玉米的积极性不断提高。洞廊村已经在村南部建立甜玉米种植示范基地，总面积约 800 多亩。

（2）专业的技术支持

为更好地发展洞廊村的甜玉米种植示范基地，洞廊村村委会专程聘请甜玉米种植能手到点全程跟踪指导。县农业局派出技术人员到洞廊村进行技术指导，把每个生长期用药、用肥等技术要求写进路边信息栏；指导群众做好田间管理，并随时接受群众的咨询。同时加大培训力度，洞廊村村民积极参加在宁明县农业局开展的甜玉米培训活动。示范基地建立以来，村委会组织村干部、群众代表等 50 多人次到扶绥等甜玉米大县参观 5 次，聘请技术员到村培训 16 次，种植户受训率 100%，组织播放电教片 6 场次，激起群众对种植的兴趣，增强了种植户的信心①。

---

① 明江镇政府提供《明江镇洞廊村秋冬菜种植示范基地简介》2011 年版。

（3）有力的政策支持

2008年1月洞廊遭遇罕见特大低温雨雪冰冻灾害，为了抓好灾后恢复生产工作，对洞廊村400亩甜玉米进行补贴2万元。做好前期服务和提供信息服务，通过牵线搭桥金宝狮甜玉米公司与农户签订产销合同，实行订单种植名优甜玉米品种，引导农民走“公司+基地+农户”的生产经营模式。争取到上级党委、政府和有关部门的大力支持，投入70多万元建成4.5公里的园田化工程和1座电灌站；筹措10万元先垫种子费，待农户卖甜玉米后再还，并跟农户签订协议，若因自然灾害造成农户绝收的，农户不还种子费以鼓励群众大胆种植，让群众吃上“安心丸”。

（4）明显的经济效益

2007年，洞廊村共种植甜玉米1200亩，总产量1080吨，总产值140多万元；2009年上半年，洞廊村共种植甜玉米400亩，总产量800吨，总产值117万元。2010年基地共种有800亩甜玉米，甜玉米平均亩产量2000～3000市斤，按订单保价收购0.53元/市斤，纯收入为900～1000元/亩。群众纷纷自发到基地参观，极大地激发了群众的积极性。基地示范作用辐射到周边的思明、岑岳、利江等村屯。示范基地的经济效益和社会效益前景可观。

目前，尽管洞廊村传统农业仍然占支配地位，现代农业所占比例尚小。但是，基于洞廊村农业发展有着优越的自然地理条件和悠久的种植历史，进入21世纪后，随着现代农业技术的迅速引入，尤其是超级稻、甜玉米、马铃薯等新品种的引种推广，各种种植示范片的建设以及规模化、订单化的新型农业生产模式的发展，洞廊村必将进一步加快农业产业结构调整步伐，推进村庄农业发展进入新的历史阶段。

五、现代科技在村庄生产生活中的普及与应用

洞廊村作为一个主要从事农业生产的乡村，近年来不断引进现代农业科技，实施科技兴农战略，加速农业科技进步与创新，提高农业综合生产能力，提高农业科技化、机械化生产水平，围绕结构调整和产业升级，调整农业科技推广的方向和重点，从提高产量、增加供给转移到更注重提高质量、降低成本、提高效益和促进可持续发展上来，先后实施了“丰收计划”、“跨越计划”、“生态家园富民计划”等重大科技项目，推动了种子优化工程、技术更

新工程、农业设施工程、创新品牌工程、绿色工程、人才培养工程等建设，村庄经济得到了快速发展，2010年，农民年人均纯收入已达到3978元[①]。

目前，各类农业适用技术在洞廊村基本得到普及和应用，主要农产品的产量和品质明显提高，农民收入显著增长，农民生活水平不断提升，村庄整治、公共服务、环境清洁等有明显改变，基层组织建设、群众组织建设得到加强，乡风民俗、村庄面貌呈现新变化。

（一）现代科技改变农民的传统生活方式

21世纪以来，随着现代科技的进步与推广，以及新农村建设等项目的实施与推进，洞廊村大力发展现代生活科技，乡村建设从以往的生产式乡村向宜居乡村转变，农民居住条件得到改善，卫生和交通条件也显著提高，农民生活水平和生活质量大大提高。

1. 农户居住条件大有改善

由于建筑水平低和就地取材方便等原因，洞廊村的原始居住风貌多以土草结构—木架结构为主，传统房屋建筑墙体材料以泥土稻草混合物为主要原料，以竹子为结构支撑，屋内多以泥土地为主，这种建筑物的缺陷是持久度不高，遇水浸容易坍塌且易燃，日常生活中也不利于保持卫生。

随着新农村建设项目和田园式农村建设项目的推行，在党的富民政策引导下，农村经济有了很大的发展。洞廊村在乡村建设中，钢筋混凝土、砖瓦建材等复合式建筑材料和楼房建筑结构等得到了广泛应用，村民居住条件取得质的飞跃，人均居住面积大大增加。房屋在保暖性、牢固性、抗震性和审美意识上有所突破，采光效果提高，防火防盗功能增强。新建农户住宅全部采用水泥硬化，并且多配有独立厨房和卫生间。新建筑改善了以往生活和生产混用的情况，尤其是独立厨房的使用为农户提供了良好的室内居住环境。

特别是近些年，在党的富民政策引导下，农村经济有了很大的发展，越来越多的农民开始修建住宅楼。截至2010年，全村已新建楼房67栋，砖瓦房270栋，且每年以年均12栋楼房的建设速度快速地推进新村发展，拥有卫生间的农户也达到了68户，村里已建沼气池76座（45座正在使用），混合使

① 数据整理于宁明县明江镇统计资料。

用天然气、柴火的家庭有274户，大大改善了以往依赖柴火造成的居住条件污染现象，且减少了对树木的砍伐行为。

2. 环境和交通条件大有提高

在洞廊村公共环境和交通发展过程中，由于长期缺乏统一规划、资金匮乏等原因，环境与交通发展水平较低，一直以来是洞廊村发展亟待解决的问题。

从公共环境来看，洞廊村历史上的主要问题在于：一是农民生活垃圾缺乏统一的卫生收集和处理设施，导致生活垃圾随意倾倒；二是牲畜排泄物无法得到集中处理，下水系统建设尚不够完善，一定程度上破坏了水和土壤环境等；三是农民环保意识淡薄，一部分村民还大量使用缸等器皿来长期储存生活用水，水质受到外界二次污染后对村民身体健康造成影响。

如今，随着现代生活科技的应用，洞廊村公共环境得到了极大的改善。通过新农村建设，洞廊村实现了自来水户户通，保证了水质，避免了污染；在乡村建设中，切实加强村容村貌规划，在各级政府的指导下建立了卫生统一清扫、垃圾统一处理的制度，并且建设了垃圾集中处理中心，改善了集中居住带来的环境污染问题。与此同时，洞廊村村民的环境卫生意识也大大加强，以往直接往公用水源排便、倾倒垃圾的现象基本消失，提高了家庭和公共环境的卫生水平。

洞廊村环境卫生不断改善的同时，交通事业也蓬勃发展。先后落实了道路村村通工程和村内道路整改工程，从2005年开始实施田园化建设工程以来，先后投入50多万元，完成了田园化建设，修筑三面光灌溉渠道4.5公里，修建电灌站4座，田间道路约5公里，另投资30多万元建设水泥硬化村道1.3公里，极大地提高了农业运输的便利性，农民运送生产和生活物资更加快捷。农产品收购的运输成本降低，以往农民等着客商上门收购，现在可以自行运输，选择价格较为合适的地方进行销售。同时农忙时节劳动力流通也大大加快，摩托车成为农民去往农田的主要交通工具。更有一部分较有经济头脑的农户，农闲时间利用自家摩托车、小客车、三轮车在县城、乡镇开展营运业务，既增加了收入，又方便了村民出行。

3. 农民业余生活多元化

由于经济发展条件和基础设施滞后等因素，历史上，洞廊村村民业余生活较为单一，缺少专门的娱乐场所，村民空闲无处娱乐。随着生产和生活条件得到大幅改善，在国家“家电下乡”政策和各级政府的大力支持下，洞廊村的电器保有量大幅提高，并实现了家家通闭路电视，村民通过看电视、上网等方式丰富了业余生活，与外界的交流和沟通开始频繁起来，改变了以往信息封闭的困境。

目前，洞廊村共拥有彩电271台，手机1000多部，通信率达到了100%，有线电视普及率达到96.78%。通过互联网的建设和村委会农村信息广播的建立，搭建了上级农业科技部门到农户的信息通信机制，推动了农业科技培训工作的开展，保证了农业信息能够及时到户，也使得村委会的信息传递功能得到大大加强，农民业余时间学习科学知识的氛围更加浓厚。

另外，洞廊村建设了两个体育场，一个排球场，还建立了“青年之家”、“妇女之家”、“图书阅览室”、“党员活动室”等公共活动室。农闲和节假日时，山歌比赛、篮球比赛等活动开展得如火如荼，村民娱乐项目增多，提升了乡村文明程度，民俗民风呈现出多样化色彩。

（二）现代科技推动传统农业向现代化转型

洞廊村村民的主要经济来源以农业为主，传统农业的种植品种涵盖了水稻、蔬菜、甜玉米、香蕉等，但是缺少劳动力制约了农业收入的提高，因此洞廊村通过积极推进农业结构战略性调整，以建设优势产业带为重点，积极引进现代科技，通过新品种种植、新技术推广、管理技术改良等方法，依靠发展特色农业、引进农作物新品种和加强科学管理来实现农业现代化。

1. 新品种的推广提高农业生产的专业化水平

洞廊村种植农作物历史悠久，但是，近年来旧有品种混杂退化严重，单纯依靠常规育种，很难适应生产发展的需要。洞廊村积极引进超级水稻、甜玉米等高产新品种进行种植，解决了旧有品种产量低、病虫害严重、品种老化等问题，提高了洞廊村的农业生产水平，实现了高产、高收入。

（1）超级水稻种植推广

超级水稻与目前广泛种植的半矮秆水稻相比，其株型增高、稻秆增粗、穗型增大、库容增大，体内营养物质丰富，较大幅度地提高了水稻单产量，在洞廊村得到了大力推广。

超级水稻与一般杂交水稻相比，具有以下特点：

一是杂种优势强。根系发达，茎秆粗壮，株型理想，穗大粒多，结实率高，增产潜力大。

二是群体数量大。一般生育期较长，叶面积系数较大，更易感纹枯病、稻曲病和稻飞虱。

三是技术要求高。在栽培技术上比一般杂交水稻要求更严格，主要表现在：壮秧、早播、早插、稀植、足肥、活水、重药。

与传统水稻相比，超级水稻在产量、米质、抗性等主要方面均显著超过现有水稻品种，因此近几年在我国得到了大力推广，洞廊村作为超级水稻广西实验点，在超级水稻种植上得到了政府和专家的大力支持。

洞廊村自2006年开始种植超级水稻，主要种植品种有Y优1号、博优253、中浙优1号等，种子选育是由杂交水稻之父袁隆平、各相关农业科研院校完成，农民种植优质稻米种子来自农业推广中心、市场等，形成了良好的良种培育和种植体系。洞廊村超级水稻产量为1000~1200斤/亩，亩纯收入为2200~2720元；传统老水稻品种，亩收入为1950元，亩产量为750斤，增收效果十分明显。

另外，洞廊村还在国家杂交水稻工程技术研究中心主任、中国工程院院士袁隆平的支持下开展了早稻超级稻超高产攻关示范片工程，种植第三代超级杂交水稻Y两优302，种植面积100亩，平均亩产为630.5公斤，比普通杂交水稻每亩增产200公斤以上，实现“种三产四”的目标，经济效益大大提高。

(2) 甜玉米种植技术推广

甜玉米具有蔬菜、水果、粮食、加工饲料“多位一体”的利用价值，其开发前景十分广阔。一是采收鲜穗上市，供作煮、蒸及烤食。二是将青鲜穗或籽粒加工成糊状、粒状或段状罐头，或速冻甜玉米穗和粒，脱水甜玉米干，油炸甜玉米粒及快食粥类、食品等。三是收获玉米雄穗抽出尚未露出嫩果穗时加工成玉米笋罐。四是玉米秸秆是优良的畜禽饮料。五是可以用秸秆还地做肥料、培养地力。

洞廊村甜玉米种植起步较晚，2005年在县农业局的指导下开始种植。种子选育是由相关农业科学院完成的，农民种植甜玉米种子来自金宝狮甜玉米加工有限公司，企业与农户签订保价收购的“订单”，以“企业+基地+农户”的经营模式进行，极大地调动了农民种植的积极性，取得了很好的经济效益。当年洞廊村种植甜玉米800亩，产值达到106万元，获纯利润74万元。

2010 年洞廊村种植甜玉米 800 亩，新增产值 55 万元，年产量为 2000～3000 市斤/亩，按订单保价收购 0.53 元/市斤，亩纯收入为 900～1000 元，相比传统玉米的年产量为 400～500 公斤/亩，亩纯收入 500～600 元，经济效益可观，全村农民人均增收 600 元。

在此基础上，洞廊村还借助宁明县农业产业化发展，积极向县甜玉米罐头厂等专门生产出口甜玉米罐头的企业销售，既增加了甜玉米的附加值，增加了农户的收入，又实现了规模化生产，实现了双赢。

（3）冬种马铃薯种植

在种植两季稻的基础上，洞廊村村民利用冬闲田和冬闲时节的空闲全面推广冬种马铃薯种植，实现一年三熟、钱粮双增的局面。从 2009 年开始冬种马铃薯种植，利用冬季水稻种植后的闲田，在 10 月至第二年 1 月种植马铃薯，第二年 2—4 月蔬菜销售旺季上市，取得了不错的收益。

2010 年洞廊村共种植 1300 亩马铃薯，田块 493 块，主要种植品种为荷兰种费乌瑞它，采用脱毒种薯，引进了广东等地先进种植和管理经验，鼓励规模种植，实行统一规划、统一供种、统一种植管理、多种技术攻关，统一订单，由广东惠东县九华农贸有限公司等收购公司负责供应种薯和收购产品，经过实地测产验收：平均亩产 1603.4 公斤，高品薯 1434.4 公斤，商品率 89.5%，其中最高亩产田块达 2619.5 公斤，商品率达 96%；单个最大最重的薯块达 1.7 斤。平均销售价格为每公斤 1.5 元，亩产值 2404.5 元。种植马铃薯的农户人均纯收入达 400 元以上①。

（4）香蕉种植

洞廊村传统种植主要是水稻和蔬菜种植，但是近年来随着一批蕉农回乡，看到洞廊村的气候条件适宜种植香蕉，村民也开始尝试香蕉种植，种植面积逐年扩大，丰富了本地的种植作物品种，提高了村民经济收益。

例如，村民韦炳全利用在海南十年种植香蕉的技术和经验，回乡承包农村用地种植香蕉。村民黄立勇则从 1996 年开始种植香蕉，是村里最早种植香蕉的蕉农之一。黄立勇通过自学种蕉技术，从最初的 1000 株香蕉扩大到 20 多亩香蕉地，预计香蕉纯年收入可达 10 万元，同时也探索出了一套适合本地的种植香蕉技术。

---

① 宁明县农业局提供《宁明县洞廊村 1000 亩马铃薯高产示范片简介》。

2. 科技创新提高了农业生产现代化水平

长期以来，洞廊村农业生产以传统农业技术为主，并停留在提高机械化水平等初级的现代化农业生产上，不利于提高农业生产的集约化和规模化，农业现代化水平仍有较大的提高空间。对此，洞廊村通过大榕树课堂、乡村教育广播、农业技术推广等活动，向村民教授各类基础性、前沿性、公益性农业生产新技术，促进了农业技术集成化、劳动过程机械化、生产经营信息化，构建了适应高产、优质、高效、生态、安全农业发展要求的技术体系，提高了生产效率和生产的规模化水平，增强了劳动力使用水平，尤其是农忙时节能够及时抢收抢种，保证了农业生产的正常进行。

(1) 病虫害防治技术创新保证了新品种推广

由于长期进行单一品种种植，一些新品种的引入就很容易导致稻田病虫种群数量的改变，如二化螟、稻飞虱、纹枯病、稻曲病发生概率高，稻曲病已由过去水稻上的次要病害上升为主要病害；地老虎、蝼蛄、青虫等害虫严重危害了马铃薯的种植。采用常规的药剂防治方法不仅用药成本高、污染稻谷和环境，而且无法有效控制病虫害，对水稻、玉米、马铃薯的生产和推广造成严重影响，因此洞廊村在县农业局的指导下，在病虫害防治中采用科学防治，开展了病虫害防治技术研究，形成了一套有效防治超级稻主要病虫的病虫害防治体系，适时、适量用药，防治结合取得了很好的效果。

例如，超级稻禾苗群体数量大，一般叶片较宽、叶面积系数较大，生育前期病虫发生情况与一般杂交稻基本相同，但从孕穗末至齐穗期，如遇上连续阴雨天，稻曲病、纹枯病、稻飞虱、二化螟极易发生，对农作物危害较重。对此，洞廊村通过轮作、肥水管理等农业措施加以防治，对已发生病虫害的，则及早采用病虫害防治技术进行防治，该技术对病害防效达80%左右，对虫害的防效达90%以上。①

(2) 生产经营信息化提高了种植效益

长期以来，洞廊村种植水稻、蔬菜都是看市场吃饭，由于村民无法掌握一手的市场价格波动信息，对增收造成了不利影响，为此洞廊村在各级政府的支持下，通过试行订单农业的方式，提高了村民种植的积极性，作物连片种植，形成了规模效应。例如，广东省惠东县九华农贸有限公司与示范区的

① 宁明县农业局提供《超级稻病虫害防治知识》。

农民签订马铃薯种植收购合同，九华公司负责提供种薯，进行种植技术指导，并全部回收产品，收购保底价 1.1 元/公斤，保证了村民收回成本外还有盈利。

(3) 农业机械化提高了规模化水平

现代化机械生产在洞廊村的日常生产中也广泛应用，除少量不适宜机械化或工作量少的农田仍使用水牛外，多数农田均使用机械化生产，极大地提高了农业生产效率，尤其是秋季稻的快速种植和收割，保障了冬季蔬菜的种植。2010 年，洞廊村拥有大型机械共 41 辆，其中 4 辆拖拉机、21 辆手扶拖拉机、3 辆收割机、4 辆插秧机、5 辆打谷机，以及翻斗汽车 1 辆、大班车 1 辆、柳微汽车 2 辆等，农业生产机械化率显著提高[①]。

洞廊村村民在农忙时节实现了“人休息机械不休息”，采用租赁的方式进行互助，尤其是大型机械连片收割、播种，在实际生产中起到了重要作用，节约了大量的人力资源成本，提高了农业生产的效率。

目前，洞廊村使用插秧机的效率达到 30 分钟/亩，而人工插秧每亩地每人需要 2 天；收割机的收割效率为 10～15 分钟/亩，人工收割每亩地每人需要 1 天；打谷机的打谷效率为 10～15 分钟/亩，人工打谷每亩地每人需要 2 天；拖拉机犁地的效率达到了 20 分钟/亩，人工犁地每亩地每人需要 2 天。当前人工成本每人 50 元/天，插秧、收割每人 70 元/天，使用机械化生产节约的经济效益十分可观。由此可以看出，人工插秧、收割、打谷、犁田一亩田总共需要 7 天，而机械化生产才需要不到两个小时，节约人力成本约 400 多元。

洞廊村机械化水平的提高也推动了马铃薯等蔬菜的种植，洞廊村通过引进技术实现了一站式马铃薯分选，即马铃薯在地里可经机械收获并分选大小，节约了劳动力。目前洞廊村的马铃薯等蔬菜主要销往南宁等地区，收购价格优势明显。

（三）农业管理技术的改良与革新提高了土地的产出效益

洞廊村在积极引进新品种和推广新技术的同时，也不断改良与革新农业

① 宁明县农业局提供《关于把明江镇洞廊村作为我县社会主义新农村建设试点的建议》。

生产管理水平，既提高了生产效率和规模化生产效果，又降低了肥料等各类生产性成本的投入，亩产经济效益大大提高。

1. **再生稻技术**

洞廊村气候适宜，普遍采用两季稻种植技术，理论上，洞廊村四季都可种植水稻，传统技术下，若一年种两季水稻，需在第一茬收割后重新播种，造成种子、肥料、劳动力的浪费。洞廊村不少村民选择冬种，一年两季水稻一旦抢收和播种不及时，容易占用冬种蔬菜用地。而再生稻作为一种轻型栽培方式，在洞廊村得到了推广应用。

再生稻是利用头季稻桩上的“潜伏腋芽”发苗成穗的，不用重新备田、重新播种，只需在头季稻谷收割时，留出约40厘米的稻秆，等待水稻重新分蘖、发芽，它具有生育期短、亩产量高、米质优、省种、省工、节水、调节劳力、生产成本低和经济效益高等优点。再生稻种一季收两季，米质达到二级优质米标准，解决了双季早稻米质差的难题，明显提高了农民种稻收益。从土壤环境来讲，一年中种两季水稻和一季蔬菜，有利于提高土地的综合生产能力，还可以采用再生稻早播早种技术，可以避免“稻瘿蚊”对水稻的严重危害，减少病虫害的发生，为冬种提供了土壤保障。目前，洞廊村种植再生稻150亩，占总数的10.86%。[①]

2. **复种技术**

在采用了超级水稻等优良品种的基础上，洞廊村在土地有限的情况下，通过实验复种等技术，提高了土地的利用率，掌握了冬种蔬菜的上市时间，提高了亩产经济效益。

2010年，洞廊村建立超级稻—再生稻—马铃薯三茬生产模式，每年3月种植产量高、再生能力强的中浙优1号超级稻，到8月收割后蓄留再生晚稻，10月收割后冬种马铃薯。这种模式充分利用了超级稻早熟的特点，缩短了两季水稻的生育期，避免在干旱季节播种，节约了抗旱成本，节省了购买稻种以及播种办田等费用，实现了高产稳产。超级稻+再生稻两季基本连续生长，尽管早稻推迟了播种期，但晚稻收获期仍比常规种植提早15~20天收割，使得冬种马铃薯提前了40天左右，提前上市的马铃薯具有价格优势。

洞廊村不少村民都使用复种技术，并且不断扩大生产规模。例如，村民

---

① 宁明县农业局提供《超级再生稻栽培技术》。

韦建雄通过这种套种技术，每亩就增收3000元。在复种技术的基础上，洞廊村也大胆尝试引进套种、间种技术等，积极发展种植甜玉米套种西瓜、蔬菜等技术，充分利用土地，取得了很高的经济效益。

3. 抛秧法与免耕法

洞廊村在水稻的种植过程中，除了机械播种、人工播种之外，还推广了结合抛秧法与稻草覆盖免耕的技术方法、免耕抛秧法，应用集免耕技术、抛秧技术、除草技术、节水技术、秸秆还田技术于一体的新型免耕抛秧生态技术。通过使用塑料软盘育秧技术和大力培训村民的抛秧技术水平，种田不用翻耕耙田，田里的杂草不需人工拔除，喷洒除草剂后浸泡秧田，通过抛秧进田，提高了秧苗种植效率，杂草回田提高了土壤的肥力，省工、省力、省种子，实现了操作简单、高产、稳产、高效。

（四）洞廊村现代科技应用存在的问题

洞廊村的农业发展在现代科技的推动下，取得了显著成就，但由于技术人员匮乏、培训渠道相对较窄、农民经验化种植缺乏现代化支撑等原因，现代科技在实际推广中还存在诸多问题。

1. 技术人员相对匮乏

由于历史原因，洞廊村村民学历普遍以初中小学为主，自身所具备的科学技术水平有限。近年来，宁明县农业局等相关单位和部门加强对洞廊村农业现代科技应用的支持和指导，但是仍受到县、乡农业人才分布结构不均，缺乏高新技术人才等因素的困扰。由于农业科技人才队伍增长十分缓慢，技术人员相对匮乏，县级农业技术人员要管理全县的农业技术生产，无法长期在洞廊村驻村指导，造成了技术培训上的脱节，相关技术指导和咨询难以在田间地头直接解决。

2. 培训口径相对较窄

为了满足洞廊村对科学技术的需求，县镇两级政府通过举办“大榕树课堂”、“村委会统一培训”等项目，并按照国家要求开设了农村教育平台，村民学习现代化科技知识的途径相对较多。为了提高培训效率，政府组织的农业科技培训主要面向村民群体，培训技术相对广泛。但这些培训项目的涵盖范围仍然相对较窄，培训方式单一，多以讲课、电视讲学等方式为主，缺乏理论与实践相结合的课程。由于培训时间相对固定，也容易造成农民因特殊原因缺课，无法适应村民的个体需求。这些都难以实现农业科技的全方位覆盖。

3. **现代科技实际应用效果不佳**

现代科技的应用给洞廊村带来了新的发展契机，但是在实际应用中由于农民文化程度低、不能良好地掌握现代科技等诸多因素造成了现代科技应用的实际效果不佳。

一方面，洞廊村的村民文化程度较低，制约了现代科技的应用，阻碍了农业科技在农村的推广，减缓了现代化农业的发展进程，且部分村民对现代科技的关注度和重视程度不高，造成了现代科技在实际应用中较少，大部分村民仍采用传统的种植方法和技术种田，科技示范户的带头作用发挥不足。

另一方面，由于现代科技需要农民通过大量的实践和反复的学习才能够掌握，而现在大多数农民的学习和实践程度仍旧不足，同时洞廊村村民获取现代科技的途径单一。例如村民拥有电脑的数量相对较少，要想了解最新的现代农业科技发展动态，只能依靠培训，这影响了现代科技的实际应用效果。

由于现代科学技术在实际应用中存在诸多问题，这也就造成了洞廊村村民对现代科技的应用率大大降低。例如，在水稻抛秧法的实践当中，由于抛秧法实际抛秧所消耗秧苗较重，因此洞廊村村民采用率较低。在甜玉米种植中，洞廊村村民对新品种新方式应用的市场前景担忧，加之自然灾害容易造成减产，使得种植户的收益存在不确定性，导致现代科技应用比率降低。

六、村庄土地制度变革

土地是人类赖以生存和发展的物质基础，是社会生产的物质资料，是农业生产的基本生产资料，是一切生产和存在的源泉，是不能出让的存在条件和再生产条件，土地的可持续利用是关系国家、社会、经济可持续发展的全局性战略性问题。洞廊村是宁明县的农业大村，土地对于整个村的发展极其重要。

（一）村庄土地制度的历史沿革

洞廊村土地制度经历了封建领主所有制、封建地主所有制、个体农民所有制、集体所有制的变迁。和许多地方不同的是，在集体所有制演变过程中洞廊村并未经历农业初级合作社阶段而是直接由互助组进入到了高级农业合作社，后与全国基本同期推行家庭联产承包责任制。

1. 封建领主所有制

本邑宋皇祐五年（1053年）建立土司制度。土司制度在经济上是封建领主所有制。宋代以后，皇朝给当地民族的首领封以各种官职，使其“世为其民”，并“谨守疆土修职贡，供征调”。所以，所谓土司，实际上就是封建王朝统治地方的土政权。在土官统治的地区，“地方水土，一并归附”，“尺寸土地，悉属官基”，辖地统统归土官所有。除按规定有官田，“养膳田”以外，其余田地，“计口给民”，但不得典卖，只有使用权，没有所有权。农民耕种土官计口分给的田地，以赋税的形式交纳实物地租、货币地租和劳役地租。①

2. 封建地主所有制

在康熙五十七年（1718年）到“民国初年”，洞廊村封建地主所有制逐渐取代了封建领主所有制。封建地主所有制的形成非常缓慢。在封建地主所有制社会，土地归私人所有，土地拥有者有典当出卖土地的自由。农民典当土地，土地的所有权仍旧归当出者，承当者拥有土地的使用权。当期满了之后，典当者可以按照原价赎回土地，可以延长典当时间，逾期不赎回的，承当者可以补足款额直接将土地从典当者那买回来。农民出卖土地，需要立契约交给买地者作为凭证，买卖土地的价格以土地的肥沃程度作为标准，不同的土地价格也就不同。

地主、富农剥削农民主要是收地租。除了地租外，还会雇佣长工、短工。但是被雇佣者的收入都不足够养育子女，他们必要劳动时间创造的价值也一同被地主无偿占有。地主剥削的另外一种形式就是放高利贷。农民向地主借贷，年利通行一本一利。如果当年还不起，第二年就会翻一番，利息高得惊人。洞廊村里每一家都有土地，其中有七八家是地主，地主最多的大约有20到30亩土地。

3. 个体农民所有制

新中国成立之前，洞廊村大部分的土地归农民所有，个体经济占有优势。

① 宁明县志编纂委员会编．宁明县志［M］．北京：中央民族学院出版社，1988（1）：236.

在1952年至1953年春洞廊村和全国各地一样，实行土地改革，没收地主的土地和耕牛，征收富农的土地，分给无地和少地、无牛和少牛的贫农、雇农、佃中农。土地改革之后，洞廊村基本实现了家家有田，但是由于有的农户家里土地多，劳动力数量少，在农业生产的时候经常会赶不上农作物的生长时节。

1953年，在人民政府的指导下，洞廊村成立了组织农业生产的互助组。当时全县搞的较好的是七区乐勤常年互助组。洞廊村也仿照七区乐勤常年互助组，始终贯彻自愿互利的原则：一是自愿组合；二是民主讨论，合理安排生产；三是合理解决劳动报酬，在人工方面，按生产季节和工作量的大小来确定工种工分，在耕牛方面，按照耕牛的大小强弱来确定牛的工分。农忙时节，大家相互帮助，农作物产量比原来增加了很多。

4. 集体所有制

(1) 高级农业生产合作社

1956年，洞廊村未能按照生产力发展的规律前进，在互助组成立不久就直接进入了高级农业生产合作社，而不是像其他地方那样先成立初级社然后再成立高级社，这是洞廊村特有的发展形式，也是特定时代背景下的产物。1956年，洞廊村的互助组已经发展成熟，农业基础也比较好，但是却没有达到成立高级农业生产合作社的标准。此时的洞廊村选择跨越式的发展形式，一方面，由于受到大跃进的影响，以高指标、瞎指挥、浮夸风和共产风为主要标志的“左”倾错误严重泛滥；另一方面，县里以及全国各地很多地方都已经进入了高级农业生产合作社，洞廊村群众的基础也好，思想跟得上，所以上级的政策可以在洞廊村得到很好的落实，洞廊村为了不拖县里发展的后腿，就从互助组直接到了高级农业生产合作社。

互助组时期的土地、农具、耕畜评鉴之后加入高级社。高级社由民主选举产生管委会，高级社下面设生产队，洞廊村作为一个高级社，下面有四个生产队。实行“统一经营，分级管理”的制度。凡是属于全社性的生产资料的使用、生产计划、基本建设、技术措施、资金筹集、劳动力调配、工分定额、分配方案、财务制度等都由管委会根据社员大会决议统一规划、统一规定。生产队实行相对的三固定，即固定劳动力、固定耕作区和耕牛以及固定农具。生产队只有在这些方面可以有伸缩的权限，如：某些技术措施进行改进，工分定额的临时调整，多余劳动力的安排使用以及少量副业经营等。县委1956年规定，高级农业社公积金不超过纯收入的5%，公益金不超过2%，生产投资不超过6%，要把农副业收入的70%分给社员。生产队对社员实行劳动定额管理，按一个中等劳动力忠诚劳动一天所能完成的工作量为一个定额，按完成定额评工记分，年终按工分分配。[①] 洞廊村依据县委的指示，强调保证90%以上社员增加收入。为了达到此目的而调整队与队、人与人之间所得工分，“要求达到各户基本平衡”。高级社建立起来的1956年，风调雨顺，农民积极生产。1957年，在没有大的自然灾害的情况下，农业减产。在所谓右派进攻时，绝大多数人对征购过多、合作化过快、口粮过低有意见。因而在反右派斗争的同时，在农村开展两条道路大辩论。高级社内部队与队之间互相怀疑瞒产私分。[②]

（2）人民公社

在高级农业生产合作社产生两年半后，1958年八九月间，又以区为单位把高级农业生产合作社合并为政社合一的工农兵学商一体的人民公社。洞廊村和县其他8个人民公社在一次万人大会上宣告成立。

洞廊村人民公社建立起来后，就大办钢铁，大兴水利，大办食堂，生产安排、劳动力调配都听命于县里，实行“大兵团作战”，人力、物力、财力都被无条件的调拨。在分配上，实行供给制和工资制相结合的制度，办公共食堂，按劳动力等级发工资，没有钱发工资，就指山卖木，指水卖鱼。在1960年12月19日《宁明县委贯彻中央关于农村人民公社当前政策问题十二项紧急指示给全县干部和社员的一封信》中部分作了比较详细的叙述：“我们的错误，从这次四级干部会议看，主要表现在以‘共产风’为根源的五风上，即共产风、瞎指挥风、命令风、浮夸风、特殊风。共产风一直刮到贯彻十二条为止。其表现主要是准备过渡到社一级所有制，无偿调拨大队的山林、果园、八角等大的经济作物。其次是搞四厂五场，无偿调拨大队的猪和社员的猪、鸡、鸭，特别是万头猪场、万头牛场，把大队的猪都刮光了，牛也拉去了。再次是搞生产建设和福利事业，如水利、猪栏、圈所，田间工棚、指挥所、插秧机械化等，无偿砍伐树林、竹子，拆社员的房屋要木料，要砖瓦不给钱，占有社员的房屋，不给租金。一平二调的东西，有房屋、土地、耕牛、农具、粮食、生猪、家禽、砖瓦、木板、家具、劳动力、斧头、镰刀等。瞎指挥风，

①② 宁明县志编纂委员会编．宁明县志［M］．北京：中央民族学院出版社，1988（1）：238.

表现在不论地区情况和可能，一夜化，一律化，给生产造成很大损失，如密植方面，一说密，有的干部就一股劲地要求越密越好，1958 年搞得卫星田，把几十亩地的秧苗并到一块，要亩产十多万斤。季节方面一说早就越早越好，腊月寒冬就叫群众播早稻种，结果造成烂秧，损失了谷种。良种方面，一说良种化，有的干部不管三七二十一，把本地原有的良种也淘汰了。因地制宜方面，有的干部叫群众把花生种到水田里去，把秧苗插到旱地上去，岭排田改两糙，山区把‘捞稿田’改为两糙，结果变成‘万年青’”。①

在“文化大革命”中，强调“农业学大寨”，1966 年，洞廊村生产队劳动力的调配和种、收、分几乎都听命于县及公社的号令，记分第一条是突出无产阶级政治；第二条为敢于向坏人坏事做斗争；第三条是积极参加各项政治活动；第四条服从领导安排；第五条才是完成生产任务好。社员口粮提倡自报公议，取消基本口粮和劳动工分相结合的分配方法。同时，狠抓“以粮为纲”。并且规定：社员的自留地不得种商品性作物，要统一种、收、分，多余的农副产品不许参加集市贸易，不得养牛、养羊，养鸭不得超过 20 只，不准搞家庭编织副业，不准上山打柴或找山货出去卖。

洞廊村在人民公社成立后，土地归生产队集体经营，社员按工记分，年终按工分总数与分值，计算出社员全年应得的收入，各队经济独立核算，所有社员均按工分数在生产队领取钱、粮，一般在年中和年末发放工钱和口粮。而工分与生产队总收入是联动的，因此，每一工分价值有 3 角、4 角、6 角、8 角、9 角不等。口粮还要从工钱中扣除，可见，当时家庭收入极低。为了增加收入，洞廊村四个生产队，除了种菜，各队也都经营多种经济项目，有养猪场、烤烟场等。后来，村里还成立了一个“副业联营队”，副业联营队作为洞廊村的一个生产大队，“联营”用地从各生产队收出来，面积有 24 亩，主要种植蔬菜，经营收入一小部分归大队安排使用，大部分分给各生产队，同时这些蔬菜还供应到学校给学生和老师，是“民办公助”典型之一。除了种植蔬菜外还种植甘蔗，出糖之后剩余的部分就分给大家，养猪、鸭、鸡等，还有供应牛场。这些副业在自然灾害时，在一定程度上缓解了村民的饥饿，使得洞廊村饿死率几乎为零。后来，村子里发展建设水塘，由于缺少资金，

① 宁明县志编纂委员会编．宁明县志［M］．北京：中央民族学院出版社，1988(1)：239.

就把联营队种菜的地卖了，现在那里已经变成了村里人的住宅地，建起了楼房。[①]

人民公社在一段时间内体现出了它自身的优越性，但是，随着“大跃进”和“文化大革命”的到来，人民公社也阻碍了社会的发展。在那期间，洞廊村村民的生活条件下降，经常去地里找野果，饿肚子更是常有的事；医疗卫生条件很差，只能满足村民基本的治疗，稍微严重的病就没有办法医治了，死亡率大大上升；人民公社的“绝对平均”使村民生产的积极性大大降低，产量下降。

5. 家庭联产承包责任制

十一届三中全会后，洞廊村按照上级的部署，于 1981 年实行家庭联产承包责任制。生产队的集体经营模式被打破，一段时间内，集体公共财产，包括拖拉机、耕牛、库房、农具等全部按人头分配给农户，水田和旱地也按人头平均分配给农民，水田人均在 1.2 亩左右，由农户各自经营自己的责任田地。虽说是联产承包，但从未收承包费。改革后，村民的积极性提升了，1981 年，粮食生产获得大丰收，农户踊跃交售爱国粮并得到了国家奖给的各种票证，售粮大户买到了当时极为紧俏的凤凰牌、永久牌自行车和蝴蝶牌缝纫机等商品。[②] 但是分田到户把集体的公共财产都分走了，集体建设全部要靠上级拨款，这样一些问题也就出现了，集体的设施就不再有人管了，村里的水塘竹林等都疏于管理。例如，村里在 1964 年修建的水库，主要是为了农田的灌溉，但是分田到户后，就不再有人管理了，水库年久失修，水量慢慢少了，后来也就不用了。

（二）土地使用权流转和土地整合现状

随着经济的发展土地将会成为一种特殊商品进入市场，现在村子里土地使用权的流转和整合情况比较普遍，但大多数还处于无序的状态，虽然新土地管理法的实施在管制农用地转用、土地承包期等方面都有了比较明确的规定，但对于洞廊村来说，由于打工者常年在外，村子里大多都是亲戚，在执行上还是需要时间的。

---

①② 《洞廊村史略》编写组．洞廊村史略［M］.2010（8）.

1. 土地使用权流转

(1) 土地使用权流转原因[①]

第一，随着农业生产经营市场化倾向越来越强，农业生产资料市场化，即土地、劳动、资本等资源的市场化配置问题日益凸显。土地作为农业生产最重要的资源，不可能继续游离于市场之外。农业生产结构的调整，为提高农业生产效益而必然出现的规模经营和集约经营，都将使农民土地使用权的流转量大大增加。洞廊村现在有很多香蕉种植大户、水稻种植大户、蔬菜种植大户等，这些种植户仅靠分田到户时得到的土地是根本不够的，要想创造更高的效益，就必须走集约化和规模化的道路，这样既可以在种植的时候采用多种经营的方式，例如香蕉种植和养鸡相结合的模式，同时还能应用现代化的机械大生产，提高生产效率。规模化的种植也能够拥有更多的市场，因为只有规模化的种植，外来的收购公司才会主动来到村里谈收购，如果都是分散的种植，那需要农户自己联系销路，这样就大大增加了农户的负担，同时损害了农户种植的积极性。

第二，企业和专业大户进入农业领域，为乡村政府介入土地流转带来了较强的动力。近年来，随着洞廊村特色农业的规模化发展，已有一批企业和农业大户进入农业，他们为农业带来了资金、技术、市场和新的组织与经营模式。另外，这些企业和专业户从事的农业投资项目，一般较当地农户从事的传统农业的附加值更高、市场更为畅通，从而使土地的级差收益提高，这也为地方政府和基层组织介入土地流转带来了可观的收益。

第三，1981 年分田到户之后，1981 年之后出生的人则没有土地，而土地的面积是一定的，如果想在村里种田或者大规模种植就不能得到实现。

第四，农业产业结构的变化和农民外出打工，降低了集体经济组织将农民的土地使用权流出的成本。首先改革开放之后，沿海地区经济迅速发展，经济发展的不平衡性以及怀着对大城市生活的憧憬，洞廊村里的很多年轻人在 20 世纪 90 年代的时候都纷纷外出打工，留守在家的都是老人和小孩，这样就会有很多土地因为疏于管理而产量下降甚至荒芜。其次随着经济发展，当地产业结构变成了农业为辅，以二、三产业为主的形式，很多农户的收入已经不依赖于农业。大多数农民所共有的心态，成为土地承包流转的基本前提。

---

① 此部分由县政府提供的资料整理所得。

因此，土地使用权的流转是一种必然的趋势，洞廊村也积极响应国家和当地政府的号召，鼓励农民的土地进行流转。

（2）土地使用权流转形式

在洞廊村，土地流转主要存在两种形式。第一种形式是，农民之间自发进行流转，农民只有使用权，不能进行买卖。这种情况一般是私下里或者亲戚之间，不会签流转协议，不用交租金，种田的农户会给流转的农户一些粮食作为使用土地的一点报酬。第二种形式是，农民承包土地，或者说是租种，每亩800元左右。现在洞廊村有500亩土地是承包经营的。这种流转形式更加正规，需要签订流转合同。洞廊村不仅本村人在村里租种土地，还有一些外村人在冬天的时候来这里租种，冬种面积达到了100%。

随着经济的发展和城市建设的需要，对土地的需求量陡增，但由于目前城市国有土地使用权供给的有限和高额的获取成本，使很多用地者望而却步，而利益的驱动使他们不得不到郊区农村去谋求土地的使用权，而农民由于对土地的利用率不高，或者只看到了眼前利益，就会萌生“交易”的念头。洞廊村是农业大村，农业是村庄发展的支柱，土地都是肥沃的良田。在土地使用权流转过程中，关键问题在于如何依据《土地管理法》的相关内容，严格执行，有效保护耕地。不要只为了眼前利益而放弃了长远利益，使良田良地得不到应有的保护。

2. 土地整合

土地整合模式根据土地整合的内容，可分为：城镇建设用地整合模式、农村居民点整合模式和零散耕地整合模式。对于洞廊村来说土地整合的主要整合对象是农村居民点用地，减少优良耕地的占用率，通过整合增加耕地数量；整合零散耕地，耕地利用趋向规模化经营，零散度降低，耕地质量稳步提升。

洞廊村的种植制度是早稻和晚稻，冬天的时候种马铃薯或者其他的蔬菜。但是大多数农户一般只种早稻和晚稻，冬天只种一小部分的蔬菜。虽然土地是分属于不同的农户，但是这时就会有大面积的土地是闲置的，连成一片，形成规模。很多没地或者少地的人以及一些外地的收购公司就瞅准了这个时机，在冬天村民不种田的时候，自己过来种，种田还不用交租金，农户很愿意冬天的时候有人到自己家种田。对于冬种的公司来说，在冬天的时候有更多的土地，种植面积扩大了，形成了规模，产量提高了，经济效益也就增加了。对于土地的拥有者来说，别人在自己家田里种蔬菜，就会把地给翻了，土地松软了，等第二年种水稻的时候就不用特别翻地了，其次是别人在种马铃薯或者其他蔬菜的时候会施肥，田里就会有残留的肥料，村民把它称为余肥，这样土地就变得肥沃了，水稻的收成会更好。可谓是一举两得。

在洞廊村，不仅有更多的外来收购公司来村子种植，越来越多的农户为了获取更多的经济效益也开始冬种，种植香蕉或者葱这样四季生长的经济作物，土地资源就变得越来越重要，如何在村里有限的土地上，创造更高的经济效益，也就成了洞廊村农业发展的又一个重大问题。

鉴于此，村干部想带领村民走集体化的发展道路。就是把村里的土地集中起来进行规划，让外来的收购公司来种，闲下来的村民可以干一些其他的活，比如去附近工厂打工，或者经营其他的产品，也可以在自己家的土地上继续种植，但身份变成了收购公司的雇员，这样村民就会有两份收入了，即地租加工资。虽然最后这种形式可以带来更多的收益，但是集中土地需要的成本、农户的意愿等都需要考虑，要想实现还有很长的一段路要走，还有很多工作要做。

此外调研组在洞廊村调研时发现，洞廊村近年来新盖的房子的地基是从原来村里买来的地，是当时联营队种蔬菜的地，还有很多的新房子则直接盖到了田间耕地上，村里的宅基地乱占乱用，将村里本来就有限的耕地割占的七零八碎，县里虽然对于土地利用有规划，但是到了镇里、村里就没有统一的用地规划了，国土资源局对农民乱盖房子的现象缺乏有效管理，加之宁明县不具备执法监管的专业人才，实施政策的效果就大打折扣。

（三）村委会对土地流转和土地整合的思考

土地是洞廊村经济发展的基础和关键要素，但是随着土地进入市场，原来的土地利用模式已经不能适应市场对于土地的需求了，洞廊村要想在这片土地上创造更大的效益，谋求更好的发展，只有寻求改变。洞廊村村委会早已经意识到了这一点，他们对于土地使用权流转和土地整合也有很多的思考。

1. 适当调整基本农田保护政策

在强调保护耕地的基础上，适当调整基本农田保护政策。为了确保国家的粮食安全，耕地保护必须坚持。尤其是洞廊村，土地肥沃，农作物有很好的收益。但是，土地作为现在农业种植的必要资源，就更要走集约化的道路，利用有限的土地资源，创造更高的经济效益。洞廊村地处平原，土地肥沃，都是良田。所以在国家宏观控制的基础上，在不破坏耕地耕作层并能迅速恢复耕作的前提下，进行农业生产结构调整。洞廊村在这方面最好的例子就是香蕉种植和养鸡相结合的发展模式。近年来，洞廊村农业产业规模逐步扩大，特别是种植业在“公司＋基地＋农户”的生产经营模式推动下，得到较快发展，并在县委、县政府的支持下建立了千亩种植示范基地，在这千亩种植示范基地上进行四季循环种植：初春甜玉米、中春超级稻、夏有再生稻、秋冬无公害，这种循环利用土地资源的种植方式不仅提高了土地利用率，还为村民带来了巨大的经济效益。①

2. **合理规划土地**

在土地利用总体规划的总体控制下，允许进城农民在不再批给宅基地的前提下转让其宅基地，以促进宅基地合理规划和集约利用。在洞廊村，有一些农民将自己家的房子建到了自家田地里，不仅影响了整个村子的风貌，更重要的是减少了耕地的面积。应当允许农用地在规定用途下流转和整合，以实现农业的规模经营和解放农业劳动力。对于农村用地的规划，要在县里制定的规划政策基础上，镇里和村里因地制宜地制定土地利用规划，有效落实土地政策。

表 6－1　**洞廊村土地利用总体规划面积分类表（2010 年）**　单位：亩

土地总面积			绿化面积		
3986.3			1230		
农用地面积					
小计	耕地	园地	林地	草地	水面（池塘）
2469.6	1880	0	450	79.6	60
建设用地面积					
小计	居民用地	交通	水利设施		
286.7	210	46.5	30.2		

注：土地总面积＝农用地面积＋建设用地＋绿化面积。

资料来源：数据由宁明县明江镇政府韦金洋提供。

① 以上资料由宁明县明江镇政府提供。

3. 在法律和制度方面创新

在当前社会主义市场经济条件下，应在法律上重新确立集体土地在各项权力上的内容和赋予更完善的权力行使能力，在倡导国家在土地市场上占主导地位的同时，农民可以灵活地处置土地的使用权。这些都有待于在法律规范、政策制度方面进行创新。

4. 科学界定农村土地所有权主体

在科学界定农村土地所有权主体的基础上建设严谨的组织结构和明晰具体的产权形态，完善的收益分配制度，这是推进农村集体土地“资产化，产业化”政策的前提，是农村土地有偿使用、合理流转、有效整合的前提。

5. 推行新制度和管理模式

对农户土地推行“资产化、产业化”制度，实行“公司化、企业化”管理模式。壮大农村集体经济实力，将农户分散的土地集中起来，形成一定的规模。这样对集体土地实行资产化、企业化，有利于农村经济的总体发展，使农民的现实利益和长远利益得到保障，从而从根本上为农村经济组织和广大农民生活相对稳定找到出路。洞廊村委的韦主任提出了一个希望，即将洞廊村的土地集中，走集体化的道路，联系外来企业，以一定的价格租种农户的土地，全村都加入就可以形成一定的规模，种植的过程中可以使用机械化生产方式，这样就可以提高农作物的收益，同时，剩余的劳动力可以就地种植，成为企业的雇员，这样既有地租的收入还有作为员工的工资收入。

6. 所有权和使用权分离

在农村土地使用权进入有形市场流转的具体方式上可以借鉴和引用城镇国有土地使用权有偿使用的模式，即实行所有权和使用权分离，构建农村土地使用权有限制、可抵押、可流动的法律制度和政策，并规范程序。

7. 流转形式和内容上突破、创新

在土地流转的过程中，要充分考虑到每个村的具体情况，因地制宜地执行土地流转的政策。不但允许土地在集体内流转，而且允许其实现集体外部流转；洞廊村以种植业为主，多种种植方式并存，对种植规模的要求各不相同，对土地肥沃程度的要求也就不尽相同，所以在土地使用权流转过程中应当灵活应对，选择最具有经济效益的方式。

8. 认真做好相关配套工作

一是搞好地籍调查和产权发证工作，集体非农业建设用地的流转应以产权登记和发证为前提；二是搞好信息查询工作，内容包括宗地信息、产权信息及交易管理信息等；三是做好相关服务工作，如指导签订各种相关文书、产权变更登记、地价评估和政策咨询。

七、促进村庄发展相关政策的实施

村庄是农民集体生活的缩影，农民依托村庄繁衍生息，村庄的建设也就与每一个农民息息相关。洞廊村由于村民素质高、基础好，国家关于促进村庄发展的各项政策措施都能顺利实行，村庄建设也有声有色。

（一）基础设施建设

2011 年洞廊村在宁明县委、县政府和明江镇党委政府的正确领导下，在县环保局的关心指导下，以科学发展观为统领，加强农村环境保护工作，积极创建崇左市级生态村，有效地改善了农村生产与生活环境，基本达到了社会主义新农村“乡风文明，村容整洁”的要求，为全面建设小康社会提供了环境安全保障。

1. 危房改造

明江镇 2009 年 6 月开始危房改造工作，2009 年洞廊村已建设完工楼房 67 栋，砖瓦房 270 栋，到 2010 年，洞廊村楼房有 230 栋左右，危房 67 户，完成率 56.71%。但是在实施过程中还存在着以下问题：第一，有些危房改造对象经济实力薄弱，特别是残疾、久病的家庭，自筹资金困难较大；第二，危房改造工作经费不足；第三，部分危房改造对象在名额有限的情况下，已经实施了改造，今后能不能得到危房改造补助资金还是个问题；第四，上级每年分配的危房改造的名额较少，改造对象多，出现僧多粥少的现象。

表 7－1　**洞廊村 2011 年农村危房改造上报名单**

序号	姓名	住址	家庭人口	家庭类型	危房类型	改造方式	补助金额
1	周冠强	明江镇洞廊村	3	贫困	D 级	新建	1.7 万元
2	周彩秋	明江镇洞廊村	4	贫困	D 级	新建	1.7 万元

续表

序号	姓名	住址	家庭人口	家庭类型	危房类型	改造方式	补助金额
3	韦建英	明江镇洞廊村	4	贫困	D 级	新建	1.7 万元
4	王伟兴	明江镇洞廊村	3	贫困	D 级	新建	1.7 万元
5	黄仕昌	明江镇洞廊村	4	贫困	D 级	新建	1.7 万元
6	韦世忠	明江镇洞廊村	4	贫困	D 级	新建	1.7 万元
7	黄立庆	明江镇洞廊村	4	贫困	D 级	新建	1.7 万元
8	周学明	明江镇洞廊村	5	贫困	D 级	新建	1.7 万元

2. 田园化建设

广西壮族自治区为配合全国的新农村建设，在全区实行田园化建设，而宁明县有13个左右的村庄实行田园化建设。田园化建设的主要目的是选择发展较好的村庄，重点集中投入，优先发展，对有一定基础的产业、村容、村貌、村道、水利、田间灌溉条件、人畜饮水进行集中建设。2005年洞廊村实行田园化建设。几年来，投入50多万元，洞廊村完成了田园化建设，农田水利田园化覆盖1200亩，修筑三面光灌溉渠道4.5公里，在干旱的时候，明江水会顺着灌溉渠道流进农田，降水丰沛的时候，农田水会顺着灌溉渠道流进明江；修建电灌站4座，确保了农业生产用水，极大地促进了农业的增收；在地、县扶贫办的大力支持下，投资25万元硬化了长2000米、宽4米的环村道路。洞廊村2008年铺设了1500米的生活污水排污渠道，农户生活污水基本上都排入沼气池或生活污水排污管道，生活污水处理率达95%。在2010年，洞廊村总人口数为1288人，取得合格饮用水农村总人口数为1288人，饮用水卫生合格率100%。洞廊村总户数为331户，户用卫生厕所248户，全部为沼气厕所和栅格化粪池厕所，户用卫生厕所清洁、无污染，普及率达75%。洞廊村生活垃圾日产量0.5吨左右，年产生垃圾总量182.5吨左右，为保持洞廊村的村容整洁，有专人负责全村垃圾收集与清运、道路清扫等日常保洁工作，在村内设有固定的收集生活垃圾的垃圾筐和垃圾池，每天由环卫工人负责将垃圾筐收集到的生活垃圾清运到垃圾池，每周再对垃圾池的垃圾进行无害化处理。生活垃圾定点存放清运率达100%、无害化处理率达

100%。洞廊村村民的主要能源是液化石油气、沼气和电能，2010年全村清洁能源普及率达90%。[①] 但是田园化建设也存在一些问题，如投入不足，没有维修费用，后期缺乏管理等。

（二）新型农村合作医疗制度的实施

2002年10月，《中共中央、国务院关于进一步加强农村卫生工作的决定》明确指出：要“逐步建立以大病统筹为主的新型农村合作医疗制度”，新型农村合作医疗，简称“新农合”，是指由政府组织、引导、支持，农民自愿参加，个人、集体和政府多方筹资，以大病统筹为主的农民医疗互助共济制度。采取个人缴费、集体扶持和政府资助的方式筹集资金。主要采取：积极稳妥的原则、农民自愿的原则和结合实际的原则。洞廊村在县政府落实新农合制度的统一工作部署下，积极稳妥、切实有效地展开了相关工作，积极贯彻执行县政府所做的政策，采取了一系列的措施。

（1）加强领导，明确责任

一是洞廊村在明江镇政府的领导下成立了新农合工作管理委员会。二是按照宁明县和明江镇制定的《新农合工作实施方案》，洞廊村与明江镇政府签订了新农合工作目标管理责任状，把任务层层分解，责任落实到个人；同时，村干部具体负责管理自然屯的工作，形成了齐抓共管的局面。

（2）强化宣传，正面引导

提高农民参合率是新农合工作的重点，它决定着新农合工作成败的关键。洞廊村紧紧围绕提高农民参合率这个中心工作来开展宣传工作。一是抓好面上的宣传。成立了洞廊村宣传工作组，充分发挥广大农村指导员这个“政策宣传员”的作用，深入村屯与农民进行面对面的宣传，除通过电视、广播、报纸、板报、标语、横幅等形式进行宣传外，还专门印制了参合农民住院治病获得高额补偿报销的彩色宣传画，并张贴到村屯，取得了明显的宣传效果。二是利用当地壮族人民爱唱山歌的习惯，组织新农合山歌宣传演唱队在村屯进行演出，取得了良好的宣传效果。三是抓好农户缴纳参合金的引导工作，主要通过抓典型事例，以点带面，实现新的突破，充分利用得到报销的参合

① 以上资料由明江镇政府提供整理所得。

农民义务宣传，有效地消除了少数农民的疑虑，突破了工作难点，打开了工作局面。

(3) 加强人员培训，提高服务能力

通过举办培训班等形式，洞廊村对新农合经办机构的人员进行政策、业务培训，提高了新农合经办人员的业务素质和管理水平。各级新农合经办机构及定点医疗机构都印制有各种服务流程图，悬挂在明显的位置，方便了农民群众就诊和办理医疗费用补偿报销。农民在县内任何一所新农合定点医疗机构就诊的，出院时就直接在该院的新农合窗口办理报销手续，方便参合农民报销，提高了工作效率。

(4) 健全制度，强化监督

一是洞廊村严格执行新农合《基本用药目录》，坚持合理用药合理治疗，控制医药费用的增长；借助各级新农合办日常的检查和政府组织不定期的督察，切实加大对村卫生所的管理力度，保证村卫生所能够向农民提供较好的医疗卫生服务。二是强化政府行为，建立健全机构，为新农合顺利开展提供人员、组织、资金保障，按规定管理好农民的“救命钱”。

(5) 力促补偿方案的落实，让参合群众受益

按照县调整的孕产妇顺产和累计大病补偿的报销方案，洞廊村孕产妇顺产新农合补偿报销金额从 100 元提高到 250 元；累计大病补偿最高补偿报销比例从 60% 提高到 75%，年内大病封顶线也由原来的 3 万元提高到 5 万元，村里的参合群众得到了切实补偿。

洞廊村里有 2 个专业村医，头疼、感冒等小毛病就找村医看，大一点的病就到镇医院，距离洞廊村 1 公里左右，实在解决不了的疑难杂症就到宁明县医院住院，距离洞廊村有 8 公里。参加新农合的村民在 2007 年每人每年交 10 元，2008 年每人每年交 20 元，从 2009 年起，每人每年交 30 元。每年 10 月，县政府、镇政府和村委会都会动员农民，县政府下达的参合率的任务为 92%。剩余的 8% 没有参加新农合存在以下原因：第一，有一部分人存在侥幸心理，认为自己不会得大病；第二，村里有很多适龄的学生，这些学生在学校入医疗保险；第三，村里有很多农民家庭富裕而且身体健康，或者外出务工，就不愿意再办新农合复杂的手续；第四，宁明县是一个边境县，广西壮族自治区给予边境县优惠政策，边境 3 ~ 10 公里以内的农民参加新农合免费，

所以这一部分农民不算入 92% 中。[①] 2011 年，全镇实际参合人数 32835 人，完成参合金额 889920 元，参合率 90.94%。洞廊村农业人口数有 1351 人，实际参加新农合的人数为 1259 人，参合率为 93.19%，高于明江镇的参合率。（见表 7-2）

表 7-2 **明江镇 2011 年度各村参加新型农村合作医疗任务表**

序号	村别	农业人口数（人）	实际参合数（人）	参合人数（人）	参合金（元）	双女（人）	低保（人）	参合率（%）
1	琴岳	3641	3636	3336	100080	124	176	99.86
2	凤璜	3824	3629	3270	98100	174	185	94.90
3	百泉	2406	2268	2053	61590	74	141	94.26
4	洞廊	1351	1259	1109	33270	100	50	93.19
5	洪江	1762	1624	1455	43650	43	126	92.17
6	思明	3356	3084	2613	78390	270	201	91.90
7	祥春	3588	3240	2975	89250	196	69	90.30
8	安马	4272	3816	3482	104460	149	185	89.33
9	利江	3295	2914	2739	82170	110	65	88.44
10	布乐	2602	2296	2083	62490	120	93	88.24
11	双龙	2690	2335	2039	61170	161	135	86.80
12	峙利	3319	2734	2510	75300	135	89	82.37
合计		36106	32835	29664	889920	1656	1515	90.94
备注：按县政府要求以参加新农合农民占农业总人口数的 92% 分配各村任务								

尽管洞廊村在实施新农合制度过程中，取得了显著成效，村民们直接受益不少，但仍存在一些问题，主要包括：①新农合经办机构工作人员的工资没有参照公务员工资套发，直接影响工作人员的工作情绪和工作主动性；

① 此处资料由调研组与宁明县明江镇政府座谈会上明江镇党委副书记韦金洋口述整理而得。

②新农合工作延续性不够，缴费工作结束后宣传工作也就停止，后续工作做得不够好；③医疗机构基础设施比较落后、医疗设备陈旧、卫生技术人才缺乏、服务能力低等现象普遍存在，不能满足参合农民的医疗需求，制约了洞廊村新农合工作的开展；④新农合的保障水平不高等。

（三）两免一补政策的实施

“两免一补”政策是指近年来我国政府对农村义务教育阶段贫困家庭学生就学实施的一项资助政策。主要内容是对农村义务教育阶段贫困家庭学生“免杂费、免书本费、逐步补助寄宿生生活费”。这项政策从 2001 年开始实施，其中中央财政负责提供免费教科书，地方财政负责免杂费和补助寄宿生生活费。

随着教育水平对人们发展的影响越来越重要，人们对教育的重视程度也越来越高，现在洞廊村在控辍保学方面也取得了一定的成效，孩子在 3 岁的时候就争相送到镇里的幼儿园。由于洞廊村计划生育政策落实的好，适龄儿童比以前少了很多。洞廊村只有一个小学，小学也只设置了一到三年级，四年级以上都在明江镇中心小学就读。洞廊小学只有 44 个学生，其中 21 个为学前班学生，剩余 23 个学生分别为一到三年级不等。由于洞廊村两免一补政策落实的到位，现在所有的学生都一样，不论贫困与否，全部都免了书本费和杂费。在明江镇中心小学读书的学生，需要住宿就另外再补给一部分住宿的钱。2011 年春季学期明江镇中心小学在校生中，洞廊村六年级学生有 11 人，五年级学生有 1 人，四年级学生有 1 人，一年级学生有 1 人。明江镇中心小学 2009 年秋季学期贫困生生活补助发放中，洞廊村学生五年级的有 10 人，六年级的有 5 人。2010 年秋季学期明江镇中心小学贫困寄宿生生活补助发放中，洞廊村有 9 名六年级学生。2011 年春季学期明江镇中心小学贫困寄宿生生活补助发放中，洞廊村学生六年级的有 9 人。①

---

① 此处资料由宁明县明江镇中心小学贫困寄宿生生活补助发放花名册和 2011 年春季学期宁明县明江镇中心小学在校花名册整理而得。

专栏 7.1

宁明县教育局文件

宁教字〔2010〕78 号

关于下达 2010 年农村

义务教育阶段家庭经济困难寄宿生生活补助资金的通知

各乡（镇）中心小学、中学：

根据崇左市财政局《关于下达 2010 年农村义务教育阶段家庭经济困难寄宿生生活补助资金的通知》（崇财预〔2010〕34 号）精神，下达 2010 年农村义务教育阶段家庭经济困难寄宿生生活费补助资金给你们，要求各学校切实做好家庭经济困难寄宿生生活费补助资金的发放工作，确保家庭经济困难寄宿生及时获得补助。各校对 2010 年春季学期小学六年级、初中三年级和秋季学期新入学的小学、初中一年级家庭经济困难寄宿生按一个学期标准（即小学每学期 250 元 / 生，初中每学期 375 元 / 生）发放寄宿生生活补助。各校要加强资金管理，严格执行国家财经法规和相关管理办法的规定，确保专款专用，严禁挤占、挪用、滞留补助资金。

宁明县教育局

二〇一〇年十一月九日

八、村庄调查问卷数据分析

为了更加客观地了解和掌握洞廊村家庭生产和生活情况，调研组成员在明江镇政府工作人员以及洞廊村村委会的支持和帮助下，于 2011 年暑期利用调查问卷在洞廊村进行了入户调查，现将所做 110 份问卷整理汇总，并作一简要分析。

（一）问卷调查基本情况

本次问卷调查采用抽样调查法。抽取家庭户的具体方法是：把全村所有农户随意排列，以任意一户为起点，以一定的距离（总户数/被调查户数）抽取一个家庭，直到把所有的家庭户选出为止。在洞廊村共抽取了110户，经回收、审核，有效问卷89份，有效问卷率达80.9%，占全村总家庭数（331户）的33.23%。从被调查者的性别结构看，男性被调查者73人，占全部被调查者的82.02%，女性被调查者16人，占17.98%。（见图8－1）

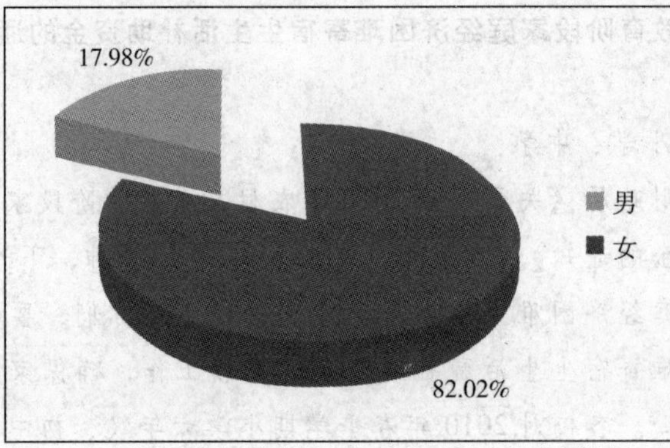

图8－1　性别比例

从被调查者的年龄结构看，全部被调查者平均年龄为48岁，60岁以上者12人，占全部被调查者的13.2%，35～60岁者62人，占74.1%，35岁以下者8人，占6.7%；从家庭人口数来看（见表8－1），110户共404人，户均人口4.54人；进一步从家庭规模看，2～4人的家庭比重最大，共计48户，占全部家庭数的53.9%，5～7人的家庭36户，占全部家庭数的40.5%，7人以上的家庭5户，占全部家庭数的5.6%；从民族构成来看，壮族89人，占全部被调查者的100%；从宗教信仰来看，仅有1人信仰佛教，剩余88人均不存在宗教信仰；从受教育情况看（见表8－2），初中文化程度者48人，占全部被访者的53.9%，所占比重最大，高中（中专）22人，占24.7%，也就是说初中以上文化程度者占到全部被调查者的78.6%，小学占21.4%，全部被访者中没有文盲半文盲。从普通话的掌握情况来看，45人能流利地讲普通话，占全部被访者的50.6%，40人讲得不太好，占比例44.9%，仅有4人不会讲普通话，占4.5%，相对较高的文化水平和较高的普通话普及率为本次问卷的顺利完成提供了有利条件。

表 8－1 家庭人口数统计

家庭规模	家庭（户）	所占比重（%）	累积比重（%）
2～4 人	48	53.9	53.9
5～7 人	36	40.5	94.4
7 人以上	5	5.6	100
合计	89	100	100

表 8－2 受教育情况统计

受教育程度	人数（个）	所占比重（%）	累积比重（%）
文盲半文盲	0	0	0
小学	19	21.4	21.4
初中	48	53.9	78.7
高中（中专）	22	24.7	100
大专及以上	0	0	100
合计	89	100	100

（二）各类指标分析

1. 家庭收入情况

2010 年被调查者家庭收入总计达到 2551790 元，家庭年均收入为 28671.8 元，按全部被调查家庭 404 人计算，2010 年被调查家庭年人均收入为 6316.31 元，高于同期全国农民人均纯收入（5919 元）397.31 元，高出 6.7%，高于同期所在宁明县农民人均纯收入（4525 元）1791.31 元，高出 39.6%。家庭收入最少的仅为 2500 元，仅为同期被调查家庭年均收入的 8.7%，被调查家庭年收入家庭收入最高达 356500 元。从各收入段家庭来看（见表 8.3），6000～15000 元的家庭所占比重最高，达到 32.6%，15000～20000 元的家庭所占比重最低，比例为 9%，6000 元以下的占 10.1%，即家庭总收入在 20000 元以下家庭占全部被调查家庭的 42.7%。20000～30000 元以上的家庭 24 户，占 27%，30000 元以上的家庭为 19 户，占 21.3%，即家庭总收入在 20000 元以上的全部被调查家庭的 48.3%。以洞廊村家庭年人均收入（6316.31 元）为基准，划定低于家庭年人均收入低于 6000 元为低收入家庭。可以看出，洞廊村家庭的年收入在6000元以下的低收入家庭和15000~20000元的家庭比例相对较低，但家庭年收入20000元以上的家庭占到近50%。

表8-3　**不同收入段家庭数及比重**

收入分段	家庭数	比重（%）	累积比重（%）
6000元以下	9	10.1	10.1
6000~15000元	29	32.6	42.7
15001~20000元	8	9	51.7
20001~30000元	24	27	78.7
30000元以上	19	21.3	100
合计	89	100	100

从收入来源看（见表8-4），种植业是主要收入来源，占全部收入的40.24%，其次是打工收入，占全部收入的30.79%，这两项收入占到家庭收入的七成以上，说明洞廊村主要依靠种植业和外出务工来致富，这与调查组实地调查的结果是相符的，但外出务工人员数量增长，洞廊村的留守家庭也越来越多。而其他经营收入项占到17.34%，畜牧业和本地工资分别占到3.75%和3.44%，其余比重都在3%以下。可以发现，洞廊村畜牧业和运输业比重偏小，养殖业发展也有很大空间。

表8-4　**家庭各项收入所占比重**

收入来源	本项总收入（元）	平均收入（元）	比重（%）
从事种植业	1211478	13612.11	40.24
从事养殖业	123000	1397.73	0.57
出租草场耕地房屋等	33750	823.17	0.99
本地工资	159140	1788.09	3.44
外出打工	831000	9337.08	30.79
从事运输业	61000	685.39	2.77
政府补贴①	3900	43.82	0.11
其他经营收入	171200	8484.71	17.34

① 政府补贴指救济金、低保等，不包括国家标准的种粮补贴。

通过对农产从事各行业的平均收入比较，可以看出，种植业、外出打工收入和其他经营收入平均收入居前三位，种植业平均收入达 13612.11 元，本地就业收入排在第四位，被调查家庭共有 63 人外出打工，其年平均收入为 9337.08 元。而运输和畜牧相对较低，运输业的成本让村民们望而却步，因此运输业在未来还有很大发展空间，但是洞廊村并没有发展畜牧业的自然条件，畜牧业几乎没有较大发展空间。

进一步从种植业内部的收入结构看（见表 8－5），粮食作物中，水稻成了种植业的主要支撑，占到种植业总收入的 49.1%。其次就是瓜果的种植收入，主要种植品种是香蕉，占到种植业总收入的 13.6%。在经过实地调研后得出薯类种植尽管现在只占到 10.6%，但洞廊村具有良好的种植条件，因此薯类在未来种植业的比重将持续增加。经济作物中，蔬菜并没有占到优势，是总收入的 5.3%。问卷未能进一步细分蔬菜，因此无法得知各种蔬菜的收入情况。

表 8－5　**种植面积、折算价值及比重**

种类	种植面积（亩）	折算价值（元）	所占种植业收入比重（%）
玉米	76.1	131588	13.6
蔬菜	36.1	51400	5.3
水稻	235.1	473314	49.1
瓜果	41	206800	21.4
薯类	73.5	102800	10.6
合计	461.8	965902	100

从制约农副业收入增长的主要原因[①]来看，28 个被调查者认为不存在制约因素，占全部被调查者的 31.5%。剩余 61 人中，认为“缺少劳动力”是主要制约因素的有 37 人，占 41.6%，认为“市场（销路、价格）”是制约因素的有 25 人，占 28.1%，这两项成为制约洞廊村农副业收入增长的最主要因素，市场（销路、价格）是社会经济因素，劳动力少是由于年轻劳动力外出

① 问卷中关于“制约你家农副业收入增长主要原因”一题为多选题，因此，各选项统计所占比重总和不等于 100%。

务工。认为“自然灾害”和“缺少资金技术信息”分别占27%和20.2%。认为“政策”是制约收入增加原因的仅占1.1%，在七项制约因素中，没有人认为“缺少项目”是制约农副业增长的原因，这说明现行农副业发展政策是得到广大农民认可的。

2. 家庭支出情况

2010年，被调查家庭平均支出为19807.22元，按被调查家庭总人数404人计算，人均年支出为3983.9元。从支出结构来看（见表8-6），由于住房支出的家庭实际平均支出相差较大，因此不能作为衡量家庭支出结构的指标，除住房支出外食品支出所占比重最大，户均食品支出4953.93元，占总支出的24.74%，排在第三位的是生产性支出，户均3396.63元，占总支出的16.95%。看病支出和红白喜事支出分别占总支出的7.89%和5.35%，其余各项支出所占比重均小于5%，其中娱乐支出最少，仅占0.31%，户均支出62.92元。在洞廊村，红白喜事的支出成为除生产和食品之外必不可少的支出，而目前的生活水平还没有达到在娱乐方面大量消费的阶段。

表8-6 家庭支出结构

项目	支出金额（元）	占总支出的比重（%）	平均支出（元/户）	家庭实际平均支出（元/户）①
生产性	302300	16.95	3396.63	3862.83
衣服	52950	2.96	590.45	604.02
食品	440900	24.74	4953.93	4953.93
看病	140240	7.89	1575.73	3339.04
教育	41300	2.32	464.04	1795.65
娱乐	5600	0.31	62.92	560
红白喜事	95050	5.35	1067.98	1092.53
交通	25360	1.43	284.94	352.22
通信	30900	1.74	347.19	396.15
住房	639300	35.96	7183.15	58118.18
合计	1773900	100	19926.96	—

① 各支出项中，除食品外，每项都有消费为零的情况，这里单设家庭实际平均支出来衡量除消费为零外的家庭的该项平均支出。

通过消费家庭的实际支出可以考察剔除未消费家庭后的实际支出金额，除食品支出项外，其他各项的平均支出都发生变化，相比于全部89户平均而言，住房支出变化最大，其实际支出远大于平均支出成为最大支出项，高达58118.18元，从样本来看，2010年新修建楼房的四家，住房支出高达11万元以上。而娱乐支出项的实际户均支出则变为560元，也就是说，单纯看实际娱乐家庭的支出金额并不小，之所以出现62.92元的低值，是由于娱乐支出仅仅集中在少数家庭。

3. 家庭生产情况

从家庭承包土地看（见表8-7），家庭承包各类土地平均4.01亩。将土地类型按照两种分法来研究，一种是按照取水的条件分，分为水浇地和旱地，可以看出被调查家庭水浇地面积大于旱地面积，水浇地比重超旱地比重55.1个百分点；另一种分法是按照土地的质量分，分为良田和荒地，被调查家庭的良田比重是荒地比重的330倍，户均良田和荒地面积分别为3.96亩和0.13亩。由此可以看出，洞廊村的土地种植条件很好，外出务工后不进行农业生产的家庭几乎全部将土地转包，土地闲置率较低。

表8-7　**家庭承包各类型土地情况**

土地类型	总面积（亩）	户均土地面积（亩）	所占比重（%）
水浇地	279.5	3.14	78.3
旱地	83	0.93	23.19
合计	356.5	4.01	100
良田	352.5	3.96	98.75
荒地	12	0.13	3.25
合计	356.5	4.01	100

进一步从农业生产水源情况看，除10户不从事农业生产外，其余79户全部利用河流水作为农业生产水源，占87.6%。

从生产性固定资产情况看（见表8-8），由于洞廊村全部利用河流水作为农业灌溉用水，因此抽水机成为必备生产用品。相比之下，汽车、拖拉机、三轮车等运输器械则较少，均未超过10辆。根据调查，拥有汽车的家庭并不是将汽车作为生产性工具和代步工具，而是用来从事运输业。

表8-8　**生产性固定资产数量及比重**

生产性固定资产	总数量（台或辆）	户均数量（台或辆/户）	占全部生产性固定资产的比重（%）
汽车	4	0.04	3.85
拖拉机	7	0.08	6.73
三轮车	7	0.08	6.73
牛车	6	0.07	5.77
其他（抽水机）	80	0.90	76.92
合计	104		

从耕收手段来看（见图8-2），除10户不从事农业生产的家庭外，有16户采用人工耕收，占全部被调查家庭的17.98%，61户人工机器混用，占68.5%，仅2户采用机器耕收，可以看出洞廊村农业生产的耕收手段更多是人工耕作和小型机器耕收的混合使用，由于规模化种植才刚刚起步，并不普及，因此完全的机器耕收虽然已经开始，但其比例很小。

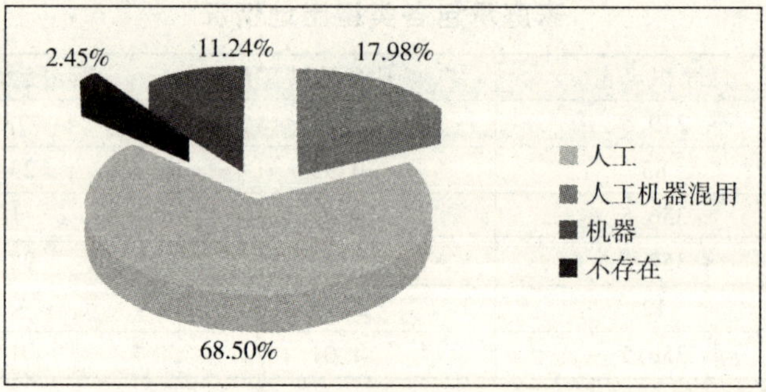

图8-2　农业生产耕收手段

4. **家庭生活情况**

在家庭生活方面，设置了多项考核指标，涵盖了住房、饮用水及取暖设施、做饭燃料、耐用消费品、医疗、出行便利条件、业余活动等，基本可以反映村民的生活情况。

（1）住房类型及面积

从住房类型来看（见表 8－9），以钢筋水泥房居多，占到 65.2%，其次是砖瓦石房，占 29.2%，只有 5 户还住土坯房。从住房建筑面积看，全部被调查户的住房面积为 12407 平方米，平均每户 139.14 平方米，人均 30.7 平方米，住房条件比较良好。

表 8－9 各住房类型数量及比重

住房类型	数量	所占比重（%）
钢筋水泥房	58	65.2
砖瓦石房	26	29.2
土坯房	5	5.6
其他（茅草屋）	0	0
合计	89	100

（2）水、暖及燃料

被调查户全部使用自来水作为饮用水。由于洞廊村的气候因素，被调查者家庭全部没有设置取暖设施。从做饭燃料情况看（见表 8－10），使用煤气液化气和木柴作为做饭燃料家庭比例相当，分别为 40.4% 和 37.1%，使用电作为做饭燃料的为 20.2%。仅有两户使用煤炭为做饭燃料。在调查中得知，洞廊村修建了多个沼气池，而且具备修建沼气池的条件，但利用情况很不乐观，因此改变现在的燃料结构可以从对沼气的利用入手解决，应逐步减少木柴的使用量，提高电、煤气、沼气等清洁能源的使用量。

表 8－10 做饭燃料情况

燃料类型	数量	所占比重（%）
煤气液化气	36	40.4
电	18	20.2
木柴	33	37.1
煤炭	2	2.2
合计	89	100

(3) 耐用消费品

从家庭耐用消费品情况看（见表8-11），手机和电视的普及率最高，超过了平均每户1台的水平，电冰箱拥有量位列第二达到平均每户0.53台，电动车、摩托车和自行车的拥有量相近，分别达到户均0.33辆、0.37辆和0.44辆。电话的拥有量达到户均0.27部。与此同时，洗衣机、影碟机等耐用消费品也进入家庭，被调查户中还有1户拥有家用小轿车，一定程度上可以反映出村民的生活水平正在逐步提高。但我们也看到，调查中没有一户家庭拥有照相机，而且洗衣机的数量还不多，也就是说居民在娱乐及减轻家务方面的家用电器拥有量上还有待提高。

表8-11　　耐用消费品情况

耐用消费品	总数量（台或辆）	户均数量（台或辆/户）
电视	99	1.11
电冰箱	47	0.53
洗衣机	11	0.12
照相机	0	0
影碟机	22	0.25
电话	24	0.27
手机	145	1.63
农用车	12	0.13
小轿车	1	0.01
卡车	3	0.03
电动车	29	0.33
摩托车	33	0.37
自行车	39	0.44

(4) 医疗及养老保险

被调查家庭距离最近医疗点的平均距离为0.45公里，较远的只有1户，距离医疗点为2公里，其余都在1公里左右，可以看出村民们是比较方便就医的。连接洞廊村与外界的路是柏油马路，因此村民外出就医极其方便。从参加新型农村合作医疗制度的情况看，被调查者已全部参加新农合，参合率达 100%。在社会养老保险方面，由于洞廊村并未落实农村新型养老保险政策，因此被调查者认为不存在参保情况。

(5) 闲暇活动

闲暇活动可以反映出村民的精神面貌和文化生活情况。从被调查户的情况看（见表 8－12），闲暇时看电视和聊天两项成为村民们的主要活动，分别占到 92.13% 和 97.75%，此外下棋的比重也较高，为 13.48%，而益智健身类业余活动如看书、文体活动等比重较小，说明村民精神生活形式的多样性还有待进一步提升。

表 8－12　**闲暇活动及比重**

闲暇活动	数量	占全体被调查者的比重（%）①
看电视	82	92.13
聊天	87	97.75
闲逛	10	11.24
下棋	12	13.48
打牌	8	8.99
文体活动	7	7.86
看书	2	2.25

(6) 自身权益维护及其他

通过对耕地的保护来侧面了解农民对自身权益的维护观念，因此问卷中设置了关于耕地被征用后被调查者能够接受的补偿措施一项，由于洞廊村耕地用途单一，不存在开发占用的情况。在被调查家庭中，有 87 人选择“不存在”，其余两人认为“说不清楚”。

（三）数据分析结论

对于洞廊村调查问卷的数据分析，是完成洞廊村经济调查内容中的一项重要工作。通过对 89 份调查问卷的具体分析，调研组得到了反映洞廊村经

① 本题为“限选三项”题，因此所占比重之和不等于100%。

济、物质文化生活的直观数据，是此次调研中极为宝贵的资料。调查问卷的分析归纳为洞廊村基本情况、经济情况和家庭情况三部分，这三部分内容清晰地描绘出洞廊村现阶段的经济生活状况，从而凸显出该村经济发展面临的主要问题。最终，在数据分析的基础上提出洞廊村今后发展的几点建设性意见。

1. 加强乡村文化建设，丰富农民生活

数据分析显示，被调查者的闲暇生活单一，闲暇生活为看电视和聊天的均超过了90%，而文体生活和益智类活动所占比重很小，以下棋和看书为例，分别占到13.48%和2.25%。以上数据可以看出，洞廊村村民精神生活形式的多样性还有待于提高。由于洞廊村很多青壮年外出务工，公共文化服务的对象主要是儿童、妇女和老人，而对于农村发展具有主导作用的中青年人却处在农村公共文化服务的范围之外。一方面，农村中坚层流向城市削减了乡村文化发展的后劲，造成了乡村文化传统的断裂；另一方面，公共文化服务因为缺乏农村中坚力量的参与，客观上使其日益边缘化。这要求乡村文化建设做出相应的调整以适应变化了的客观情况。乡村文化建设是新农村建设的一项重要内容，应当更多的关注农村，支持和引导乡村文化建设，不断满足群众日益增长的精神文化需求，农民也是有着精神生活需要的活生生的人，当他们的温饱问题解决之后，他们就需要有精神生活。加强乡村文明建设不仅可以丰富农民的闲暇生活，还可以通过开展技术知识技能的学习为本村创造更多的人才。在公共文化设施方面，可以提供文化活动室或图书室、电影放映室公共电子阅览室等文化设施。应该建设公共体育场地为村民提供健身项目，洞廊村应该继续利用已有的优势，将“大榕树课堂”的作用发挥好，培养更多的掌握现代种植技能的农村人才。

2. 推进新型农村能源建设，加快农村城镇化步伐

数据分析显示，被调查农户中有37.1%的家庭将木柴作为主要的做饭燃料，木柴作为燃料既不宜储存，亦会产生大量的烟尘，与此相比，煤气液化气或电等能源具有易储存、清洁和高效的优点。新农村的建设应重视农村的能源建设，应在村内树立生态典型，积极提倡村民使用清洁能源，增加煤气液化气的销售点，保证村民用电的安全性，加大对煤气安全使用的宣传力度。在洞廊村推进新型能源的建设具有一定的基础，村里95%的农户都修建了沼气池，但未能实现资源的循环利用。在调查中，调研组发现，洞廊村养猪专业户的养殖规模并不小，香蕉种植规模逐年扩大，洞廊村几乎每家都修建了沼气池，但对沼气池的利用程度却不容乐观，部分家庭将沼气仅作为日常生活的燃料，由于没有对沼气建设项目进行整体规划，没有将养殖、种植与生态能源有机结合，因此，洞廊村可采用“猪（禽）—沼—果（渔）”模式和“畜（禽）—沼—果（菜）”模式发展，将养殖业产生的废弃物转化成可再生能源沼气和有机肥料，再将有机肥料用于农产品种植，这样既有利于生态环境，又提高了农产品的附加值，是一种经济效益好、资源利用高、环境污染少的发展模式。

在沼气建设方面，要继续加大政府财政的补贴力度，同时加强技术指导，通过联系养殖大户的方式保证沼气的供应。应该根据“因地制宜，多能互补，综合利用，讲求效益”的农村能源建设方针，围绕农业结构调整、农业产业化发展和无公害农产品生产，实施牧、沼、果、菜、渔综合立体开发，提高农业生产效益，增加农民收入，促进生态环境建设，实现农业可持续发展，加快农业产业化、农业现代化和农村城镇化建设步伐。

3. 完善社会保障工作，推进农村养老保险

根据对问卷调查的统计发现，洞廊村的被调查者认为不存在参保现象，原因是洞廊村并没有实施农村新型养老保险政策，而在实际调查中农民对养老保障政策却寄予很大希望，因此尽快落实养老保险政策是洞廊村亟待解决的问题。不容忽视的是，农村养老保险的实施也面临着很大困难，面临着严峻的老龄化问题，自古以来“养儿防老”的观念，是与农耕文化相适应的。在农耕社会，人口不轻易流动，但自改革开放以来，农村大量劳动力外出务工。所以，仅靠家庭养老已经不能满足养老的需求；另外，家庭养老还因子女数量减少、家庭小型化而弱化。

在此次调查中，35 岁被调查者仅占到总调查人数的 6.7%，青壮年劳动力大多外出务工，洞廊村许多家庭面临着养老问题。尤其是进入 21 世纪以后，中国的人口老龄化问题越来越突出，尤其是在经济本就落后的农村地区，这个问题表现得更加明显。当前洞廊村的新型农村社会养老保险还没有推行，养老还是主要依靠子女。这是具有多层次的原因的：其一，农村社会养老保险缺乏资金，政府未承担起相应责任。农村社会养老保险突破不大的主要原因是资金问题，农民的收入不稳定，难以投入更多养老保险资金，而政府对农民的养老保险也未进行补贴。其二，由于政府管理体制还没有理顺，虽然全国省级政府多数已将农保管理职能划入劳动保障部门，但多数地县级单位和乡镇还未划转，形成劳动保障部门没有接、民政部门不好管的状况，造成不少地方管理工作断档。其三，农民的参保意识难维持，无论是新型农村合作医疗制度，还是商业性农业保险，凡属自愿保险都必然面临如何长期维持农民的参保意愿这一难题。对于新农保制度来说，更是如此。受传统观念的影响和生存环境的限制，农民更重视眼前利益，尤其是年轻人对长期性养老保险的兴趣和热情普遍很低，对新农保制度是否维持长期缴费意愿有很大不确定性，即使参保，中途退保的可能性也很大。

长期以来农民很重视自己的家庭和宗族，认为人的生、老、病、死应该由家庭来负责，社会保障意识差，对参加社会保障的积极性不高。要积极推进新型农村养老保险的普及度，需要做到以下两点：首先，应加大对新农保的宣传力度。要想吸纳农民参与到新农保中来，就应先解决农民的顾虑。要想打消农民的顾虑，首要的问题便是宣传。因此，目前洞廊村应该加大新农保的宣传力度，尤其要发挥村级农保协管员的作用。要加强对村级农保协管员的培训，保证把新农保的试点办法正确无误地传达给农民，要让农民清楚地认识到新农保制度能给自己带来实惠。其次，政府应为农民参保积极筹措资金，可借鉴一些已经全面实施农村养老保险的地区经验，如政府应该将困难家庭的养老保险费用按比例划分，由个人、集体和财政三方承担相应的费用，也体现了财政取之于民、用之于民的原则。今后，在村集体没有发展项目的情况下，亦可将村集体的耕地征用或拆迁补偿费用来承担一部分农户的养老保险费用，这一举措将成为农民参加农村养老保险的基本保障。

4. 推进土地的规模化耕作、集约化生产

在调查问卷中关于制约家庭收入增长因素一项的调查统计得出，有41.6%的农户认为缺少劳动力是制约农副业增长的主要原因。从家庭规模来看，被调查者家庭中2~4人的家庭占到了54%，这也是缺少劳动力的主要原因。由于自给自足的农耕生产不能维持现有的生活，洞廊村的富余劳动力走向城市谋求出路，许多家庭只剩下老人和小孩，很多家庭面临缺少劳动力的情况。尽管在问卷调查中许多农户不存在农户将富余耕地荒置的情况，但从收入结构来看农民出租耕地的收入只占到总收入的0.99%，土地出租率极低。此次调查还发现，在洞廊村劳动力较少的农户将闲置的土地借给他人冬种马铃薯，而这只是零散的土地集中，不能形成大规模的专业化种植。但是调研组发现，有的农民已经大胆地尝试规模化耕作，例如，农民周尚尧和另一位村委干部合伙承包78亩土地种植马铃薯，从该户的收入结构来看，2010年其承包耕地规模化种植后收入比被调查者的年平均收入（8484元）高出了11596元，规模化为农业的生产带来了极大的效益。以上数据显示了传统耕作和规模化耕作收入间的巨大差异。事实显示，家庭联产承包制成为了一把双刃剑，它既无法提高土地利用率又无法解决农村富余劳动力就业，因此推进土地的规模化耕作和集约化生产对洞廊村实现农业现代化和解决本村劳动力就业有重要意义。

土地的规模化经营需要政府的大力支持，从机制上看，需要一种适合的形式组织农产品的生产。在这方面，宁明县进行了积极的探索，建立了一系列农业合作社。以洞廊村为例，其建设的“马铃薯合作社”，在规模化经营方面发挥了很大作用，为马铃薯的规模化耕作提供了市场信息和销售途径。正在筹建的“农机合作社”正是为了满足规模化耕作的需求，该合作社将集资购买大型的耕收机器，实现生产工具的共享，为集约化生产提供便利。

然而，农村土地的规模化耕作和集约化生产面临着小农经济、自耕自足的思想和生产模式的制约，传统农业土地的零碎和分散，使得机械化的生产无法展开。在洞廊村调研组了解到，一部分农民工在城市失业返乡后，可能会收回土地自己耕作，这使得土地流转更难以开展，在一定程度上阻碍了农村土地规模化的进行。同样，洞廊村也存在中国农村土地规模化面临的普遍问题，即农村土地流转是处于短期且非稳定的状态。主要表现为土地流转形式以农户间的小规模自发流转为主且不够规范，有些即使有书面合同，合同文本也不够规范，如流转双方权利义务及违约责任、承租土地附着物、有关赔偿条款、土地被征用承租户损失补偿等缺乏明确具体的约定。

根据问卷调查的统计得出，被调查者在本乡镇就业的收入只占到总收入的3.44%，因此在本乡镇创造更多的就业机会不仅能够解决农民增收问题还可以挽救许多留守家庭。现阶段，随着传统农业向现代农业的过渡，家庭联产承包责任制这种分散经营的小农生产越来越难以适应现代农业的要求，而土地规模化经营正好能打破这一局面，农村的规模化经营可以解决农村富余劳动力的转移问题，规模化经营之后需要更多的技术性人才，农民可以通过在本村内就业的方式解决没有农业收入的局面。同时规模化经营为农村创造了许多人力资源，它的规模经营要求劳动者具有较高的经营素质，即具备一定的科学文化知识和实践经验，在生产经营中，要懂技术、善经营、会管理、能吃苦、有远见，农民在规模经营的同时储备了大量的知识和经验，成为农村发展的储备资源。因此，实行农村土地适度规模经营，对调整产业结构、转移农村富余劳动力、促进农业产业化和小城镇建设等都具有重要作用，是实现家庭承包经营责任制与现代农业顺利对接的有效途径。

九、风俗习惯与文化生活

洞廊村是明江流域壮族村落的代表，村庄多元文化和谐共生，生产力水平较高。

（一）族系源流及其生活特点

洞廊村所在的宁明县是壮民族文化的源头之一，以“花山岩画”为杰出代表的民族文化，是古骆越民族的根祖文化，其内涵囊括了壮族文化发展的巫文化、铜鼓文化、航运文化、歌墟文化和山水文化等各个阶段，体现了骆越先民从渔猎经济到农耕经济的生活风貌，是天下骆越后裔的朝觐圣地。

1. 族系源流

洞廊村主体民族是壮族，关于壮族，其先民曾有过不同的称谓。先秦时期，广西为骆越国，居住着百越中的“骆越”、“西瓯”、“苍梧”人。骆越国是岭南壮族祖先著名的方国，最早见于《逸周书·王会》，其中提到“路人大竹”，朱右曾《逸周书·集训校释》云：“路音近骆，疑即骆越。”路即骆，此说中的《逸周书》亦称《周书》，乃先秦古籍，多数篇章出于战国，其中所记商周之事，必有所本。在《吕氏春秋·本味》里，又提到“越骆之菌”，汉代高诱注：“越骆，国名。菌，竹笋。”越骆是汉语提法，意为越（山）谷或越鸟，越人语言倒装为骆越。因此，壮族属百越族群的一个支系。西汉以后，史称“乌浒”、“俚”、“僚”、“俍”等。南宋以后到新中国成立以前，壮族人自称为“布土”、“布侬”、“布僮”、“布班”、“布弄”等。新中国成立以后，经过民族识别，将汉藏语系壮侗语族壮傣语支（除傣族和布依族外）这一人们共同体统一称为“僮族”。1965 年遵照周恩来总理的提议，经全国人大常委会审议通过，将僮族的“僮”字改为“壮”字，从此改称“壮族”。

据《洞廊村史略》一书记载，洞廊村建村至今已有950多年的历史。宋朝皇祐四年（1052年），广西依智高作乱，宋仁宗皇帝遣狄青率部南下征剿，洞廊村民的祖先是跟随狄青将军到广西平乱的军士。依智高之乱平息后，洞廊村的祖先们原想再回老家，但觉得广西距老家的路途遥远，交通不便，加上当时社会治安较为混乱，若要长途跋涉回乡，确是难上加难。尤其是先人念及明江两岸土地肥沃，水草丰茂，宜于从事桑田，于是就解甲归农，留居此地，安家立业。留下的将士们陆续与当地的原著壮民通婚，并接受了壮族的生产生活习惯，逐渐演变成了壮民族的一部分。

2. 多重语境

洞廊村的村民平时交流主要用当地土语，也就是壮语南部方言左江土语，但村民大部分也会讲汉语，调研组用普通话与村民交流还是比较顺畅的。此外粤语方言（白话）及西南官话（桂柳话）在洞廊村也有不少人使用，洞廊村这种多重语言杂合的语境正是其民族演变中交汇融合特征的体现。

3. 服饰与饮食

洞廊村村民的着装服饰现已鲜有传统壮族服饰的刺绣和锦缎了，加之外出务工人员增多，除个别年纪较大的老人外，大多数村民的服饰与汉族日常着装无异。洞廊村的饮食主要以稻米类食物为主，因为洞廊地处明江流域肥沃之地，盛产水稻，因此各种稻米类食物如糍粑、米酒、粽子等是洞廊村最具代表性的食物。此外鸭肉和水果也是洞廊村饮食中比较常见的食品，每逢祭祀和节庆，最常用的祭祀物品便是当地盛产的桂圆、芭蕉、柚子等水果。

4. 传统民居演变

洞廊村在新中国成立前的建筑风格和西南大多数少数民族的民居风格一致，带有百越“干栏”式建筑元素。这种传统民居用硬山木做梁柱，支柱与主梁柱之间用横条牵拉，在横条上铺上木板或者竹条，再用泥巴和稻草糊在四周围墙，这样就形成了两层阁楼，一般都是地板上面住人，下面饲养牲畜和家禽。此类传统民居建造时便于就地取材，建造成本相对低廉，在南方潮湿炎热的环境下其通透性也较好，而且人和家畜同住一个屋檐下，既利于牲畜管理，还可防止家畜失窃。但是，最大的问题就是居住环境很不卫生，特别是一到夏天，禽畜容易滋生蚊虫，常使人食住不安。

新中国成立后，随着经济发展水平的不断提高，村庄卫生状况得到很大改善，传统民居也随着村民经济条件和卫生环境的改善逐步改建结构以提高居住质量。特别在20世纪80年代以后，村民建房都按照人有屋、牛有栏、猪有圈、鸡鸭有棚的要求来修建，彻底改变了以前人畜同居的状况。2000年以来，村民新建的楼房，都把客厅、卧室、厨房、卫生间等分隔开来，人居环境得到了更进一步的改善。调研组在入户采访的过程中也留意到大部分人家都有了自己独立的卫生间和淋浴室，可以说符合健康人居标准的新式民居已在洞廊村得到了普及。

（二）婚丧习俗和节日庆典

1. 婚丧习俗

(1) 婚姻习俗

洞廊村传统的婚姻，礼数非常周全，需要经过探亲、说亲、要命、回命、迎亲、拜堂、回朝七个过程：

探亲。洞廊村的青年男子到了一定年龄，如有心仪的女子，就请亲戚询问对方家庭情况，并表示婚嫁意愿。女家考虑后，同意不同意都会给对方回复，此所谓探亲。

说亲。若女家有意了，男方就选好日子到女方家说亲。说亲时，男方要买诸如糖果、猪肉等礼品，派人送去女方家，并与其父母共进午餐，初步谈谈下一步的事，说定什么时候来“要命”（即八字，下同）。

要命（就是讨要对方的出生年月日时辰）。要命时，男方需出沙糕、饼干各400块，糖果4公斤。这些礼品是女方拿来送亲戚朋友的，让亲戚朋友知道他们（女方的父母）的女儿订婚了。此外，男方还要买猪肉、鸡、粉丝一起带去，此时女方的父母还请亲戚朋友来聚餐。午餐后，女方父母把女儿的生辰八字交给男方来送礼的人带回。男方父母把这张包着利市（红包）的生辰八字装在一碗米上摆在祖宗香案，过七天后就拿这生辰八字请算命先生测算。

回命。男方把女方八字时辰对过之后，即把结果转告女方父母，并说定结婚日子，征求女方要多少婚礼，如洋纱多少捆、布匹多少丈、猪肉数量以及现金数额等，这些婚礼在结婚当天一起送到女方家。

迎亲。传统上，洞廊村的结婚仪式比较讲究。婚礼当天，男方要派出浩大的迎亲队伍到女家迎亲。新郎胸前戴着大红花、骑着高大的红马走在前面，后面跟着伴郎等一干人马。新娘头戴凤冠，罩着面纱，身穿大红婚纱，脚穿绣花布鞋。出门去夫家前，新娘要大哭一场，并给亲生父母一跪三拜。其哭的内容，叙述父母养育之恩，倾诉兄弟姐妹难分难舍之情，让兄弟姐妹代其照顾父母，然后，由接娘和送娘扶着上花轿。

拜堂。新娘到了夫家，先停在门外搭好帐篷歇着，静待良辰。良辰一到，男家要燃放花炮，迎新娘进屋拜堂。拜堂仪式由司仪主持，一拜天地，二拜高堂，然后是夫妻对拜。接着，新娘给家公家婆敬茶，公婆接茶罢，对儿媳说些吉利话，并给一个丰厚的红包。最后，新郎新娘入洞房。

回朝。婚礼后第三天，俗称“三朝”。这一天早上，新娘要早起，烧好热水、泡好茶，待家公家婆起床后，就端着一盘热水，一条新毛巾，请公婆洗漱后，再敬上一杯茶。10点钟左右，照当地的风俗习惯，夫妻要带着两只或四只大腌鸡、粉丝、猪肉之类，回娘家认识亲戚。当天，娘家叔伯兄弟姐妹欢聚一堂，共同入席宴餐，热闹非凡。按照洞廊村的规矩，新娘新郎在娘家不能停留太久，一定要在当地牛群进村前回家。若是在牛群进村后才回家，则意味着跟牛群屁股走，是不大吉利的。

(2) 丧葬习俗

洞廊村的丧葬习俗注重对逝者的追思，讲求入土为安，其过程大致分为六个阶段。

报丧。老人辞世后，主家要立刻燃放三个大鞭炮，这叫作“报丧”，意思是预告亲戚朋友，自家什么人辞世了。从“报丧”炮响的那一刻起，直到丧葬仪式完毕前，主家的人一律吃斋，不吃荤腥，并日夜守丧。

做道场。死者已成了家并生有孩子的，要请道公来做道场，寓意把亲人送去阴间，让亲人在阴间过得逍遥快乐。做道场要一天一夜，仪式和程序繁多。祭奠时要写祭文，儿女不会写的，用钱请人代写。岳父、岳母去世时，女婿要写祭文，并杀鸡宰羊去祭奠，请人代读祭文。祭文的内容，多为歌颂死者的处世为人。祭奠完毕后，主丧家要给女婿一块布，以作回报。

测分金。洞廊村流行土葬，人一去世，家属就请风水先生带着罗盘到坟山去测定墓穴方向分金（就是用两块新的大砖，按照地理先生指定的方向埋好），这两块砖必定由死者的亲生儿女埋好，挖坑要四方平整，棺材与分金中线吻合。挖坟坑的第一锄是让儿子挖，埋葬时，第一铲土也是儿子先铲，表示儿子给亲人造房子。其他的挖坑人，主家也要给个封包，封包多少不在乎，重在钱上包上红纸，以示吉利。

装殓。去世者的入棺和收棺，必定按照定好的时辰进行。届时，主家的人，凡是出生时辰和死者相同的，都要回避。盖棺加钉时，长子跪着敲打右边中间的钉子，其余由亲戚朋友代为钉好。参加装棺的人，通常也都会得到一个红包。

出殡。出殡的时候，死者的儿子要匍匐在大门口，头向屋内，让亲戚朋友将棺材从其身上抬过，叫作“枕棺”，意思是儿子为亲人执铺返往西天的路，表示孝心。

灵棺抬到村口时，要停下举行泪奠、告别仪式。这时道公暗自念念有词，带领其子孙绕棺材走坟圈，众儿孙哭声不绝，三番五次给亲人倒酒送别，仪式结束后，人们才把棺材抬去。

入葬。放棺下葬前，先把一只公鸡放下去，让它跳来跳去，这叫作“跳井”。时辰到了之后，把棺材放下坟坑，撬正棺材中心线并使分金重合，然后开始埋土。填坑的第一坑土，由他人铲好，让死者的儿子用衣裤装着，先倒坑中，后由众人填好，堆成坟墓。在埋葬过程中，死者家人始终低头跪着，等到埋葬完毕，亲戚朋友走后，才能站起来，目送亲人走好，以示对来帮忙的亲人表示致谢。

2. 节日庆典

洞廊村节庆众多，几乎每个月都有节日，其中最重要的节日有春节、元宵节、三月三、端午节、祭鬼节、中秋节、除夕节。

(1) 春节

这是一年之中洞廊村最隆重的节日。正月初一子时一到，各家各户烧香点烛，燃放鞭炮，开门迎春接福。大年初一清晨，村人就忙着宰杀鸡、鸭、猪等，供奉祖宗。春节做食的品种很多，最普遍的是包大粽子。粽子是用大糯米做的，粽子的馅有绿豆、肥猪肉、猪骨头等。粽子除了自家食用外，还可用作赠送的礼品。用来送礼的粽子，一般要比家里自食的粽子大一倍，粽子馅还加放些虾米等。此外，很多人家还打沙糕。打沙糕的工序比较复杂。先是把大糯米烧熟打成粉，再放在阴凉的地方晾。三五天之后，米粉受潮变得润湿，此时就拿出来分成一盒一盒加糖，用手搓成软粉，倒在格板上压实成形。接着加入砂糖和芝麻等作为沙糕的馅心，并再放上一层粉，再压一次，便成沙糕了。洞廊村的沙糕吃起来甜香可口，与粽子一样，是村民春节不可缺少的食品。

大年初一的早晨，家里的儿孙晚辈都要向长辈们恭贺发财，祝福家里的老人健康长寿，老人们则祝愿家里的小孩学习进步。大年初一，按照村上的风俗是不能扫地的。如果需要扫，必须往屋内扫，把垃圾堆放在屋角里，第二天再拿去外边倒。旧时的说法是初一扫地就是扫财宝，往外扫就是把新年送来的财宝往外丢，就会破财。同时，这一天全家的男女老幼，都不能外出做客，只能在家里看看电视、聊聊家常或者玩玩有趣的娱乐游戏。此外，那些道公或者仙婆，年初一这一天必须吃斋饭。

大年初二，年轻的夫妇，一律携儿带女去外婆家拜年。去时一般都带去活鸡两只，粽粑两个，沙糕四包或八包，礼品必须是偶数。这叫做“好事成双”。初二走亲访友，当长辈的要给晚辈压岁钱。当天，女儿、女婿、外孙以及其他亲戚，欢聚一堂，常常一醉方休。而大年初七，据洞廊村上年纪的村民讲是人出生的日子，各家宰鸡杀鸭，供奉祖宗，再美餐一顿。

（2）元宵节

正月十五元宵节，洞廊村家家户户吃汤圆。汤圆是把大糯米泡米磨成浆，把米浆装进布袋扎好，挂起来让水流干成粉。然后取出米粉弄成一个个李果大的圆球，再将芝麻糖放入汤圆中间，最后放入糖水锅加热煮熟，则可连汤捞上来食用了。吃汤圆，其意味着往后一家人团团圆圆，生活像汤圆一样甜美。这是个大团圆的日子，家里有几个兄弟姐妹的，都带着儿女到父母家吃团圆饭，其节日的隆重气氛仅次于大年初一。

据《洞廊村史略》一书的作者讲，新中国前元宵节还要举办花灯会。全村四个大屯，各屯都要制作一个花灯。花灯色彩各异。每个大屯还要布置一间华丽的房子，贴上对联、窗花，裱上胖娃娃，摆上大南瓜等，营造出农家乐的氛围。屋中间挂着一盏走马灯。走马灯四周画有各种人物，一旦点上特制的花生油灯后，灯中背着枪的、拿着刀的、骑着马的纸人和纸物，就绕着圆圈不停地转着。屋里派人日夜轮流守候，主要是为灯添油，不让灯息停转。每到夜晚，游览观赏花灯的人们从东屯到西屯，来来往往，川流不息，热闹非常。

（3）三月三

农历三月初三，是洞廊村的“拜扫”日，全村人都要上山扫墓拜坟，拜扫有一定的规矩，一般要先到大家族的祖坟拜扫，然后才能到各自家里近代先人的坟墓拜扫，回家时还要到“土地公婆”庙祭拜，这样才算完成了这一年的拜扫。

(4) 端午节

农历五月初五端午节，洞廊村家家户户都包灰水粽子（即把生糯米泡在草木灰水中，后捞起沥干，包成粽子，因此有的地方把它叫凉粽），宰鸡杀鸭，弄好饭菜，全家聚餐共饮。

(5) 祭鬼节

农历七月十四是祭鬼节，也称“鬼节”。当地人们流传有这样的顺口溜：正月得个年初一，七月就得个十四。可见，“鬼节”亦是较隆重的节日。在洞廊，七月十三、十四这两天每家都要杀鸡杀鸭。传说，七月十三、十四两天阎罗王把关在阴间的鬼放了出来，因此人们除了杀鸭来供奉它们外，还要做糍粑，买彩色纸剪成纸衣纸袜、鞋帽来烧供。到十四日晚祭祖的时候，烧送给它们拿回去穿戴。据老人讲，新中国成立前，若有人家的祖坟是在河对面的，还要用芭蕉叶的大梗串成一只小船，并用彩色纸糊成船舱备用。待夜幕之时，再给小船点上油灯，放下池塘，开船送祖宗归去。

(6) 中秋节

八月十五中秋节，洞廊村村民有给长辈送月饼的习俗。做儿女的除给老家送月饼外，原分家居住的兄弟也在八月十五那天聚集在父母家共进晚餐，吃团圆饭，意味着全家人团结、和谐。晚上当月亮升起时，小孩子们就把月饼、芭蕉、柚子、年糕、香茶等摆满一大桌，烧着三炷香，供奉月亮婆婆，全家人共同赏月。

(7) 除夕节

洞廊村人过除夕节比较讲究。除夕下午，家家扫庭院，忙贴春联，张灯结彩，把庭前屋后打扮一番，营造出辞旧迎新的气氛。然后家家户户宰杀大阉鸡，准备丰盛菜肴，迎接灶君。

在除夕的晚餐上，一定还要有鸭肉和鱼肉，因为“鸭”在壮话是除去、丢开的意思，当晚吃鸭肉，就能把旧岁所有不吉利、污秽的东西除去，而来年就可财运亨通、万事大吉。而因为“鱼”和“余”是同音字，所以除夕吃鱼，则表示年年有鱼（余）。

除夕之夜，人们通宵不寐，一家人围着吃团圆饭，叙旧话新，互相鼓励，这叫“守岁”。洞廊村还有一个习俗，即是在除夕之夜，家人特别是年轻人不能到别人家去住宿，即使在外做生意的成年人不能回来，也喜欢把他们的子女送回老家过除夕。据洞廊村老人说，除夕夜过十一时后，是十二地支的子时，是新一年的第一个时辰，作古了的祖宗都回家来看，清点家人，不见哪个人，来年就不保佑他。

（三）宗教崇拜与神灵祭祀

1. “土地公”与“土地婆”崇拜

洞廊的宗教崇拜与祭祀活动中，最隆重的莫过于“土地公”和“土地婆”的祭祀。洞廊人认为，“土地公婆”掌管全村人畜的安宁，能为全村人消灾除害，村里的人都很敬重“土地公婆”，谁都不敢怠慢，平时哪家有婚丧嫁娶都要到村头的“土地公婆”庙祭祀祷告。每年的二月初二“土地公”节、八月初二“土地婆”节，全村男女老幼集体出动，可说是全村一年到头最隆重的集体活动了。

每年祭祀当天，村民把庙堂打扫干净，由年长的村民布置祭祀礼仪。二月初二“土地公”庙会时，庙门上贴上对联：岗陵共祝千秋诞，寿日红开二月天，横批是生灵昌盛。八月初二“土地婆”庙会对联稍有不同：岗陵共祝千秋诞，寿日红开八月天。神台上烧香明烛，还点上一盏大马灯，村民家家户户焚香祭祀，供品一应俱全，台前摆上各种水果、点心、糕饼，稍后摆得是阉鸡、猪头，最后就是整只大红烧猪（一般都要120斤以上）。正式祭祀开始后，每户一个代表一一走进庙堂烧香，上香人要双手合拢、鞠躬朝拜，庙外点燃鞭炮，气氛热烈庄重。此外，主持祭祀的人还要将部分供品搬到村里的陆佑将军庙和雷霆庙敬祭。全部祭祀过程从早上九点左右开始，一直要持续到下午三点左右才告结束。

祭祀完之后，村民还会在土地庙前的广场上举行集体聚餐，一般为八菜一汤，都是上好的菜肴，十分丰盛，村民开怀畅饮，举杯祝福，互道健康长寿安康，和谐之气充溢整个村落。

2. 雷神崇拜和雷霆庙祭祀

雷霆庙，坐落在村的北面，靠南街龙塘屯处。传说，距今大约400多年前，洞廊村百派屯有人在小柳处开出一块荒地，种上西瓜。为了防偷，他每天夜里都去看守。一天晚上，突然雷雨交加，把他惊醒了。雨越下越大，雷声越来越响，一道电光划破长空，但见如今雷霆庙所在这块地方有个状似人的怪物出现，把他吓得魂不附体。看瓜人心有余悸，赶紧缩回他那个建在瓜地中间的草房。第二天早上，他回到家里，把昨天夜里看到的情况告诉家人和左邻右舍。村民议论纷纷，都说是雷霆邓天君元帅显灵。于是村人一起捐资，在那里建了一个神庙，起名为“雷霆庙”。

每年大年初二那天，村人早早起来，带上大肥鸡、粽子、沙糕、果品等到雷霆庙去祭拜雷神。大伙烧香明烛，把供品陈列得井然有序，然后合掌拱拜，口中念念有词，祈求神灵的保护。此时的雷霆庙，香烟弥漫，人声鼎沸。

旧时，若有旱灾，村人便集资去请三至五个道公前来求雨。求雨时，道公们披红戴绿，戴着高帽，有板有眼地念经。1956 年后，派连河水利工程建成，明江之水可以直接引到村中，使村里的大部分土地都能得到灌溉，因此到雷霆庙求雨的习俗才逐渐消失。雷霆求雨的事虽已经过去，但祭祀雷霆庙的传统却延续了下来，现在每年的大年初二，村里人都要到雷霆庙拜祭，近年规模更是日渐扩大。

3. 陆佑将军崇拜和将军庙遗址

据当地村民的家谱记载，陆佑将军是北宋时期跟随狄青将军南下征战的将领，村民认为自己的先人多是和陆佑将军一起南下的部众。据传，陆佑是山东省青州府临淄县人，随狄青南征而来到此地。陆将军生得非同寻常。他身高九尺六寸，双手过膝，肩宽一尺六寸，两耳垂肩，白面书生，天庭饱满，地阁方圆。陆佑有仁有义，济苦救贫，人们都称他为父母官。后来，陆佑将军为当地知府黄承祖所害。当地百姓因为怀念他，便在道光四年（1824 年）捐资为他建起一个庙宇，以资后人供奉他的英灵。

旧时陆将军庙建在洞廊村中的“浦大”处，右边有个大码头。该庙长 10 米，宽 8 米，高 4.2 米。庙基是混凝土浇铸而成，周围用青砖砌成。庙门前安放着一对石狮子，一公一母，高有 1.2 米，石狮形象逼真，栩栩如生。距庙门前约 10 米的地方，有一个九级小码头。码头高处，两旁有一对石鼓，鼓边上的花纹精雕细琢。可惜如此珍贵之物，在“文化大革命”期间遭到破坏。现在的陆佑将军庙只剩基台，但村民每逢大事，仍然会到旧庙遗址祭祀陆佑将军。

第二部分　农户

十、勤劳致富示范户

在洞廊村的发展中，一些农户依靠多种途径走向致富之路。这些农户的带头作用，成为村庄发展的有生力量。他们中一部分是普普通通的村民，也有村委的领导干部，他们带头尝试科技种植、规模种植、多种种植以及多种经营。在尝试的过程中，这些示范农户用他们的勤劳坚韧取得了意想不到的成功，同时在农村开创致富新路子的道路上，成了洞廊村的“领头羊”。

（一）科技示范户——韦建雄一家

韦建雄家有一栋 2 层小楼房，约 190 平方米。房子是在 1988 年请人建造的，当时花了 3 万元。在 20 世纪 80 年代末，这样的支出对于一个普通农户而言那可不是一个小数目。和许多农户家一样，一楼进门便是客厅，楼房外边没有华丽的装修，屋子里也没有奢华漂亮的摆设。但是，家里给人的整体感觉干净、整洁。实际上还未入户调查访谈，调研组就已经对韦建雄有所了解了，他曾在村情介绍会上，作为洞廊村现任的农业科技委员，向调研组介绍了洞廊村的农业发展状况。

韦建雄出生于 1958 年 12 月，壮族，初中文化水平，无宗教信仰，能讲一口流利的普通话。他已经担任了两届村委会委员，主管农业科技方面的工作。其妻韦瑞娥，1958 年 10 月出生，初中文化水平。韦建雄夫妇有两女一男三个孩子，长女 1981 年出生，2008 年结婚后在宁明县城居住，并做些小生意。次女韦平今年 28 岁，从明江中学初中毕业后考上了位于桂林的广西林业学校。中专毕业后，和村里大多数年轻人一样，韦平去了广东打工。但在 2009 年夏天，韦平患上了严重的胸膜炎。由于在广东的医药费用支出很大，韦平微薄的工资无法支撑，于是她回到家乡治疗。韦平在宁明县住院的17天共花费了9000多元，韦建雄提到，幸好全家参加了新型农村合作医疗，韦平可以报销一部分的医药费。由于身体还没有完全恢复，韦平没有再去广东打工，但在家做农活又比较辛苦，所以她去了南宁帮别人看店挣钱，每月1000元的工资并包吃包住。韦建雄说，之所以让韦平去南宁，一方面是南宁的医疗条件要比宁明好一些，另一方面也可以减轻家里的负担。韦平在南宁每月检查一次身体需要花费800多元，她目前的收入足以支付这笔费用。韦建雄现在觉得很满意，他高兴地说女儿再吃半年的药，病就可以痊愈了。他希望先治好女儿的病，再考虑女儿的婚姻大事。韦卫是韦建雄唯一的儿子，1985年10月出生，从明江初中毕业后一直在打工。后来韦卫在家人的支持下学会了开挖掘机，2010年家里贷款给他买了一台价值80万元的挖掘机，其中20万元的首付是家里出的，剩下的60万元就由韦卫和妻子黄梅青来还，现在小夫妻每月要还2万元的贷款。为了尽早还债，韦卫不辞辛苦地在一些工程队用挖掘机修路，妻子则在工程队照顾丈夫生活。但在一年中，雨季和春节的3个月没法外出做工，韦卫夫妇的收入就会锐减。2010年因工程建设项目比较多，使用挖掘机的工程队也较多，扣去挖掘机的油费和保养费用，韦卫夫妇2010年一年收入达到28万元，偿还24万元贷款后，还有4万元纯收入。韦建雄满怀期待地说，再过几年，等儿子还清贷款后，家里的收入水平定能再上一个台阶！

每当农作物新品种推广时，作为村里的种植大户，韦建雄一家总是洞廊村第一个种植新品种的农户。韦建雄深知，“连粮食都不能自给，还谈什么经济发展”，2007年他用自己承包的70多亩水田带头种植“超级稻”。在农业科技人员的技术指导下推广水稻的良种良法，单产达到600公斤以上，亩均增产270公斤。在粮食自给的基础上，韦建雄依托本村区位优势发展蔬菜种植，并且成为种植蔬菜的排头兵。2009年在发动冬种马铃薯工作中，在群众开始还不愿意接受的情况下，韦建雄率先种植80亩的马铃薯冬种示范片，在他的带头作用下，全村完成冬种马铃薯1086亩，成为全区冬种马铃薯示范基地。他认为，要想全村走上致富路，就必须改变传统的种植方式，采用科技种植，并以市场为导向，调整产业结构，促进农民增产增收，为此韦建雄不断学习科技知识和致富本领。韦建雄说：“几十年的实践加上农业局的技术人员多次来村里指导，县里农广校的校长就在本村挂点，学习技术的机会更多。

作为村里的农业技术人员，很愿意学习农业技术。”几年来韦建雄自觉参加全县创办的“四个培养”培训，通过培训中心培训，掌握各种实用技术。韦建雄在实践中充分发挥先锋模范作用，在他的示范引领下洞廊村建立无公害蔬菜生产基地。发展订单农业，实行“公司+基地+农户”的农业生产经营模式，由传统、单一、零散的农业经营模式向大规模的订单农业生产经营模式转变。其次是将传统种植转变为科技种植。在韦建雄示范带动下的洞廊村运用科技力量，先后种植甜玉米、葱花、叶菜类蔬菜和超级稻 Y 两优 2 号等品种，并获得大丰收。

儿女都在外打工，家里的劳动力就只有韦建雄和妻子韦瑞娥。韦建雄一家共有 5 亩地，其中 4.4 亩水田，0.6 亩旱地；并租种 6 亩田地，一年付 1200 斤稻谷作为租金。从 2005 年下半年开始，作为村里负责农业技术的委员，韦建雄开始在自家的地里种上了县里推广的优良甜玉米品种。雨热同期的气候条件使这一地区的农作物种植达到一年三熟。2010 年上半年第一季，韦建雄种了 4 亩甜玉米并获得丰收，亩产高达 2000～2500 斤，这些玉米以每斤 0.7 元的价格卖给县里华侨农场所属的罐头厂。韦建雄说每年他都与华侨农场的罐头厂商定好价格，签订合同，罐头厂发出订单后，他负责生产，每亩甜玉米的收益在 1000 元左右。除了甜玉米外，韦建雄夫妇也种植 2～3 亩大包菜、芋头等蔬菜和 4 亩早稻，2010 年早稻以每斤 1.1 元卖出，2011 年以每斤 1.4 元卖给县里来的粮食收购站。2010 年第二个种植季里韦建雄种了 11 亩甜玉米，2010 年玉米上市时以每斤 2.2 元的高价卖出，刨去成本收入达到 4 万元。大多数洞廊村民在冬季种植蔬菜，只有老人的家庭，冬季通常不会种植作物。由于种过马铃薯的田地在来年种植早稻时犁地更方便，并且地里还有种植马铃薯时剩下的肥料，所以村民都很愿意免费让人在自家的地里种马铃薯。2010 年冬韦建雄种植 20 亩马铃薯，2011 年清明节前后就能成熟。韦建雄说在孩子们还没有长大前，家里的负担比较重，当时家里都有拖拉机、收割机等生产资料。但是现在年纪慢慢大了，这些机器也用不了了。作为洞廊村的种植大户，韦建雄一家全年的农活比较繁重。由于家里只有两个劳动力，所以需要每天以每人 50 元的工钱雇 2～3 个人干 10 天左右。犁地和收割的时候也需要请人带机器干活，一亩地要付 100 元的报酬。“现在一袋复合肥也涨到 190 多元，家里也没有养家畜，也没有有机肥。现在种田的成本也越来越大”。除了种植收入之外，韦建雄也在村委会中任职，每月也有 500 多元的收入，加上奖金一年也有7000元左右的收入。

当问到农业生产过程中有没有遇到一些严重的自然灾害时，韦建雄说2008年灾害不断，家里的损失较大。原来2007年底至2008年初，南方遭遇了罕见特大低温雨雪冰冻灾害，他种植的80亩甜玉米损失较大。2008年夏季的水灾淹没了他承包的80亩西瓜地。2008年的冬种蔬菜，他选择了马铃薯并试种了80亩，2009年清明节前后获得了大丰收。但是，当时没有找到销售渠道，也带来了一些损失。直到宁明县农业局牵头，找到武汉、南昌、重庆的收购商来县里收购马铃薯，韦建雄才解决马铃薯滞销的问题。2008年和2009年韦建雄一家的损失高达十多万元，2010年他们家只种植20亩马铃薯。在谈到制约家庭农副业收入的影响因素时，韦建雄指出市场销路和市场价格对家庭农副业收入的影响较大。有的年份农作物获得大丰收，但是农民掌握的市场信息不多，有时丰收并不能给农民带来好收益。他希望政府能够多给农民们提供一些市场信息，避免出现“谷贱伤农”的现象。他认为缺乏劳动力也是一大制约因素。近几年来洞廊村外出务工人员越来越多，村里的劳动力多数是老年人。待在村中的年轻人越来越少，农村的农业劳动力人口出现断层，农村劳动力“老龄化”现象严重，未来这种状况还会加剧。

韦建雄粗略地计算了2010年全家的家庭收入情况。种植玉米、马铃薯、水稻的收入达到65000元，他本人在村委会任职一年有7000元，加上儿子开挖掘机的收入有40000元，2010年韦建雄一家的总收入有112000元。但是韦建雄一家的开支也是很大的，2010年韦建雄全家家庭总支出54600元左右，其中生产性支出占了40000元，占全部支出的近70%，主要用于购买化肥、农药和雇用劳动力，这是一家人最主要的一笔支出项目。交通和通信的费用不高，大概各有800元；韦建雄平时喜欢打牌，在娱乐方面的支出一年要3000元左右；另外支出较多的就是份子钱，即用于亲朋好友婚丧嫁娶的随礼，大概需要花费4000元。购置衣物等其他方面的支出也要2000元左右。这样算下来，韦建雄一家2010年的纯收入约有57400元。这样的收入水平在村子里用他们的话说就是“中等偏上”。

现在他们家里有电视机2台，电冰箱1台，洗衣机1台，影碟机2台，摩托车1辆，自行车1辆，手机5部，电动车1辆，另外还有1辆挖掘机。2009年人畜饮用水工程建成后韦建雄一家使用上了干净的自来水，农业用水主要是河流水。

表 10－1　　**农户经济调查表**

农户家庭基本情况

<table>
<tr><td rowspan="3">户主</td><td>姓名</td><td>韦建雄</td><td>家庭人口数（人）</td><td>劳动力人数（人）</td><td>在校学生数（人）</td></tr>
<tr><td>民族</td><td>壮族</td><td rowspan="2">5</td><td rowspan="2">5</td><td rowspan="2">0</td></tr>
<tr><td>文化程度</td><td>初中</td></tr>
</table>

居住情况

<table>
<tr><td rowspan="2">楼房</td><td>修建时间</td><td>占地面积（平方米）</td><td rowspan="2">钢筋混凝土结构</td><td>层数（层）</td><td>建筑面积（平方米）</td></tr>
<tr><td>1988 年</td><td>85</td><td>2</td><td>190</td></tr>
</table>

耐用消费品

电视机（台）	电冰箱（台）	洗衣机（台）	组合音响（套）	影碟机（台）	手机（部）
2	1	1	0	2	5
计算机（台）	汽车（辆）	摩托车（辆）	自行车（辆）	电动车（辆）	
0	0	1	1	1	

农业机械及农业生产水源情况

挖掘机（台）	机动三轮车（台）	水泵（台）	抽水机（台）	降雨	井水	河流水	泉水
1	0	0	0	是	否	是	否

农作物、牲畜、家禽情况

农作物

玉米（亩）	水稻（亩）	香葱（亩）	青菜（亩）	香蕉（亩）	其他（亩）
18	6	0	0	0	20

牲畜、家禽情况

马（匹）	牛（头）	羊（只）	猪（头）	鸡（只）	鸭（只）	鹅（只）
0	0	0	0	0	0	0

收入情况

合计（元）	种植业（元）	手工业（元）	畜牧养殖业（元）	经营收入（元）	外出打工（元）	出租耕地（元）	运输业（元）	工资（元）
112000	65000	0	0	0	40000	0	0	7000

支出情况

合计（元）	生产性（元）	衣服（元）	食品（元）	看病（元）	交通（元）	通信（元）	住房（元）	红白喜事（元）
54600	40000	2000	7000	0	800	800	0	4000

作为明江镇的“经济能人”，在与韦建雄交谈的过程中，他提的最多的还是村子里的农业发展变化。2005年推广甜玉米，2008年推广马铃薯，甜玉米和马铃薯已成为洞廊村的特色蔬菜。现在洞廊村已经建立了无公害秋冬菜种植示范片，超级稻示范片。作为村里的农业技术委员，韦建雄发挥带头作用，他们一家的致富经验也给洞廊村村民信心，农民并不是“穷命”，也能过上富足的小康生活。

（二）规模种植户——周尚尧一家

作为广西的农业大县，为了推进特色农业的发展，宁明县推出了“一村一品”工程，通过建立“订单模式”，为农产品销售找到了出路，保证了农民收入。洞廊村是“一村一品”工程的试点村，由于村里的砂质土非常适合马铃薯的生长，亩产可以达到4500~5000斤，因此，村里的发展优势即为马铃薯种植。也正是在这样的条件下，洞廊村产生了一批依靠种地致富的能手。村庄调研期间，调研组有幸见到了被村民们称为“种地致富能手”的周尚尧。

周尚尧是洞廊村的村委副主任，在调研组入户调查之前，他曾为调研组介绍了许多关于村里的情况。周尚尧一家现在有3口人，由于二女儿三年前出嫁了，现在家里只有他和妻子还有大女儿。在调研组采访的时候，他的妻子去田里插秧了，而大女儿则在外地打工。当问及他大女儿是哪年出去打工的，他想了很久说，已经很多年了，都记不起哪年了。周尚尧出生于1963年，高中文化程度，妻子名叫黄玉霞，出生于1964年，初中文化程度。小女儿出生于1986年，大女儿多年前外出打工至今还没有结婚。家里的房子是2008年新盖的，一共四层，大概有240平方米，房子的外部装修不错，在村里也算得上是比较好的。他说，盖这么大的房子就他和妻子两个人住太孤单了，所以，现在的想法是，希望大女儿以后找一个上门女婿，在外地找也可以。周尚尧希望自己和妻子将来老了可以和女儿一起生活。谈起他家新盖的房子，他主动说，现在的新房是在以前的宅基地上扩建的，为了扩建2004年他花了2000元钱从邻居那里买了一小块地。他对现在的收入水平很满意，觉得生活过得很好。当问到他是怎么一步步地带领全家致富时，他说，其实也谈不上致富，只是想把生活过得更好一点，脑子里慢慢地就有了想法。

2010年初，县里推出“一村一品”工程将马铃薯的种植作为洞廊村的特色产品，洞廊村就积极推进马铃薯的种植。当时村委会为了能起到带头作用，周尚尧和其他四个村委就有了承租成片耕地种植马铃薯的想法，几个人一拍即合，通过和村民的沟通，他们五人一共承租了78亩地开始种植马铃薯，租金是每年每亩400元。2010年冬种马铃薯一共赚了7万多元，但是规模种植的成本投入也是不低的，总共投资达到了10万多元。和其他的农户一样，周尚尧租的这78亩地，每年也要种两季水稻，不同的是种植的水稻品种是“新优119”，该品种比一般的水稻品种早出93天，时间正好赶在马铃薯的种植季节。2011年初，他们五人一年的合同期满之后，由于其中三人忙于其他事情没有过多精力投入于承包种地，同时对于种植管理也不在行，所以提出了解除合同，最后只剩周尚尧和现在的合伙人愿意继续承租这78亩地。现在，周尚尧对自己的马铃薯种植地倾注了很多心血，周尚尧对规模种植产生了很大的兴趣，所以他要把这件事长期做下去，2012年初另外一位合伙人可能也会退出，周尚尧打算自己一个人将这78亩地种起来。家中的5亩地和家务事由妻子黄玉霞照顾，两个女儿的现状都很不错，他可以完全把精力放在这项工作上。在周尚尧与妻子黄玉霞生活的这些年，他们也遇到过许多困难，他们很有吃苦精神，如果要把这块地的种植当作一项事业来做的话，他充满了信心，觉得生活会过得很充实。

洞廊村的马铃薯是通过“订单模式”销出的，在每年种植之前就有外地的公司向他们预定马铃薯，订购的数量并不是固定的，县农业局负责为农民联系公司，到了收获期那些签订订单的公司就会来村里收购。马铃薯即将丰收时，县农业局也会在网站上登出马铃薯收购的信息，很多公司是看到消息之后才和农业局联系，这样农民的产品是不愁销路的。在价格方面，设置有最低保护价，最低保护价会根据每年的市场价格作出调整，这样一来保障了农民的利益。周尚尧表示他对县里这样的政策很满意，既为农民省去了很多麻烦，也节约了运输成本，农民只要精心把地种好就有好的销路。不过“订单模式”的销售方式并不是从一开始就一帆风顺的。周尚尧回忆起2006年，村里的农户与四川一些贩卖蔬菜的老板签订了种植甜辣椒的订单，那时很多村民都开始种甜辣椒，全村种植甜辣椒的规模达到将近400亩。由于当年的气候原因，整个广西以及海南等种甜辣椒的地区都减产，洞廊村也不例外，更糟糕的是产出的甜辣椒质量很不好，收购时四川的老板们都拒收村民的甜辣椒，经过协商，原本签订的保护价每斤 0.5 元的甜辣椒降至 0.25 元老板们才肯勉强收购，无奈之下，村民们还是接受了他们的价格。这件事周尚尧记忆犹新，据他所知，由于甜辣椒的市场价格下跌，贩卖蔬菜的老板也亏了很多，一部分老板因无法支付农民的钱而出逃，至今还有部分老板拖欠着村民的钱，村委会带领村民多次讨要欠款无果。说到这，周尚尧很无奈摇摇头感叹道："那些老板也是被逼无奈，每次去讨债他们都说要钱没有要命有一条。"现在村里人对这笔欠款也不抱希望了，但一提起这件事，大家还是很气愤。

周尚尧从 1999 年到 2002 年担任洞廊村的村支书，之后 6 年的时间担任村里的文书兼民兵营营长，直到 2008 年起担任村委副主任至今。期间，他一直在积极地寻找带领村民致富的途径，1999 年洞廊村还处于很落后的状态，村民的收入都很少，家家户户都是自给自足，依靠种地根本无法带来更多的收入。那时候广西很多地方都在种植甘蔗，许多农民通过甘蔗种植挣了钱。为了让洞廊村也能走上致富的道路，他开始挨家挨户的动员大家种甘蔗，他的行动得到了村民的肯定，一些人开始响应他的号召。但是仅靠一腔热血是不够的，由于专业知识的欠缺，使得种植甘蔗的行动没有成功，甘蔗的亩产才达到 4 吨。事实上，一次失败的教训却让洞廊村的村民明白了一件事，洞廊村之所以无法种植甘蔗，原因就在于洞廊村是河谷冲积地带，土质是砂质，土壤环境不适合甘蔗生长。尽管这次没有成功，但这成为洞廊村村民探索致富之路迈出的有意义的一步。2008 年洞廊村遭遇百年一遇的特大洪水，周尚尧以及民兵营的十个人一起参与了抗洪救灾，协助解放军为被困村民送水送食物。2010 年宁明县开始积极兴办农业合作社，而他和四位村委承包的 78 亩地需要大型农机用品，所以他们以规模种植为契机向县里建议在洞廊村建立农机合作社，为村民提供便利，2010 年洞廊村农机合作社正式挂牌。现在他们正在筹建洞廊村果菜专业合作社，为村民提供网上信息和销售渠道。

表 10－2　**农户经济调查表**

农户家庭基本情况

户主	姓名	周尚尧	家庭人口数（人）	劳动力人数（人）	在校学生数（人）
	民族	壮族	3	3	0
	文化程度	高中			

居住情况

楼房	修建时间	占地面积（平方米）	钢筋混凝土结构	层数（层）	建筑面积（平方米）
	2008 年	60		4	240

耐用消费品

电视机（台）	电冰箱（台）	洗衣机（台）	组合音响（套）	影碟机（台）
1	0	0	0	1
手机（部）	计算机（台）	汽车（辆）	摩托车（辆）	自行车（辆）
2	0	0	1	0

农业机械及农业生产水源情况

拖拉机（台）	机动三轮车（台）	水泵（台）	抽水机（台）	降雨	井水	河流水	泉水
0	0	0	1	是	否	是	否

农作物、牲畜、家禽情况

农作物

玉米（亩）	水稻（亩）	香葱（亩）	青菜（亩）	香蕉（亩）	其他（亩）
5	5	0	0	0	78

牲畜、家禽情况

马（匹）	牛（头）	羊（只）	猪（头）	鸡（只）	鸭（只）	鹅（只）
0	0	0	0	0	0	0

收入情况

合计（元）	种植业（元）	手工业（元）	畜牧养殖业（元）	经营收入（元）	外出打工（元）	出租耕地（元）	运输业（元）	其他（元）
60240	32000	0	0	0	22000	0	0	6240

支出情况

合计（元）	生产性（元）	衣服（元）	食品（元）	看病（元）	教育（元）	通信（元）	住房（元）	红白喜事（元）
22600	15000	1000	5000	0	0	600	0	1000

从表 10－2 可以看出周尚尧一家的收入来源和支出情况，由于周尚尧承包土地种植马铃薯，因此为他家带来了不错的收入，再加之其大女儿外出务

工，该户的收入水平在洞廊村相对较高。该户依靠规模化种植走向了致富的道路，在不久的将来，周尚尧将独自经营78亩承包地的种植，这将为这个家庭带来更可观的收入。周尚尧一家的支出主要用于生产性和食品，因其大女儿在外打工每月生活费要1000元左右，教育开支基本为零。可以看到，周尚尧一家的生活会越来越好。传统型自给自足的小农经济已经不能满足农民致富的需求，周尚尧的做法已经为当代农民提供了一个良好的样板，现代化的生产和规模化的种植能共同带动经济的发展，提高农民的收入。

随着农村种植机械化水平的不断提高，以家庭为经营单位进行小面积、小规模的传统耕作模式，在某种程度上已经成为农民实现进一步增收的一种限制。在城镇化水平越来越高，青壮年劳力进城务工不断增加的新情况下，为实现农户靠种植业增收致富的发展新路，应积极引导和鼓励有经济能力和经营头脑的农村富裕农户发展以土地集中为主的集约化小农场经营，他们依靠规模种植经营，探索出了一条让农民增收致富的新途径。

（三）传统种植户——王干漠一家

调研组跟随小翻译来到王干漠家，已经是晚上7点多，他们一家人的晚饭已经吃得差不多了，就剩下王干漠一个人还在饶有兴致地喝着小酒。看样子，他都有一点微微的醉意了。王干漠笑着道："白天去地里干活很累，喝点酒可以解乏，晚上睡得香。"王干漠见到调研组成员来到他家非常高兴，所以他就在他家的厨房兼饭厅和调研组成员饶有兴致地聊了起来。这是一间十多平方米的小砖房，进去之后，环视屋子的四周，里面没有任何的装修，露着红砖，台子上放了电饭锅，饭桌上的饭菜很简单，几乎都是就地取材做成的，却看起来很美味。

王干漠，1952年出生，壮族，洞廊村人。他的妻子名字叫王玉娥，也是1952年出生的，壮族，是邻村的，婚后才来到了洞廊村。两个人是经过相亲认识的，认识后情投意合，在1975年喜结连理。结婚后的八年里，他们先后有了4个孩子，两个儿子两个女儿。大儿子周学新，1976年出生，现在和媳妇都在广东打工，他们的儿子9岁了，现在就和王干漠老两口一起生活，在洞廊小学读三年级。说到这个小孙子，王干漠脸上有掩饰不住的喜悦，他说："小孙子很聪明，很懂事，平时放假了就会帮我们干农活，而且很擅长跟别人沟通，我们累了或者心情不好的时候也很会哄我们开心，可是最让我们着急的就是他的学习成绩不理想，不过不管怎么样，只要他健康快乐就好啦！”王干漠的大女儿周立桃，1978 年出生，现在在南宁做点小买卖。小儿子周学富 1980 年出生，现在和大儿子一样，也在广东打工。小女儿周立丹 1982 年出生，现在已经结婚，嫁去了来宾。

由于小时候家里的条件有限，王干漠在 1970 年就不读书了，毕业之后先是在村子里种了几年地，后来在 1976 年去当兽医，一干就是三年，是当时村子里唯一的一名兽医。说是兽医，其实配备只有一个医药箱而已。医药箱里也只是放着几把针、听诊器、酒精之类的简单医用品。但就是这些小东西，却能确保全村牲畜的健康。王干漠说：“那个时候，那些猪呀鸡呀的比人还要金贵呢！”那时天天都要早出晚归的，村子里养的猪呀、鸡呀等出了问题都要找他，有的时候正吃着饭有人来找就要去，或者天都已经黑了，也都要义不容辞的去，因为村子里只有他懂得如何诊治，在当时这些家禽是全村人的生活来源之一，很是珍贵。用王干漠自己的话来形容就是一个字“忙”。那时家里的事情很多，孩子也都很小，都要靠妻子一个人来做，他也不能帮着分担。虽然在村子里做一名兽医很累，但是王干漠一直都努力工作，勤劳地为全村人服务，所以当时他能够每个月挣得优等工分 2 分，相当于十多元。但是这十多元钱却不足以养活当时的一家四口，1979 年，王干漠决定不再当兽医了，又重新开始种田。

1981 年分田到户，王干漠家分了大约有 10 亩地，其中的 7 亩是水田，种的是杂交水稻，每亩能有 1000 斤的收成。今年的早稻一共收了 7000 斤，都卖给了国家，以前都是私人收购的，每斤大约是 1.1 元，现在国家收购了，价钱上更有利于农民，每斤水稻 1.28 元，再给 0.12 元的补助，这样每斤的收购价格就是 1.4 元。每年粮食局都会把收购通知贴到村口，大家依据往年的收成做一个计划交上去。王干漠家的晚稻种的是超级再生稻，晚稻一般都是留下家里够吃的，剩下的也卖给国家。现在村子里都是用机器来耕田，这样虽然轻松了，不过村子里有机器的家庭却不多，所以需要去雇人来耕田，收割的时候一般也是用机器，每亩地需要 100 元，农忙的时候还会雇人来帮忙，一天 90 元左右，再加上肥料，这样算下来一亩地水稻的成本在 500 元左右。冬天的时候，王干漠一家会自己种一些马铃薯，种了差不多有两年，大约有 3 亩地，剩余的土地如果农林局不来种马铃薯，那就让其他的公司或者私人来种，也不会收租金，和村里其他人一样，王干漠也很愿意别人来种家里的地，因为别人种马铃薯的时候会帮着犁地和施肥，这样的话，第二年土地就会松软而且还会有残留的肥料，对第二年水稻种植非常有利。自己家种马铃薯的成本为一亩地100元到150元，每亩能有3000斤到4000斤的收成，王干漠跟调研组成员自豪地介绍："原来家里是种蔬菜的，但是由于销路不好，所以就改种马铃薯了，我们种的马铃薯小的有2两或者3两，大的能有1斤左右呢。"对于马铃薯，农业局会帮着种植户找公司来收购，有了销路，种植的兴致和热情也就自然而然的高涨起来。王干漠说："种田和其他工作一样，都是要靠技术靠知识，我们不能保守，要相信科学，国家强大了，我们自然跟着富裕，所以国家的政策我们都很积极的响应。"

王干漠在不是农忙的时节，还会帮村子里种芭蕉的人挑芭蕉来赚一些外快，贴补家里的生活开支。每天干的时间不同，挣的钱也就不一样。如果一天干4到5个小时的能赚50元，要是5个小时以上就是一天70元，王干漠表示："趁着自己身体还健康，还可以多干一些活，能多挣点就多挣点，这样也算是给孩子们分担了。"

正是靠着王干漠的不怕吃苦，辛勤劳作，家里在2009年的时候盖起了小楼房。黑夜里，借着细微的灯光，我们看见那是一栋干净整洁的房子，和厨房形成了鲜明的对比。天色已晚，我们就没有进去看。王干漠告诉调研组，房子有120多平方米，盖的时候花了9万多元，主要是靠王干漠老两口，两个儿子也给贴补了一些，房子是盖起来了，可是却没有装修，不过现在他们也很知足，比起以前的老房子，现在的房子既宽敞又舒服。

王干漠一家八口人都参加了新型农村合作医疗，每个农民出一小部分钱，国家出一大部分组成一个报销程序。这样就为农民解决了后顾之忧，因为农民一直都处在社会最底层，他们的生活条件比不上大城市的人们，收入单一，社会保障很难落实到每个农民身上，生病治病的费用对于普通农民来说都是难以承担的，但是新型农村合作医疗为农民提供了有力的保障，即使家里有人生病了，也不会造成太大的负担。王干漠说，这样的例子在村子里比比皆是。王干漠家每年花在红白事上的钱大约有10000元，他表示，这些钱好多都是替孩子们出的，孩子们都在外面打工，别人家有事的时候也回不来，就都由他们老两口帮着照料，大家都是一个村子的乡亲，这些都是应该的。

王干漠平时休息的时候就是在家陪着小孙子，一家人在一起看看电视聊聊天，很是快乐。王干漠偶尔也去村子里的活动中心和村里的人一起玩一会儿牌，输赢就在一两元左右，就是为了大家在一起乐呵乐呵。据王干漠介绍，活动中心设在村里的码头旁边，是村子里为了丰富老年人的生活专门设置的。有了活动中心，大家在农闲的时候生活也就更有意思了，经常聚在一起，还增进了感情。

表 10－3　**农户经济调查表**

农户家庭基本情况					
户主	姓名	王干漠	家庭人口数（人）	劳动力人数（人）	在校学生数（人）
	民族	壮族	7	6	1
	文化程度	小学			

居住情况					
楼房	修建时间	占地面积（平方米）	钢筋混凝土结构	层数（层）	建筑面积（平方米）
	2009 年	120		2	240

耐用消费品				
电视机（台）	电冰箱（台）	洗衣机（台）	组合音响（套）	影碟机（台）
1	1	0	1	1
手机（部）	计算机（台）	汽车（辆）	摩托车（辆）	自行车（辆）
4	0	0	0	0

农业机械及农业生产水源情况							
拖拉机（台）	机动三轮车（台）	水泵（台）	抽水机（台）	降雨	井水	河流水	泉水
0	0	0	1	是	否	是	否

农作物、牲畜、家禽情况

农作物					
玉米（亩）	水稻（亩）	香葱（亩）	青菜（亩）	香蕉（亩）	其他（亩）
0	7	0	3	0	0

牲畜、家禽情况						
马（匹）	牛（头）	羊（只）	猪（头）	鸡（只）	鸭（只）	
0	0	0	0	0	0	

收入情况								
合计（元）	种植业（元）	手工业（元）	畜牧养殖业（元）	经营收入（元）	外出打工（元）	出租耕地（元）	运输业（元）	其他（元）
38700	9800	0	0	0	10000	900	0	18000

支出情况								
合计（元）	生产性（元）	衣服（元）	食品（元）	看病（元）	教育（元）	通信（元）	住房（元）	红白喜事（元）
33800	3800	0	20000	0	0	100	0	10000

谈到未来，王干漠说：“我对以后的日子是充满了希望。想想1960年以前，那时候的日子很苦，村子里饿死的大约有20人，改革开放之后，人们都很快的富裕起来了，生活也好了。我们家也一样，日子也算过的有滋有味。现在就是希望我们老两口能够健健康康的，多帮儿女分担一些，把小孙子照顾好，希望他的学习成绩能够有所进步，将来考上大学，出去长见识，有一个好的前途。”

（四）科技种植户——王绍华一家

由于入户调查恰逢村里农忙时节，村民都在抢种抢收，调研组成员和小翻译黄丽辉几次来到王绍华家都没有人。在一个下过雨的午后，天气凉爽，踏着村里泥泞的小路，调研组成员又一次来到王绍华家。调研组成员还没见到王绍华本人，就被王绍华妻子那爽朗的笑声吸引了。想必这一定是一个爽快豁达的女子。初见王绍华，他正坐在门口择菜，翠绿的青菜映衬着他黝黑的皮肤，显得那么的和谐。当调研组表明来意后，他立马放下手中的青菜，笑了笑说：“我也没啥好说的。”王绍华的妻子则坐在门口笑盈盈地看着。就这样，调研组成员和王绍华在他家门口开始了此次访谈。

王绍华，壮族，1962年出生，高中毕业，洞廊村人，家里有两个姐姐两个妹妹。虽说他是中间的一个，但因为是男孩子，所以家里的很多事情都需要他去承担。王绍华的妻子名叫韦菊珠，壮族，1963年出生，初中毕业，和王绍华一样，都是洞廊村人。两个人是自由恋爱，在1982年的时候喜结连理。1983年，大儿子出生，1984年，家里又添了可爱的女儿。儿子和女儿都是初中毕业，现在两个孩子都已长大成人，这也让王绍华夫妇备感欣慰。女儿在2008年的时候结婚，嫁到了本村，小夫妻现在一起在深圳打工，每年回来一次。儿子初中毕业后，王绍华没有让他像其他同龄人一样出去打工，而是让他在家帮忙务农。王绍华说：“现在什么都讲究科技，种田也一样，也是要讲科学的，科学种田收成就会提高，收益也就相应增加了，所以现在种田一点也不比打工差，更何况孩子在家守在身边，我们作为父母心里也踏实。”

王绍华的家是一个二层半的小楼房，白色的外观，简单大方又不失美观，王绍华介绍：“房子是2003年盖起来的，有180多平方米，盖的时候花了5

万多元，当时还借了钱。不过现在都还清了。”2003年就盖起这样的小楼房在村子里算是比较早的，那时候村里大多数都是住的砖瓦房，盖的时候很多村民都很羡慕。小楼房一楼的左半边堆满了散着的稻谷，像一座小山似的，右半边都是装好的稻谷，由此调研组成员推断王绍华肯定是个种田能手。

王绍华1978年高中毕业后就一直在家务农，后来参加了边防公路的修建，那段时间，每天早晨很早就要出工，晚上要干到很晚，南方多山，加之当时的工具不够先进，很多都需要人工劳作，辛苦就不言而喻了。修好边防公路之后王绍华又回到村里参加了集体种田。其实在1979年对越南自卫反击战的时候17岁的王绍华就自愿参战，作为年轻人，他怀有一腔报国热情，但是组织最后却没能让他去参加，这也让他备感遗憾。修边防公路成为他报效祖国边防的最好选择，那段辛苦、劳累的日子现在看来却熠熠闪光。

王绍华家有大约10亩土地，其中的8亩是水田，他家的种植模式是早稻、晚稻和蔬菜。8亩水田种的都是杂交水稻，每亩的成本大约是500元。早稻的产量有7000多斤，都卖给国家，国家的收购价格是每斤1.28元，每斤再给0.12元的补贴，这样每斤就会有1.4元了，远高于私人收购的每斤1.1元。每年村里都会发布粮食局收购粮食的信息，每家每户按照往年的收成把新的一年的售粮计划交上就可以，等收获的时候就会有人来统一收购。卖给国家既减少了自己联系销路的麻烦也增加了收益，一举两得。这样算下来，早稻收入有10000元左右。晚稻的收成要低一些，在3000~4000斤，晚稻就不卖了，留下来作为自己一家人一年的粮食。响应村里“消灭冬困田”的号召，王绍华家在冬天的时候自己种3亩的蔬菜，剩余的土地就让外面的收购公司来种，他们种蔬菜的时候，不仅犁地，还会施肥，这样等第二年自己家种的时候，土地是松软的，就不用再费力犁地了，土壤里还会有余肥，土地肥沃了，种水稻产量也会高。剩余的2亩是旱地，现在已经租出去了，每亩每年的租金是240元。这样算下来一年能有2万多元的收入。王绍华家有两头耕牛，现在也不怎么用了，都改用机械化生产了，使用手扶拖拉机，自己家没有，就雇人来翻地和收割。

表 10－4　**农户经济调查表**

农户家庭基本情况

户主	姓名	王绍华	家庭人口数（人）	劳动力人数（人）	在校学生数（人）
	民族	壮族	3	3	0
	文化程度	高中			

居住情况

楼房	修建时间	占地面积（平方米）	钢筋混凝土结构	层数（层）	建筑面积（平方米）
	2003 年	90		2.5	180

耐用消费品

电视机（台）	电冰箱（台）	洗衣机（台）	组合音响（套）	影碟机（台）
1	1	0	1	1
手机（部）	计算机（台）	汽车（辆）	摩托车（辆）	自行车（辆）
3	0	0	0	0

农业机械及农业生产水源情况

拖拉机（台）	机动三轮车（台）	水泵（台）	抽水机（台）	降雨	井水	河流水	泉水
0	0	0	1	是	否	是	否

农作物、牲畜、家禽情况

农作物

玉米（亩）	水稻（亩）	香葱（亩）	青菜（亩）	香蕉（亩）	其他（亩）
0	8	0	3	0	0

牲畜、家禽情况

马（匹）	牛（头）	羊（只）	猪（头）	鸡（只）	鸭（只）
0	2	0	0	0	0

收入情况

合计（元）	种植业（元）	手工业（元）	畜牧养殖业（元）	经营收入（元）	外出打工（元）	出租耕地（元）	运输业（元）	其他（元）
20480	20000	0	0	0	0	480	0	0

支出情况

合计（元）	生产性（元）	衣服（元）	食品（元）	看病（元）	教育（元）	通信（元）	住房（元）	红白喜事（元）
12500	5000	0	5000	0	0	1000	0	1500

王绍华家的水稻产量比村里其他人家的水稻产量要高一些。他说，现在种水稻是杂交水稻，是高科技的产品，所以种水稻也需要科学技术。他的种田技术除了参加村里面组织的培训班外，更多的是自己在种田之余多观察多思考总结出来的，平时他也很愿意和别人交流种田的技术，大家互相学习，互相提高。

王绍华最喜欢看中央电视台第七套播出的《农广天地》节目，里面会介绍很多种田的技术，王绍华看的时候就记在心里，并把里面的技术和自己家的实际情况相结合，因地制宜地应用农业技术。他总结了两点种田产量高的原因：第一是种子好，种的是杂交水稻，产量比原来就要提高很多；第二是科学的撒化肥、喷药和管理。他举例说，洒农药一般都会1个月才洒一次，他一般10天就会撒一次；防病的话，一般都是一个月，他15天就会去看。他每天都会去看水稻有没有虫，有没有病，仔细观察，认真总结。他表示，种田其实最重要的就是要用心。

由于王绍华社会能力强，在村里有一定的威望，被选为村里的群众代表，村里大约有30个群众代表，村里的好多事都要去参加，代表其他村民表达心声。王绍华说："既然被大家选出来，就要代表大家的利益，帮大家干更多的事。"

对于未来，王绍华说："希望水稻能有好的收成，多挣一些钱，给儿子娶媳妇。然后一家人享受天伦之乐。"

（五）多种种植户——周法体一家

雨后的洞廊村像被洗刷过一样，到处都是清新的。调研组成员和小翻译穿过村子里的小路，来到了周法体家。

首先映入眼帘的是一栋两层半的小楼房，白色的外观，院子里有几只鸡在悠闲地散步。调研组成员被周法体邀请上了楼，站在阳台上向外望去，洞廊村的农田一览无余，一片翠绿，让人看了心情大好，就这样怀着愉快的心情开始了此次访谈。

周法体，壮族，1959年出生，高中毕业，洞廊村人。那时候上学是属于半工半读，上午上课，下午学校就会带着学生义务做工。即使这样，高中毕业在那个时候也算是高学历了，全村只有20个人。高中毕业后，周法体在村里继续种田。1979年的时候，为了战争的需要，周法体当上了民兵排长，那时候一个生产队就是一个排，一个月训练一次，武装部派人来教训练的内容。1981年，他作为民兵排长接到任务，要求他们参加对越法卡山战斗，营长给每个人发了100颗子弹，在公社待命，随时准备到前线。当时的心情是既害怕又激动，害怕的是对战争的恐惧，激动的是可以在关键的时候为祖国去战斗。但是后来不用那么多人，他们就没有去。当时的洞廊村就是一个通信连，大约有一个师的部队驻扎在村里，炮火通明。虽然时刻准备着打仗，但是他们并没有影响日常生活。战争结束后，周法体继续在村里种田。由于平时表现优秀，周法体在2002年加入了中国共产党，现在全村只有53名党员。

周法体的妻子名叫方庆莲，壮族，1958年出生，小学毕业，是邻村人，结婚之后嫁到了洞廊村，虽然经过岁月的洗礼，但是仍可以看出她年轻时一定十分漂亮。方庆莲小时候家里经济条件很不好，他们家住在山坡上，不能种农作物，只能靠割草换大米维持生活，家里有四个女儿，她是老三，读到小学的时候由于经济条件有限就不再读书了，但是方庆莲很聪明，老师们都很喜欢她，多次到家里来家访都希望她能继续读书，并且学校表示资助她继续读书，但是家里还是没有同意，尽管方庆莲很想读书，但是也只能放弃。由于她的聪明好学，加之有很好的学习基础，方庆莲被村里推荐在村里的幼儿园当了三年老师，深得学生的尊敬和喜爱。后来由于各种原因在1976年就不再当老师了。

周法体和方庆莲结婚后有四个孩子，三个女儿和一个儿子。大女儿周玲丽，1982年出生，已经结婚了，现在在广东打工。二女儿周芹丽，1983年出生，嫁到了本村，在家种田。三女儿周珍丽，1984年出生，也去了广东打工。小儿子周学尚，1987年出生，现在也在广东打工，已经去了三四年，在一家快餐店工作，虽然每个月1600元的收入不多，但是每年春节回家都会给父母钱。因为家里条件不好，三个女儿都是初中毕业，就不让她们继续读书了，她们都打工挣钱供小弟读书，但是周学尚不喜欢读书，在工作中更能找到乐趣，所以也只读到初中。

周法体家的房子是2007年开始盖的，2008年盖好的，总共253平方米，花了10多万元，女儿给贴补了一些，但是还欠了3万多元，现在都已经还清，盖好后正好赶上了2008年的洪水，房子有点损坏，后来又花了2万元把房子装修了一下。

周法体家有3.6亩地，后来又承包了一点土地。农活都是周法体夫妻两个人做。家里1.5亩的地种超级稻，剩余的地种蔬菜，主要是包菜、辣椒和葱，大约一样一亩。每种都少种一点，就可以把所有作物都照顾到，要是种的多了就照顾不过来了，还需要请人帮忙。周法体家种的水稻早稻卖给国家，每斤1.4元，晚稻就留下来自己吃，冬天的时候在种水稻的地里继续种辣椒。周法体家种的辣椒是菜椒，也叫中椒，种子是在市场上买来的北京种子，一亩地的成本为500元，市场价一般在每斤0.3元到0.8元，高于0.8元就可以挣到钱，一般一亩辣椒的收益在2000元左右。辣椒一般都会有人来收购，这样价格就会高一些，有时候也卖给跑运输的人，让他们运到外地去卖。种包菜一亩地的成本为300元，收益为1000元。周法体家还种了一些葱，葱需要照顾的时间多一些，否则就会烂掉。家里种的少的话就自己用电动车拉到县里去卖，多的时候能有1000斤葱，就找三轮车拉到县里去卖，三轮车拉到县里一天20元，到县里卖价格会高一些。如果葱的市场价是0.5元一斤，也就维持成本，现在葱的市场价大约在每斤2.5元。夏天的时候，周法体家还会种一些西瓜和香瓜，一共种4亩，每亩有1000元的收益。周法体说，去年夏天的时候降水很多，田里有好多水排不出去，很多农户种的西瓜都遭受涝灾，但是他们家的西瓜在他们的悉心照顾下竟然长出来了，并且卖得不错。方庆莲笑笑说："自从分田到户之后，家里种田几乎没有遭受什么大的损失，即使是全村都受灾，自己家也总是能有一定的收益。"问到种植的秘诀，他们淳朴地笑笑说，没有什么秘诀，就是自己肯吃苦，肯受累。平时没事了就去田里多观察，发现问题就能及时解决。只要肯付出就一定能有回报的。他们觉得分田到户之后，更加自由了，种什么由自己决定，不像原来那样，做得多收获少，现在多做多得，只要辛苦肯干就一定能有收获。周法体家还养了10多只鸡，其中有1只母鸡用来下蛋，鸡蛋不出去卖，都留下自己家吃。

表10-5　**农户经济调查表**

农户家庭基本情况					
户主	姓名	周法体	家庭人口数（人）	劳动力人数（人）	在校学生数（人）
	民族	壮族	4	4	0
	文化程度	高中			

续表

居住情况					
楼房	修建时间	占地面积（平方米）	钢筋混凝土结构	层数（层）	建筑面积（平方米）
	2007年	126.5		2.5	253

耐用消费品				
电视机（台）	电冰箱（台）	洗衣机（台）	组合音响（套）	影碟机（台）
1	1	0	1	1
手机（部）	计算机（台）	汽车（辆）	摩托车（辆）	自行车（辆）
4	0	0	0	2

农业机械及农业生产水源情况							
拖拉机（台）	机动三轮车（台）	水泵（台）	抽水机（台）	降雨	井水	河流水	泉水
0	0	0	1	是	否	是	否

农作物、牲畜、家禽情况

农作物					
玉米（亩）	水稻（亩）	香葱（亩）	青菜（亩）	香蕉（亩）	其他（亩）
0	1.5	1	2	0	4

牲畜、家禽情况					
马（匹）	牛（头）	羊（只）	猪（头）	鸡（只）	鸭（只）
0	0	0	0	10	0

收入情况								
合计（元）	种植业（元）	手工业（元）	畜牧养殖业（元）	经营收入（元）	外出打工（元）	出租耕地（元）	运输业（元）	其他（元）
49300	6100	0	0	0	43200	0	0	0

支出情况								
合计（元）	生产性（元）	衣服（元）	食品（元）	看病（元）	教育（元）	通信（元）	住房（元）	红白喜事（元）
14000	1800	0	10000	0	0	200	0	2000

平时家里就只有周法体和妻子两个人，家里种的蔬菜和水稻就足够吃了，花销不大，孩子们还会寄钱回来。和孩子们通电话，一般都是孩子们打过来，这样给二老省了不少的钱，每个月的电话费也只有20元。两个人都参加了新农合，生活上也不会有什么担忧的，即使生病了也会有保障。周法体表示，自己虽不是什么村干部，但是作为一名党员，就一定要起到模范带头作用，

积极支持村里的工作。

周法体和妻子都爱唱歌，唱的都是些老歌，平时没事的时候就在家里唱一唱，心里感觉很高兴，觉得日子也越过越有滋味。对于未来，两位老人说："现在日子也越过越好了，孩子们也都长大了，希望趁着自己身体健康的时候多干一些活，多挣点钱，给儿子结婚。我们希望儿子能在外面闯荡，让他得到更多的锻炼，也希望他能找个本地的女孩，早点结婚，但是我们不会包办的，还是自由恋爱好。"儿子承载了周法体夫妻太多的期望。

（六）多种经营户——郑友杰一家

虽然中国经济迅速发展，但是在中国大部分农村，农民仍旧是靠天吃饭的群体。广西处于亚热带季风气候区，良好的自然地理环境使得这里"一年四季无闲田"。由于调研组去洞廊村采访的日子正好是中元节前后，这段时间正是农民抢收抢种的时节。一般的农民家庭都在这时收割早稻，再插晚稻的秧苗。调研组成员在洞廊看到很多人或步行，或骑车，拿着农具匆匆走向自家的田里干活。听村民们说只有在这几天抓紧时间插秧，庄稼才能有一个好收成，插秧晚几天都会影响到收成。村民们都忙着农活，在这天采访的过程中调研组很难找到待在家中的农民。

当调研组来到郑友杰家里时已经是晚上 7 点多，但是家里只有郑友杰的儿子周敏一人，郑友杰和妻子周月伦还在地里干活。周敏知道调研组的来意后欣然接受了采访。

郑友杰一家六口人。郑友杰，男，今年 67 岁，壮族，无宗教信仰，明江中学初中毕业。周月伦，女，今年 67 岁，壮族，明江中学初中毕业。长子周敏 1974 年出生，中专文化水平。邱上娟，周敏之妻，壮族，1974 年出生，明江镇人，高中毕业于明江中学。周敏夫妇有一儿一女，长女周玫卿，今年 9 岁，在宁明县二小读三年级；儿子周建航，今年 3 岁。郑友杰夫妇的小女儿周春燕 1976 年出生，初中毕业后到了广东深圳打工，1999 年结婚，现在也在洞廊村生活。

当调研组得知周敏曾经读过中专时，就想知道他在哪所学校就读，读得什么专业，周敏笑着一一作答。原来周敏 1998 年毕业于百色的右江民族医学院临床医学，中专毕业后就在宁明县城中镇卫生院上班。2002 年周敏与明江镇人邱上娟结婚，同年女儿周玫卿出生。这一年周敏家里也盖了一栋两层五间房的新楼房，当时花了7万元，其中就借了亲戚的一部分钱。到2006年周敏所在的企业性质的卫生院被兼并，妻子没有固定的职业，于是周敏带着妻子女儿回到洞廊村，自己开了一家卫生室。洞廊村的村部周围有2家卫生室，周敏的卫生室与村里的卫生室离得很近。村子里的人通常来周敏的卫生室看小病，或是买药。周敏说他的药通常是从南宁买来，一个月需要进两次药，每次要200～300元不等的药品，周敏的卫生室每个月也能净赚500～600元。村子里除了读书的年轻人之外，大部分都在外打工，来周敏卫生室看病的通常都是老人和孩子。在周敏家一楼的客厅中，有两个货柜。靠右边的是周敏卖药看病的地方，那些药品也是整齐地摆放着；靠左的货柜中零乱地放着一些饮料和孩子的零食，原来除了给村民看病之外，周敏还经营小商店。据调研组了解洞廊村有六七家小商店，和调研组之前去的一家商店相比，周敏的商店太小了，只是占据了客厅的一角。周敏说来他这里看病的人比较多，所以他自己顺便也进了一些小食品之类的东西来卖。他的这家小商店每月要进货，但每次进的货并不多。村子里的其他商店中的商品比较齐全，主要的生活用品还是要去那些商店购买。来周敏家的商店买东西的通常都是邻居、亲戚和来看病的病人。这个小店每个月也给周敏一家带来100多元的收入。由于周敏一直在外读书，并不擅长干田里的活。周敏家地里的活通常是由周敏的父母来做，而周敏就在家里经营药店和商店。前几年妻子也在村子里卖一种当地人经常食用的米粉，但是后来由于经营不善就没有继续做下去，现在就在家里做家务。

在谈话的过程中，一直都有两个小孩子坐在旁边。周敏说这就是他的一双儿女。和其他望子成龙、望女成凤的父母一样，周敏谈到他正在读小学的女儿和尚未读书的小儿子时充满爱意。由于宁明县二小是宁明县教育条件比较好的小学，周敏就把好学的女儿送到那里读书。一学期的注册费要200元，女儿中午在学校的宿舍里休息，住宿费和伙食费加起来要800多元，教育费用方面的支出较多。周敏说现在家里的情况在村子里属于中等水平，现在只有一个孩子读书，等小儿子读书时家里的经济状况就会比较紧张。但是不管怎样，他希望孩子们能够好好读书，将来考上大学。

当问到家里种植情况时，周敏笑着说他平时没有干田里的活，所以对家里种植方面的事不是非常清楚。正好这时周敏的父亲郑友杰和母亲周月伦从田里干活回来。老两口正要去厨房吃饭，当调研组向郑友杰夫妇说明想采访他们的想法后，虽然他们有些拘谨，但答应了采访的请求，于是采访又一次开始了。郑友杰家里有5亩地，1亩旱地和4亩水田。和村里的很多人家一样，他们家也是种早稻、晚稻和冬季蔬菜。由于他们家里并没有种超级稻，种植的都是普通的水稻。早稻的产量每亩能达到七八百斤，晚稻的产量能达到五六百斤。每年县粮食局都会来村子里收粮食，2011年收粮的价格是每斤稻子1.4元。除了水稻之外，郑友杰家里也种些南瓜、葫芦瓜、马铃薯等蔬菜。这些蔬菜除了自家食用外，大部分是卖出去。他们家里也养了十几只鸡和十几只鸭子，这些都是逢年过节用于自家食用。郑友杰夫妇现在已经67岁了，家里养了一头牛，方便老两口犁地，而且自家养牛还可以减少一部分雇用人工犁地的费用。郑有杰计算了一笔账：每年农忙时节他们两人没法做完全部农活，必须要请人做。插秧时节雇一个人插一亩地要90元，收割时节要每人每亩100元；除此之外投资于每亩地的肥料不少于120元，农药每季每亩地要20元至30元，现在每袋尿素的价格也达到180元；灌溉时候还要抽水用电，这也是一笔花销，算下来一亩水稻要投资500多元。每年家里的收入只是刚够用，盖家里的房子时所欠的债现在已经还清了。当问到是什么影响家庭收入的增加时，郑友杰思考了一会儿说："主要还是劳动力少，这几年的自然灾害也比较多。"2008年的水灾使得洞廊村大部分田地和住房都被洪水淹没，郑友杰家也没有幸免于难。三年过去了，家里的日子又慢慢变好了，全家人都参加了新型农村合作医疗。郑友杰夫妇对现在的生活还是很满意，毕竟全家人都能在一起，儿子也能通过看病卖药来养活一家。现在老人希望将来孙女孙子能够好好读书，有个好前程。

表10-6　**农户经济调查表**

农户家庭基本情况					
户主	姓名	郑友杰	家庭人口数（人）	劳动力人数（人）	在校学生数（人）
	民族	壮族	6	4	1
	文化程度	初中			
居住情况					
楼房	修建时间	占地面积（m^2）	钢筋混凝土结构	层数（层）	建筑面积（m^2）
	2002年	80		2	160

续表

耐用消费品				
电视机（台）	电冰箱（台）	洗衣机（台）	组合音响（套）	影碟机（台）
2	1	0	0	2
手机（部）	计算机（台）	汽车（辆）	摩托车（辆）	自行车（辆）
1	0	0	2	2

农业机械及农业生产水源情况							
拖拉机（台）	机动三轮车（台）	水泵（台）	抽水机（台）	降雨	井水	河流水	泉水
0	0	0	1	是	否	是	否

农作物、牲畜、家禽情况

农作物					
玉米（亩）	水稻（亩）	香葱（亩）	青菜（亩）	香蕉（亩）	其他（亩）
0	4	0	1	0	0

牲畜、家禽情况						
马（匹）	牛（头）	羊（只）	猪（头）	鸡（只）	鸭（只）	鹅（只）
0	1	0	0	10	10	0

收入情况								
合计（元）	种植业（元）	手工业（元）	畜牧养殖业（元）	经营收入（元）	外出打工（元）	出租耕地（元）	运输业（元）	其他（元）
15400	7000	0	0	8400	0	0	0	0

支出情况								
合计（元）	生产性（元）	衣服（元）	食品（元）	看病（元）	教育（元）	通信（元）	住房（元）	红白喜事（元）
13500	5000	300	5000	0	2000	200	0	1000

郑友杰一家六口是当地少有的全部家庭成员都生活在一起的家庭。他们家的耐用品相对于调研组采访的其他农户要多一些。他们家有电视机两台，电冰箱 1 台，影碟机 1 个，电动车 1 辆，摩托车 2 辆，手机 2 部，自行车两辆，电风扇 1 台。从表 10－6 中能够看出郑友杰一家去年的收支略有盈余。目前家庭主要收入来源于郑友杰夫妇种植水稻、蔬菜所得和周敏经营卫生室与小商店所得。家庭支出中几乎一半是用于生产性的费用，现在一个孩子的教育费用也是家庭中的主要支出项目，再过两三年两个孩子的教育费用将是

家庭的第一大支出。周敏也表示要努力挣钱，好好供两个孩子读书。调研组也希望郑友杰一家的生活能越过越好。

（七）运输致富户——周艳芳一家

洞廊村依托本村资源条件，大力发展蔬菜种植产业，满足了周边城市大部分的蔬菜需求。与此同时，市场上巨大的流通需求拉动了蔬菜专业运输，促使洞廊村蔬菜运输专业户发展成为该村蔬菜输出的“黄金纽带”。调研组在调研期间发现，乡村公路上货运非常繁忙，不时有托运蔬菜的货车经过，因此，关注洞廊村的经济发展，就必然要关注村庄交通运输业的发展。周艳芳一家是洞廊村从事蔬菜运输业的典型代表，她家无论在经济收入上还是文化层次上，在村里都属较高水平，可以说是生活得非常好的一家人。而且，与一些处世较为内向、对外联系不多的村民不同，周艳芳一家与外界的联系非常广泛和深入。

周艳芳是家里的女主人，生于1962年，普通话已讲了二十多年，所以推断她从二十几岁就开始学习和使用普通话，这在当时的那个年代是属于比较开明的，而且愿意主动与外界社会进行沟通和联系，这也是他们家事业不断进步的起点。她的丈夫叫农社宁，生于1960年。她还有两个孩子：一个儿子一个女儿。儿子生于1986年，名字叫农伟；女儿生于1990年，名字叫周冬梅。非常有意思的是，儿子跟随父姓，女儿跟随母姓，由此可见他们在这个方面的观念有别于汉族，汉族在子女的姓氏上比较保守，绝大部分家庭都是随父姓。

周艳芳出身于农民家庭，家中兄妹两人，所以她小的时候，其父母家里生活负担比较小。而且她的爷爷非常疼爱她，所以她一直没有放弃学业直到高中毕业。在那个年代能上到高中的，当地只有五六个人。由此可见，她父辈的观念就比较开明，支持女孩子读书。相比在汉族的一些落后地区，家长都不让姑娘去读书，所以周艳芳父辈的观念在当时难能可贵。

周艳芳高中就读于明江五化中学，数学成绩非常好，在班里总是数一数二。她于1978年高中毕业，毕业后回村里做团支部书记，而且是一边在大队工作一边种地。她在大队工作三年后不愿默默无闻当农民，于1981年外出打工，先后换了多个工种，在罐头厂、面粉厂、造纸厂都留下过她忙碌的身影。

但是这些工作辛苦却又不能挣到足够让人满意的收入，于是周艳芳便放弃这些工作回家帮助自己的父亲经营日用品批发生意。回家后，1985 年周艳芳和自己的高中同学也就是农社宁结婚。她的丈夫农社宁高中毕业后又去服兵役，后来辗转回家。周艳芳是以招上门女婿的方式与农社宁结婚，这种现象在洞廊村村里特别普遍，村民的思想观念比较开放，而且经济条件比较好，因此就招了很多上门女婿，而且很多家庭招上门女婿还会新建一栋房子。1986 年，周艳芳和丈夫发现建筑材料市场的前景，就跟他人合伙开办了一家水泥加工厂，四年后，夫妻两人将其他人的股份买下来单干做水泥砖。场地一亩多地，一年租金在 1500 元左右，雇用了 7、8 个工人，年产量在十几万元，在当时一块砖的成本价是六角五分钱，卖能卖到一元两角钱，所以一年下来能赚个一到两万元钱的净利润。1992 年，周艳芳将水泥砖厂转给自己的一个员工，一个月收取 45 元租金，由于该水泥加工厂地理位置比较好，运输方便，所以从来没有亏损过。

表 10－7　**农户经济调查表**

<table>
<tr><td colspan="12">农户家庭基本情况</td></tr>
<tr><td rowspan="3">户主</td><td colspan="2">姓名</td><td colspan="2">周艳芳</td><td colspan="2">家庭人口数（人）</td><td colspan="2">劳动力人数（人）</td><td colspan="3">在校学生数（人）</td></tr>
<tr><td colspan="2">民族</td><td colspan="2">壮族</td><td colspan="2" rowspan="2">4</td><td colspan="2" rowspan="2">4</td><td colspan="3" rowspan="2">0</td></tr>
<tr><td colspan="2">文化程度</td><td colspan="2">高中</td></tr>
<tr><td colspan="12">居住情况</td></tr>
<tr><td rowspan="2">楼房</td><td colspan="2">修建时间</td><td colspan="2">占地面积（m^2）</td><td colspan="3" rowspan="2">钢筋混凝土结构</td><td>层数（层）</td><td colspan="3">建筑面积（m^2）</td></tr>
<tr><td colspan="2">2010 年</td><td colspan="2">149</td><td>3</td><td colspan="3">447</td></tr>
<tr><td colspan="12">耐用消费品</td></tr>
<tr><td colspan="2">电视机（台）</td><td colspan="2">电冰箱（台）</td><td colspan="2">洗衣机（台）</td><td colspan="3">组合音响（套）</td><td colspan="3">影碟机（台）</td></tr>
<tr><td colspan="2">2</td><td colspan="2">1</td><td colspan="2">1</td><td colspan="3">0</td><td colspan="3">0</td></tr>
<tr><td colspan="2">手机（部）</td><td colspan="2">计算机（台）</td><td colspan="2">汽车（辆）</td><td colspan="3">摩托车（辆）</td><td colspan="3">自行车（辆）</td></tr>
<tr><td colspan="2">4</td><td colspan="2">0</td><td colspan="2">1</td><td colspan="3">0</td><td colspan="3">0</td></tr>
<tr><td colspan="12">农业机械及农业生产水源情况</td></tr>
<tr><td>拖拉机（台）</td><td colspan="2">机动三轮车（台）</td><td colspan="2">水泵（台）</td><td colspan="3">抽水机（台）</td><td>降雨</td><td>井水</td><td>河流水</td><td>泉水</td></tr>
<tr><td>0</td><td colspan="2">0</td><td colspan="2">0</td><td colspan="3">1</td><td>否</td><td>否</td><td>否</td><td>否</td></tr>
<tr><td colspan="12">农作物、牲畜、家禽情况</td></tr>
<tr><td colspan="12">农作物</td></tr>
<tr><td colspan="2">玉米（亩）</td><td colspan="2">水稻（亩）</td><td colspan="2">香葱（亩）</td><td colspan="2">青菜（亩）</td><td colspan="2">香蕉（亩）</td><td colspan="2">其他（亩）</td></tr>
<tr><td colspan="2">0</td><td colspan="2">2</td><td colspan="2">0</td><td colspan="2">0</td><td colspan="2">0</td><td colspan="2">2</td></tr>
</table>

续表

牲畜、家禽情况						
马（匹）	牛（头）	羊（只）	猪（头）	鸡（只）	鸭（只）	鹅（只）
0	0	0	0	0	0	0

收入情况								
合计（元）	种植业（元）	手工业（元）	畜牧养殖业（元）	经营收入（元）	外出打工（元）	出租耕地（元）	运输业（元）	其他（元）
96200	25000	0	0	0	0	1200	70000	0

支出情况								
合计（元）	生产性（元）	衣服（元）	食品（元）	看病（元）	教育（元）	通信（元）	住房（元）	红白喜事（元）
52800	36000	600	12000	0	0	1200	0	3000

周艳芳将水泥加工厂转给他人的原因是她发现了新的生财之道——蔬菜贩运。看到别人做这项生意非常赚钱，周艳芳毅然决然地选择加入这个行业。她说，1997 年到 1998 年之前，这个生意最好做，那个时候人比较少，现在越来越难了。她现在主要就是贩卖香葱。提前一天晚上到村子里来收菜，按照蔬菜市场批发商要求的品质和价格进行。第二天早上三点到四点起床，开车将菜送至龙州（当地周边的一个县级市）。大概一到两个小时的车程就能到达龙州的蔬菜批发市场，然后再将菜卖给联系好的蔬菜批发商。以香葱为例，收价为两元到两元三角之间，卖价能达到三元。运费需要一百元左右。这样最少的时候能挣 100 元，最多一趟能挣 600 元，平均下来收益很可观。周艳芳每天风雨无阻都坚持不懈的这样运菜。有一次已经答应批发商收菜、运货，然而天有不测风云，人有旦夕祸福，她的父亲突然之间去世。周艳芳强忍着内心的痛苦还是要先送完货才能去处理父亲的丧葬，她说答应别人的事必须得做到。她这般的讲信用，赢来很多的生意，有很多客户固定要她贩运的菜。所以她的生意非常的好。她运菜的农用车已换了五、六辆，最近新买的一辆要四万元。她说现在运菜和原来运菜有不同，其一信息沟通方便多了，原来只有固定电话，现在有了手机后，蔬菜的批发商可以随时给她打电话订购蔬菜。其二，交通也越来越方便，原来去村里都是土路，再加上车辆比较破旧，特别难走；现在村里通了水泥路，车辆也换了新的，能托运的货物也更多，所以现在进村里收菜也很便捷。

周艳芳家里除了经营运输、贩卖蔬菜的业务，还有种植的田地，主要种植水稻。水稻一年能种植两茬：早茬和晚茬。早稻三月份种植，晚稻十一月份种植。农忙的时候，家里人手不够，不得不请人插秧，九十元一天。她的家里一共种植了两亩地，一年能收两千斤。种植水稻的间隙，就种植芋头，收获的芋头主要以卖为主，三元一斤，两亩地能收八千斤。

周艳芳和其丈夫感情非常，可谓是相濡以沫，她对丈夫赞赏有加，夸他品质好能干活。他们现在住在镇上，不住村里。他们 1998 年的时候就在镇子上买了块地盖了房子，当时花了 15000 元，62 平方米，现在重新盖了一栋小楼，有三层外加一层阁楼，一共 447 平方米，建筑成本是每平方 150 元，这样下来，一共才花了 67000 元。当谈及她的孩子，她露出了欣慰的笑容。她的女儿现在就职于宁明县移动公司，儿子农伟是大学生，毕业于四川理工大学，现在在广东做物流生意，生活得非常好，已经在其工作的地方买了房子。她称赞自己的儿子，孝顺、聪明、自觉，尽管自己的儿子非常优秀，她还是遗憾的说自己在儿子小的时候因为生意的原因未能好好照顾他。

（八）小店经营户——韦海忠一家

在洞廊村村委会的路口，有一家小卖部。由于规模较小，小卖店的门口并没有立牌子，从门外只能隐隐约约地看到一些日用食品摆放在货架上。走进这家小卖部，迎面摆放的是几排放满货物的货架，货架上烟酒糖茶、日用五金一应俱全，摆放也很整齐。房间的右边是一个收银台，韦海忠就坐在收银台旁边收钱，小店生意还不错，不时有人进来买一些日用品，店主看到有客人进门，非常热情地迎了上来，在了解了调研的来意之后，欣然地接受了这次采访。

韦海忠，生于 1968 年，一个 43 岁的南方汉子，妻子叫周银珍，1971 年出生，两人是青梅竹马，从小一起长大，一起上学，毕业后顺理成章的结了婚。婚后小家庭幸福和美，1993 年儿子韦杰出生了，让这个家庭里更加温馨快乐。儿子是家里的独生子，韦海忠夫妻二人都同意并且支持国家的计划生育政策，据韦海忠介绍，洞廊村计划生育做得很好，本村大多数户都是独生子女，独生子女户优惠待遇较好，每年享受独生子女费 1200 元，就连种地买种子也给予独生子女户优惠，因村里适龄儿童少、独生子女上学村里也给予一定照顾，所以生活还过得去。

谈起往事，韦海忠立即显得神情凝重起来。韦海忠从小家里很穷，弟兄四个排行老二，因家里穷、高中毕业后自己就主动退学回家种地，但光靠地里的收成并不能根本改善家里的生活，更不能改变自己的命运，琢磨了很久，韦海忠认定根据自己的条件，应多种经营才能致富，决定在本村开个小卖部，当时村里已有四个小卖部，考虑到自己居住的村人口较多，因此还是于1997年租用村委会的房子开起了小卖部。刚开始开小卖部的时候，韦海忠遇到了很多困难，他四处打听进货渠道，但仍感觉进货困难，究竟去哪家买，哪家的货既好又便宜，弄不太清。而且每次他都要亲自骑着自行车去进货，因此每次进货量也不大，经销的商品也主要集中在烟酒、副食、日用品等几类，营业额少、收入很低。除了进货渠道的问题，在实际经营中赊账问题也让他焦头烂额。由于村里大多数男人出去打工，家里留下老弱病残较多，一般买卖成交以赊账付钱的方式比较多，要等到年底或秋收以后才能付现钱，更有甚者，有的人不讲信用，秋收卖粮后本应还账、但因赌博输钱为由还要继续赊账，韦海忠觉得乡里乡亲的总还要帮的，这样第一年下来算总账时还有亏损。“现在可越来越好了，”韦海忠乐滋滋的说，现在村里人生活富了，生活水平提高了，现在进货品种也比原来增加了、多样化了，原来只是进一些生活必需品，现在营养品、保健品，比如牛奶、脑白金等消费明显增多；进货渠道也多了，并且通信发达了，只需打个电话就给送货上门；同时党和政府种地和教育的政策也都越来越好，给经营者减轻了很多经济负担。韦海忠说，小卖部的收入大概每天有100元，他已将村委会的房子以25000元的价格买了下来，并决定近期在原地将房子翻盖成二层楼房，扩大小卖部经营。

日子富了，小卖部经营扩大了，人的思想也随之有了根本的蜕变，规范经营也成了韦海忠目前考虑的头等大事。以往几千元的货，能卖多少算多少，也就置换个零用钱罢了，至于证照，开业当初没人说，农村监管也不严，也没有及时去办理，现在能挣钱了，自己也愿意办理证照，主动去办理了卫生许可证、健康合格证、烟草专卖许可证、酒类专卖许可证，并申请办理了营业执照。随着市场经济体制的不断完善和整顿以及规范市场经济秩序力度的不断加大，各类市场主体的经营行为日趋规范，农村小卖部的经营方式也有了较大的变化。在经营手段上，韦海忠坚持把诚信放在首位，不进假货，让村民买得放心，吃得安心。韦海忠说，由于他的小卖部是合法经营，经营的食品等各样物品质量都有保障，商品质优价廉，而且他人缘比较好，又讲信誉，所以村里许多人都愿到他的小卖部买东西，即便不买东西，有的人也愿意每天到店里坐坐、拉拉家常。“不是我吹，外村和城里人到村里也都愿意买我的东西”。韦海忠说虽然现在小店生意好了，但这样开小卖部毕竟是小打小闹，他现在最大的愿望就是把这个小卖店做大做强，要做大生意“我想把小卖部办成和城里一样的超市”。

表 10－8　**农户经济调查表**

<table>
<tr><td colspan="9">农户家庭基本情况</td></tr>
<tr><td rowspan="3">户主</td><td>姓名</td><td>韦海忠</td><td>家庭人口数（人）</td><td>劳动力人数（人）</td><td>在校学生数（人）</td></tr>
<tr><td>民族</td><td>壮族</td><td rowspan="2">3</td><td rowspan="2">2</td><td rowspan="2">1</td></tr>
<tr><td>文化程度</td><td>初中</td></tr>
<tr><td colspan="9">居住情况</td></tr>
<tr><td rowspan="2">楼房</td><td>修建时间</td><td>占地面积（m²）</td><td rowspan="2">钢筋混凝土结构</td><td>层数（层）</td><td>建筑面积（m²）</td></tr>
<tr><td>2006 年</td><td>115</td><td>2</td><td>230</td></tr>
<tr><td colspan="9">耐用消费品</td></tr>
<tr><td>电视机（台）</td><td>电冰箱（台）</td><td>洗衣机（台）</td><td>组合音响（套）</td><td>影碟机（台）</td></tr>
<tr><td>2</td><td>2</td><td>0</td><td>1</td><td>0</td></tr>
<tr><td>手机（部）</td><td>计算机（台）</td><td>汽车（辆）</td><td>摩托车（辆）</td><td>自行车（辆）</td></tr>
<tr><td>2</td><td>0</td><td>0</td><td>1</td><td>0</td></tr>
<tr><td colspan="9">农业机械及农业生产水源情况</td></tr>
<tr><td>拖拉机（台）</td><td>机动三轮车（台）</td><td>水泵（台）</td><td>抽水机（台）</td><td>降雨</td><td>井水</td><td>河流水</td><td>泉水</td></tr>
<tr><td>1</td><td>0</td><td>0</td><td>1</td><td>否</td><td>否</td><td>否</td><td>否</td></tr>
<tr><td colspan="9">农作物、牲畜、家禽情况</td></tr>
<tr><td colspan="9">农作物</td></tr>
<tr><td>玉米（亩）</td><td>水稻（亩）</td><td>香葱（亩）</td><td>青菜（亩）</td><td>香蕉（亩）</td><td>其他（亩）</td></tr>
<tr><td>0</td><td>2</td><td>0</td><td>2</td><td>0</td><td></td></tr>
<tr><td colspan="9">牲畜、家禽情况</td></tr>
<tr><td>马（匹）</td><td>牛（头）</td><td>羊（只）</td><td>猪（头）</td><td>鸡（只）</td><td>鸭（只）</td><td>鹅（只）</td></tr>
<tr><td>0</td><td>0</td><td>0</td><td>0</td><td>0</td><td>0</td><td>0</td></tr>
<tr><td colspan="9">收入情况</td></tr>
<tr><td>合计（元）</td><td>种植业（元）</td><td>手工业（元）</td><td>畜牧养殖业（元）</td><td>经营收入（元）</td><td>外出打工（元）</td><td>出租耕地（元）</td><td>运输业（元）</td><td>其他（元）</td></tr>
<tr><td>44000</td><td>6000</td><td>0</td><td>0</td><td>30000</td><td>0</td><td>0</td><td>0</td><td>8000</td></tr>
<tr><td colspan="9">支出情况</td></tr>
<tr><td>合计（元）</td><td>生产性（元）</td><td>衣服（元）</td><td>食品（元）</td><td>看病（元）</td><td>教育（元）</td><td>通信（元）</td><td>住房（元）</td><td>红白喜事（元）</td></tr>
<tr><td>26700</td><td>8000</td><td>1500</td><td>10000</td><td>5000</td><td>0</td><td>1200</td><td>0</td><td>1000</td></tr>
</table>

除了开小卖部，韦海忠和妻子还种着家里的两亩地。和村里的其他种植户一样，韦海忠家种植方式也是充分利用田地，即两茬水稻，再加蔬菜。农历 11 月份至 2 月份种植白菜，能收获四、五千斤，每斤能卖两毛钱。3 月份开始种优质稻，据介绍，现在这种高产的优质稻每亩能产 1000 斤，比原来的普通稻每亩多产 400 斤左右，韦家把收获的早稻以 1.4 元每斤的价格卖给上门收购的老板，除去农药、化肥这些每亩 500 元左右的投入，算下来能有两三千元的收入，而收获的晚稻都会被储存起来自己吃。韦海忠向我们介绍说，除了水稻的品种不断改进外，现代科技在农业中的应用也越来越广泛了，这使得农民得到了更多的便利。现在洞廊村农民在水稻耕种季都会租用手扶拖拉机进行插秧，而全村只有三台机器，在农忙季节严重供不应求，看到这一市场韦海忠决定自己也购买一台手扶拖拉机，并且以 70 元每亩的价格收取租金。买了机器后，韦海忠的生意非常好，“排队租我的拖拉机都得排半个月呢。”在农忙的半个月只靠收租，韦海忠就能收入八九千元。

谈到孩子，韦海忠脸上立刻显出骄傲的神情。儿子韦杰在武明民族中学读高三，学习成绩非常好，“我现在最大的希望就是我的儿子将来有出息，”韦海忠希望儿子能考上一所好大学，以后做更大的事业。

韦海忠一家靠着灵活的头脑和吃苦耐劳、积极上进的精神，通过开展多种经营，走上了发家致富之路。采访结束，调研组衷心地祝福他们一家：以诚信为本，继续为村民提供货真价实的商品，并能顺利的实现从小卖部到大超市的转变。希望他们的生活越来越好！

（九）不懈奋斗户——王伟兴一家

天空下着小雨，调研组成员和小翻译黄丽辉一起来到了王伟兴家，见调研组来，王伟兴略显紧张，在说明来意后，他便热情地把调研组成员领进了屋，聊了起来。

初次见到王伟兴，个子不高，由于常年在田里劳作，皮肤被晒得黝黑。是一个沉默内敛踏实肯干的人。

王伟兴，1966 年出生，壮族，洞廊村人，初中学历，毕业后一直在家务农。王伟兴的妻子名叫韦小江，也是 1966 年出生，壮族，洞廊村人，一直在家种田。王伟兴介绍说，他和妻子两个人都在村里读的小学，所以那个时候就认识了。后来缘分使然，在1990年两个年轻人走在了一起。在1991年的时候，他们的爱情结晶——儿子王欢出生，现在王欢已经是20岁的年轻小伙子了。王伟兴说："我们家只有一个儿子，独生子，本来想再多要几个孩子，因为孩子多了，他们之间就会相互帮助，对每个孩子的成长都有利。但是有政策，如果第一个孩子是女孩，四年之后就可以再生一个，如果是儿子就不能多要了。所以没办法，有政策我们就要认真执行。"

提到儿子，王伟兴脸上露出欣慰的笑容但也闪过一丝担忧的神情。王伟兴家里只有一个孩子，所以对孩子的期望也就更多。王欢初中毕业之后就不再上学了，他和妻子本来想让孩子去读个技校，提高技能，这样以后可以找到比较好一些的工作，能有更好的发展，但是王欢不愿意读书。由于毕业的时候王欢还未满十八岁，不能出去找工作，只能在家里待着，所以就经常出去上网或者出去玩到很晚才回来，这让王伟兴很担忧。王伟兴既担心孩子沉溺于网络从网上学到不好的东西，又担心晚上回来的太晚会不安全。就这样过了一年之后，王伟兴就让儿子出去打工了。当时村里很多和王欢年龄相仿的年轻人都出去打工，王欢也想去打工，去闯荡，去外面增长见识，增加经验。加之，王伟兴的姐姐在广东打工，儿子和姐姐在一起工作，相互之间能有照顾，儿子也能得到很好的锻炼，王伟兴也就放心了。但是王欢一年也就回来一两次，夫妻两人想儿子的时候也只能靠打电话来寄托思念之情。

王伟兴家是一栋两层半的小楼房，房子的外面和村里大多数人家一样，都是用白色的瓷砖砌成的，简洁大方，屋里没有装修，墙面还是石灰色的，但是十分整洁，屋里摆放的井井有条，能看出女主人的用心和勤劳。王伟兴说："房子是2008年下半年洪水过后盖起来的，大约有104平方米。当时盖的时候大约花了14万元，这对于我们一家来说还是很难承担的。盖的时候跟亲戚朋友借了6万多元，不过现在都还上了，心里也就踏实多了。家里人口不多，平时也就我和老婆两个人住，能有这样的大房子已经很知足了，等以后孩子结婚了可以住在一起，好好享受天伦之乐。"说完，他的脸上露出幸福的笑容。

王伟兴家在1981年分田到户的时候只分到了3亩地，主要是王伟兴的妻子种，由于土地少，王伟兴家在1990年的时候开始养猪，但是并没有成功，王伟兴简单地介绍说："一头猪的成本在300~500元，每个月需要100斤的饲料，这就需要 1000 元，如果猪能顺利长大就赚钱了，如果不行就只能赔了，主要原因就是饲料太贵了。2007 年以前村里养猪户差不多都赔了。”

王伟兴在 1997 年的时候买了一辆三轮车拉客，主要是在明江镇和宁明县。1997 年到 2004 年的时候，没有公交车，生意很好，当时洞廊村里有十多辆三轮车。最开始的时候是一个人一元，后来慢慢涨到了每个人两元，一辆车最多坐八个人。生意好的时候每天能挣 100 元，不好的时候只有大约 60 元的收入，而每天加油就要花 50 元。王伟兴每天早晨四点多先把村里人的蔬菜拉到镇里或者县里，一户的蔬菜收 6 元，最多一趟可以拉四家的菜。如果早晨不拉蔬菜，王伟兴一般都在八点钟左右出工，下午五点左右才回家，中午饭只能在外面解决。每天在镇里或者县里拉客虽然很辛苦，但是时间相对自由，平时还能帮妻子干一些农活。在 2004 年的时候，王伟兴在南宁新买了一辆三轮车，花了 4500 元，但是在 2005 年的时候，王伟兴就不再出去拉客了。王伟兴跟调研组成员说明了三点不拉客的原因：首先，是因为镇里和县里有了公交车，公交车速度会快很多，也相对舒服一些，坐三轮车的人就渐渐少了；其次是因为油价涨高了，如果生意不好，一天的收入都不够一天的油钱；最后是因为三轮车拉客的生意竞争变得更激烈了，很多人都加入了这个行业，不仅有镇上的和县上的，还有附近其他村的村民。后来王伟兴在家里承包了土地，干农活。三轮车也就成了家里的农用车，给家里的生活提供了方便。

在 2005 年的时候，王伟兴家承包了 3 亩地，每亩地的租金是一年 300 元。这样就会有六亩地。这六亩地种的都是超级稻，每亩的产量大约有 1000 斤。超级稻的种子是推广厂给的，现在村子里的很多农户都种的是超级稻，因为它的产量更高，比普通水稻亩产量高 300 ~ 400 斤。而且村里的田园化建设实施的比较好，修了利于水稻种植的水利系统，水稻田和明江相连。在降水量少的时候，明江的水就通过水道流到水田里进行灌溉，在水田水量丰沛的时候，也可以通过水道流出去，良好的水利系统促进了水稻产量的提高。王伟兴家的早稻以 1.4 元的价格卖给国家，由于家里人口少，晚稻一般留下够吃的也会卖给国家。冬天的时候土地就让别人来种马铃薯，不收取租金。王伟兴表示：“现在也不出去开三轮车了，就想一心一意地在家种田。以后想再租 6 亩土地，种一些蔬菜，主要是种葱，因为葱可以一年四季都种，这样土地就不会闲着了，还可以多增加一点收入。”

洞廊村有 8 个生产小组，在 2002 年的时候，王伟兴当选第 8 组的组长。

由于王伟兴工作出色，深得村民的信任，连任了三届，一直干到现在。作为组长，平时主要是辅助村干部的工作，和村干部一起为村里做事，例如，维修村子里的一些基础设施，组织村里的活动，参加村里的大扫除，清理村里的水塘等等。总之，用王伟兴的话来说就是“很多工作”。

王伟兴在农闲的时候就会去钓鱼，他说他很喜欢钓鱼。平时有很多农活要干，会很疲惫。钓鱼的地方，环境优美，青山绿水，钓鱼的时候就能彻底的放松，不仅可以舒活筋骨还能促进大脑循环，让身体和心理都能得到很好的调节。回来还能带着新鲜的鱼让家人品尝。钓鱼的时候也是思考的时候，王伟兴经常一边钓鱼一边思考问题，王伟兴这种自信、理智、沉静、稳重的性格就是在钓鱼的时候慢慢形成的。

表 10－9　　**农户经济调查表**

农户家庭基本情况

户主	姓名	王伟兴	家庭人口数（人）	劳动力人数（人）	在校学生数（人）
	民族	壮族	3	3	0
	文化程度	初中			

居住情况

楼房	修建时间	占地面积（m^2）	钢筋混凝土结构	层数（层）	建筑面积（m^2）
	2008 年	104		2.5	312

耐用消费品

电视机（台）	电冰箱（台）	洗衣机（台）	组合音响（套）	影碟机（台）
1	1	0	1	1
手机（部）	计算机（台）	汽车（辆）	摩托车（辆）	自行车（辆）
3	0	0	0	0

农业机械及农业生产水源情况

拖拉机（台）	机动三轮车（台）	水泵（台）	抽水机（台）	降雨	井水	河流水	泉水
0	1	0	1	是	否	是	否

农作物、牲畜、家禽情况

农作物

玉米（亩）	水稻（亩）	香葱（亩）	青菜（亩）	香蕉（亩）	其他（亩）
0	6	0	0	0	0

续表

牲畜、家禽情况						
马（匹）	牛（头）	羊（只）	猪（头）	鸡（只）	鸭（只）	
0	0	0	0	0	0	

收入情况								
合计（元）	种植业（元）	手工业（元）	畜牧养殖业（元）	经营收入（元）	外出打工（元）	出租耕地（元）	运输业（元）	其他（元）
38700	8400	0	0	0	20000	0	0	0

支出情况								
合计（元）	生产性（元）	衣服（元）	食品（元）	看病（元）	教育（元）	通信（元）	住房（元）	红白喜事（元）
10000	3000	0	5000	0	0	200	0	2000

对于未来，王伟兴笑笑说："准备试种新品种的辣椒，这是技术人员来推广过的，收获的时候会有公司来收购。没准这是一个好的机会，希望新品种的辣椒能够有市场，带来好的收益。如果种的好，收益高就再多承包一些土地，这样形成规模之后，收益也就会更好。"他又环顾了自己家的房子，继续说道："这几年辛苦一些，多攒点钱，把房子装修一下，让日子过得更好。"

结束了此次访谈，王伟兴又冒着雨去农田干活了，望着他离开的背影，调研组成员只有祝福他们一家过得更美好。

十一、自主创业新兴户

改革开放以后，洞廊村有一大批农民走出了村庄，纷纷涌向东南沿海城市寻找出路。外出务工人员大多就业于广东一带的加工业工厂，也有一部分人从事"代耕农"的工作。当村民们接触到发达的市场经济之后，他们中有一部分人将掌握的知识技能转化为积极创业的资本，并具有敢于尝试的勇气，开始在城市中自主创业。这些村民用自己艰苦奋斗的精神，成功地由普通的农民工转变成了个体经营老板甚至是企业老板，成为洞廊村外出务工人员中的成功者。他们的成功为洞廊村的村民树立了榜样，同时他们带领家人走向了富裕。

（一）外出创业户——陆建合一家

在中国人的传统观念中，男娶女嫁是天经地义的。一般情况下，如果一个家庭没有儿子，他们便认为女儿出嫁后没有人为家族传宗接代，因此会要求男方“入赘”。入赘之后，下一代的姓氏要随女方，这是首要的条件，也正是因为这一点冲破了中国“男尊女卑”的防线。

调研组采访的陆建合一家就是上门女婿现象的典型代表家庭，从村里的码头走到陆建合的家有很长的一段路，夜晚调研组成员和向导周佳恒打着手电到了陆建合家门口。一进门就听见全家热闹的声音，一位大叔用方言招呼调研组成员进屋，这位热情的大叔便是陆建合。陆建合一家共有 11 口人。陆建合出生于 1954 年，小学文化程度。妻子周艳南出生于 1955 年，小学文化程度。陆建合并不是洞廊村人，是外地来这里的上门女婿，夫妇俩有三个女儿，大女儿叫周江丽，出生于 1978 年。二女儿叫周青丽，出生于 1979 年。小女儿周秋丽出生于 1980 年。三个女儿也都招了上门女婿，大女儿和二女儿都在外地，由于三女儿的孩子才一岁还不能离开，因此家里只有三女儿、三女婿和陆建合夫妻一起生活。

陆建合说起他的三个女儿来满脸的笑容，他不避讳地说自己是上门女婿，三个女儿也都招了上门女婿，现在一家人其乐融融，生活过得有滋有味。在洞廊村，调研组接触到了很多上门女婿家庭，了解后才发现，在这个村子，上门女婿并不是什么新鲜事，村里人也不知道全村有多少上门女婿，不知道从什么时候开始上门女婿在他们村变得很普遍，村民们对这种现象已司空见惯，用陆建合的话说婚姻的结合就是为了更幸福的生活，从外村来到洞廊村的男人也是依靠双手勤劳奋斗，大多数人也不介意下一代跟随女方姓氏，这在洞廊村已经普遍被人接受。

乐观的老陆也有一些苦恼的事儿，二女儿周青丽的经历至今也让他和妻子有说不出的辛酸。1997 年周青丽考取了南宁师范专科学院，同一年老陆家也刚刚盖了老屋，女儿一年的学费和生活费就得几千元，陆建合根本承受不起。周青丽是个很聪明的孩子，所以陆建合不想就此让女儿放弃学业，也希望她将来能有好的出路，万般无奈之下，他东拼西凑拿出了 7500 元，就这样他送女儿去上学，一个朴实的农民把这 7500 元看得比自己的命还重要，他竟然挑了两袋大米把钱放了进去，一路陪着女儿去了南宁。二女儿周青丽似乎是带着全家的希望去上学的。女儿上了三年的大学花了家里将近 3 万元，好不容易盼到了毕业。2000 年周青丽顺利的毕业了，同时接到了崇左市教育局关于大中专毕业生安排分配的通知，这一消息让一家人很高兴，没过多久周青丽已经接到通知被分配到龙州师范学校，直到报到那天，一个突如其来的消息让一家人的喜悦顿时烟消云散。由于周青丽的档案和户口并没有迁入，学校不能让她上班，经过几番周折他们找到了当时的崇左地区教育局，但是现在老陆说不清为什么档案不能迁出，只说女儿的学白上了。周青丽当时已经有了自己的主见，她决定不在当地等待分配了。没过多久，她自己在南宁第二中师找到了工作，但不是有编制的正式老师，只是聘用制的，说到这些陆建合遗憾地说："自己的二女儿上学上的那么好，国家没有分配，我替女儿不值。"俗话说"条条大路通罗马"，周青丽没有等待分配的决定并不见得是坏事，尽管中间有波折，但是现在的生活过得很幸福。现在，周青丽和老公在海南经营着一家玻璃艺术品加工店，丈夫也是大专毕业没有分配，两人自主创业，生活过的红红火火。调研组询问老陆的女儿周青丽对自己的现状还满意吗，老陆说，自己的女儿傻，觉得自己现在生活得很好，不后悔当初没有找教育局管分配的事，他和妻子为此事一直耿耿于怀，女儿还劝过他们二老。但无论如何选择，上学对周青丽的人生来说是一笔宝贵的财富，无论最终有没有得到国家分配，得到的知识都是她自己享用不尽的。

大女儿周江丽夫妇俩也是一对能干的夫妻，育有一男一女，他们的女儿已经 5 岁了。周江丽的老公 16 岁就外出打工，跟着一个广东的老板很多年。四年前，他带着周江丽一起去了广东，把女儿周如冰留给了岳父岳母。现在他们夫妻依然帮着以前的老板推销厨具，一年可以挣 4 万多元，每年可以给家里寄回不少钱。老陆自豪地对调研组说："洞廊村出去打工的人，没有一个能像他大女儿和女婿那样得到老板信任的，老板基本把生意都交给他们打理，今年过年的时候老板一家到我们家来过年，这在洞廊村是从来没有的。"说完这句话老陆笑着问大家他说的对不对，接着他有点羞涩地解释："农民见识少，但是老板能来我家过年就是看得起我们。"如今，周江丽的女儿周如冰在洞廊村上幼儿园，每逢寒暑假周江丽会把女儿接到广东一起生活，每次走后老陆都很想小孙女，每天晚上都会打电话，小孙女经常很贴心地嘱咐他不要喝酒不要抽烟。尽管大女儿和二女儿都在外地，三女儿周秋丽和丈夫却陪在老陆夫妇的身边，周秋丽的丈夫现在县里一家工厂打工，月薪1000多元。两人打算等孩子长大一点之后就去外面打工。

陆建合夫妇现在种着2亩多地，他对种地很有一套，年轻的时候他是村里生产队的农业技术员，通过看书学习他掌握了不少种植技术。前些年，村里的稻田生病或者秧苗生病大家都会叫他去看，只要是他懂的都会教给大家。陆建合回忆，前几年宁明县农业局让他去杂交水稻班学习，还给他一些学习的资料，希望他把学到的技术教给洞廊村的农户。据老陆说，2004年北京市海淀区农科所的研究员郑和来到了洞廊村，县农业局批给郑和90亩试验田做南瓜的育种试验。郑和的试验田离他家的地很近，老陆本来就是个健谈的人，知道村里来了农科所的研究员，好学的他时不时向郑和请教，一来二去他俩成了朋友。郑和实验的南瓜品种有几十种，试验成功后准备将品种出口。陆建合对种植技术很感兴趣，他一边学习一边帮着郑和干农活，郑和研究员还经常去陆建合的田里指导他种西瓜。三年的时间他俩建立了深厚的友谊。2007年由于试验田合同期到后，郑和离开了洞廊村，提起这件事陆建合说："郑和虽然是个研究员，可是他比一般的农民还要能吃苦，还把我当朋友，郑和经常说老陆是个好人才，以后可以指导其他村民种植南瓜。"郑和走了之后，陆建合只与郑和有过一次电话联系，他说自己很想念郑研究员，郑和在电话里曾说让他有机会一定要来北京，看看北京，看看他的实验室和他新培育的品种。最后一次有郑和的消息是郑和与县农业局的副局长通电话时提到了老陆，让农业局的人给老陆捎去问候。老陆说知道调研组是从北京来的，他不禁想起了郑和研究员，也让他回忆起了一些快乐的时光。

陆建合的妻子周艳南早年就有高血压，经常吃中药，但他们夫妻两人还是共同撑起这个家养大了三个女儿，陆建合说现在政策很好，自从有了新农合，看病也可以去报销了，国家给患有高血压、风湿病的农民给予每人每年600元补助。凭借他和妻子的奋斗，2004年他们花了10万元在自家的宅基地上又盖起了一栋新楼，总共300多平方米，上下四层，共七个房间，每层都有独立的客厅和卧室，将来如果三个女儿回来都可以住。采访即将结束时，陆建合一定要让调研组尝一尝他种的西瓜，他说和别家的不一样，是经过郑和研究员指导后的改良品种。他执意带大家去参观他家的四楼，展示了二女儿的玻璃艺术品，调研组也被陆建合一家的热情深深地感动着。陆建合乐观的性格让他对生活充满着信心，明年初大女儿和二女儿要寄钱回来翻新他的老屋，这是他引以为豪的事。

表 11－1 **农户经济调查表**

农户家庭基本情况

户主	姓名	陆建合	家庭人口数（人）	劳动力人数（人）	在校学生数（人）
	民族	壮族	11	8	1
	文化程度	小学			

居住情况

楼房	修建时间	占地面积（平方米）	钢筋混凝土结构	层数（层）	建筑面积（平方米）
	2002 年	103		3	310

耐用消费品

电视机（台）	电冰箱（台）	洗衣机（台）	组合音响（套）	影碟机（台）
1	1	0	0	1
手机（部）	计算机（台）	汽车（辆）	摩托车（辆）	自行车（辆）
6	0	0	1	1

农业机械及农业生产水源情况

拖拉机（台）	机动三轮车（台）	水泵（台）	抽水机（台）	降雨	井水	河流水	泉水
0	0	0	1	是	否	是	否

农作物、牲畜、家禽情况

农作物

玉米（亩）	水稻（亩）	香葱（亩）	青菜（亩）	香蕉（亩）	其他（亩）
0	2	0	1	0	1

牲畜、家禽情况

马（匹）	牛（头）	羊（只）	猪（头）	鸡（只）	鸭（只）	鹅（只）
0	0	0	0	4	6	0

收入情况

合计（元）	种植业（元）	手工业（元）	畜牧养殖业（元）	经营收入（元）	外出打工（元）	出租耕地（元）	运输业（元）	其他（元）
101200	11200	0	0	0	80000	0	0	10000

支出情况

合计（元）	生产性（元）	衣服（元）	食品（元）	看病（元）	教育（元）	通信（元）	住房（元）	红白喜事（元）
50000	20000	3000	12000	0	1000	3000	10000	1000

从该户的收支情况发现（见表11-1），支出明显高于其他农户，由于陆建合的大女儿在外做生意，因此将生意的成本归入生产性支出一项。该户是洞廊村为数不多的人口较多家庭，而且耕地很少，但是该户依靠外出务工走向了致富之路，值得一提的是家庭成员中也有在本乡镇的企业务工人员，因此，未来农村的富余劳动力也不一定要去东南沿海地区寻找工作，随着本地区的经济发展，本地企业的成长以及吸引外来企业投资的增多，为解决农村富余劳动力的就业问题找到了一条出路。

（二）成功转型户——黄国华一家

洞廊村外出务工人员有500多人，分布在广东、深圳、海南、浙江等地。农村富余劳动力的就业成了一项重要的问题，大多数人通过外出打工寻求出路，但他们中的绝大多数是城市的边缘人群，收入低、无保障的工作暂时满足了他们的需求，但最终的出路都是攒够钱回家盖房子、结婚，回家没有收入再出去，他们并没有在城市中扎稳脚跟或是学到真正的技能。甚至很多人也缺乏对未来的思考。但是，在许许多多的外出务工人员里，也有一些人凭借自己的奋斗精神自主创业，寻找到了一条致富之路。在入户调查工作即将结束的那一天，调研组了解到村里有这样一个人，他是村里第一个开着轿车回来的外出务工人员，他是第一个通过外出务工而成为老板的人。此人名叫黄国华，向导周佳恒了解到黄国华刚从广东回来，调研组一行人对这位黄国华大哥都很好奇，于是在周佳恒的引荐下调研组走进了黄国华的家。

走进他家的屋子，可以看到房子和别家的没有太大区别，砖瓦泥土结构的房屋，上下两层，200平方米。家里只有黄国华的母亲黄爱荣，当调研组说明来意之后，她说儿子黄国华带着孙子前一晚才回到村里，在调研组去之前黄国华去县里买房子了。听到这里，虽然有些遗憾，但调研组觉得这是洞廊村外出务工人员里典型的成功人士，很具有代表性，因此特地让周佳恒联系了黄国华大哥，希望能与他见一面，谈一谈他的成功经验。很幸运的是，黄国华几个小时之后就会回来，并答应接受调研组的采访。于是采访是从黄国华的母亲黄爱荣开始的。

黄爱荣，出生于1953年，丈夫叫黄练强，出生于1951年，他们有两个儿子，大儿子叫黄志华，小儿子就是黄国华。家中有8亩地，6亩水田，2亩砂田，都是黄爱荣和老伴在种，两个儿子2002年就出去打工了。水田每年种两季水稻，剩余的地种香葱和玉米。尽管两个儿子现在经济状况都不错，但他们还是认为他们俩不能过早的享受，农民的本职就是种地，不应该放弃耕作，他们也从没有想过要去广东那边生活。老屋的旁边是一栋刚刚建好还没有装修的新楼，黄爱荣老人说："这个新房是两个儿子给老两口盖的，花了15万元，钱都是我儿子出的。"老人觉得老了还能不离故土是最大的快乐，黄爱荣老人的想法完全显示了一个普通农民的质朴，即使条件再好也不会忘本，让调研组的人都很感动。

当天下午5点多，调研组一行再一次去了黄爱荣家，远远的就看见了院子外停了一辆马自达轿车，还没走进院子就有一位青年男子主动上前迎接，这个人就是黄国华。他出生于1980年，没上完小学。这完全出人意料，透过他的言谈举止，可以发现黄国华明显已经和大多数洞廊村的年轻人有了区别。黄国华现在在广东小榄市经营一家工厂叫明辉氧化厂。几年前他和洞廊村其他外出务工的青年一样到外地去寻找出路，回想起他的经历，他说他是个挺幸运的人。

2002年以前黄国华和哥哥黄志华过着平淡的日子，两人一直都在洞廊村和父母一起生活，唯一的营生就是种地。看着很多年轻人开始走出村庄，去外面寻找机会，哥俩也开始动心了。就在那一年他俩同时去了广东的小榄市，黄国华进入了一家很小的化学工业厂，主要生产项目是加工LED灯的铝合金外壳，每月的工资是600元，由于工资太低，一开始他无法维持生计。当时他和同乡借了2000元的伙食费，足足吃了半年，结果他在这家工厂只干了6个月。经人介绍，他辗转去了另一家工厂，尽管两家工厂的经营项目是一样的，但他很快适应了第二家工厂的工作。不久他从学徒做到了师傅，善于观察的他发现加工LED灯的铝合金外壳并不难，而且都是将车床控塑好的半成品进行氧化，并没有复杂的流水线，在小榄到处都是这样的厂子，而且每家厂的效益都很好。黄国华兄弟俩都不是循规蹈矩的人，他们并不想一辈子做打工仔。他俩善于积累经验，也很好学，工作的闲暇时间并不是放松消遣，黄国华开始有意无意的和那些工厂的老板们闲聊，了解到这样一个几十人的工厂投资并不是很大，而且这里工厂加工的东西都是行业生产链中最初级的东西，并没有好坏之分，最终被加工成LED灯是生产链终端环节，而成品的价格是由品牌价值和各种因素构成的。因此他想到即使他开一个很小的工厂，生产出来的东西都是一样的，根本不愁没有订单。他和哥哥心里都萌生了一个想法，就是自己开厂。但由于他俩都是打工仔根本没有钱，所以只能各自寻找合资人。从此黄国华开始了创业之路，而他所有的积蓄只有5000元。2008年他和两个同样想要开厂子的人一起合作，他将他仅有的5000元入股了，其他两人分别出资3万元和5万元，工厂只有8个工人。机会从来都不是现成的，它是留给有准备的人的，黄国华实现了自己做老板的梦。但事情的开始并不是那么顺利的，一年下来，工厂不赚不亏，年底发了工人的工资后他没有一分钱的分红。

2009年工厂步入了正轨，看到效益后黄国华有了扩大规模的想法，这并没有得到合伙人的赞同。于是他撤出了原先的股份，寻找了新的合伙人，他与新的合资人分别投资8万元建了现在的明辉氧化厂，工厂现有30人，场地面积180平方米，每平方米每月的租金是25元。从他那里调研组了解到，LED灯的铝合金外壳的氧化技术，最早是从国外带回的，听说有一个老板在国外学了技术回国后在广东开厂，由于当时这个行业在国内是空白，因此很快就繁荣了起来。国内对于产品的需求量很大，但是相互之间的竞争很强，每个月都有厂子倒闭。倒闭的原因通常都是资金链断裂，没有上轨道的工厂经常面临资金链的短缺，再加上产品的交易并不是当天交易的产品即时付款，而是月底结清，在工厂的流动资金很少的情况下，如果货款积压3个月以上，资金就会周转不灵。市场价格竞争也越发激烈，2010年黄国华的工厂的利润是15%到18%，而2011年的利润下降到12%。他说全球金融危机之后，全国都出现了“民工荒”现象，那时候有的工厂半年都招不到一个工人，整个广东的劳动力成本大幅上升，2007年工人的平均工资是1600元左右，而现在一个普通雇工的月薪是2200元，师傅的月薪为3500元，高级师傅的月薪则达到了5200元。他记起2007年他当高级师傅时最高的月薪才不到5000元。黄国华对这个行业的前景也有自己的预期，由于国家现在越来越重视环保，加工LED灯的铝合金外壳并不是朝阳产业，最终会有新的发明技术代替现有的技术，黄国华估计这一行业在三五年之后就会面临淘汰，同时小企业融资贷款是他们遇到的最大困难，以前中山市的小企业占到广东省的80%，而现在倒闭的工厂越来越多，已经远远达不到那个数字。黄国华表示，他们这些小企业老板最需要的就是国家的扶持，更担心的是国家政策的变化，因此他想在2012年初抓紧扩大工厂的规模，他准备再注资8万元，已经洽谈好了一间700多平方米的厂房，他的工厂处于市场的中心，拥有很强的地理优势，并且收购的半成品有固定的客户提供，每月的销售量是80万件，扩大规模后他的月产量可以提高到160万件，是现在的两倍。

黄国华对自己的事业很有前瞻性，他认为该行业被规范化之后一大批小企业会被淘汰，因此他想在几年之后回到家乡宁明县投资做边贸，宁明县爱店镇正在规划将爱店口岸筹建成国家A类口岸，对于一个投资者来说是一个很好的机会。就在调研组采访的当天下午，黄国华在宁明县城买了一套150平方米三室两厅的房子。首付15万元，五年分期付款，黄国华告诉我们他有能力将房子全款付清，但他不想将手头的流动资金都押在房子上，所以选择了分期付款。据黄国华了解在小榄有好几个宁明的老板，有人还开了皮具厂，生意做得很好。

黄国华和妻子有一个儿子，在他自主创业之前儿子在洞廊村生活，一直上完幼儿园才离开洞廊村，现在儿子在小榄上小学了，但是儿子说他很喜欢洞廊村，在广东的时候也很想念爷爷奶奶。黄国华现在送儿子去了一家私立学校，条件比公办的学校还好，但不用交借读费，入学没有门槛，师资也不错。他们一家生活得很幸福，妻子也分管着工厂的内务，一家人在小榄没有买房。提起大哥黄志华，和黄国华一样也是一家氧化厂的老板，工厂规模比黄国华的大，厂房340多平方米，30多个工人。这就是这两兄弟现在的现状，他们是洞廊村中极少的典型，凭借机遇，用艰苦奋斗和勇于开拓的精神在城市中为自己创造一片小天地。

农村富余劳动力的转移是一项重要的课题，为农村富余劳动力提供合适的就业途径是解决农民实际困难的直接方式，尤其是当新生力量80后农民工开始在城市中寻找出路时，传统的劳动密集型产业已经不能适应他们的生存，他们大多数人是高中毕业之后进入社会，改变当前农民工的就业结构是有必要的。同时企业对农民工的在职培训能够提高他们的创新意识，为社会注入更多的人才，也为他们创造了更多的机会。

十二、乐观坚韧困难户

随着农村富余劳动力的向外转移，农村留守家庭成了社会的弱势群体，他们缺乏劳动能力，更需要政府的扶持和关爱。同时，还有很多家庭劳动力稀缺，无法外出务工，再加之相比其他劳动力其素质偏低，几乎没有就业的技能，在城镇没有足够的就业竞争力，因此被迫留在农村，他们也成为农村中的贫困群体。在建设社会主义新农村的进程中，农村留守家庭和贫困群体是政府扶贫的重要对象。这些家庭尽管生活困难，但在调研过程中调研组成员深切感受到他们乐观坚韧的精神，他们中不乏有人怀揣着致富的梦想。

（一）祖孙相依的周文干一家

尊老爱幼自古以来就是中华民族的传统美德，老年人为社会的发展做出巨大的贡献，为子女付出了青春，理应受到子女的赡养与好好对待。由于子女在外打工，老人长期没有子女在身边照顾，家中亦缺少劳动力。农村劳动力的流动必然给家庭里原有的夫妻关系以及老人、孩子带来各种各样的消极影响，因此对农村的留守家庭的关爱已经成为不容忽视的问题，他们是社会中典型的弱势群体。

在洞廊村码头对面的一间很旧的屋子前，调研组遇到了一位老人，详细地向他说明了来意后，他很犹豫地接受了访问。他不善言谈，看起来也很拘束。老人叫周文干，出生于 1947 年，小学文化程度，妻子叫黄海侨，小学文化程度。他们有一儿两女，两个女儿早已出嫁，都嫁到了本村。家中现有 4 口人，周文干夫妇现在带着孙子一起生活。儿子叫周法宪，初中文化程度，10 年前就去外地打工，几年前与妻子离了婚，妻子已经与他们没有任何来往。

调研组所在的这间老屋是周文干 10 年前盖的，约 40 平方米，以前偶尔住人，同时也作为放置工具的地方。2008 年遭遇洪水，当时房子几乎被洪水淹没到屋顶，洪水退去后，房子已经无法再住人，现在它只能用来放置生产工具。在不远的地方，是周文干老人的家，30 年前盖的房子，100 多平方米，上下两层，外围的柱子是由木头支撑的，砖泥瓦结构，房子的一层很低，完全用来放置稻谷等一些农作物，这个房屋在 2008 年也遭受了洪水的侵袭，现在还能看出洪水退去的印迹。周文干没有能力重新翻修，当时政府发放了 1 万多元的救济金，由于他的房子本身年代已久，因此 1 万多元只能简单的对房子进行修缮，抗洪救灾的那段时间政府还解决灾民的吃饭问题，也发放饼干、大米等，这的确帮了周文干一家。老人说，这些年家里一直很困难，即使不来洪水他依然没有能力建房子，政府的救助只是暂时的，要想解决温饱还是得自力更生。

在码头附近的老屋里，并没看到现代化的农业生产工具，只放置着最老式的犁地工具，一辆人力架子车和一些简单的手工农业生产工具，看着白发斑斑的周文干老人，调研组询问他平时耕作的情况，是否有什么耕地的机器，需不需要雇人等，他低着头回答说，有时候他和老伴儿实在干不了的时候会叫姑爷来帮忙，家里有一个花费650元购买的小型收水机，这也是因为插秧的时候必须要用收水机收水他才买的，也算是一笔比较大的开支。周文干和妻子从来没有雇过雇工干活，因为他们没有多余的钱雇工。周文干表示他和老伴儿身体很好，至少这几年种地是没有问题的，对于他们来说雇工是不必要的开支。周文干家有6亩水田，3亩旱地。每年除了种两季水稻外再种一些蔬菜，品种仅限于甜玉米和包菜。因为缺少劳动力的原因，3亩旱地多年来一直是空着。每年他们将早稻卖出去得到一点微薄的收入，晚稻留给自己吃。村里很多人现在都冬种马铃薯，但周文干没有种，到了冬天他将闲置的田地借给别人种马铃薯，他认为自己不吃亏，因为这帮他节省了很多化肥，也让他少了松土的工序。再加之他和老伴儿不能够一年四季不停歇的种地，尽管身体不错但是年纪大了也没有那么多的精力。

表12－1　**农户经济调查表**

<table>
<tr><td colspan="6">农户家庭基本情况</td></tr>
<tr><td rowspan="3">户主</td><td>姓名</td><td>周文丁</td><td>家庭人口数（人）</td><td>劳动力人数（人）</td><td>在校学生数（人）</td></tr>
<tr><td>民族</td><td>壮族</td><td rowspan="2">4</td><td rowspan="2">2</td><td rowspan="2">0</td></tr>
<tr><td>文化程度</td><td>小学</td></tr>
<tr><td colspan="6">居住情况</td></tr>
<tr><td rowspan="2">楼房</td><td>修建时间</td><td>占地面积（平方米）</td><td rowspan="2">钢筋混凝土结构</td><td>层数（层）</td><td>建筑面积（平方米）</td></tr>
<tr><td>1981年</td><td>60</td><td>2</td><td>120</td></tr>
</table>

耐用消费品				
电视机（台）	电冰箱（台）	洗衣机（台）	组合音响（套）	影碟机（台）
1	0	0	0	0
手机（部）	计算机（台）	汽车（辆）	摩托车（辆）	自行车（辆）
0	0	0	0	0

续表

农业机械及农业生产水源情况

拖拉机（台）	机动三轮车（台）	水泵（台）	抽水机（台）	降雨	井水	河流水	泉水
0	0	0	1	是	否	是	否

农作物、牲畜、家禽情况

农作物

玉米（亩）	水稻（亩）	香葱（亩）	青菜（亩）	香蕉（亩）	其他（亩）
0	6	0	0	0	0

牲畜、家禽情况

马（匹）	牛（头）	羊（只）	猪（头）	鸡（只）	鸭（只）	鹅（只）
0	0	0	0	0	0	0

收入情况

合计（元）	种植业（元）	手工业（元）	畜牧养殖业（元）	经营收入（元）	外出打工（元）	出租耕地（元）	运输业（元）	其他（元）
12000	12000	0	0	0	0	0	0	0

支出情况

合计（元）	生产性（元）	衣服（元）	食品（元）	看病（元）	教育（元）	通信（元）	住房（元）	红白喜事（元）
7400	2000	300	3000	0	1000	100	0	1000

从表 12－1 可以直观地看到该户的收入结构非常单一，周文干告诉调研组 6 亩多地他全部没有使用机械工具。

周文干的孙子今年 16 岁，刚刚初中毕业，他学习很好，在家是个懂事的孩子，经常帮爷爷奶奶做工，周文干了解到高中的学费挺贵的，而且每年要交的资料费他们根本无法负担，只好让小孙子辍学。周文干的儿子周法宪已经外出 10 年了，老人也从未向儿子要过赡养费，孙子的抚养费一直以来也是周文干老人承担。周法宪外出打工后，老人很少和儿子周法宪通电话，周法宪每次打电话回来也只是和孙子交流，这 10 年间周法宪只回来过一两次，最近一次通话后周法宪知道了儿子要辍学的事情，但并没有表示要继续供儿子上高中。周文干说孙子很喜欢上学，但他知道家里的情况，他也接受了事实，整个暑假都在帮家里干活，小孙子自己还告诉周文干夫妇过几年他就出去打工。对于儿子是否给他们养老钱的问题，老人气愤地说："我不需要他的钱，这么多年他没有寄钱，我们生活也是照旧在过，这些年没回来过，不想回来也只好算了。”老人生气的态度中夹杂着无奈，向导周佳恒向调研组说明了其中的缘由，由于周法宪离婚的做法得不到周文干的理解，因此他们之间产生矛盾很多年了。听到这样的说法，调研组也理解了老人对儿子的态度，但也想起一句话“可怜天下父母心”。

周文干也算是见证村庄历史的老人了，他告诉调研组，他和调研组的小翻译周佳恒是本家，意思就是上几代人是同一个爷爷，每年到三月三或者是壮族人俗称的“鬼节”时，本家的人会一起去扫墓纪念先祖，因为这两个节日是壮族最重要的节日。据周文干老人讲，周姓是洞廊村的第一大姓氏，当年的狄青部队从山东到达广西后，由于路途遥远，他们没有再返回山东，便在宁明这里安家立业，洞廊村的村民都是这支部队的后代。周氏有最近十代的家谱，但是在“文化大革命”破四旧时已经毁了。“文化大革命”结束后又建立了姓名谱，并不像之前的家谱记载的那么详细，只记载了儿孙的生辰八字，很不幸的是，2008 年洪水来时也被冲毁了。他觉得这些年村里变化很大，村里大多数人家的房子都是近几年新盖的，村庄通往外面的路也越来越好。他并没有因为自己的困难而失去希望，现在有了新农合，他和妻子就算有病也不会花太多钱。他还经常看电视关注国家大事，他知道国家现在有养老保险，老人 60 岁以后就能享受养老保险的福利，但是不了解洞廊村有没有实施。他觉得以后他们也能享受上国家政策带来的好处，年纪大了并不求大富大贵，对于现在的生活已经很满足了，等再过几年他的孙子可以出去打工自食其力了，他们便没有什么后顾之忧了。

（二）怀揣梦想的周学院一家

一天的采访工作即将展开，原以为下雨天村民们都不去插秧在家休息，借着雨天调研组的采访工作可以进展的更顺利。但是走访了几户人家之后才知道，在这样的天气农民是不会停止耕作的，正为此事发愁时，远处的一幢三层楼人家传出了许多人交谈的声音，向导周佳恒先进去了解情况。经过他了解情况后得知，这户人家的一层是个小药店，平时这里人来人往的买药，有很多人即使不来买药也会来聊天。于是，调研组决定在这些聊天的人当中寻找一位采访对象。药店的主人向店里的客人说明我们的来意之后，一位大哥很主动的要求对他进行采访。

这位大哥叫周学院，出生于1973年，初中文化程度。家里共有三口人，妻子名叫黄鲜芳，生于1976年。夫妻俩有一个9岁的儿子，叫周佳运，在洞廊村小学上学，即将升入三年级。开始谈话的时候，周学院显得很腼腆，他说他不太会说话，但会尽量回答调研组的问题，调研组的成员赶紧告诉他不必拘谨，只是当作聊天就好了。坐在周学院的对面，看到他整个裤子上和鞋上都是泥巴，便问他是不是刚从田里回来，他肯定地说刚从田里回来就来到这家商店了，来这里可以找人说说话，或者打打牌，这成为周学院生活的一部分乐趣。自从儿子出生后妻子就外出打工，这些年基本上是他和儿子度过的，一家三口几乎没有团聚过。

2000年周学院和妻子黄鲜芳结婚，儿子出生后不久妻子就去了外地打工，他一个人在家带着孩子，家里还有3亩地需要种，对于这样一个又要种地又要照顾孩子的男人来说，他很力不从心，襁褓中的孩子成为周学院的一个重担，他几乎对生活没有了别的想法。妻子先后两次出去打工，第一次打工回来没多久，他们觉得在村里种地没有什么出路，夫妻俩商量之后，妻子又重新外出打工了。在调研组采访周学院的时候，他说妻子刚从广东回来没多久，这几天正在田里插秧。这一次，黄鲜芳回村之后就不打算再出去了。随着儿子的成长，孩子的教育问题也成为夫妻俩头疼的事，由于黄鲜芳长期不在儿子身边，周佳运比其他的孩子显得调皮，但是他还是很喜欢上学。周学院不知道他们将来的生活会过得如何，至少要让儿子完成初中的教育，因为实行九年义务教育的缘故他并不担心学费的问题，如果要继续念高中的话，以他们夫妻现在的能力可能无法承担。周学院表示这一切都要看儿子的学习成绩，假如初中毕业成绩很不好，再加之家里收入微薄，他就不会再让儿子继续读书，要么在家中种地，抑或外出打工。

周学院认为结婚后他们的运气一直很不好，妻子在外地打工很辛苦，每天平均工作10个小时，而每个月只能拿到1000多元，一整年下来能寄给家里的钱少之又少。当问起他家的房子时，他一直说“很旧很破了，也许我家的房子是全村最破的了”。周学院家的房子是20世纪60年代建的，70多平方米，砖瓦石房，他一直很想翻修，苦于没有资金。周学院并不是一个对生活没有想法的人，他想依靠自己的能力让全家过上好日子。三年前他养了7头牛，物价上涨使得养牛的成本高了，他想过再多买几头牛养殖，却无法实现。

一方面村里没有地方放牧，另一方面他没有本钱。现在这 7 头牛的市价是每头四千到五千块，但他现在还不想很快卖掉，想再看看市场的价格。在最困难的时候，周学院没有申请低保，他自己也认为在这方面他是个很倔强同时自尊心又很强的人，他觉得自己有手有脚，不会难到吃不起饭的地步，他并不嫉妒别人的好日子，但执意不接受任何的救济。在妻子黄鲜芳回来的前几个月，他和儿子都一直吃素，家里的生活已经越来越不好过。他和妻子都是性格很刚烈的人，两个人在一起经常会有矛盾，于是解决的方法就变成了逃避，越是缺钱矛盾就越无法解决，因为彼此都觉得过得太辛苦。由于夫妻之间的意见不一导致他们对于未来的担忧。周学院偶尔的打牌成了排解忧愁的一种方式，用他的话说："我打牌即使赢也只是为家里赢一点柴米油盐钱。"周学院打牌并不上瘾也不是赌博性质的，村民们闲暇的时候，就会把打牌作为消遣的娱乐项目。

不喜欢拍照的周学院拒绝了调研组与他合影，他说自己只想做一个平凡的农民，希望妻子能和他同心协力。周学院回忆起多年前的自己，讲出了很多经历。还没结婚时，他自己也出去打过工，起初在南宁市的农业银行做保安，那时他的生活很单一，没有任何负担，他笑着说："甚至想过如果发生什么事，愿意牺牲自己保护银行财产。"之后他又从事过货运工作。1998 年，他开始在村里的一个砂石矿拉砂石，几年下来也攒了一些积蓄。周学院自己当时还开过一家小砂石厂，投入并不大，但最终因为资金周转不灵而倒闭了。但他也没有就此气馁，还是从头干起，他首先在村里代销化肥农药，干起来之后发现效益很不错。周学院和黄鲜芳结婚后，他继续做着代销的生意，慢慢还做起了商品批发。可是周学院发现婚后他和妻子的很多想法都不一样，因此他自愿不做小生意了。他说："刚结婚那几年，我老婆出去打工也挣不到什么钱，我除了 3 亩地没有别的了，我和孩子都是在花之前积攒的积蓄。"

在周学院的内心也有对美好生活的憧憬，他有一个想法，他把那称为梦想，他想承包一块地种玉米，玉米卖掉之后将玉米秆送进加工厂加工成饲料，而饲料又可以作为牲畜的饲料，这也为养牛提供了便利。他想去信用社申请小额贷款，但不知道实现他的梦想需要多少资金。采访周学院结束后，明江镇的韦主席交给调研组成员一篇周学院写的文章，文章的内容是描写 2008 年洞廊村遭遇水灾时，全村人抗洪救灾的情形。看了周学院的文章后，调研组了解了他的另一面，在内心深处他不仅有梦想，对生活还充满了感激。他的梦想和感激展现了一个不一样的周学院。如今，他把自己现在的颓废归结于运气不佳，他说自己也渴望得到妻子的认可和支持。不管夫妻之间的分歧是不是导致周学院无法安心为家庭奋斗的原因，最重要的是他应该重拾信心。

表 12－2　**农户经济调查表**

农户家庭基本情况

户主	姓名	周学院	家庭人口数（人）	劳动力人数（人）	在校学生数（人）
	民族	壮族	3	2	1
	文化程度	小学			

居住情况

楼房	修建时间	占地面积（平方米）	钢筋混凝土结构	层数（层）	建筑面积（平方米）
	1965 年	70		1	70

耐用消费品

电视机（台）	电冰箱（台）	洗衣机（台）	组合音响（套）	影碟机（台）
1	0	0	0	0
手机（部）	计算机（台）	汽车（辆）	摩托车（辆）	自行车（辆）
0	0	0	0	0

农业机械及农业生产水源情况

拖拉机（台）	机动三轮车（台）	水泵（台）	抽水机（台）	降雨	井水	河流水	泉水
0	0	0	1	否	否	是	否

农作物、牲畜、家禽情况

农作物

玉米（亩）	水稻（亩）	香葱（亩）	青菜（亩）	香蕉（亩）	其他（亩）
0	3	0	1.5	0	0

牲畜、家禽情况

马（匹）	牛（头）	羊（只）	猪（头）	鸡（只）	鸭（只）	鹅（只）
0	7	0	0	15	0	0

收入情况

合计（元）	种植业（元）	手工业（元）	畜牧养殖业（元）	经营收入（元）	外出打工（元）	出租耕地（元）	运输业（元）	其他（元）
20000	8000	0	0	0	12000	0	0	0

支出情况

合计（元）	生产性（元）	衣服（元）	食品（元）	看病（元）	教育（元）	通信（元）	住房（元）	红白喜事（元）
14100	5000	1000	7000	0	300	300	0	500

从该户的收入和支出结构分析，该户2010年的结余并不多。家中的耐用品只有一台电视机，连手机这样普及度极高的通信用品都没有。正如周学院自己所说，夫妻需要同心协力，对家庭的责任心也会增强。尽管该户属于青壮年家庭，并且有1人外出打工，黄鲜芳外出务工的工资每月并不能剩余多少。周学院想依靠养殖致富，家中的7头牛已经养了3年，但投入的成本很高，即使现在卖出也无法赚很多钱作为周学院扩大养殖业的本金。由于家庭状况差和缺乏信心，周学院无法向银行申请小额贷款，因此这个家庭现阶段处于对生活的困惑期，只有解决了家庭内部的问题，才能共同奋斗达到致富的目的。同时，对于这样已有项目、渴望脱贫致富的农户，政府应积极引导其发展，扶持贫困家庭。

（三）自食其力的周贵深一家

明江镇对农村五保户采取以分散供养为主、集中供养为辅的办法，身体健康且具有一定劳动能力的五保户主要依靠承包地种植收入和乡镇救济、村组接济维持生活所需，目前洞廊村共有五保户2户，均属于分散供养的形式。为了了解洞廊村五保人员的生活状况以及保障情况，调研组决定去探访其中一位身患残疾却努力生活，自力更生、以编竹篓为生的五保老人周贵深。

周贵深生于1949年，可谓一生坎坷。自己深受眼疾痛苦的折磨，妻子于1992年患病去世，女儿生于1972年，早已远嫁广东，后来又老年失子，面对这些灾难性的家庭变故，周贵深并没有自怨自艾，而是用花甲之躯重新撑起了一片天地。

调研组一行见到他时，他正在准备午饭，没有大鱼大肉，只有一些白菜叶、胡萝卜之类的便宜蔬菜。周贵深说，为了尽可能省钱，即使是平常人家常吃的肉，在他家也多半是逢年过节才会摆上桌。周贵深两只深陷的眼睛因为眼疾有点混浊，听说调研组要采访他，周贵深不好意思地笑了，这位年过半百的老人那饱经风霜的古铜色脸上，一道道深深的皱纹显得越发明显，像是积蓄了他几十年的风风雨雨。

环顾四周，调研组发现这是一间30平方米左右的老屋，这间老屋是周贵深一家之前一直居住的房子，大概建于20世纪50年代，因为常年失修，早已是破旧不堪，墙壁上还长了层青苔。虽然是白天，但屋里的光线还是很暗，照射不到阳光的屋子散发着一股淡淡的霉味。自从 2007 年盖起一座新楼后，这间老屋就只当做厨房用了。周贵深轻车熟路地把我们带到了他的新房子里，这座新房有两层，但由于几乎所有的积蓄都用在自己看病上，家里没有一件值钱的家当，陈设非常简单，周贵深告诉调研组，屋里仅有的一张木制长椅既当沙发又当床。

周贵深大爷就在这张长椅上给调研组讲述他的故事。在采访过程中，周大爷一直面带微笑，可是这笑容的背后隐藏着多少艰辛的往事呢？周贵深一家在出事以前，和其他的家庭没有什么两样，地地道道的庄稼人，一家人勤勤恳恳的耕种着五亩地，虽然说并不富裕，但也能保证吃饱穿暖，妻子贤惠，一双儿女也生的乖巧可人，周贵深一家过的平凡幸福。可是好景不长，1990 年周贵深的眼疾越发严重，已经影响到了正常的生活，之前一直害怕花钱治病的周贵深在妻子的催促下到县里医院进行检查治疗，结果却被告知他的青光眼由于一直未治疗导致病情严重，面临着失明的危险。周贵深考虑到支付不起高昂的医药治疗费，便放弃了继续治疗，之后他的眼睛状况每况愈下，最后完全失明了，家里失去了一个劳动力，只能靠着妻子的一双手来养活四口人。然而祸不单行，1992 年，周贵深的妻子因疾病和劳累不幸去世，给这个家庭又蒙上了一层阴影，家里一下子断了生活来源，面对着年幼的孩子，周贵深来不及悲伤便四处向亲戚寻求帮助。那应该是周大爷最艰难的时候，妻子去世，孩子还小，自己却残疾，连养活照顾孩子的能力都没有，周大爷向调研组说，他也自暴自弃过，挣扎懊恼过，但一想起来嗷嗷待哺的孩子，他就决定一定要好好生活，好好地把孩子养大。于是周贵深开始四处寻生计，他去下地干活才发现早已不是曾经的那个种植能手，身上被镰刀和稻子划得到处都是伤口；他去镇里打工，可别人一看他有残疾都拒绝。多次受挫之后，周贵深懊恼地回到村里，这时他发现村口有很多老人围坐着编竹篓，他便萌生了自己也学编竹篓的想法。说做便做，周贵深每天都到村口默默地学习，没有人教他，他就拿人家做好的竹篓摸一摸，慢慢地拆掉再重新编好，有时候人家编竹篓剩的废料，他便捡来练手，实在编不好了他就追着别人问，有的老人看他可怜却这么执着便也会教教他，就这样凭着他执着认真的劲头，编了拆，拆了再编，心灵手巧的周贵深一个月就把竹篓编的像模像样了，而且做工也越来越精细。慢慢地他将自己编织的这些竹篓拿到村里的集市去卖，村民觉得其家庭遭遇值得同情，所以买的人很多。周贵深每天都拼命地编织，当时一只竹篓能卖2元，虽然不多，但是也足够家里的开销了。

就这样，周贵深凭借着竹编的手艺养活了整个家庭，说着周大爷像是想起了什么似的，径直走向了院子里开始编竹篓，“今天还没编一个呢，我们一边编一边聊吧”。他坐在一堆竹片与几只之前编好的竹篓中间，拿起一块蓝色的围裙布垫在大腿上，用长满老茧的双手细心而熟练地编织起来，在调研组的询问下，周大爷饶有兴致地给调研组成员讲解起竹编的技巧。周大爷说，竹编分两个步骤，首先要刨竹，这一步很重要也很难，要讲究力度才能把每一片竹片刨的宽厚均匀，这样一是编出来的竹篓结实质量好，二是节省竹料节约成本。周大爷由于眼睛看不见，用尖利的篾刀刨竹片时经常会砍到自己的手，每年都因此砍伤一百多次。虽然很难，但是周贵深说，再难也要做也不能放弃，“我会一直编下去，直到编不动的那天”。刨完竹片，就开始编织了，把宽窄、厚薄相同的经条与纬条斜行相交，构成菱形的空花，并在菱形的上下两角又平行穿纬条一至三根，编织成六角形空花图案。一片片竹篾、一根根茅草在周大爷的手中不断飞舞跳跃，一会儿工夫，一个小巧玲珑的小竹篮就编出来了，就这样一个动作他日复一日地重复了三十多年。

“他现在是我们村编竹篓编的最好的啦。”随行的村副主任周尚尧向调研组介绍说。原来，周大爷经过几十年的练习，现在编织技术纯熟，可称为洞廊编织第一人，原来搞编织的那些老人都比不过他。因此，周大爷的竹篓也是不愁卖的。周大爷告诉调研组，他的竹篓一般都是卖给出售猪崽的老板，他们需要把猪崽放进竹篓里卖。周贵深也按照老板的要求，根据猪崽的大小做成大小两种竹篓，35斤以下的猪崽用小号竹篓，周贵深卖到5元一个，50斤以上的猪崽用的大号竹篓可以卖到7元一个。而每个竹篓的成本并不高，周大爷以12元一根的价格买入竹子，每一根竹子可以做15只竹篓，所以算下来，一只竹篓的成本还不到一元钱。周大爷还向调研组介绍说，现在通信越来越方便了，周大爷不管是进货买竹子还是卖竹篓都是通过电话联系的，只需打一个电话，别人就会把竹子直接送到家，接一个电话，收购老板也直接到家收竹篓，再也不用他亲自拿到集市上去卖了。

表 12－3　**农户经济调查表**

<table>
<tr><td colspan="8">农户家庭基本情况</td></tr>
<tr><td rowspan="3">户主</td><td>姓名</td><td>周贵深</td><td>家庭人口数（人）</td><td>劳动力人数（人）</td><td>在校学生数（人）</td></tr>
<tr><td>民族</td><td>壮族</td><td rowspan="2">1</td><td rowspan="2">1</td><td rowspan="2">0</td></tr>
<tr><td>文化程度</td><td>小学</td></tr>
</table>

<table>
<tr><td colspan="6">居住情况</td></tr>
<tr><td rowspan="2">楼房</td><td>修建时间</td><td>占地面积（平方米）</td><td rowspan="2">钢筋混凝土结构</td><td>层数（层）</td><td>建筑面积（平方米）</td></tr>
<tr><td>2007 年</td><td>110</td><td>2</td><td>220</td></tr>
</table>

<table>
<tr><td colspan="5">耐用消费品</td></tr>
<tr><td>电视机（台）</td><td>电冰箱（台）</td><td>洗衣机（台）</td><td>组合音响（套）</td><td>影碟机（台）</td></tr>
<tr><td>0</td><td>0</td><td>0</td><td>0</td><td>0</td></tr>
<tr><td>手机（部）</td><td>计算机（台）</td><td>汽车（辆）</td><td>摩托车（辆）</td><td>自行车（辆）</td></tr>
<tr><td>1</td><td>0</td><td>0</td><td>0</td><td>0</td></tr>
</table>

<table>
<tr><td colspan="8">农业机械及农业生产水源情况</td></tr>
<tr><td>拖拉机（台）</td><td>机动三轮车（台）</td><td>水泵（台）</td><td>抽水机（台）</td><td>降雨</td><td>井水</td><td>河流水</td><td>泉水</td></tr>
<tr><td>0</td><td>0</td><td>0</td><td>0</td><td>否</td><td>否</td><td>否</td><td>否</td></tr>
</table>

<table>
<tr><td colspan="6">农作物、牲畜、家禽情况</td></tr>
<tr><td colspan="6">农作物</td></tr>
<tr><td>玉米（亩）</td><td>水稻（亩）</td><td>香葱（亩）</td><td>青菜（亩）</td><td>香蕉（亩）</td><td>其他（亩）</td></tr>
<tr><td>0</td><td>0</td><td>0</td><td>0</td><td>0</td><td>0</td></tr>
</table>

<table>
<tr><td colspan="7">牲畜、家禽情况</td></tr>
<tr><td>马（匹）</td><td>牛（头）</td><td>羊（只）</td><td>猪（头）</td><td>鸡（只）</td><td>鸭（只）</td><td>鹅（只）</td></tr>
<tr><td>0</td><td>0</td><td>0</td><td>0</td><td>0</td><td>0</td><td>0</td></tr>
</table>

<table>
<tr><td colspan="9">收入情况</td></tr>
<tr><td>合计（元）</td><td>种植业（元）</td><td>手工业（元）</td><td>畜牧养殖业（元）</td><td>经营收入（元）</td><td>外出打工（元）</td><td>出租耕地（元）</td><td>运输业（元）</td><td>其他（元）</td></tr>
<tr><td>7024</td><td>0</td><td>6000</td><td>0</td><td>0</td><td>0</td><td>400</td><td>0</td><td>624</td></tr>
</table>

<table>
<tr><td colspan="9">支出情况</td></tr>
<tr><td>合计（元）</td><td>生产性（元）</td><td>衣服（元）</td><td>食品（元）</td><td>看病（元）</td><td>教育（元）</td><td>通信（元）</td><td>住房（元）</td><td>红白喜事（元）</td></tr>
<tr><td>5920</td><td>2000</td><td>200</td><td>3000</td><td>600</td><td>0</td><td>120</td><td>0</td><td>0</td></tr>
</table>

周贵深的女儿早已远嫁广东，两三年回来探望老父亲一次。女儿也想把周大爷接到广东一起住，但是周大爷离不开这块熟悉的土地，就拒绝了女儿的好意。由于无人照顾，村里于2003年帮周贵深申请到了五保户补助，每个月发52元补助，还发放30斤米，1斤油，如果是逢年过节，民政局和社会老板们的救助就会更多些。“得了五保比以前好过多了，感谢政府的政策。”周大爷笑呵呵地说。

竹编月收入最少也有四五百元人民币，再加上向外承包五亩地的收入每年四百元，以及国家对五保户的补助，周贵深的基本生活可以保证。周大爷给我们算了一笔细账。他没有水电费，每天趁菜市大减价的时候去挑一元或几毛钱一斤的菜，两三元一斤的小鱼，碰上菜贵的日子，就用咸菜等代替，每天最多花上5元左右的饭菜钱。

在采访过程中，他自始至终的微笑让调研组印象深刻。用他自己的话来说，“生活就是这样，好也要过，坏也要过，家里全靠我撑着，所以我不能轻易倒下，要开开心心地过好每一天”。调研组一行离开的时候正是夕阳西下的傍晚，周大爷还坐在自家院子的大树下，舞动着灵巧的双手编织着美好的生活。

（四）积极乐观的周贤一家

2011年8月19日是调研组进村入户的第三天。中午1点钟左右调研组来到洞廊村开始工作。就在调研组成员准备分头行动之时，下起了倾盆大雨。调研组认为这样的天气状况村民们一定是在家里休息，但是调研组成员冒雨绕着村子找了一个多小时，一连走了十六户才正好赶上一家人在休息，但是他们过一会儿也要去田里干活，这时当地的翻译介绍了调研组的来意。纯朴善良的周贤赶紧让调研组进屋，耽误他们干活让调研组成员心里很不安，只有尽快地采访完好让他们去干活。

周贤一家五口人。周贤，男，壮族，今年56岁，1975年毕业于明江初中。周贤妻子黄美仙，今年56岁，小学文化水平。周贤夫妇有一儿二女。两个女儿都是初中文化水平，都嫁到明江镇附近的村子。长子周官宝，今年33岁，目前和妻子在深圳工厂做工。周官宝的儿子周艺成2003年出生，今年8岁，在洞廊村小学读二年级。周贤说到，他的儿子周官宝初中毕业后就去深圳打工，在一个机修厂里做工人，到现在都有十年时间了。一般只有到春节才能回家住半个月左右。目前周贤夫妇和8岁的孙子一起居住。

周贤说当时分地的时候家里人少，分到的地也不多。现在一家只有3.6亩地，其中包括2.4亩水田和1.2亩的旱地。和大部分村民一样，周贤一家一年也种两次水稻，旱地则用来种蔬菜，品种主要以香葱为主。由于他们家种的水稻品种是超级稻，所以产量很高，每亩能达到1000多斤，超级稻的种子是由村里面免费提供。周贤给调研组算了一笔账，2011年早稻的价格是每斤1.28元，加上粮食补贴的每斤0.12元，每斤稻谷能卖到1.4元。除去买化肥、农药的成本外，每亩能挣1120元，他们家2.4亩地一共有近2700元的收入。超级稻是县农业局推广的良种，当调研组询问周贤在种植超级稻时有没有参加一些技术培训时，周贤笑着说："我种了一辈子的地，没有参加过什么技术培训，都是靠经验。"周贤又说："种田挣不了钱，家里地又少，孩子们只能出去打工了。"到冬季时，让别人在自家田里种马铃薯，这样来年种早稻犁地时能轻松一点。

想要维持家里的生活只能靠种植蔬菜，而且蔬菜的生长周期都比较短，种蔬菜的收益要比种水稻的收益好很多。但是蔬菜种植更需要投入大量的精力，对化肥和农药的需求也较大。周贤家主要种植香葱，这两年香葱的市场价格也是随着市场的供求状况变化，价格低时一斤香葱只能卖到三毛、五毛，卖得好时一斤香葱能卖到一元左右。由于当地处于亚热带季风气候区，全年都能种植蔬菜。蔬菜成熟的季节周贤通常是搭车去明江镇卖菜，用他的话说"生意还算不错"。周贤粗略地估计2010年他们家卖蔬菜挣了3000元左右。因为家里地少，在农忙时节租用别人家的机器费用太贵。所以在五六年前，周贤为了犁地买了一头母牛。2009年这头母牛产下一头小牛犊，由于家里没有多余的地方和饲料养小牛犊，所以当时就以600元的价格将小牛犊卖给别人。除了牛之外，现在周贤一家就只养了十只用于自家食用的鸡。当调研组问周贤种植水稻和蔬菜的收入能否维持一家人的生活，儿子是否也会不时地给家里寄钱时，他告诉调研组成员儿子一年寄一次钱，大概四五百元，这笔钱是孙子的教育费用。上小学二年级的孙子一学期要200元的教育费用，孩子的其他费用都是老两口提供的。孩子的父母挣钱主要是用来还盖房子时欠下的债。原来在2008年宁明县遭遇了大洪水，周贤说当时幸好政府派人一家一户的送来饼干和矿泉水。那次洪水淹没了村口的码头，他家快要成熟的蔬菜全被淹了，稻田也被淹了，损失很大。他们一家的旧房子在那一年成为危房。周贤家是村里受灾比较严重的一户，当时整理好房子后又重新入住，但他们生怕再来一次大洪水房子就会倒塌，所以就在去年请村子里的工程队，花了 17 万 ~ 18 万元（其中包括装修）盖了一栋三层的新楼，一共五间房。向亲戚们借了 6 万元，周贤夫妇拿出了一部分积蓄，其余的钱就由儿子来承担。周贤说从 2010 年起建新房都有 1 万元的补贴，他们家又是 2008 年水灾中受灾较严重的一户，所以村委会为他们建立了新房补贴的档案来帮助他们。

在采访的过程中，周贤的小孙子周艺成一直在旁边玩耍。谈到孙子时，周贤的眼中充满慈爱。孙子 2011 年开学就要上三年级，男孩子太调皮了，有时候管教孩子很累，但有个小孩在他们身边还是能够带来很多快乐。如果没有孩子，家里会变得很冷清。孩子的父母每周都会打电话回来问问家里的状况和孩子。令周贤夫妇欣慰的是，尽管儿子和儿媳不在身边，但是已经出嫁的两个女儿经常会回来看望他们。对此他们非常满意，觉得孩子们都很孝顺。当调研组问到是否希望儿子儿媳回家时，周贤很无奈地说："人老了当然希望孩子们都在身边。但是家里地又少，孙子以后读书还要花很多的钱。在家里挣不到钱，只能在外面给人做工了。"

问及 2010 年家里有没有人生病时，周贤的妻子说："去年他就病了。"看着眼前身体还很结实的周贤，实在想不到他去年生病，而且在农村人们病了通常都是能忍就忍，小病通常都不会说的，他生病也一定是大病，那他有没有住院？当调研组把疑问告诉他时，周贤的妻子说 2010 年周贤全身浮肿，去医院检查后被告知得了慢性肝炎。2010 年家里盖楼房就花了不少钱，要是住院不知道还要花多少钱，正在这时听别人说看中医治慢性肝炎要好一些。于是周贤在当地找了一名中医，吃了半年的中药，前段时间去检查时大夫说周贤的病快要痊愈了。在这半年中，光吃中药就花了 1 万元。虽然周贤一家参加了新型农村合作医疗，但是只有在医院住院，才能报销部分医药费，周贤花在中药上的 1 万元很明显不属于新型农村合作医疗报销的范围。2010 年周贤家新建楼房，而周贤本人也生重病，他们的生活是怎么过的？周贤的妻子说幸好他们平时节俭生活，攒了一些钱。周贤病情严重时就在家里休息，在妻子的悉心照料下身体慢慢恢复了。身体稍微好些后也会去干活。周贤的妻子黄美仙因为常年务农，尤其在农忙时节，为了多干点活，吃饭很不规律，慢慢地也落下了胃病。

周贤一家近几年添置的耐用品不多，现在他们一家有电视机一台，影碟机一台，电冰箱一台，手机一部，自行车一辆。

表 12－4　**农户经济调查表**

农户家庭基本情况

户主	姓名	周　贤	家庭人口数（人）	劳动力人数（人）	在校学生数（人）
	民族	壮族	5	4	1
	文化程度	初中			

居住情况

楼房	修建时间	占地面积（平方米）	钢筋混凝土结构	层数（层）	建筑面积（平方米）
	2010 年	60		3	180

耐用消费品

电视机（台）	电冰箱（台）	洗衣机（台）	组合音响（套）	影碟机（台）
1	1	0	0	1
手机（部）	计算机（台）	汽车（辆）	摩托车（辆）	自行车（辆）
1	0	0	0	1

农业机械及农业生产水源情况

拖拉机（台）	机动三轮车（台）	水泵（台）	抽水机（台）	降雨	井水	河流水	泉水
0	0	0	1	是	否	是	否

农作物、牲畜、家禽情况

农作物

玉米（亩）	水稻（亩）	香葱（亩）	青菜（亩）	香蕉（亩）	其他（亩）
0	2.4	1.2	0	0	0

牲畜、家禽情况

马（匹）	牛（头）	羊（只）	猪（头）	鸡（只）	鸭（只）
0	1	0	0	10	0

收入情况

合计（元）	种植业（元）	手工业（元）	畜牧养殖业（元）	经营收入（元）	外出打工（元）	出租耕地（元）	运输业（元）	其他（元）
5700	5700	0	0	0	不详	0	0	0

支出情况

合计（元）	生产性（元）	衣服（元）	食品（元）	看病（元）	教育（元）	通信（元）	住房（元）	红白喜事（元）
74750	1000	0	2000	10000	500	250	60000	1000

从表 12 - 4 中的数据能够看出在 2010 年周贤一家的收支状况不平衡。收入的主要来源是周贤夫妇种植水稻、蔬菜所得。儿子和儿媳在深圳打工，周贤对他们的收入并不了解。去年周贤一家的支出较大，除去盖楼所欠的 6 万元债务外，周贤生病也给原本不富裕的家庭带来很大负担。谈到目前的生活时，周贤很满意。虽然家里的经济状况和村子里的其他人家相比不是很好，但是家里已经盖了新楼。周贤对自家的房子很自豪，因为这栋三层的楼房在村子里也是很好的房子。儿子女儿都已结婚，目前他最大的心愿就是好好培养孙子。儿子周官宝还要攒钱还债、供孩子读书。现在他的身体已经恢复了，还能接着干活、挣钱来养活一家，尽量减轻儿子儿媳的负担。对于孙子，周贤希望孩子多读点书，即使以后要出去打工，有了文化知识也能找到好的工作。对于未来的生活有什么打算，周贤笑着说："明年等家里的条件好点了，就想买辆摩托车。"他说有了摩托车后，去镇上卖菜就不用再搭车了。自己有车去卖菜就更方便，那样能挣的钱也就更多了。在与周贤交谈的过程中，调研组成员能够感受到他那种想要致富的迫切心愿，家庭的短暂困难并没有让他失去对生活的信心。"天同覆，地同载。"面对同样的挫折，有的人退缩，不敢起身；有的人则迎难而上，与困难做斗争。周贤属于后者，生活在一次又一次地把挫折摆在他面前的时候，他选择了坚强和承担。这样的人生态度对于调研组成员来说何尝不是一种启发和鼓励。

十三、多姿多彩典型户

在洞廊村采访期间，调研组成员走访了很多农户，受惠于改革开放和社会主义新农村建设，洞廊村涌现出一批典型农户。他们的生活大多幸福安逸，但是他们身上有着共同美好的特点：对事业积极进取，对老者尽心奉养，对孩子教育有方，对未来充满希望。他们多姿多彩的生活是洞廊村村民推崇和向往的。

（一）奋发进取的周利强一家

确定了周利强为采访对象后，调研组从向导周佳恒那里了解了他的基本情况。周利强是洞廊村的团支书，是村里很具有代表性的年轻人。走进周利强家的院子，他一副风尘仆仆的样子，正穿着雨衣放工具，因为现在正是农忙时节，为了不耽误周利强的时间，调研组在院子里开始了对周利强的访谈。周利强很热情地说昨晚他在田边等着收水，看到调研组的人打着手电经过，他说调研组的学生都挺辛苦的。其实，调研组采访时间正是村民们忙着插秧的时候，访谈占用了村民宝贵的时间，这让调研组一行人深感不安，最辛苦的其实还是村民。

周利强，出生于1977年，初中文化程度。结婚后周利强与父母分家，现在家中共四口人，妻子黄雪莲出生于1976年，初中文化程度。夫妻两人育有一儿一女，女儿6岁，儿子4岁。2010年妻子黄雪莲去往深圳打工，今年3月妻子从深圳回村待了一段时间后又返回深圳。黄雪莲在深圳的一家印书工厂打工，如果平时加班每月可以拿到2000多元的工资，她平时生活很节俭，在外边很想孩子，每月给家打电话的长途费会花很多钱，但是其他的开销不多，每月可以省下一部分钱。周利强的父母还健在，他不和父母一起住，女儿已经开始上学前班了，在他没有时间照顾孩子的时候，就将两个孩子托付给父母照顾。他说孩子让爷爷奶奶照顾，他反而更放心，他自己一个大男人其实也不大会带孩子，平常也有很多事情要忙，有时甚至不能给孩子们按时做饭。只是妻子在深圳很辛苦，一边打工一边还挂念着家里，妻子有好几次都想放弃打工回家团聚，但一想到在外面工作可以积攒一些钱，便强忍着对家和孩子的思念。

周利强家的房子是砖泥瓦结构，1976年建成的，看起来已经很旧了，75平方米左右。这些天他刚刚把家里的地测量了一次，他想10月开始建新房。经过打听之后知道钢筋很贵，工人的费用也不便宜，预算的价格一平方米在500元左右。如果家里积攒的钱不够建新房，他打算去信用社申请无息小额贷款，他觉得只要他和妻子努力挣钱，很快就能还上贷款。周利强在家里依靠种地收入也不错，由于弟弟妹妹都去了外地打工，家中留下的闲置土地有13亩，其中有3亩多已经转包了，每亩一年的租金是400元，现在剩下的9亩多地都由他来种。家里的青壮年劳动力少，同时上有老下有小，迫于无奈，他打算年底再转包2亩地，这样能增加一些固定收入。以往周利强忙不过来的时候，每年只种一些蔬菜、香葱和两季水稻，等水稻收了之后，他都把闲置的土地无偿借给外地的老板冬种马铃薯。从周利强这里调研组了解到，在洞廊村这样的情况是很普遍的，很多村民冬天的土地都是闲置的，他们都会无偿的借给别人冬种，并且认为不应该收钱。因为冬种一方面帮土地上了肥，另一方面也松了土，来年自己种水稻时节省了人力和财力，对他们来说很划算。对于周利强只转包2亩多地的想法调研组有些疑惑，于是问他为什么不把9亩地都转包和妻子一起去深圳打工，经解释后才知道，原来那9亩地并不是连在一起的，外地的老板只要整片连在一起的田地，方便灌溉和管理。而且他家有2亩地是在示范田范围的，那里种了袁隆平培育的超级杂交水稻，村里一共有200多亩地种超级杂交水稻，其中100亩是县里农业局补贴的，是袁隆平亲自培育种植的，每年袁隆平都会来洞廊村查看超级水稻的长势。剩下的100多亩是县里免费给农民发种子，然后作为示范田培育的。超级水稻的产量能达到每亩1200斤，而他们平常种植的杂交水稻的产量是每亩700～800斤，由于超级水稻的培育还没有完全成熟，因此没有大范围推广也没有进入市场。国家对于水稻的收购价格是有规定的，拿2011年来说，水稻的最低保护价是每斤1.4元。周利强一个人种9亩地显然是不可能的，他告诉调研组成员其中3亩多砂田需要雇人，他种了蔬菜、水果以及甜玉米，蔬果品种主要有辣椒、甜豆、包菜、西瓜、香瓜等。在洞廊村，甜玉米是常年种植物，在天气不低于10℃的情况下就可以生长。冬季时甜玉米在市场能卖到不错的价钱，一斤至少有2元多。甜玉米的亩产能达到2000斤，一年能收三季，夏天70天成熟，冬天90天成熟。水田到了插秧的季节也要请雇工，工钱是一天100元。除了水稻是由粮食局来村里收购外，其他的蔬菜和水果他每次都会自己运到县城里去卖，一年下来他基本没有空闲的时间。种香蕉对于周利强这样耕地较多的农户来说是比较好的选择，香蕉的价格也相对比较稳定，但他没有选择种香蕉，这是因为周利强的2亩砂田属于示范田，用于种植一种叫作“黑金”的小南瓜品种，对于这个品种的小南瓜还设有最低保护价，为每斤0.5元，虽然自己到市场上可以卖到每斤0.7元，但是周利强仍然选择卖给来村里收购的蔬菜公司，这样既节省了他的时间，也省去运输成本。

2008年周利强当选为洞廊村团支书，他的生活显得更忙碌了。问起他是怎么被推举为候选人时，他自己也显得有些不知所措，村里马上就要换届了，他无法肯定自己是否能连任。洞廊村的选举是相对民主的，村委要经过村民的投票才能选出。团支书是村里20多个团员投票选出的，因此工作干得如何还是村民来评判的。在基层农村团支书并不只是负责团委的工作，基层工作很复杂，更多的是要为村民服务，为村民解决实际问题。例如修水利周利强要协助其他村委以及村里的义务员一起劳动，电动机坏了他要拿去县里修。到了选举时，他也要挨家挨户的动员大家积极投票。洞廊村分6个小组，每个小组有 30 多户人，每组必须推举出候选人，这些候选人都是各组村民信得过的人，是大家看在眼里、真心为村民办实事的人。说到这里，周利强告诉调研组，洞廊村 1980 年之前属于思明村，叫洞廊大队明江公社，总共四个组，直到 1980 年分田到户后才演变为现在的洞廊村。

村口的周元将军纪念碑是洞廊村的标志性建筑，周元将军是国民党时期的抗日英雄，作为洞廊村人的骄傲他的故居现在还保留着。纪念碑和周元将军故居被作为教育基地，每逢学生来游园参观时，周利强作为团支书都会接待。令周利强记忆犹新的是，2009 年暑假，广西民族师范学院的学生来洞廊村看望留守儿童，他还组织村里的暑假回村大学生一起参与。2011 年的五四青年节，他去县团委参加了五四座谈会，他觉得自己也很受启发，他笑着说："一个普普通通的农民能坐在那样的场合参加会议，我觉得很荣幸。"在五四座谈会结束后，县里还组织了"劳动示范帮教学习活动"，县里请了技术员在田间地头培训各乡村的村干部，希望他们能把好的技术带给农民。自从当了团支书后，让他想起了自己的很多往事，周利强的很多同学都通过读书走出了洞廊村，有的在镇里县里工作，还有的到了大城市。虽然对于当时没有继续读书有很多的遗憾，但他觉得现在的日子也过得很充实，凭借他和妻子的双手也能创造美好的生活。而且现在在村里又能为大家做一点事，他感到很满足。

表 13－1　**农户经济调查表**

<table>
<tr><td colspan="6">农户家庭基本情况</td></tr>
<tr><td rowspan="3">户主</td><td>姓名</td><td>周利强</td><td>家庭人口数（人）</td><td>劳动力人数（人）</td><td>在校学生数（人）</td></tr>
<tr><td>民族</td><td>壮族</td><td rowspan="2">4</td><td rowspan="2">2</td><td rowspan="2">1</td></tr>
<tr><td>文化程度</td><td>初中</td></tr>
<tr><td colspan="6">居住情况</td></tr>
<tr><td rowspan="2">楼房</td><td>修建时间</td><td>占地面积（平方米）</td><td rowspan="2">钢筋混凝土结构</td><td>层数（层）</td><td>建筑面积（平方米）</td></tr>
<tr><td>1976 年</td><td>40</td><td>2</td><td>75</td></tr>
</table>

耐用消费品				
电视机（台）	电冰箱（台）	洗衣机（台）	组合音响（套）	影碟机（台）
1	0	0	0	0
手机（部）	计算机（台）	汽车（辆）	摩托车（辆）	自行车（辆）
2	0	0	0	1

续表

农业机械及农业生产水源情况							
拖拉机（台）	机动三轮车（台）	水泵（台）	抽水机（台）	降雨	井水	河流水	泉水
0	0	0	1	否	否	是	否

农作物、牲畜、家禽情况					
农作物					
玉米（亩）	水稻（亩）	香葱（亩）	青菜（亩）	香蕉（亩）	其他（亩）
1.5	6	0	2	0	0

牲畜、家禽情况						
马（匹）	牛（头）	羊（只）	猪（头）	鸡（只）	鸭（只）	鹅（只）
0	0	0	0	7	6	0

收入情况								
合计（元）	种植业（元）	手工业（元）	畜牧养殖业（元）	经营收入（元）	外出打工（元）	出租耕地（元）	运输业（元）	其他（元）
44320	20000	0	0	0	20000	0	0	4320

支出情况								
合计（元）	生产性（元）	衣服（元）	食品（元）	看病（元）	教育（元）	通信（元）	住房（元）	红白喜事（元）
22600	15000	1000	5000	0	0	600	0	1000

从周利强的家庭收支结构来看，该户由于人口少，耕地多，种植业为该户带来了一定的收益。周利强利用兄妹的闲置土地，通过蔬菜、水稻和玉米的种植能获得每年20000元的收入。其实周利强夫妇的短期目标是一致的，就是在年底时新房可以动工，尽管修建新房需要贷款或者借钱，但就该户每年的盈余数额来看，偿还债务的能力是比较强的。

（二）齐心奋斗的王彩兰一家

在洞廊村这个小小的村庄里也有人能把平淡的生活过得很充实，一个人不一定要成就大的事业才能实现自我，只要能在平淡的生活中寻找到自己的一席之地，同样也能做出很大的贡献。洞廊村是“公推直选”试点村，在洞廊村调研组接触到的这位访谈对象就是由公推直选而产生的村干部。值得一提的是，这位村干部是村委会中唯一的一位女性。

当调研组的成员确认了各自的采访对象后，第一天的入户调查正式开始了。村委的干部们很支持调研组的工作，由于担心语言不通，他们主动挑选了村里的大学生协助调查。机缘巧合的是，调研组确定的这位采访对象正是向导周佳恒的母亲。周佳恒告诉调研组，此时正是农忙时节，家家户户都忙着插秧，很少有人在，大部分家庭可能只有老人在家。一走进周佳恒的家，就有一位女主人上前招呼，这就是周佳恒的母亲王彩兰。王彩兰生于1969年，高中文化程度，丈夫周雪锋，生于1966年，在村里的建筑队工作，采访期间他正好外出做工。这是一个四口之家，家中还有一位老人，是王彩兰的父亲，叫王体元，今年已经70岁了。王彩兰住的房子上下两层，100多平方米，是混凝土结构的，墙面没有进行过粉刷，房子看起来有些旧了。一楼有一半的空间储藏了很多农作物和生产工具，另一半空间用来做客厅，有简单的沙发、电视机，王彩兰说10年前自家的房子是全村数一数二的，当时花了2万多元盖的，村里人提起她家的房子都羡慕不已，可是她却觉得现在他们的生活反而不如以前了，更没有想过再翻修房子，全家人一心只想攒钱供周佳恒上完大学，于是话题便转到了周佳恒的学业上。

周佳恒现在就读于柳州职业技术学院，即将升入大学二年级，高中毕业于崇左市宁明县明江镇中学，2010年参加高考。提起那年高考王彩兰一脸骄傲，她说那年村里参加高考的有十多个学生，到最后只有三四个考取了，周佳恒能考取这个学校她和丈夫都很知足，在村里也觉得很自豪。问起王彩兰对于周佳恒的学业以及将来的前途有什么想法时，她似乎觉得这根本不是什么问题，她说她和丈夫从来没有考虑过太多，儿子能上到什么程度就供他到什么程度。即使当初没有考上大学也无妨，可以回家种田或者外出打工，总之希望儿子的将来能过得更好。王彩兰和丈夫认为能通过高考走出小村庄到柳州很不容易，他们都希望儿子毕业后能在外面发展，最好是去沿海地区，毕竟外面的工作机会多，不过一切都要靠周佳恒自己，回到宁明他们也帮不了儿子。周佳恒提起了高三备考时的一个小插曲。由于周佳恒从小身体就好，高考那年招收新兵，他当时抱着试一试的态度报了名，没想到体检顺利通过了，全家人都陷入了矛盾中，他自己其实很拿不定主意，毕竟小小年纪对这样的重大决定无法权衡。王彩兰和周雪锋夫妇也在担心万一周佳恒高考失利就错失了这次机会，正当他们三人都犹豫不决的时候，周佳恒的外公王体元替大家拿了主意，老人很坚定地表示一定要让周佳恒参加完高考再做别的打算，他认为上了这么多年学，不能到了最后还没有尝试就放弃，总的来说上大学还是比较好的出路。王彩兰笑着说："多亏了我老爸的坚持，让周佳恒能走进大学的校园，为将来创造了许多机会。"

对于这样一个普通的家庭要供养一个孩子上大学实属不易，自从周佳恒上了大学家里的经济负担明显加重了。王彩兰很无奈地说，其实儿子上高中时她和丈夫就有压力了，高中三年所要缴纳的学费和各项费用也是笔不小的数目。更何况大学的费用更高，全家只能省吃俭用供儿子上大学。尽管王彩兰家的收入来源并不单一，但是大学的学费对他们来说是很大一笔开销，家中有 4 亩多水田，种两季水稻，每年还种一季花生，这些挣不了什么大钱。由于种地收入微薄，周雪锋 2006 年开始在村里的建筑队做工人，这样的建筑队洞廊村一共有三个，基本上都是给村里的农户建房。他所在的建筑队有 10 个工人，每天工作 8 小时，工资是按天结，每天 50 元，遇上工期繁忙的时候每月可以挣 1000 多元。王彩兰说这样比在家里种地收入多，在洞廊村盖房子和结婚有很大的关系，冬季比较忙，每年 3 月到 7 月很少有人盖房子，那时候他们夫妻俩便在家里干农活。原以为王彩兰是一位普普通通的乡村妇女，调研组向她了解家里还有没有别的收入来源时，她才说明她现在是村里的文书。2008 年她当选为村里的文书，她并不是由村委会直接任命的，也正是明江镇推出的"公推直选"的选举方式，让一个普通的村民参与到这种选举活动中来，这让王彩兰体会到了选举意义所在。

王彩兰是村里的老党员推荐出来的候选人，"公推直选"现场投票的地点就在村里的篮球场上，那里以前是村里的小码头，现在成为村里举行各种活动的场所。她说投票那天她很紧张，有 1000 多人投票，她清楚地记得她最终的得票数是 660 票。在五位候选人之中她的票数是比较靠前的，但是她是其中唯一的女性，说起这些的时候她的脸上洋溢着自豪的表情。自从当了村里的文书，她的生活也发生了改变，生活不再是单一的种地。在洞廊村当文书，最常干的一件事就是开证明，村民们随时都有可能找她开证明，比如说要领结婚证或者办独生子女证。她说她记得有一次凌晨 5 点多就有人敲她家的门，让她起来开证明，但她不记得那次是因为什么事情了，因为她经手的证明已经太多了。但是她并不觉得这些事情影响了她的正常生活，她反而有了一种责任感，心里会想着怎么样才能把这个工作做好，能为村民更好的服务。除了开证明这件事，她还要经常去村委会开会，做一些会议记录。村里有时候会发生一些土地纠纷，村委会要去调解，大部分的土地纠纷都是邻里之间或者亲戚之间的，不过这种纠纷也不是常有的，洞廊村的村民还是很讲道理的，如果有能够让双方都信服的证明土地归属的证据，他们最终会按证据办事。如果有的家庭找不到当时分地的书面材料，村委会会请来村里受大家尊敬的长者，一般情况下长者是很了解多年前村庄状况的，长者会告诉大家这块土地当时到底是归谁。村民是很相信长者话的，两家也会接受村里的调节，甚至也会互相让步，很少有闹到不可开交的地步。洞廊村的敬老是远近闻名的，2002 年洞廊村得到了县里的敬老示范村的表彰。全村人都觉得很自豪。

2010 年宁明县农业广播电视学校与党委组织部、广西农业职业学院联合招收领导干部、中专以上青年、培训农业中等专业技术实用人才。王彩兰是第一批去农技校学习的学员，在学习期间学校针对村委会干部进行课程培训，培训课每年两期，一期有十二到十三天。农技校开设的课程主要是农业种植技术，还有有关法律、科技和经济综合管理的课程。学校分设了中专班和大专班，王彩兰是高中文化程度，她只需在大专班学习两年之后就可以拿到大专文凭，还有一个学期就可以顺利毕业了。在农技校学习期间的学费都是由政府出的，对于她来说没有任何顾虑。王彩兰说学校会经常请一些县党校的教师，有时也会请广西农业职业学院的老师来讲课，她说作为一个普通的农村妇女能坐在学校里学习知识她觉得很满足。学校也开设了“田间学校”，经常组织学员去田间地头学习种植技术。当他们学习了新的种植技术之后，村委会会组织学习让他们将新的技术传授给村民，全村形成了互帮互助的良好气氛。

表 13－2　**农户经济调查表**

<table>
<tr><td colspan="6">农户家庭基本情况</td></tr>
<tr><td rowspan="3">户主</td><td>姓名</td><td>周雪锋</td><td>家庭人口数（人）</td><td>劳动力人数（人）</td><td>在校学生数（人）</td></tr>
<tr><td>民族</td><td>壮族</td><td rowspan="2">4</td><td rowspan="2">4</td><td rowspan="2">1</td></tr>
<tr><td>文化程度</td><td>高中</td></tr>
<tr><td colspan="6">居住情况</td></tr>
<tr><td rowspan="2">楼房</td><td>修建时间</td><td>占地面积（平方米）</td><td rowspan="2">钢筋混凝土结构</td><td>层数（层）</td><td>建筑面积（平方米）</td></tr>
<tr><td>2001年</td><td>55</td><td>2</td><td>110</td></tr>
</table>

续表

耐用消费品

电视机（台）	电冰箱（台）	洗衣机（台）	组合音响（套）	影碟机（台）
1	0	0	0	1
手机（部）	计算机（台）	汽车（辆）	摩托车（辆）	自行车（辆）
3	0	0	1	0

农业机械及农业生产水源情况

拖拉机（台）	机动三轮车（台）	水泵（台）	抽水机（台）	降雨	井水	河流水	泉水
0	0	0	1	否	否	是	否

农作物、牲畜、家禽情况

农作物

玉米（亩）	水稻（亩）	香葱（亩）	青菜（亩）	香蕉（亩）	其他（亩）
0	4	3	0	0	0

牲畜、家禽情况

马（匹）	牛（头）	羊（只）	猪（头）	鸡（只）	鸭（只）	鹅（只）
0	0	0	0	12	0	0

收入情况

合计（元）	种植业（元）	手工业（元）	畜牧养殖业（元）	经营收入（元）	外出打工（元）	出租耕地（元）	运输业（元）	其他（元）
23740	10000	0	0	0	7500	0	0	6240

支出情况

合计（元）	生产性（元）	衣服（元）	食品（元）	看病（元）	教育（元）	通信（元）	住房（元）	红白喜事（元）
18700	2000	1000	3000	0	10000	1200	0	1500

王彩兰一家在洞廊村是很具有代表性的，他们对于现在的生活很满足，对于儿子的未来充满了希望。同时王彩兰觉得自己的生活也很有意义，而丈夫是整个家庭的支柱。对于他们一家的收入来源和家庭支出，表 13 －2 做了详细的统计，种植业的收入主要来源于 4 亩水稻和花生，而外出打工的收入是周雪锋在建筑队的收入，由于他一年打工的时间不到半年，因此只做了总体的估计。王彩兰在村里做文书，每月的工资是 520 元。家中最大的一项开支是周佳恒上大学的费用，生产性的支出主要是化肥农药和雇工。

王彩兰一家在洞廊村是具有特殊性的，全家的收入来源并不单靠种地，王彩兰在家中担当着不可或缺的角色，全家赚钱的核心是围绕着周佳恒的学业。王彩兰家并没有较大项的收入，因此供周佳恒上学是现阶段全家最大的负担，但就远期来看该户的生活前景还是比较好的。

（三）宁静安逸的王太臣一家

沿着村庄的道路走着，调研组来到了村里的一个小商店。进到商店里，一位硬朗的老人独自坐在那里，听闻了调研组此行的目的，老人很乐意配合。从他的言谈举止中我们能感受到他并不是一位普通的种地的农民，老人家的脸上一直保持着微笑，他很主动的拿了凳子请我们坐下，谈话也很快开始了。

老人叫王太臣，出生于1943年，中专毕业。家中现在共三口人，他和老伴儿带着一个小孙子。妻子名叫周月英，小学文化程度。小孙子今年13岁，在明江中学读书。了解到老人家里的人口状况后，便以为这是一个典型的留守家庭。随着谈话的深入，才知道老人有两个儿子，多年前大儿子结婚后便分家了，但关系一直很亲密，谈到这里他很低声地说："小儿子去世了，儿媳妇2003年去了外地打工再也没有回来过，留下小孙子和我们一起过。"老人的表情暗示到，似乎不想再继续这个话题了，突然间老人也陷入了沉重的情绪中。为了将采访顺利地进行下去，话题开始从孙子的学习情况入手，小孙子每周回家一次，学习一直很好，在家里很懂事，不管是学习还是生活都让王太臣放心，回到家后还会时常帮奶奶干家务。老人王太臣最大的心愿就是希望孙子能继续好好学习，将来能上大学。对于小孙子的抚养费，老人现阶段没有过多的担心。九年义务教育的政策落实后，小学到初中不收取学费，因此小学期间开支很少。现在上初中不仅免去学费学校还发放补助，对这个家庭来说还可以承受，再加之老人这些年也有一些积蓄，他愿意尽最大的能力供孙子上大学。

采访所在的地方是王太臣的大儿子开的小商店，他和老伴住的房子并不在附近。通过老人了解到，家里的房子是2007年重新盖的，钢筋混凝土结构，两层半，80多平方米。盖房子花了9万多元，基本上都是这些年他和老伴儿的积蓄。王太臣老人的积蓄主要来自多年从教积攒的工资，从1974年到2006年，王太臣在洞廊村小学当了32年的老师，王老师可以说几乎是全村孩子的老师，他带了一届又一届的学生，自从洞廊小学和镇小学合并之后，现在学校里的孩子越来越少了。1974 年王太臣中专毕业，以民办教师的身份进入洞廊村小学工作，那时候学校有一到五年级，一共 5 个班，总共 8 个老师，200 多个学生。他在学校里主要教数学，老师不够时 8 个老师可以灵活代课，一个老师教多个科目也是常有的事。洞廊村村民的教育程度普遍偏高，村里的人几乎都上过小学，在王太臣教学的这么多年里，很少出现过辍学需要他去家里劝学的情况。村民们对读书识字的观念很认同，所以学习的风气并不差，几乎不存在劝学的情况。直至现在王太臣对于他刚工作的工资还记得一清二楚，1974 年，他每月的工资是以工分计，每月 102 工分，一年下来 3000 多工分。实行家庭联产承包制后，他家分到了 7 亩地，由于家里没有劳动力，他家的地一直都是闲置的，妻子会种少量的蔬菜和水稻，只够自给自足的量。1980 年，他的工资变成了每月 42 元，那时候比起种地算是高收入了，也是在那一年，王太臣由民办教师转成了正式的国家教师。他自己也没有停止过自我学习，1985 年他去宁明县读了函授大专，也是为了更好的致力于工作。自王太臣当教师后洞廊小学经历过的大变化不多，最大的一件事就是 1996 年学校新建了 2 层教学楼，这个变化是全村人发自内心希望改变的，有太多人在这个小学学习过，是村里的一份希望。教学楼建起来之后，村民们自发的集资建立了图书室，几年后又集资建了电脑室。大家希望孩子们有好的学习环境，村里来的老师也更年轻化了，都是大中专毕业生，也有从其他村镇调过来的。2006 年退休前，王太臣老人每月的工资是 1030 元，退休后没有其他补助。在他离开时，村小学还有 60 多个学生，之后洞廊村小学并入镇中心小学，保留一至三年级，现在学校只剩 30 多个学生。

退休之后，王太臣和老伴儿一直过着宁静的生活，大儿子和儿媳家里很忙，承包了 50 亩地种植桉树。大儿子的两个孩子都去了外地打工，现在他几乎每天都会来儿子开的小商店帮忙。虽然在 1998 年老人和大儿子已经分家了，但是老人和儿子的关系一直很好。1998 年分家时，老人只留了 1.2 亩地给自己和妻子。自打那时起这一亩多地基本都是妻子在照顾，农忙的时候会雇一个人来干活，像插秧这种活，别人家需要好几天干完，他家一天就干完了。老人有一个爱好，直到现在还保持着，他喜欢打气排球，以前在学校工作时几乎每天下班都会运动，现在身体虽不如从前了，但时常也会约老朋友一起打气排球。

王太臣老人 32 年的教书生涯，培养了许多优秀的学生，问到他内心是否有成就感时，他微笑着说："其实就是工作而已，很多时候学生都是靠自己的，在我们村里，条件也不好，不过很多学生还记得他，我知道我带过的学生最好的有当大学教授的，还有在县里当干部的，可是那不是我的功劳，那是他们一步步努力的结果。"

表 13－3　　　　**农户经济调查表**

农户家庭基本情况

户主	姓名	王太臣	家庭人口数（人）	劳动力人数（人）	在校学生数（人）
	民族	壮族	3	0	1
	文化程度	初中			

居住情况

楼房	修建时间	占地面积（平方米）	钢筋混凝土结构	层数（层）	建筑面积（平方米）
	2007年	40		2	80

耐用消费品

电视机（台）	电冰箱（台）	洗衣机（台）	组合音响（套）	影碟机（台）
1	0	0	0	0
手机（部）	计算机（台）	汽车（辆）	摩托车（辆）	自行车（辆）
1	0	0	0	0

农业机械及农业生产水源情况

拖拉机（台）	机动三轮车（台）	水泵（台）	抽水机（台）	降雨	井水	河流水	泉水
0	0	0	1	否	否	是	否

农作物、牲畜、家禽情况

农作物

玉米（亩）	水稻（亩）	香葱（亩）	青菜（亩）	香蕉（亩）	其他（亩）
0	1.2	0	0	0	0

牲畜、家禽情况

马（匹）	牛（头）	羊（只）	猪（头）	鸡（只）	鸭（只）	鹅（只）
0	0	0	0	12	0	0

收入情况

合计（元）	种植业（元）	手工业（元）	畜牧养殖业（元）	经营收入（元）	外出打工（元）	出租耕地（元）	运输业（元）	其他（元）
15000	2500	0	0	0	0	0	0	12500

支出情况

合计（元）	生产性（元）	衣服（元）	食品（元）	看病（元）	教育（元）	通信（元）	住房（元）	红白喜事（元）
4400	300	200	2000	0	300	100	0	1500

王太臣家的收入来源是调研对象当中比较直观的一户，除了1.2亩地的水稻收成外，唯一的收入来源就是老人每月1030元的退休工资，从表13.3可以看出，该户的支出并不是很大，因为只有两位老人和一个小孩，由于孙子还在上初中属于九年义务教育，老人所负担的教育开支很少。可以想象，王太臣老人的心愿就是希望孙子将来能考上大学。该户是一户典型的依靠在本乡镇就业收入来维持生活的家庭，从王太臣家庭情况来看，王太臣和妻子生活很节俭，他们用多年积攒的钱盖起了新房。由于家庭中没有青壮年劳动力，唯一的孙子还在继续上学，所以家里除了王太臣的收入外几乎没有新增收入，而这种局面在未来几年也得不到改变，这让调研组对该户未来的生活状况不禁有所担忧。

（四）心系未来的周文志一家

村里刚刚下过雨，很多村民又出门干活去了，当调研组正在为寻找采访对象发愁时，向导周佳恒推荐了一户人家，是他家的亲戚，由于家中劳动力少，田地转租，因此他猜测老两口在家。走进周文志老人的家，他正躺在屋里的单人床上午休，因为不想打扰他，调研组打算取消对该户的采访。正要出门时，里屋出来了一位大娘，调研组立刻说明了来意，听到谈话声，周文志老人也从床上起身了，访谈在一种很轻松的气氛中开始。在洞廊村调研组已接触过许多留守家庭，周文志一家也是典型的留守家庭，但是这两位老人的晚年生活过的可以说是比较轻松的。

周文志，出生于1948年，小学文化程度，他读了一年初中之后“文化大革命”开始，也就此放弃了学业。妻子何美花，出生于1949年，云南丽江人，小学文化程度。周文志和何美花有一儿两女，两个女儿已经出嫁，一个嫁到本村，另外一个嫁到外村。家中现有5口人，儿子周法开，生于1971年，已婚，他的妻子叫易彦兰，出生于1970年，夫妇俩2009年去海南打工，夫妻二人育有一子，名叫周学会，出生于1993年，现就读于宁明中学，读高中二年级。

周文志家的房子是2002年建的，这栋房子所在地原是周文志家的菜地，现在变成了宅基地。2002年以前，他们一家住在老屋，面积70多平方米，一共五间房，由于地形太窄无法扩建，因此他们全家都搬到了现在所居住的房子，这个建筑上下两层，130多平方米，当时花了5万多元，他说现在建这样的房子需要花十几万元。洞廊村的房屋一楼大多是用来储存粮食的，周文志家的一楼却没有太多的粮食和生产工具，而是放置了一张单人床。正对着门的一面墙上还贴着毛主席的画像，屋子里的东西摆放得井井有条。周文志家有6.5亩水浇地，1.5亩旱地。由于儿子和儿媳外出打工了，他们将4亩水田已经转包。周文志说，家里只有他和老伴儿两人，6亩多水田他们根本种不了。以前种甜辣椒每年收成还不错，也能卖上比较好的价钱，而现在蔬菜的收成不稳定，他们完全是靠天吃饭，种菜的成本也高了，因此他们不想再种了。只留下2亩水浇地，每年种两季水稻，留够一家的口粮之后再卖掉。1亩多的旱地他们只种一小部分的花生和甜玉米。屋子里放了一桶掰好的玉米粒，老人说那是今年收回来的玉米，他和老伴儿前几天刚晒干准备拿去当饲料卖。家里有一头牛，农耕的时候周文志拉着牛去给农户犁地，每天也可以挣五六十元，周文志说他的身体很好，干这个还是没问题的，只是他的妻子何美花身体一直不好，得了风湿骨病。他说虽然参加了新农合，可是只有住院才能报销，像老伴儿这样长期有病需要吃药的病人还是不能报销，长期吃药的费用成为家里一项固定的开支。何美花觉得西药贵，一直坚持去看中医，然后将药材磨成粉末拿回家吃。何美花是洞廊村为数不多的穿着壮族传统服装的老人，她的头上还裹着传统的头巾，她说她的衣服都是在市场买的，以前都是用黑色的土布缝制而成，十几年前她有很多这样衣服，现在已经不时兴了，但是她自己还留了两套放在柜子里。

表13-4　**农户经济调查表**

农户家庭基本情况					
户主	姓名	周文志	家庭人口数（人）	劳动力人数（人）	在校学生数（人）
	民族	壮族	5	4	1
	文化程度	高中			

居住情况					
楼房	修建时间	占地面积（平方米）	钢筋混凝土结构	层数（层）	建筑面积（平方米）
	2002年	130		2	260

耐用消费品				
电视机（台）	电冰箱（台）	洗衣机（台）	组合音响（套）	影碟机（台）
1	0	0	0	0
手机（部）	计算机（台）	汽车（辆）	摩托车（辆）	自行车（辆）
1	0	0	0	0

续表

农业机械及农业生产水源情况							
拖拉机（台）	机动三轮车（台）	水泵（台）	抽水机（台）	降雨	井水	河流水	泉水
0	0	0	1	否	否	是	否

农作物、牲畜、家禽情况

农作物					
玉米（亩）	水稻（亩）	香葱（亩）	青菜（亩）	香蕉（亩）	其他（亩）
1	4	0	0	0	0

牲畜、家禽情况						
马（匹）	牛（头）	羊（只）	猪（头）	鸡（只）	鸭（只）	鹅（只）
0	1	0	0	0	0	0

收入情况								
合计（元）	种植业（元）	手工业（元）	畜牧养殖业（元）	经营收入（元）	外出打工（元）	出租耕地（元）	运输业（元）	其他（元）
11600	7600	0	0	0	0	0	0	4000

支出情况								
合计（元）	生产性（元）	衣服（元）	食品（元）	看病（元）	教育（元）	通信（元）	住房（元）	红白喜事（元）
12000	1000	2000	4000	1800	2000	200	0	1000

2009 年，周文志的儿子周法开和妻子去了海南打工。在外出打工之前，周法开一直在务农，家里的活不忙的时候他也给别人做雇工，每天 100 块，就这样全家过着平静的生活。就在周文志的孙子周学会升入高中之后，全家人感到了生活的压力，高中的学费每年 780 元，由于在县里上学还需要寄宿费和伙食费，一年的花费也有不少。让周法开和妻子更担心的是以后儿子上大学的学费，他们不想将来面临儿子考上大学他们却没有能力供养的局面。周学会学习成绩很好，考入宁明中学的成绩也是数一数二的，他们村从来都没有出过北大清华的，周学会很有希望考入一流的大学。为了给儿子攒上大学的钱，他们夫妇俩一商量就去了海南。周法开和妻子在海南看香蕉园，每人每月的工资是 1500 元，夫妇俩很节俭，每年可以省下 2 万多元。相比在洞廊村时全家一年 1 万多元的收入，已经算是不少了。据周文志老人告诉我们，在海南承包种植很赚钱，周法开和妻子盘算着等攒够了儿子上大学的钱，他们也想在海南承包种植。

由于周文志的孙子周学会在学校补习，调研组没有采访到他本人。周文志说孙子学习很专心，父母出去打工之后他变得很懂事，孙子明白父母是为了供他上学才出去打工，反而更加用功了，暑假补课在学校住宿，即使回家休息的时候也是看书看到很晚。周文志和老伴儿说孙子眼睛近视，看到他那样用功看书，心里很是疼他。但是他们全家都希望他能考上大学，将来走出农村。

周文志老人有一个多年保持的习惯，那就是听广播，现在家家都有了电视机，但是他仍然每天都要听广播，老人的床头就放了一台收音机。他很关心国家大事，收听广播基本上都是听新闻。谈及国家政策，他认为最大的变化就是以前种地不仅收益少还要收税，现在国家不收税了，还有各种补贴，种田的补贴是每亩 4 元，农机也有补贴，这些是实实在在发放到农民手里的。1980 年分田到户之前，洞廊村是直接由互助组到高级社的村庄，最后到人民公社。回想起那时，老人说："每天从早干到晚，吃饭是在大食堂。自从分田到户家庭联产承包制以后，大家的自主性增加了，要是收益好的话生活质量也随着提高了，想吃什么可以自己做。"这就是老人的心声，周文志用自己切身的感受见证了他所经历的变化。

调研组深知，走入基层，开展村庄调查的目的之一就是要了解农民的诉求，实地调查他们经济生活的现状和变化。现阶段国家对于种粮实施补贴政策，但大部分家庭无法依靠种植业带来可观的收益。该户在年轻劳动力外出务工的情况下，放弃了耕作，将耕地转租。这样的家庭在洞廊村不少，因此转移农村富余劳动力和如何利用闲置土地将其规模化经营，成为需要解决的一大问题。

（五）以孝为大的周庆梅一家

在洞廊村的采访中，调研组得知洞廊村全村 1288 人中就有将近一半的人外出打工，其中大多数为年轻人。大部分家庭的老人留在家里耕种田地和照看孩子。外出打工的年轻人通常只能在春节期间回家，住一周左右的时间后又如同候鸟一般回到广东等地打工。调研组采访的大部分老人现在都已经六七十岁了，但是他们的身体还十分硬朗，这与他们常年劳作、天然的食物、乐观的性情有关。

8 月 19 日下午 4 点，调研组结束周贤一家的采访后，继续寻找能够采访的农户。幸好遇到了翻译周妮江的母亲，周妮江将情况告诉她的母亲。她的母亲说这附近有户人家的成员都在家，可以采访。于是调研组来到了周庆梅的娘家，原来周庆梅今天要去广东打工，她现在还在娘家。

刚走到家门口调研组就看到周家的院子里有很多人，调研组说明了来意之后，这家人欣然地接受了采访。周庆梅说她今天下午五点半左右就要去广东打工，她邀请调研组去她家里采访，但是采访时间不够，而且还会麻烦正在收拾东西的周庆梅，于是就在周庆梅父亲家的客厅对周庆梅进行采访。

周庆梅一家五口人。王绍武，壮族，1969 年出生，今年 42 岁，初中文化程度，无宗教信仰。妻子周庆梅，42 岁，无宗教信仰，初中文化程度。婆婆凌的灰，1923 年出生，今年已经 88 岁高龄。1990 年出生的儿子王攀和 1992 年出生的女儿王秋莹初中毕业后都同父母一起去广州打工。

周庆梅说女儿王秋莹和周妮江是初中同学，在当地考上高中是一件很难的事情，很多年轻人都是考不上高中才出去打工的。她的女儿考上高中，她很支持女儿读书，希望女儿将来也能考上大学为家里争光。但是女儿读完高一就不想再读书，而是想和母亲一起出去打工。她也怕女儿学习压力大就尊重女儿的选择。现在女儿已经在广州打工两年了，王秋莹的第一份工作是在一家店里做售货员，去年跳槽到一家房地产公司。儿子王攀读完初中后没有考高中，毕业后就去广州的一家工厂做工，那家工厂包吃包住，他在那里工作了 3 年。儿子刚去打工时父母还要资助儿子一部分的生活费，现在儿子已经能够自立，周庆梅对此很欣慰。

周庆梅家有 3 亩水田和 1 亩旱地，前几年主要种植甜玉米和辣椒等作物，收益要比种植水稻高，但是甜玉米和辣椒种植需要更多精心的管理。2002 年周庆梅家盖了一栋新的楼房，住房建筑面积有 160 平方米。从亲戚朋友处借来一部分钱，共花了 14.5 万元，这个数字在当时也是一笔大数目。况且当时两个孩子还在读书，家里的负担很重。只靠种地无法还清家里的债务，孩子以后的开支也会越来越多，于是王绍武夫妇决定外出打工。打工的几年时间中，家里的田地都租给同村人种植。

可能与周庆梅打工的经历有关，在与她的交谈过程中，她主动地谈起她的工作。健谈的她告诉调研组，她很喜欢出去打工。“面朝黄土，背朝天”的生活方式必须要靠天吃饭，从早到晚又累又晒，而且也很枯燥。她现在在广州一家织布厂工作，织布的技术也是进厂后才学的。每天工作 8 个小时，而且厂里有很多来自天南海北的人，可以了解到很多以前根本不知道的事物，比在家里能长不少见识。此外在工厂做工收入也比种田稳定。现在家里的主要收入来源依靠打工所得，广州的物价水平很高，儿子女儿所挣的钱只够他们自己的花销。春节期间往返于广州和洞廊村的车费还需要父母资助孩子。周庆梅表示现在还需要努力赚钱，攒一些钱为儿子的婚事作准备。

在交谈过程中，周庆梅不时地照顾坐在客厅中的一位老人。当问到老人的身体如何时，周庆梅脸上的笑容不见了。她说这位老人是她的父亲周法政，是一名老党员，曾在洞廊村当过七八年的副村长。虽然周法政今年才 63 岁，但是目前身体状况很不好。原来 2009 年周法政老人中风了，周庆梅的母亲黄瑞仙细心地照顾老伴的身体。“福不双至，祸不单行”，周庆梅的母亲患上癌症，发现时已经是晚期。在外打工的王绍武、周庆梅夫妇得知消息后立刻赶回家中照顾父母亲。但是由于发现的太晚，即使积极的治疗也没能挽回母亲的生命。母亲去世后父亲深受打击，身体更差了，孝顺的儿女们看到父亲的身体一天比一天衰弱很是心疼。父亲无法走路，现在由女婿来照顾。2010 年母亲生病住院花了将近 3 万元，父亲也花了 1 万元，周庆梅说幸好全家都参加了新型农村合作医疗，父母的医药费得以报销一部分，其余部分都是儿女打工时积攒的钱支付的。

采访到这时，从外面走进来一位老人。老人家穿着一身干净的藏青色衣服，头上戴着头巾。个子很小，背有些驼，但老人的步伐稳健。老人用当地的语言和他们在交谈着什么，这位老人的声音很洪亮。周庆梅向调研组介绍说这位老人是她的婆婆凌的灰。这位老人身体状况这么好，原以为可能 70 多岁，但是周庆梅说她的婆婆今年都快 90 岁了，耳不聋，眼不花，走路都不用拐杖。凌的灰老人有五个儿子，老人和小儿子王绍武一家住在一起。因为王绍武全家出去打工，所以其他的儿子也会来照顾母亲。周庆梅家离娘家很近，两家老人的关系很好，有事没事都会经常走动。凌的灰的丈夫在孙子王攀出生的那一年去世，已经有 21 年的时间了。凌的灰老人的身体十分硬朗，生活能够自理，偶尔还能给家人做做饭。她的五个儿子都住在本村，孩子们都很孝顺，老人可以随时去其他儿子家生活。儿子、儿媳、十几个孙子和孙女都在外打工，每到过春节时儿孙都会给老人孝敬一些钱，这些钱足够老人的生活，有的孙子孙女回家时还给老人买来可口的食品。老人说她对现在的生活很满意，她也明白子女们也要照顾自己的家，他们在外打工也很辛苦。老人说她平时就是待在家中，偶尔也会出去逛逛，去邻居、儿子家或是亲戚家。但是年龄大了，也不能逛很久。老人的生活是简单的，她充满了对生活的感恩。知足不仅给她带来了快乐，也给她带来健康。

自从家里老人生病后，王绍武就留在家里照顾母亲凌的灰和岳父周法政。周庆梅说2010年因为父母都生病，即使她和丈夫孩子都回家了，也没有更多的时间和精力去经营农事。2011年王绍武留在家里种了一亩早稻，产量为1000多斤。她向厂里请了一个月假，一来可以帮助丈夫种晚稻，二来可以照顾婆婆和父亲。虽然在工厂打工相对于在家里种地要轻松，但是她很担心家里的老人。丈夫留在家里照顾老人，她也能安心地回厂里工作。谈到未来，周庆梅说孩子们从小上学，初中毕业后就外出打工，不会做农活。孩子们喜欢外面丰富多彩的生活，就让孩子们在外打工吧。他们说现在最希望的事情就是他们能够多挣些钱，儿子能够早点娶妻生子，女儿能够嫁到一个好人家。她还要在外面打几年工，光靠种地挣不了钱，儿子结婚，孝养老人也需要花很多钱。家里经济状况不好的话，老人们也舍不得花钱。她再攒些钱就回家和丈夫一起照顾老人，让父母快乐无忧地度过生命中剩下的时光。

采访到这时已经到五点半了，周庆梅说她和同伴今天坐车去广州，明天就能到广州了。她要到春节的时候才能和儿子、女儿一起回来。这时家里又来了一位与周庆梅年龄相仿的妇女，她们收拾好东西后就要走了，采访也就此结束。周庆梅抱歉地说："就是时间太紧了，不然应该去家里坐坐，好好地和你们说说。"

表13－5　**农户经济调查表**

<table>
<tr><td colspan="6">农户家庭基本情况</td></tr>
<tr><td rowspan="3">户主</td><td>姓名</td><td>王绍武</td><td>家庭人口数（人）</td><td>劳动力人数（人）</td><td>在校学生数（人）</td></tr>
<tr><td>民族</td><td>壮族</td><td rowspan="2">5</td><td rowspan="2">4</td><td rowspan="2">0</td></tr>
<tr><td>文化程度</td><td>初中</td></tr>
<tr><td colspan="6">居住情况</td></tr>
<tr><td rowspan="2">楼房</td><td>修建时间</td><td>占地面积（平方米）</td><td rowspan="2">钢筋混凝土结构</td><td>层数（层）</td><td>建筑面积（平方米）</td></tr>
<tr><td>2002年</td><td>80</td><td>2</td><td>160</td></tr>
</table>

<table>
<tr><td colspan="6">耐用消费品</td></tr>
<tr><td>电视机（台）</td><td>电冰箱（台）</td><td>洗衣机（台）</td><td>组合音响（套）</td><td>影碟机（台）</td><td>手机（部）</td></tr>
<tr><td>1</td><td>0</td><td>0</td><td>0</td><td>1</td><td>4</td></tr>
<tr><td>计算机（台）</td><td>汽车（辆）</td><td>摩托车（辆）</td><td>自行车（辆）</td><td>固定电话（部）</td><td>汽车（辆）</td></tr>
<tr><td>0</td><td>0</td><td>1</td><td>0</td><td>0</td><td>0</td></tr>
</table>

续表

农业机械及农业生产水源情况							
拖拉机（台）	机动三轮车（台）	水泵（台）	抽水机（台）	降雨	井水	河流水	泉水
0	0	0	1	是	否	是	否

农作物、牲畜、家禽情况

农作物					
玉米（亩）	水稻（亩）	香葱（亩）	青菜（亩）	香蕉（亩）	其他（亩）
0	3	0	1	0	0

牲畜、家禽情况						
马（匹）	牛（头）	羊（只）	猪（头）	鸡（只）	鸭（只）	鹅（只）
0	0	0	0	0	0	0

收入情况								
合计（元）	种植业（元）	手工业（元）	畜牧养殖业（元）	经营收入（元）	外出打工（元）	出租耕地（元）	运输业（元）	其他（元）
38000	0	0	0	0	38000	0	0	0

支出情况								
合计（元）	生产性（元）	衣服（元）	食品（元）	看病（元）	教育（元）	通信（元）	住房（元）	红白喜事（元）
41100	0	0	0	40000	0	300	0	800

从表 13－5 的数据可以看出，周庆梅一家是靠外出打工赚钱，2010 年因为家庭变故，没有从事种植业。一家的收入也是王绍武和周庆梅的打工收入，两个孩子的收入并未计入其中。他们家里添置的固定资产和耐用品不多。现在他们家里有电视机 1 台，手机 4 部，另外还有 1 辆摩托车。

在采访的过程中调研组也看到一些老人独自过着孤独的生活，儿女们或为发展，或为生计，纷纷在外漂泊，他们已经不喜欢乡村平静单调的生活。经济的发展在提高人民生活水平的同时也在一定程度上使人们之间的关系变得相对冷淡。在周庆梅家，调研组能感受到他们的两难困境：离家挣钱和在家种地。他们渴望过上富足的生活，可是不想以牺牲天伦之乐为代价。现在他们找到了平衡，母亲的去世、父亲的疾病让他们更加认识到亲情的重要。即使日子过得没有别人家富足，但是在他们内心深处，为人子女的一份责任让他们在健在老人膝下尽孝。这可能就是人间最美的一幅图画。

（六）无私奉献的黄建华一家

调研组成员跟着小翻译沿着村里的马路一直走，在快到村子尽头的时候，终于到了黄建华的家。调研组成员先在门外细细打量了一下这个家：栅栏门是用纤细的竹子做的，风吹日晒虽然已经把竹子的本色褪去，但是却非常干净，院子里是一幢二层小楼房，白色的瓷砖镶在外面，简洁大方中透着质朴和温馨。院子一边是砖瓦房，可以做饭或者储藏东西用，另一边是一小块地，里面种了一点蔬菜，翠绿翠绿的，这点绿色和楼房的白色相互映衬着，让人觉得很舒服。调研组成员去的时候，老人正和两个儿子、大儿媳还有小孙女在看电视，简单说明了来意之后，便被黄建华老人热情地招呼进屋，就在客厅里，开始了对黄建华老人的访谈。

黄建华老人今年 60 岁，壮族，小学文化程度，他的妻子名叫王汝英，今年 57 岁，是洞廊村人。1979 年黄建华和妻子相识相恋结婚后，就在洞廊村安了家。在村里生活了 40 多年，黄建华也可以称得上是地道的洞廊村人了。1981 年，大女儿出生，随后又有了两个儿子，对于一个普通的家庭来说，儿女双全就可谓是莫大的幸福了。现如今，三个孩子早已长大成人，大女儿在广东深圳打工，两个儿子则在广东东莞打工。大儿子在打工期间和湖南妹子李道芬相识相恋，最终有情人终成眷属，现在他们的爱情结晶——一个活泼可爱的女儿已经 3 岁了。调研组成员没见到黄建华的老伴儿，老人告诉说：“现在正是‘双抢’的时候，抢种抢收，老伴儿去插秧了，没在家，我们这里讲究男耕女织，男人耕田女人插秧。”问及孩子们现在在家的原因，老人看着孩子们，笑着说：“明天是我的生日，六十大寿，孩子们特意请假回来给我过生日的。”幸福洋溢在那满是皱纹的脸上，堆积在暖暖的笑容里。

关于房子黄建华给调研组成员进行了简单的介绍，说：“这房子是 2003 年盖的，都有八年了，一楼是客厅，二楼住人，房子的结构是自己设计的。盖房子的地是 20 世纪 80 年代的时候从村里买的，这片地原来由大队蔬菜队种蔬菜，后来因为村里要搞建设，建水塘，需要一些钱，就卖地了。这房子是我们二老用平时节省下来的积蓄盖的，盖房子和装修一共花了差不多 12 万元，当时跟别人借了钱，现在也都还清了，我们不用孩子们的钱，他们工作也都很不容易。”环视一周，一楼的客厅也被自然的分成了两个部分，右边放着刚刚收获的水稻，水稻已经被打包装在袋子里，一袋袋的伫立在那儿。左边摆放着沙发、电视机、组合音响、电冰箱还有一个储物柜，这就是真正的客厅了。真正的客厅虽然不大，但也算是麻雀虽小五脏俱全。墙上还贴着孩子认字的字帖和画报，五颜六色，是小孙女认字用的。

黄建华老人有六个兄弟姐妹，他排行老二，是家里的长子，在他十一岁的时候父亲就因病去世了，这让当时生活就很拮据的家庭雪上加霜，在他十二岁的时候，才靠叔叔的资助开始读书，但还是由于家里经济条件有限，最终没能读完小学，随后他跟随叔叔干了两年零活，来供弟弟妹妹读书。老人说他很感谢他的叔叔，要不是叔叔当时的资助他就不会有读书的机会，虽然读书的时间很短暂，但是从中学到的知识对他以后的人生有关键的作用和意义，后来跟叔叔干零活的两年时间，让他更深入地接触到了社会，增长了见识。可以说在老人的生命里，叔叔是一个很重要的人，帮助他成长。1969 年在他十七岁的时候，黄建华终于在公路局找到一份稳定但却十分辛苦的工作——修补公路，这一干就将近四十年，直到 2006 年老人才退休。黄建华笑着道："我刚工作的时候每个月挣 32 元，29.5 元是基本的工资，还有 2.5 元的粮食补贴，后来工资慢慢地涨高了，2006 年退休的时候，退休金是每个月 1500 元，现在又提高了，每个月的退休金是 1800 元，你说，这四十年的变化有多大啊!"提到这份坚守了一辈子的工作，老人目光深邃，平静而又坚定，他为此感到自豪，似乎修补公路这份工作已经融入他的生命里。修补公路是一份十分辛苦又很需要耐心和细心的工作，平时的工作内容也会很琐碎。老人说："南方的夏天很晒，顶着日头也要工作，还要仔细检查公路有没有什么问题，要保证公路的行驶安全。"老人说的云淡风轻，似乎这些都没什么大不了，但是在那炎热的夏日里，一群修路工人埋头苦干，顶着烈日，拿着工具，淌着汗水，即使穿着鞋脚都会有烤着的感觉，可想而知这份工作有多么的辛苦。黄建华说："当时因为自己干活踏实，勤奋，领导就让我当班长，没想到竟然当了 20 多年，从一个毛头小伙的青年班长到最后慢慢地大家都叫我老班长了。"每一名修路工人都是平凡岗位上的一颗颗普通的不能再普通的螺丝钉，他们工作在最基层，要想和上一级联系，只能靠班长。所以，黄建华就是修理工人和上一级联系沟通的纽带。黄建华淡淡的一笑，说："你别看班长连九品芝麻官都比不了，但是责任也很大，事情也很多，难当的很咧。有上有下。"所谓的有上有下，就是要把领导和工人紧密地联系起来，既要很好的贯彻上一级安排下来的任务，还要结合实际工作情况合理安排，并且还要照顾每个工人的工作情绪，让他们工作起来有干劲。只有每个班团结了，才能更好地完成工作。每年南宁公路总局和县公路总局都会在年终的时候以班为单位进行评比，评比的内容包括生活、工作、班的团结性、卫生等各个方面，总分 100 分。年终评比是全县乃至全南宁市进行评比，参加评比的班有很多，评分的团队也很专业，所以竞争很激烈，但是黄建华和他的班几乎每年都会在年终评比的时候取得好成绩，为单位争得荣誉，黄建华家里摆放了许多在工作中获得的奖章和奖状，有先进个人的也有先进集体的。这些奖章虽然经过岁月的洗礼，好多都已经泛黄了，但是它们却在无声而有力地证明着黄建华工作勤勤恳恳、兢兢业业、奉献自我的精神。这也是对黄建华工作近四十年的高度认可。黄建华表示："得到荣誉很高兴，也很自豪，可是工作是真的辛苦啊，工作本身就很累，更重要的是平时不能回家，只有到了周末那两天才能回家，有时候还会加班也就不能回家了，平时家里的农活、大事小事好多都要靠老伴儿自己一个人料理，孩子也顾不上陪。没办法啊！"说着老人又看了看孩子，对于老伴儿，对于孩子，老人的内心都有所亏欠，因为自己的工作，不能多为老伴儿分担，也不能多陪孩子，这些似乎都触碰到了老人内心最柔软的地方。虽然调研组没能见到黄建华的妻子，不知道到底是一个什么样的女子，但是一定是一个贤内助，一个朴实、勤俭、操劳的母亲形象顿时浮现在眼前。

黄建华家里有 2 亩地，都是良田，没有旱地，种的都是早稻和晚稻。早稻 3、4 月种，7、8 月收获。收获之后卖给国家，国家每斤 1.28 元收购，还有 0.12 元的补贴，所以一斤算下来就是 1.4 元。每年粮食局都会贴通知，然后大家就会填表交上去，表里要有一个收获的计划，这样粮食局对收购粮食也可以有所保证。原来没有国家收购的时候，只能卖给私人的收购者，每斤差不多才 1 元。所以人们也都很愿意卖给国家。家里早稻一般有 2000 斤左右的收成。晚稻 8 月开始种，11 月左右收获，会有 1000 斤左右的收成，晚稻就不卖给国家了，都留下来作为一年的储备粮，自己家里吃。黄建华告诉调研组："家里的地也不都种水稻，会留几分地种一些甜玉米、蔬菜和豆类，这样就够全家吃了，也不用去买。甜玉米的种子是从外面一些大公司买来的。"到了冬天，各个省都会有人来他们村子种马铃薯，黄建华和其他村民一样，把家里的地让别人来种，老人朴实地说："我们不要地租，总觉得地不多再要租金会很不好意思。我们也很高兴别人来种我们的地，因为在种马铃薯的时候，他们会给翻地、施肥，等第二年自己家种水稻的时候地是已经翻过的了，还会残留一些肥料，农田也不会因为冬天没人照管而荒废掉，别人有收成我们也获益，是一举多得的事。”黄建华家里没有拖拉机、收割机这些农用设备，平时都是自己干，偶尔也租村里有设备的人家里的用，老人笑呵呵地说：“现在种地的成本也提高了，让别人收割也会花钱。不过幸好家里最近几年的收成还可以，2008 年水灾颗粒无收，国家给了一些补贴。”

表 13－6　**农户经济调查表**

农户家庭基本情况

户主	姓名	黄建华	家庭人口数（人）	劳动力人数（人）	在校学生数（人）
	民族	壮族	6	5	0
	文化程度	小学			

居住情况

楼房	修建时间	占地面积（平方米）	钢筋混凝土结构	层数（层）	建筑面积（平方米）
	2003 年	100		2	200

耐用消费品

电视机（台）	电冰箱（台）	洗衣机（台）	组合音响（套）	影碟机（台）
1	1	0	1	1
手机（部）	计算机（台）	汽车（辆）	摩托车（辆）	自行车（辆）
4	0	0	1	0

农业机械及农业生产水源情况

拖拉机（台）	机动三轮车（台）	水泵（台）	抽水机（台）	降雨	井水	河流水	泉水
0	0	0	1	是	否	是	否

农作物、牲畜、家禽情况

农作物

玉米（亩）	水稻（亩）	香葱（亩）	青菜（亩）	香蕉（亩）	其他（亩）
0.5	1.5	0	0	0	0

牲畜、家禽情况

马（匹）	牛（头）	羊（只）	猪（头）	鸡（只）	鸭（只）
0	0	0	0	0	0

收入情况

合计（元）	种植业（元）	手工业（元）	畜牧养殖业（元）	经营收入（元）	外出打工（元）	出租耕地（元）	运输业（元）	其他（元）
27600	6000	0	0	0	0	0	0	21600

支出情况

合计（元）	生产性（元）	衣服（元）	食品（元）	看病（元）	教育（元）	通信（元）	住房（元）	红白喜事（元）
9200	1500	0	5600	0	0	100	0	2000

说到未来，黄建华的眼睛里闪烁着光芒，他说："现在退休了，日子也过得去，孩子们外出打工，平时就跟老伴儿在家里，好好照看小孙女，教她识字看书，希望她将来能接受好的教育。现在就剩下小儿子还没结婚，我们老两口还要攒点钱给儿子娶媳妇，等儿子们不在外面打工了，一家人就在一起住，孩子们住楼上，我们住楼下。"黄建华的话很朴实，愿望简单而且平凡，但是却和其他人的愿望一样，一样的美好，因为对于一个 60 岁的老人来说，没有什么比享受天伦之乐更幸福。

（七）家教有方的周尚雄一家

1932 年洞廊村村民有了自己的小学，村里人有重视教育的传统。来到洞廊村采访的几日，调研组发现访谈的村民具有初中文化水平。目前除了留在村子里的老人外，大部分年轻人外出打工。在几天的采访中一直协助调研组的周妮江是一位即将上大学的洞廊村人。她是一个非常活泼健谈的女孩，在和她交流的过程中得知她还有一个哥哥正在读大专。一家有两个大学生，这种情况在年轻人外出打工成为常态的洞廊村很有特殊性，于是调研组决定采访周妮江一家。

在周妮江带着调研组去她家的路上遇到她的妈妈正开着三轮车送人去宁明县城。周妮江告诉她母亲调研组将去她们家采访时，阿姨热情地说周妮江都知道家里的情况，她现在要送人去县里。阿妮说她的父母很辛苦，从早到晚都在开三轮车，今晚回来早的话调研组也能采访他们。不一会儿就到了阿妮的家，一楼的客厅里放着要晒的稻谷。她热情地带调研组参观她家，参观完后调研组来到二楼的客厅，正式地开始了访谈。

周尚雄一家四口人。周尚雄，壮族，1963 年出生，初中文化水平，明江中学初中毕业后就在家务农。周尚雄妻子黄碧莲，1963 年出生，小学文化水平。长子周伟德，22 岁，2006 年考上县里最好的学校宁明中学，2009 年高中毕业后，进入大专院校广西交通职业技术学院，学习土木工程专业。因为 2012 年要毕业了，所以 2011 年暑假在柳州实习，没有回家。周妮江，1992 年出生，2011 年从位于武鸣的广西民族高中毕业。之前就听村民说过，广西民族高中是一所好学校，周妮江当时是以全班第一的成绩考入这所学校。2011 年 6 月参加高考，当初填志愿的时候觉得自己未来想当数学老师，抱着拼一拼的想法，考到广西大学数学与计算科学专业，被广西唯一的一所隶属于“211 工程”的学校录取。当问到想当老师为什么没有报广西师范大学时，周妮江羞涩地笑着说：“因为之前听朋友们说广西大学很大，很漂亮，就想去南宁读书，所以放弃了在桂林的广西师范大学。”她说她的爷爷奶奶去世多年，阿妮的妈妈刚嫁过来时，家里的经济状况不是很好。虽然她妈妈只有小学文化水平，但是头脑灵活，有经商意识。在她小的时候，母亲每天做好当地村民喜欢吃的一种米粉，让她的父亲拿到其他村子卖。当时村子里很少有人卖米粉，所以她们家每年的收益也不错。当时她和哥哥也正在读小学，教育方面的开支不是很大。2000 年她家借了一些亲戚的钱，家里花了五六万元盖了两层的楼房。在农村盖一栋属于自己的楼房对村民而言是件大事，当时她家的房子在村子里也是很好的房子。阿妮说现在村子里的很多人出去打工，而且国家制定新农村建设政策，使得洞廊村的村貌发生了翻天覆地的变化，家家盖的房子越来越好。阿妮家里有三亩地，都用来种水稻。通常早稻收获后卖给县里来的粮食收购站，晚稻产的大米通常是留着自家吃。父母每天忙着出去挣钱，家里也没有种蔬菜。她现在希望自己进入大学后好好读书，等兄妹两人都毕业了，能减轻父母的负担，父母也就不用那么辛苦了。

她说在她和哥哥读高中期间，每月要 1000 元的生活费。为了供他们读书，父母都开三轮车挣钱。两兄妹从小就十分好学，父母不会给他们压力，父母也愿意为儿女创造好的条件去学习，所以两人的学习成绩也很好。现在村子里大部分年轻人都出去打工，能读到高中，甚至考上大学的学生数量减少了，本村本届的同学中包括她只有两个人在读书，其余的十几个同学都在广东打工。她说父母跑运输，经常去县城，眼界也开阔了，所以父母很支持兄妹读书。在学习上父母从来不会给他们压力，给了她和哥哥很大的空间。但是父母也不会没有原则，不会任何事都顺着他们。

她说高中学习非常辛苦，她原本想去外省读书，但是父母对她的这个想法不是很支持。原来父母担心她离家太远，照顾不好自己。谈到父母时她的言语中充满了感激之情。她说自己的父母很开明，和其他同学的父母比，她的爸爸妈妈思想不那么僵化，对她和哥哥很信任。她回忆到，和同学参加聚会时父母不仅不会反对，还积极地鼓励她和同学多交流，也让她邀请同学来家里玩。洞廊村的治安很好，晚上在本村参加聚会也很安全，即使很晚回来父母也不会干涉，更不会以学习为理由不让他们参加同学聚会。从她记事起父母就没有打过她和哥哥，父母不会用那种简单粗暴的方式来对待他们，所以家庭的氛围很好，兄妹两人和父母的关系也十分融洽。她说自己很幸运有这么好的父母，即使家里的经济状况在村子里而言不是很好，但是父母一直很努力地挣钱，她从来就没有操心自己的生活费用，没有心理负担。自己在外面读书时深知爸爸妈妈挣钱不容易，所以读书的时候很自觉。读高中时很多同学受社会上不良风气影响，学习成绩都有不同程度的下降。但是她说当时她的目标非常明确，就是想考上一所重点大学来回报父母，所以没有受到不良风气的影响。高考结束后的近三个月的时间中她都待在家中干各种家务活。每天晚上她在爸爸妈妈回来之前做好饭，让他们回来时就能吃上热饭，即使做得不是很可口，但是父母总是很开心地吃她做的饭，这个活泼善良的90后女孩在用自己点滴的行为回报父母。

谈到周伟德时，周妮江说哥哥以前很调皮，初中的时候成绩有些下滑。但后来母亲找到在同一所学校当老师的亲戚，让哥哥和那个亲戚一起住。学习环境发生变化后哥哥的学习成绩也慢慢有所好转，哥哥也很愿意读书而且考上广西交通职业技术学院。当时父母觉得哥哥还有能力考个更好的大学，所以建议哥哥复读。但是亲戚们认为他读的土木工程专业未来发展状况很好，所以哥哥就去了广西交通职业技术学院读书。

周尚雄一家的收入来源比较单一，主要收入是周尚雄和妻子黄碧莲开三轮车所得，所种的水稻也主要用于自家食用。2010 年周尚雄全家的家庭总支出 19500 元，其中周妮江兄妹两人的教育费用是一家人最主要的一笔支出，去年花费了 15000 元，占全部支出的近 77%。每年用于红白喜事上的费用也在 1000 元左右。她告诉调研组现在村里很多人出去打工，村民的收入和以前比有了大幅度的提高，用于红白喜事的费用这几年在不断地增加。2010 年周尚雄一家净收入富余不多，日子还是有些紧巴巴的。同时供两个孩子读书对城市里的父母也是很大的负担，更何况对于农村的父母。为了供两个孩子读书，周尚雄夫妇买任何东西时能省就省。家里的耐用品并不多，现在他们家里有电视机 1 台，影碟机 1 台，电冰箱 1 台，摩托车 1 辆，手机 4 部，家里的生产性固定资产有 2 辆用于运输的三轮车。

表 13－7　**农户经济调查表**

农户家庭基本情况

户主	姓名	周尚雄	家庭人口数（人）	劳动力人数（人）	在校学生数（人）
	民族	壮族	4	2	2
	文化程度	初中			

居住情况

楼房	修建时间	占地面积（平方米）	钢筋混凝土结构	层数（层）	建筑面积（平方米）
	2000 年	90		2	180

耐用消费品

电视机（台）	电冰箱（台）	洗衣机（台）	组合音响（套）	影碟机（台）
1	1	0	0	1
手机（部）	计算机（台）	汽车（辆）	摩托车（辆）	自行车（辆）
4	0	0	1	1

农业机械及农业生产水源情况

拖拉机（台）	机动三轮车（台）	水泵（台）	抽水机（台）	降雨	井水	河流水	泉水
0	0	0	1	是	否	是	否

农作物、牲畜、家禽情况

农作物

玉米（亩）	水稻（亩）	香葱（亩）	青菜（亩）	香蕉（亩）	其他（亩）
0	3	0	0	0	0

牲畜、家禽情况

马（匹）	牛（头）	羊（只）	猪（头）	鸡（只）	鸭（只）
0	1	0	0	10	0

收入情况

合计（元）	种植业（元）	手工业（元）	畜牧养殖业（元）	经营收入（元）	外出打工（元）	出租耕地（元）	运输业（元）	其他（元）
21000	3000	0	0	0	18000	0	0	0

支出情况

合计（元）	生产性（元）	衣服（元）	食品（元）	看病（元）	教育（元）	通信（元）	住房（元）	红白喜事（元）
19200	1000	300	1000	500	15000	400	0	1000

从这份经济调查表中能清晰地看出，周尚雄一家的收入来源主要是通过运输赚取的，家庭收入的绝大部分用于两个孩子的教育支出。虽然周尚雄一家生活简朴，但是在访谈的过程中可以看出一家人的感情十分和睦。两个孩子是全家人的骄傲和希望，周尚雄夫妇为他们付出了一切的爱，而一双孝顺

的儿女也用优异的成绩回报父母满满的爱。2012 年即将毕业的周伟德现在也在积极地寻找工作机会，周妮江也表示进入大学后尽量做些兼职，来减轻父母的负担，也增加自己的社会实践能力。愿这个幸福美满的家庭，未来的日子能够越过越好。

十四、香蕉种植专业户

在社会主义新农村建设和全面建设小康社会的过程中，洞廊村涌现出一批香蕉种植专业户。他们大多都有在外打工的经历，更愿意从事经济价值和技术含量更高的经济作物种植。和传统的水稻种植相比，专门化的香蕉种植为他们带来了可观的经济效益。他们是在长期的摸索中找到了一条新的致富途径，成为洞廊村专业化种植的代表。

（一）承包第一户——黄业生一家

洞廊村大多数农户是依靠传统的水稻种植维持日常的生活，在采访期间，调研组也接触了许多种植专业户，这种专门化的种植和养殖为他们带来了可观的经济效益。他们是在长期的摸索中找到了致富的途径，成为洞廊村中具有代表性的种植大户。通过了解，调研组决定采访村里最早种植香蕉的农户黄业生，他被村里人称作第一个通过种香蕉而盖起新房的人。

黄业生，出生于 1959 年，妻子李小英出生于 1963 年。两个儿子黄海宁和黄海安都是 90 后，几年前去了广东打工。黄业生家的田地不多，从上一辈分下来的地就只有 3 亩，2 亩水浇地种了水稻，剩下的 1 亩种了花生和少量蔬菜。每年收的两三百斤花生都拿去榨油，每斤花生可以榨三两油，100 斤油够他们夫妻俩吃一整年。他和妻子的开销并不大，平时他们一起照顾香蕉地，因此也没有什么开支。

十几年前，黄业生和妻子只耕作自己家的 3 亩地来维持生计，慢慢地他们发现要想过更好的生活，3 亩地根本不够。1995 年，他开始搞起养殖业，就买了几头猪崽开始养猪，前后做了三四年的时间，说起当年他已经不记得养猪的具体情况了。由于养猪并没有带来多少收入，便放弃了靠养猪致富的想法。他将无法致富的原因最终归结为地少，于是夫妻俩一商量就有了要承包别人家地的想法，承包地总共不到10亩。由于他家地少，因此他想长期租种，合同一签就签了15年。一开始，他们并没有想过要种香蕉，只是想种了蔬菜拿出去卖，所以就开始种大白菜。黄业生的感受就是种蔬菜很费精力，更要考虑天气因素，一年施肥就要施好几次，还要除杂草。那几年种菜的时候，他和妻子都很累，一整年的收入是1万多元。在这样的情况下他们夫妻俩已经很满足了，当时一年1万多元的收入已经比普通的农村家庭高出了很多。在和同村村民一次偶尔的闲聊中，别人告诉他种香蕉很赚钱，而且香蕉的产量很高，施肥也很少，比起种植蔬菜来香蕉的种植更省心。通过几次的交谈他了解到一些种植香蕉的知识，他想到为何不用10亩承包地种香蕉呢。这个想法也得到了妻子的认同，于是他们抱着尝试的态度开始了。事实上，黄业生是在边学边种，他经常向村里懂得香蕉种植技术的人请教，自己也会买一些关于种植技术方面的书学习，希望能提高产量。很快，他便熟悉了香蕉的种植，他清楚地知道每亩地能种150棵香蕉树，每棵的产量是30斤左右。2010年七八月的时候香蕉的价格是每斤1.2元。黄业生的1500棵香蕉树对他来说很轻松就能种好，灌溉并不是问题，他的香蕉林旁边就有河渠，干旱的时候用河渠的水收水灌溉，平时也不用雇人看守。香蕉树种的第一年就可以收获，种一次可以收三年，只要每次收完香蕉将树干砍掉就可以重新再长。他种的香蕉一部分品种是“维联斯”，还有一部分是巴西品种。这两个品种比较起来，巴西的产量更高，香蕉也相对较大，平均3个达到1斤。2010年，黄业生卖香蕉的收入将近5万元。一旁的向导周佳恒开玩笑说道：“他家是种香蕉种出一栋楼房来。”黄业生表示种植香蕉确实给他带来了很好的收入，十几年前他承包土地一下就签了15年的合同，那时候签合同的租金是每年每亩60元，现在的物价翻了很多倍，普遍的租金都是每年每亩400元。看到黄业生种香蕉的效益如此好，承包地的主人一度很懊悔当年与黄业生签订的15年租期。再过两年合同期就要到了，他很担心租主不想再租地给他。现在村里的耕地很少，其实他想过再多承包一些地种香蕉，在这方面他希望政府能有好的办法，能够扶持农民进行专门化种植。现在村里有很多外出打工的年轻人，家里只有老人和小孩，许多地也都是闲置的，如果政府能出面和村民协商，能把闲散的土地规制起来整片的出租给想要规模化种植的人，他认为这是一举两得的事。

黄业生的房子是2007年重建的，304平方米，盖房花了15万元，没有欠债，钱都是他和妻子多年的积蓄。房子的一楼放置了几样新的电器，有电视机和电冰箱。通过向导周佳恒调研组了解到，黄业生的两个儿子只上完了初中，哥哥黄海宁初中毕业之后就去了深圳打工，2010 年黄海安也去了广东投奔哥哥。他们俩很孝顺，在外面打工的钱都会寄回给家里，每年到过年的时候他俩也会给家里钱，这让同龄的很多朋友很羡慕。黄海宁和黄海安只差一岁，2007 年黄海宁初中毕业后没有考取高中，父母认为他年纪还小，希望他能留在村里和他们一起种地，等年纪大一点再出去打工，但是黄海宁执意要出去闯荡，不想留在村里。2007 年刚去深圳时每月只能赚到 1000 多元，而现在他已经由学徒升为了师傅，每月的工资是 3100 元，厂里管吃管住，他自己还在宿舍里买了电脑，周佳恒说他经常和黄海宁在网络上视频。向导周佳恒在高考结果未出时曾经想过去深圳投靠这位朋友，因为他们村里有很多年轻人羡慕他能拿到这么高的工资。黄海安在 2010 年去深圳找哥哥，也开始了在深圳的打工生涯，由于他刚去现在的工资是每月 1000 多元。兄弟俩每年能给家里寄回将近 1 万元，这让黄业生夫妇感到很欣慰。

未来几年他们全家的目标就是努力挣钱，黄业生夫妇种香蕉的收入很稳定，两个儿子不仅能自食其力还能为家里出一份力。过几年两个儿子就会相继结婚，在洞廊村娶媳妇的彩礼钱有五六千元，再加上酒席钱也有不少。虽然黄业生表示有一定的压力，但他说现在还没有到时间，至少到了那时候房子不用再重新盖了。他们一家人可以慢慢再攒钱。

表 14－1　**农户经济调查表**

<table>
<tr><td colspan="6">农户家庭基本情况</td></tr>
<tr><td rowspan="3">户主</td><td>姓名</td><td>黄业生</td><td>家庭人口数（人）</td><td>劳动力人数（人）</td><td>在校学生数（人）</td></tr>
<tr><td>民族</td><td>壮族</td><td rowspan="2">4</td><td rowspan="2">4</td><td rowspan="2">0</td></tr>
<tr><td>文化程度</td><td>高中</td></tr>
<tr><td colspan="6">居住情况</td></tr>
<tr><td rowspan="2">楼房</td><td>修建时间</td><td>占地面积（平方米）</td><td rowspan="2">钢筋混凝土结构</td><td>层数（层）</td><td>建筑面积（平方米）</td></tr>
<tr><td>2007 年</td><td>150</td><td>2</td><td>304</td></tr>
</table>

<table>
<tr><td colspan="5">耐用消费品</td></tr>
<tr><td>电视机（台）</td><td>电冰箱（台）</td><td>洗衣机（台）</td><td>组合音响（套）</td><td>影碟机（台）</td></tr>
<tr><td>1</td><td>1</td><td>1</td><td>0</td><td>1</td></tr>
<tr><td>手机（部）</td><td>计算机（台）</td><td>汽车（辆）</td><td>摩托车（辆）</td><td>自行车（辆）</td></tr>
<tr><td>3</td><td>0</td><td>0</td><td>1</td><td>0</td></tr>
</table>

续表

农业机械及农业生产水源情况							
拖拉机（台）	机动三轮车（台）	水泵（台）	抽水机（台）	降雨	井水	河流水	泉水
0	0	0	1	否	否	是	否

农作物、牲畜、家禽情况					
农作物					
玉米（亩）	水稻（亩）	香葱（亩）	青菜（亩）	香蕉（亩）	其他（亩）
0	2	0	1	10	0

牲畜、家禽情况						
马（匹）	牛（头）	羊（只）	猪（头）	鸡（只）	鸭（只）	鹅（只）
0	0	0	0	0	13	0

收入情况								
合计（元）	种植业（元）	手工业（元）	畜牧养殖业（元）	经营收入（元）	外出打工（元）	出租耕地（元）	运输业（元）	其他（元）
83000	43000	0	0	0	40000	0	0	0

支出情况								
合计（元）	生产性（元）	衣服（元）	食品（元）	看病（元）	教育（元）	通信（元）	住房（元）	红白喜事（元）
10600	2000	2000	5000	0	0	600	0	1000

从表14－1得出，该户依靠种植香蕉走向了富裕。收入远远大于支出，主要原因在于黄业生一家劳动力充足，两个儿子外出打工的收入明显高于其他户。黄业生是一个很有远见的人，在人多地少的情况下，他尝试过通过养殖致富，但最终没有达到预期的效果。而他15年前就萌生的通过租地的方式改变家庭现状的想法，使得他成为了农民中有大胆想法并能付诸实践的人。通过对该户的采访，调研组也了解到他们的困惑，就是在有资金和项目的情况下缺乏土地，这是调研中发现的具体问题。这也正是我国农业生产面临的一个问题，即土地的集约化问题。土地规模经营是实现农业生产专业化的基础，在调研过程中发现，就洞廊村而言，外出务工人数几乎占到了一半，尽管农民没有将土地闲置，但对耕地的利用率极低，许多农民将耕地只用来种两季水稻，这样既耗费了时间和体力，收入也相对较低。而那些需要较多的耕地来实现规模化经营的农户，却因为没有成片的耕地而苦恼。其实这种局

面不仅损害了农户的利益，农业的专业化生产也无法发展起来。因此，必须打破“户户都种田，家家小而全”的生产格局，因地制宜地使土地向种田能手转移，促进规模专业户的发展，不断提高农村专业化生产水平。农民的夙愿是希望政府能在这方面进行扶持，尽管国家推出了土地流转制度，但土地流转的具体方式如何操作才能使农民受益是当地政府应该积极解决的问题。

（二）返乡专营户——韦慧玲一家

中元节前后正是农民双抢的时节，前一段时间农民们刚收割了早稻，之后就要及时地插好晚稻的秧苗，否则就会影响晚稻的收成。这几日在村子里，调研组看到很多农民早出晚归的干农活。到达韦慧玲家时只有韦慧玲的母亲韦艳娥一人在家。韦艳娥对于调研组的到来虽然有点意外，告诉她调研组的来意后，韦艳娥热情地答应了采访要求。调研组一行四人就在韦慧玲家一层的客厅里开始采访。

韦慧玲一家5口人。韦慧玲的母亲韦艳娥，壮族，1954年出生，无宗教信仰。韦慧玲的父亲闭庆逸，壮族，今年58岁，无宗教信仰。他们有三个女儿，现都已结婚，其中大女儿韦慧琳和小女儿韦慧香都已出嫁。二女儿韦慧玲，1980年出生，无宗教信仰，初中文化水平。丈夫黄文智，明江镇祥春村人，1973年出生，今年38岁。韦艳娥夫妇给二女儿韦慧玲招了上门女婿，他们老两口现在和女儿女婿住在一起。调研组了解到在洞廊村有很多招上门女婿的现象存在，对入赘的女婿没有任何歧视，他们在家里也有一定的地位。韦慧玲夫妇有一个女儿，韦丁莎，2002年出生，由于洞廊小学只有一、二、三年级，刚上完三年级的韦丁莎9月就要去明江镇小学读四年级。

韦艳娥的普通话虽然不是很流利，但是大部分能听懂。她告诉调研组，她在读小学二年级时母亲因病不幸去世，作为家中的老大，她还有一个弟弟和一个妹妹。面对家庭的变故，她只有辍学在家帮助父亲照顾年幼的弟弟妹妹。虽然很早就辍学，但是韦艳娥通过自己的努力，现在还能够书写文字。由于当地有种习俗，插秧时节插秧的农活只能由女性来做，据说只有女性插秧才能保证有收成。虽然现在也有些男性来插秧，但是大部分插秧者还是女人。由于常年的劳作，韦艳娥患上了风湿病，现在都要靠吃药来缓解疼痛。韦艳娥说她和丈夫闭庆逸结婚后，就以种田为生。他们家有4亩地，3亩水田，1 亩旱地。除了种植水稻，旱地就用来种香葱、冬瓜等蔬菜。这一亩的旱地能收七百到八百斤的蔬菜，除了少部分用于自家食用外，绝大部分拿出去卖。若有收购商来村里收就卖给他们；如果没有收购商，他们就去宁明县卖，一年也能挣 2000 多元。韦艳娥家的房子是 2006 年建造的，当时向亲戚借了几万元，加上自家积蓄，一共花了 14 万元盖了一栋三层的小楼房。但是一直没有装修，由于缺钱还没有盖新厨房。韦艳娥很高兴家里已经盖好房子，如今物价高涨，女儿、女婿都在家里干活，地又少，挣钱更难了。用她的话说："现在要是起新楼就困难了！"采访到这时，韦阿姨的两个女儿带着她们的孩子回来看母亲。当韦艳娥向她们介绍调研组后，其中的一个人说她就是和父母一起生活的韦慧玲。

韦慧玲 1996 年从明江中学毕业后就在家务农。2002 年和黄文智结婚，同一年女儿韦丁莎出生。由于家里地少人多，生活比较艰难。2005 年就在孩子快三岁时韦慧玲夫妇决定外出打工。黄文智的村子祥春村是明江镇的蔬菜大村，村子里很多人劳务输出到广东、海南等地，从事蔬菜种植。黄文智的兄弟姐妹大多也在东莞种植蔬菜，所以他们也来到东莞种植蔬菜。韦慧玲说当时他们租了三四亩地种空心菜。由于掌握了蔬菜种植的技术，蔬菜的产量很高，一亩地能收 3000 多斤。尤其在过年，以及 3 月到 5 月其他地方的空心菜还没有上市时，市场价格非常好，能卖到每斤 3 元左右，在东莞的几年也挣了一些钱。2006 年家里也盖了新楼，韦慧玲说如果不出去打工，家里是不可能这么快就盖上新房的。2010 年韦慧玲和丈夫黄文智从东莞回来。

当问到在东莞种菜收益很好，为何又要回家时，韦慧玲说 2010 年，她和丈夫所租的土地被他们所居住的村子租给一个工厂，租种的土地被收回，加上当时在东莞生活成本与日增加，他们已经在外打工 5 年了，也很想念孩子。他们两人又没有找到合适的工作，于是决定回家再作打算。

回到家后，两人觉得家里地少人多，只是种植粮食作物是无法养活一家老小。当时他们家的一个亲戚正在种植香蕉，2010 年市场上对香蕉的需求很大，那个亲戚以每斤 2 元的价格出售了所有的香蕉。尝到甜头的亲戚让韦慧玲夫妇跟他们一起种香蕉，但是韦慧玲刚开始有些不同意，因为种植香蕉有风险。但苦于找不到出路，韦慧玲最终同意了。由于村子里大部分年轻人外出打工，在家的老人无法全部种地，韦慧玲夫妇就承包了别人家的 30 亩地，和亲戚一家合伙种植香蕉。由于所租的土地相对集中，管理起来也相对容易一些。2010 年黄文智去了南宁买香蕉苗，韦慧玲粗略地算了一笔账，每亩地需要 150 株苗，一株苗一元钱，30 亩就要花 4500 元；30 亩土地每亩租金 400 元，两家各出 6000 元；用于香蕉的化肥较其他作物的化肥更贵，每袋需要 200 多元，自家的地也需要 20 多袋的化肥。投在香蕉上的支出很大，本想 2011 年香蕉丰收可以挣一些钱。可是 2010 年底的霜冻天气使得韦慧玲一家的香蕉损失了 1/3，2011 年初时天气比往年冷，香蕉出穗较晚，影响了产量。韦慧玲说："香蕉种植是个细致活，辛苦一年最担心的就是病虫害、霜冻和台风。种香蕉很麻烦，害虫会吃香蕉的树芯，这个可以防治。但是台风来了就没有办法。刚出穗的香蕉芯很脆，很容易断掉。"她说今年"洛坦"来袭时，她家受灾较为严重。通常一株香蕉可以收三回，但是第三回的香蕉质量比不上前两回。她家的香蕉 2011 年可以从 7 月收到 10 月。前一段时间，有人专门来收香蕉，但是今年的香蕉价格很低，韦慧玲一家以一斤 0.5 元的价格卖了 2000 斤，但是每斤卖到 0.8 ~0.9 元才能保本。韦慧玲说她现在就希望香蕉的价格能上涨一些，能保本就不错了。目前韦慧玲的丈夫黄文智每天都在香蕉地里干活，家里的活主要是由韦慧玲和母亲来做。

这时韦艳娥给调研组端来一盘西瓜，说这是自家种的西瓜，很好吃。边说边给每个人手中放上西瓜，"边吃边说!"韦阿姨家的地都是用来种植水稻和蔬菜，怎么还有地来种植西瓜？原来今年村子里有户人家正好在盖房子，无人打理田地，就让给韦慧玲种他家的两亩地。韦慧玲和母亲就种了西瓜，2011 年春天受天气影响，种植的较晚。现在西瓜每斤 0.5 元左右也卖不出去。政府也会帮助农民找销售渠道，但是今年从海南和广东等地来收购西瓜的商人也少了。韦慧玲说现在孩子还小，需要花费的钱还不是很多。家里种的水稻和蔬菜只能解决温饱，赚不了钱。现在就希望他们花费大工夫种植的香蕉能够攒些钱，将来供孩子读书。

由于韦慧玲一家投在农业生产上的钱较多，家里购置的耐用品较少。有 1 台电视机、1 台电冰箱、1 辆自行车、1 辆电动车、1 部手机、1 部电话。即使物质生活并不富裕，但是韦慧玲认为一家能在一起生活，心情很愉快。即使现在困难重重，但是韦慧玲对未来还是充满希望。

表 14－2　**农户经济调查表**

农户家庭基本情况

户主	姓名	韦慧玲	家庭人口数（人）	劳动力人数（人）	在校学生数（人）
	民族	壮族	5	4	1
	文化程度	初中			

居住情况

楼房	修建时间	占地面积（平方米）	钢筋混凝土结构	层数（层）	建筑面积（平方米）
	2006 年	100		3	300

耐用消费品

电视机（台）	电冰箱（台）	洗衣机（台）	组合音响（套）	影碟机（台）	手机（部）
1	1	0	0	0	1
计算机（台）	汽车（辆）	摩托车（辆）	自行车（辆）	固定电话（部）	电动车（辆）
0	0	0	1	1	1

农业机械及农业生产水源情况

拖拉机（台）	机动三轮车（台）	水泵（台）	抽水机（台）	降雨	井水	河流水	泉水
0	0	0	1	是	否	是	否

农作物、牲畜、家禽情况

农作物

玉米（亩）	水稻（亩）	香葱（亩）	青菜（亩）	香蕉（亩）	其他（亩）
0	3	0	1	30	0

牲畜、家禽情况

马（匹）	牛（头）	羊（只）	猪（头）	鸡（只）	鸭（只）	鹅（只）
0	0	0	0	0	0	0

收入情况

合计（元）	种植业（元）	手工业（元）	畜牧养殖业（元）	经营收入（元）	外出打工（元）	出租耕地（元）	运输业（元）	其他（元）
2000	2000	0	0	0	0	0	0	0

支出情况

合计（元）	生产性（元）	衣服（元）	食品（元）	看病（元）	教育（元）	通信（元）	住房（元）	红白喜事（元）
21590	15000	500	3600	240	100	150	0	2000

从表 14-2 清晰地看出，2010 年韦慧玲一家的收支状况是极不平衡的。2010 年韦慧玲和丈夫黄文智从广东回来种植香蕉。他们家种植的水稻和蔬菜除了用于自家食用外，销售收入只有 1500 元。2010 年，韦慧玲一家用于种植香蕉的生产性支出占家庭全部支出的近 70%，这部分也是由韦慧玲夫妇在东莞种植蔬菜时所积攒的钱支付的。在与韦慧玲访谈的过程中，调研组很受启发，农民并不是像某些人说的那样无知和愚蠢，他们当中有很多人是有头脑的聪明人，他们善良、坚韧、乐观，能够为他们的家庭付出难以想象的艰辛。缺乏有效的支持，没有资金，没有信息，这些捆住了他们的手脚。只有切实地从他们的角度给他们实际的帮助和支持，他们才能成为现代农民，真正走上致富的道路。

（三）返乡兼营户——黄天龙一家

对于洞廊村来说，每年 7、8 月是最为忙碌的时节，村民们又得忙收获，又得忙插秧，家里很少有人。因此，调研组选择下午 4 点多钟才进村调查访谈。幸运的是，一到黄天龙家就见到了他本人。了解了调研目的和访谈内容后，他欣然接受了采访，并打趣："你们来的好巧啊，早来一步我还在田里干活呢，有可能明天我就不在家了，去广东打工了。"

黄天龙，壮族，1974 年出生，是宁明县海渊镇人，初中毕业之后就去广东打工了。他个子高高的，黝黑的皮肤，不胖但是感觉很结实，话不多是个沉默内敛的人。黄天龙的妻子名叫周凤华，也是壮族，同样是 1974 年出生，小学毕业。黄天龙和妻子两个人是在广东打工的时候认识的，当时他们两个人在一个工厂工作，在广东那样的大城市，两个同乡的年轻人相互照顾，共同努力，怀着梦想打拼，最终因为志同道合而走在了一起。2004 年的时候两个人喜结连理。现在他们的儿子都已经 6 岁了，小男孩机灵活泼，在上幼儿园，幼儿园每天会有车接送，但是每个月要交 200 元接送的费用。

黄天龙和周凤华结婚之后就随妻子来到洞廊村，做了上门女婿。黄天龙介绍说："老婆家里有四个孩子，但是都是女儿，老婆是大女儿，对家里的责任就会多一些，刚好自己家里那边孩子也很多，就随妻子来到了洞廊村。"随后他微微一笑，补充道："家里的老丈人也是上门女婿，这在洞廊村很普遍，尤其是像老婆家四个女儿这样的情况。"

黄天龙的家是一栋两层半的小楼，房子是在2000年的时候盖的，150平方米左右，跟村子里的大多数人家一样，都是用白色的瓷砖砌成的，里面没有什么特别的装修，简简单单，却很整洁，一家人在里面可以尽情地休息，新房子的右边是一间没有任何装修的砖瓦房，这间房子应该算是一家人的储物间和厨房。黄天龙指着新房子说："房子是在原来老房子的地基上盖起来的，当时盖的时候大约花了11万元，为了盖房子也欠了钱，其实村里大多数人家盖房子都会欠钱，就是拖着建筑队的钱不给，这也没办法，毕竟大家都是种田或者打工，都很辛苦。"说完，他又不好意思地笑了笑说："我来之前这房子就盖起来了，它是2000年盖的，我是2004年结婚之后才来的，平时又在外面打工，家里的事情几乎都是父母在打理，包括孩子平时的生活和学习。"

黄天龙和妻子周凤华现在仍在广东打工，黄天龙在广东干装修的工作，这份工作就是跟着工头到处跑，哪里有工作就去哪里，忙碌的时候一天可以挣到100元，清闲的时候一天才只能有40元的收入，这样收入就很不稳定。黄天龙给调研组成员介绍道："这几年房地产发展得比较好，大家都想去大城市发展，大城市的房子还是比较有需求的，所以我们的装修队生意还算不错，但就是忙的时候太累了，清闲的时候虽然轻松，可是却不能有可观的收入，那时候心里也会很着急。"装修这份工作不仅仅是体力活，也需要一些技术，黄天龙在干装修的这几年，就学了一些装修的技术，所以他在大城市看到别人都把家里装修得很漂亮，回家之后觉得虽然自己家的房子也很好很新，但是装修上就差了很多，要是能够也装修一下，家里就会更漂亮，黄天龙希望有一天能够用自己在外面学到的装修技术亲自把家里装修得很温馨很漂亮。黄天龙的妻子在广州的一个工厂做书包，刚刚工作的时候，每个月只有1000元的收入，现在每个月可以挣到2000元了。由于工厂提供住宿，夫妻俩就省掉了租房子的钱，两个人每个月都会往家里寄3000元左右，这样就帮家里分担了很多经济压力。

黄天龙家有7.2亩地，原来都是用来种水稻的，收成好的时候每亩会有1000斤，不好的时候每亩只有600斤。早稻原来是给私人收购的，一斤也就只有1.1元，好的时候是1.2元，后来国家收购之后就卖给国家了，国家收购每斤1.4元，虽然从每斤的价钱上比起来没有增加多少，可是像黄天龙家这么多地，在总收入上就会差很多钱了。晚稻一般留下来自己一家人吃，冬天的时候就不种了，让别人来种马铃薯。

今年开始，黄天龙家在原来土地的基础上又承包了 7 亩地，每亩地每年地租 300 元，一家人决定只在一小部分地上种水稻而把大部分的地种经济效益更好的香蕉。黄天龙说："在外面打工是一种漂泊的感觉，每年才能回家一次，现在就想回家过稳定的日子，守着父母和孩子，但是种水稻挣的钱不多，村子里有人种香蕉种的不错，所以自己也想尝试一下。"据黄天龙介绍，香蕉是种一年结三年的果，第一年 2 月的时候种，大约 11 月的时候挂果，第二年 7 月也可以挂果，第三年再重新买新苗。这样种起来很省事，不用像种水稻那样平时需要很多时间照顾，种香蕉的同时还可以把香蕉地圈起来，在里面养鸡，这样就很好地利用了土地，种香蕉和养鸡相结合，充分利用土地，这也算是集约经济与当地的实际情况相结合的一种成功的经营模式了，对于农民来说更重要的就是可以创造种植和养殖两种经济效益，真正做到一箭双雕。但是种香蕉也存在很大的风险，香蕉受天气的影响很大，比如台风、水灾或者天气太冷，这些都不利于香蕉的生长，今年的霜冻就影响了村里的香蕉种植。其实种香蕉的第一年收入一般都很少，第二年和第三年的收入会多一些，关键的是第二年，基本算是种三年赚一年。在洞廊村从 2006 年就开始有人种香蕉了，到了 2009 年种植面积才扩大，现在村子里的香蕉种植面积有 200～300 亩，种得多的种植户能达到 40～50 亩，一年可以赚 20 万～30 万元。黄天龙家的香蕉苗是经过别人介绍在南宁买来的，2.2 元一棵苗，每亩地可以种 150 棵，种了大约有 1500 棵，每棵香蕉树可以结 60～70 斤的香蕉。这些香蕉一般都运到外省去卖，如果种的香蕉有一定规模就会有人来收，这样价格也会高一些，如果没有规模就不会有人来收，这样自然也就卖不上价钱。抑或是如果香蕉的市场好就会有公司直接来收购，如果市场不好那么就只能自己去联系，如果过了 5 月香蕉是 0.6 元一斤，那么就赔钱了，如果是 0.8 元一斤就会有收益。今年香蕉的长势就不太好。香蕉长得好的话会在 8 月结果，因为这个时候的天气很好，如果到了 10 月或者 11 月的时候结果，那么那个时候天气就冷了，还有可能会有霜降，严重的话就会颗粒无收。到了收获的时候，很多人家都是自己采摘，也有雇别人来收香蕉的，一天要给 50～60 元，这样的话一天就可以收完了。种植香蕉对于黄天龙一家来说还算是一个全新的领域，黄天龙笑着说："父母懂一些技术，平时就由父母来管理，但是有很多事情还要靠自己不断地摸索，通过书、电视和村里种香蕉的人的经验来学习。"

表 14－3　**农户经济调查表**

农户家庭基本情况

户主	姓名	黄天龙	家庭人口数（人）	劳动力人数（人）	在校学生数（人）
	民族	壮族	5	4	1
	文化程度	初中			

居住情况

楼房	修建时间	占地面积（平方米）	钢筋混凝土结构	层数（层）	建筑面积（平方米）
	2000 年	150		2.5	450

耐用消费品

电视机（台）	电冰箱（台）	洗衣机（台）	组合音响（套）	影碟机（台）
1	1	0	1	1
手机（部）	计算机（台）	汽车（辆）	摩托车（辆）	自行车（辆）
3	0	0	1	0

农业机械及农业生产水源情况

拖拉机（台）	机动三轮车（台）	水泵（台）	抽水机（台）	降雨	井水	河流水	泉水
0	0	3	1	是	否	是	否

农作物、牲畜、家禽情况

农作物

玉米（亩）	水稻（亩）	香葱（亩）	青菜（亩）	香蕉（亩）	其他（亩）
0	7.2	0	0	0	0

牲畜、家禽情况

马（匹）	牛（头）	羊（只）	猪（头）	鸡（只）	鸭（只）	鹅（只）
0	0	0	0	0	0	0

收入情况

合计（元）	种植业（元）	手工业（元）	畜牧养殖业（元）	经营收入（元）	外出打工（元）	出租耕地（元）	运输业（元）	其他（元）
61200	11200	0	0	0	50000	0	0	0

支出情况

合计（元）	生产性（元）	衣服（元）	食品（元）	看病（元）	教育（元）	通信（元）	住房（元）	红白喜事（元）
8000	3500	500	0	200	1600	200	0	2000

对于未来，黄天龙的愿望很简单，他极其朴实地告诉调研组成员：“今年是家里第一年种香蕉，希望家里的香蕉种植能够慢慢步上轨道，能够有个好的收益，然后自己就把广东的工作辞了，专心在家种香蕉。最重要的是希望自己一家人都能够健康，因为现在看病实在是太贵了，只要能够健健康康，这就等于挣钱了。”未来的生活对于这个年轻的汉子来说就是希望他的家和他的香蕉林都能够蒸蒸日上。

第三部分　村民

十五、村史撰写三人组

洞廊村是一个历史悠久的壮族村落，据洞廊村史记载，村庄的先民可追溯到距今950年前随狄青南下的部队。深厚的历史文化底蕴为洞廊村孕育了一大批优秀的乡土文化人，这些乡土文化人用自己独有的文字叙述方式传承了世代以来的人文血脉，在新的时代背景下，这种传承得到了更大的发展，最能体现这种传承精神的莫过于2010年8月面世的《洞廊村史略》一书了。撰写者把自己对家园的深深眷恋倾注在了这村史乡册之中，彰显了洞廊这方神奇土地的独特魅力，为洞廊留下了一笔宝贵的精神财富。而作出这一重要贡献的是洞廊村的三位老者：黄育章、韦雄、韦柄权。正是这三位老者三年多的坚持和努力，加上乡亲父老和社会各界的鼎力支持，《洞廊村史略》一书才得以面世，从而让世人能更加全面深入地了解这个近千年村落的历史、经济、文化、民俗等方方面面的情况。为了更细致地了解洞廊的村史村貌，调研团队对村史撰写组的三位老者进行了专访，听他们讲述自己往昔岁月的故事和洞廊村发展变迁的历程，让调研组更加全面地把握了洞廊历史文化情况，也更深刻地感受到了洞廊村民身上所体现的人文气息和家园情怀。

（一）倾情村史编撰的黄育章

洞廊村是中国千千万万个普通村庄中的一个，这里的村民和中国亿万普通的农民一样，勤劳朴实、善良好客，在平凡的岁月中他们耕守自己的家园，而当历史和国家发生变革时，他们却也不可避免地融入大时代的变迁中，从而演绎了一个个曲折多变、丰富多彩的人生历程。洞廊村村民黄育章就是大时代背景下人生经历曲折而丰富的代表人物之一，透过他的人生经历折射出洞廊村乃至更大范围内社会变迁对普通人人生际遇的种种影响。

黄育章，男，壮族，广西壮族自治区宁明县洞廊村人，1933 年出生。对黄育章老先生的采访前后进行了两次，第一次是调研组集体到村庄摸底调查，首先来到的便是黄育章老先生家，他的家坐落在村子的池塘旁边，院落开阔，周围满是婆娑的竹林，风景甚是漂亮。调研组到了黄老家后，他非常热情，端茶倒水忙个不停，同时还不停地给我们讲述关于洞廊村的种种历史故事和发展历程，通过黄老简短的介绍，调研组对洞廊村的村史村貌有了总体性的把握，但由于第一次时间有限，并没有对他个人进行深入的访谈。几天之后，在黄老家的竹林下，调研组对黄老做了进一步的个人专访，在将近三个小时的访谈中，黄老向调研组讲述了他充满曲折却又不停奋斗的人生经历。

黄老先生出生在一个普通农户之家，出生时家境并不宽裕，但有勤恳劳作的父亲和勤俭持家的母亲，一家人的日子倒也过得安定。由于日本帝国主义侵略日趋严重，黄育章出生时的中国社会已处在风雨飘摇之中了，这个清贫而安定的小家庭已然不能独身世外了。黄育章 3 岁那年，父亲被国民党征兵带走了，这一走就再也没有回来。直到 1945 年抗日战争胜利以后，黄育章才从父亲生还的战友那里获悉，父亲已经战死在贵州了，是和日本人在战场上拼刺刀战死的，死时非常英勇。幼年丧父是极其痛苦的，对父亲的思念深埋在当时尚为孩童的黄育章心里。他回忆说，自己在 7 岁刚开始学会写字不久，就用稚嫩但满含思念的笔迹给父亲写过两封家书，虽然没有任何回音，但黄育章依然没有放弃找寻父亲，知道父亲牺牲后，他难过的大半年都不想说话。成年以后，黄育章辗转上千公里去了父亲牺牲的战场，对着那空旷的山谷他放声大哭，久久不愿离去。黄育章说父亲虽然死在了外地，没有静安故土，但他是打侵略者死的，死的很光荣，父亲一直是他的骄傲。

没有父亲的岁月是很难熬的，在与母亲相依为命的日子里黄育章很体谅家里的不易，他上学很用功，从小学到高中成绩一直名列前茅，刚上高中时黄育章信心满满，觉得只要自己继续努力，就一定能考上大学，那样家里的苦日子就结束了，母亲就能过上好日子了。正当黄育章为自己的美好人生展开铺垫时，轰轰烈烈的土地改革开始了，因为父亲是国民党军人，黄育章毫无疑问被划成了重点监视对象，1952 年，上高中二年级的黄育章被迫辍学了。

回家以后的黄育章彷徨了一段时间，好在天无绝人之路，回家后半年，县教育局面向社会招考小学老师，黄育章报名参加了考试，凭借着扎实的学识和良好的道德品质，他被录取成为一名人民教师。1952 年底，19 岁的黄育章开始了他的教学生涯，他对学生严格但又不失关爱，和同事关系也处理得很好。在刚开始的几年，教师这份职业让黄育章干得很有感觉，就在他认真工作、努力提高水平的时候，命运又一次和他开了个残酷的玩笑，在 1958 年的反右派运动中，因家庭成分不好，加之自己平时喜欢仗义执言，见不得各种不合理的现象，结果黄育章被打成了右派。这个右派的帽子一戴就是 20 多年，直到 20 世纪 80 年代初才被摘掉。被划成右派之后，黄育章的生活受到了极大的影响，自己被记了两次大过，工资减了一级，从 38 元降到了 34 元，很多自己原来能做的工作没自己的份了，同事也不像原来那么友善了。这一切他都默默承受了，他还是继续认真地工作，一如既往的热爱自己的学生和学校，这其中最让人感动的是在“大跃进”期间为了保护自己的学生，不让他们参与到土法炼钢的盲目活动中去，黄育章主动承担了原本属于学生任务的炼钢指标，结果因为过度劳累，导致在炼钢的过程中身体受伤，伤疤至今仍依稀可见。

虽然戴着右派的帽子，但黄育章一刻也没有放松对自己的要求，尤其是在教学能力上黄育章下了很大的功夫，他教的学生也连年获得好成绩，到了 1964 年，因教学成绩突出，黄育章被破格从小学老师提拔为中学老师并调入明江中学任教，在明江中学他一干就是 30 年，直到 1993 年才从教师的岗位上退下来。

黄老不但在工作上认真负责，对子女的教育也很成功。黄老有三个儿子，从小就接受他的严格教育，三个儿子都是村里公认的好孩子，大儿子和二儿子学习成绩一直不错，尤其二儿子对文学很是喜欢。但因为家庭成分和自己右派的问题，大儿子和二儿子的学业和工作都受到了很大的影响，但两个儿子并没有自暴自弃，现在都在广东打拼，都能自食其力。黄老说他觉得因为自己的成分影响了孩子的前途，他很是内疚，好在两个儿子都争气，这让他内心宽慰了许多。最让黄老感到骄傲的是三儿子，黄老的三儿子叫黄子韬，黄子韬高中毕业的时候升学不顺利，也曾有过放弃的念头，但在父亲的鼓励和支持下他坚持了下来。他先是做了普通教师，在教书的同时还坚持学习并考取了函授大专文凭，在取得大专文凭后被提拔为宁明一中的教导主任，就在别人以为他会停住脚步时，黄子韬又以极大的勇气和毅力考取了广西教育学院的本科，并毅然脱产到广西教育学院学习了两年，学完归来后又先后做了宁明报社的编辑、县政府秘书、县委组织部副部长、乡党委书记，现担任宁明县监察局局长一职。看到儿子能有今天这样的成就，黄育章感到很高兴。他给儿子们讲得最多的一个道理就是，人生不要怕吃苦，不要怕遇到磨难，只要自己咬牙坚持，就一定能有好过的一天，这也是他自己这辈子最大的人生体会了。

黄老退休后过上了闲适的生活，他喜欢在自家院落前的池塘边钓鱼，自己还养了些小鸡和鸭子，生活很充实。黄老还坚持看书看报，这是他多年来养成的习惯，他特别关注时事新闻，还偏爱看历史故事和养生常识。虽然已经完全退休了，生活也很安逸，但黄老并没有完全闲下来，退休后让他付出心血最多的一件事情就是《洞廊村史略》一书的编写。作为土生土长的洞廊村民，为洞廊村这个神奇的村庄写一本村志一直是黄老的心愿，所以2008年当有人提出写这本书的时候，黄老毫不犹豫地站了出来，加入了负责撰写的三人组，成为这部村志撰写的主力成员之一，据黄老讲，《洞廊村史略》一书的原始素材主要是由村民韦景芳搜集整理的，一稿由黄育章、韦雄、韦柄权三人负责成稿，在一稿的基础上村委会又成立了编写组，充实了编写资料和内容，三稿的时候黄老还叫上了自己的儿子黄子韬，黄子韬为此书撰写了古典章回体式的标题并在图书付梓上费力颇多，期间还得到了广西民族大学两位老师的协助支持。经过3年多时间的齐心努力，《洞廊村史略》一书终于在2010年8月面世了。黄育章感到非常高兴，他说这是他晚年干得最有意义的一件事情，现在看到这本书就像看到自己的孩子一样，每次有重要的客人来拜访，他都会向客人介绍这本书。调研组在采访黄老时，他也反复提到这本书，看得出来这本书凝聚了他的心血和智慧，更凝聚了他对洞廊村的依恋和热爱。

黄育章老先生的一生是曲折的，他幼年丧父、潜心学业时被迫辍学、努力工作时被政治打击、家人因自己遭牵连……但黄老的一生又是奋发而成功的，幼年丧父却让他懂得珍惜父爱、被迫辍学却又自学不息、家境不好却坚持教育孩子并将他们养育成才，晚年退休却仍热心村庄公益，黄老身上所体现的这种历经磨难仍自强不息的宝贵品格正是洞廊这方神奇土地展现给世人的美丽一面，这种优秀的品格永远值得我们后辈学人学习和追随！

（二）醉心乡土文化的韦柄权

教书育人乃功在当代、泽被后世的首善之事，能四十余载执教乡间，那就更难能可贵了。在洞廓调研组就遇到了这样一位老者，他有着特殊的家世，父辈为民族英雄；他教学四十二载，育人无数；他热心乡村公益，退休后主动参与村史编撰。他就是洞廓村村民，原明江中学教导主任韦柄权老先生。

韦柄权，男，壮族，广西壮族自治区宁明县洞廓村人，1933 年出生，现年 78 岁。韦柄权出生时家里有些田产，由于父亲勤恳劳作又颇会经营，全家的日子在当时村里来说都是比较好的。韦柄权 7 岁上小学，学习成绩一直非常优秀，到初中毕业时通过竞争激烈的考试，他考取了南宁地区第一高中，据韦老讲，当时的南宁地区第一高中是整个广西最好的高中之一，能考取是非常不容易的，整个宁明县也没有几个人能去，自己上了这么好的一个学校，很让家里人为韦柄权高兴了一阵子。

上高中以后，韦柄权一如既往的努力学习，学习成绩依旧名列前茅。就在他以为自己在不久的将来会成为一名大学生的时候，家里却发生了巨大的变故，这一变故也彻底中断了韦柄权的求学之路。1952 年，韦柄权上高二，土地改革开始了，韦柄权家被划成了地主。地主家的孩子肯定是不能继续在公办学校上课了，当韦柄权刚得知这个消息时，死活不肯离开学校，班主任、年级组长、教导主任都来做他的思想工作，迫于巨大的压力，他不得不放弃了自己心爱的学业。韦柄权回忆说自己离开学校的时候是哭着离开的，离开时一边走一边回头看学校，心里像刀绞一样难受。

回家没多久，韦柄权就受到了原高中班主任的邀请，到南宁一所小学任教。原来成绩优异的韦柄权在上高中时因为能力突出曾被班主任介绍到当地的一所夜校当兼职老师，两年多兼职教师的经历让韦柄权不但减轻了家里的经济负担，也学到了如何从事基本的教学工作，而这一切都看在当时非常喜欢和欣赏韦柄权的班主任眼里，所以当自己的爱徒因家庭原因不能继续学业时，这位心地善良的老师就想办法托人给韦柄权找了一份小学老师工作去做。老师当年的举动深深打动了当时处境困难的韦柄权，在自己为人师之后，韦柄权一直以这位老师为榜样，当学生遇到困难时，凡是在自己力所能及范围内的，他都会全心全意的帮助学生。正当韦柄权准备起身去南宁任教时，宁明县也开始招聘小学老师，去南宁还是留宁明，这个问题困扰了他好几天，最后为了照顾当时处境艰难的家庭，韦柄权留了下来，1953 年底 20 岁的韦柄权成了宁明当地的一名小学老师。

乡村小学教师的生活是清贫和寂寞的，在韦柄权当小学老师的那几年，不断有老师来了又离开了，但他却坚持了下来，默默地做着属于自己的那份教学工作。他也得到了当地人的尊敬和爱戴，村民们无论年龄大小见到他都喊他韦老师，村民哪家有喜事都会邀请他去做客。韦柄权说自己虽然做的是平凡的小学教师工作，心里却感到了十分的踏实和满足，他尤其喜欢和学生在一起，那就是他最快乐的时候。

到了 1965 年，拥有丰富教学经验的韦柄权争取到了一个宝贵的学习机会，他到南宁第一师范学校参加了全区统一的选拔中学教师培训。经过数月的培训和严格的考试，1966 年初，韦柄权调入了明江中学担任语文老师。在韦柄权调入中学后不久，“文化大革命”开始了，学校的教学秩序受到了极大的冲击，自己也因为家庭成分原因一度被中止了教学工作，但不服输的韦柄权咬牙坚持了下来，不能教授文化课了他就教学生做别的事，学生有事了他还是会挺身而出。就这样起起伏伏，直到 1978 年韦柄权才完全恢复了正常的教学工作。

恢复教学工作以后，韦柄权更加认真了，每天第一个到办公室的基本都是他，走得最晚的也是他。他负责的班级是最让其他老师和家长放心的班级，也是升学率最好的班级之一。韦柄权对学生严格是出了名的，教育不同的学生他也有不同的办法。他给调研组举了个例子，当地驻防部队有个姓许的股长，他儿子十分顽皮，上学的时候换了好几个学校都没教好，让许股长很是头疼。后来他带儿子慕名前来，在韦柄权的严格教导和精心栽培下，许股长的儿子一改往日顽劣的习气，不但勤奋好学，而且变得彬彬有礼，最后高考的时候考上了全国知名的军事院校。这件事让许股长一家非常感激韦老，尤其是许股长的儿子，每次探亲假都会回来看自己当年的恩师，现在担任部队领导后仍不时打电话来询问老师的情况。而韦柄权也通过培养出的一个个优秀学生看到了自己工作的价值，“看到学生取得了成绩，我比他们还高兴，我觉得自己的努力就是为了让学生能做得更好，做对社会有用的人”。

韦柄权的教誉不但在学生和家长中广为传颂，连附近驻防部队都曾因为他教学出名聘请他到部队给士兵们上课。1984—1987 年韦柄权连续三年被当地驻防部队聘为兼职老师，给政治部学员教授文化课。通过他的讲授，学员的文化水平有了明显提高，部队领导很欣赏他讲课的方式，并把韦柄权自己编写的给部队学员讲课用的教材推荐到了友邻部队。1990 年，在民主推选下，韦柄权担任了明江中学的教导主任。在担任教导主任之后，韦柄权就更忙了，有时为了教学和领导工作，忙得连家都回不了。但家里人都很支持他，这也让韦柄权的工作做得更出色了，他也获得了上级领导和学校同事的一致好评和支持，教导主任一干就是五年，直到 1995 年他从明江中学退休为止。

谈到这么多年的工作，韦老觉得给自己最大支持的就是自己的爱人，而说起韦老的爱人，还引出了一段传奇的英雄故事来，原来韦老爱人的父亲是著名抗日爱国将领周元将军[①]的养子，是周元将军在抗日战场上收养的孤儿。韦老岳父的亲生父母死于日本侵略者的炮火，是周元将军冒着枪林弹雨把韦老的岳父从战场上救下来的，并把他带回了洞廊村收养。后来周元将军死于抗日战场，英名播于华夏，成为洞廊和整个壮族的骄傲。作为周元的养子，韦老的岳父秉持了周元将军的浩然正气和治家之道。韦老的爱人从小家教良好，在扶持丈夫事业和教育子女上都很有办法，这从韦老多年来教育事业所取得的成绩和子女孝顺、家庭和睦的生活上都得到了充分体现。

由于从事的是教育事业，韦柄权老先生对洞廊的文教事业一直很关心，在上班时就注意查阅一些关于洞廊的史料，但碍于工作繁忙，一直没有机会专注的从事编写工作。退休以后，韦老开始把更多的精力花在洞廊村的村史调查上，2007 年初，在前期准备的基础上，韦老和村里其他两位同样热衷村庄历史文化研究的老伙伴（韦柄权、黄育章、韦雄为洞廊村史撰写三老）开始了长达三年的洞廊村史撰写工作。据韦柄权老先生讲，村里有个叫韦景芳的老人提供了比较多的原始素材，之后三位老者集中精力，花了四个多月的时间完成了初稿。初稿出来之后，三位老先生就把书稿念给村民们听，然后再根据村民反馈的意见做进一步补充和修改。之后在村委会的帮助下成立了专门的编写组，编写过程中还听取了广西民族大学两位教师的中肯意见。经过三年多的努力，终于于 2010 年 8 月，《洞廊村史略》一书面世，这本凝聚

① 周元（1894—1938），广西明江洞廊村人，抗日战争时任国民革命军第二十一集团军总预备队第一七一师少将副师长，1938 年 5 月 9 日在徐州会战中牺牲，中华人民共和国成立后追认为烈士。

了三位老者和众多编写者心血的书籍一面世就引起了社会各方的关注，宁明县委宣传部、宁明县志办、左江日报、中山大学人类学研究中心都曾关注和报道过此事，中山大学人类学研究中心还曾派出专业的博士就此书做过调查研究。毫不夸张地讲，《洞廊村史略》一书的面世不但使洞廊有了属于自己的历史文化记录，也为洞廊赢得了世人的关注和声誉，是洞廊村发展史上一次有里程碑意义的事件。作为撰写此书的三位先生，老骥伏枥，用自己的才华和智慧造福家乡，他们的行为是高尚的，值得我们这些晚辈认真学习，而他们的事迹也将被洞廊村村民世世代代敬仰，作为洞廊精神不可或缺的一部分而永放光芒！

（三）精于农技培训的韦雄

宁明县是广西壮族自治区的农业大县，其蔗糖和商品蔬菜种植业的发展状况在整个广西都是具有代表性的。洞廊村因其良好的自然条件和悠久的农业种植传统，商品农业的发展更是走在了全县的前列，因此要考察洞廊的经济发展状况就必须对洞廊农业发展的基本条件和历史脉络做深入的调查研究。在这一过程中，对长期从事农业科技工作人员的访谈成了研究的关键点之一。有幸的是，调研组在洞廊就采访到了这样一位长期从事农业科技和培训事业的老者，他就是洞廊村村民，原宁明县农业电视广播学校的副校长韦雄老先生。

韦雄，男，壮族，广西壮族自治区宁明县洞廊村人，1933 年出生，现年 78 岁。韦雄老先生从事农业科技事业 40 余年，对洞廊乃至整个宁明的农业生产状况都非常熟悉，调研组在摸底调查时就不止一次听到村干部提起他，“你们要想知道洞廊的农业发展历史，就一定要采访韦雄老先生”。于是，在了解了洞廊农业的基本情况后，调研组对韦雄进行了专访，听他讲述了自己从事农业科技事业的心路历程和自己对洞廊农业发展的独到见解。

韦雄出生于洞廊一个普通的农户家庭，父亲在他很小的时候就离家去了越南，自己是由母亲一人抚养长大的。孤儿寡母的生活自然是十分困难的，韦雄回忆说自己很小的时候就和母亲下地干活了，因为缺乏壮年劳力，家里犁田这样的重体力活都是母亲和自己完成的，“母亲在前面拉，我在后面推，犁头比自己的个子还高，真是苦呀！”因为体会到母亲的不易，所以韦雄对母亲十分孝顺，20 世纪 80 年代自己在城里工作稳定后马上就把母亲接来和自己住在一起了。虽然条件艰苦，但韦雄的母亲还是最大限度地为韦雄提供了接受教育的机会，直到韦雄初中毕业，因为家里实在无法继续供他上学了，韦雄便回到洞廊和母亲一起务农，辛苦地操持起这个家来。

虽然在家务农，但勤奋好学的韦雄却没有放弃追求更好的前程，1956 年 4 月 23 岁的韦雄参加统一考试，考取了南宁地区农干县班植保专业，通过一段时间的专业学习后，韦雄被分配到了宁明县农业科工作。在刚开始工作的几年里，韦雄拿出了年轻人特有的干劲，努力把书本上的农业科技理论知识和宁明自身的农业特点结合起来，同时还经常向老同志请教，使自己的农业科技知识水平有了很大提高，工作也得到了领导和同事的好评。到了 1961 年，由于自己的努力和工作所取得的成绩，韦雄被宁明县推荐到南宁参加了广西壮族自治区第一期农作物病虫害预测预报班的学习。在这个由自治区农业厅主办的学习班里，韦雄见到了很多知名的农业科技专家，学到了许多新的农作物病虫害防治知识，也解决了诸多原来自己工作时的疑惑。这次高水平的专业学习归来后，韦雄被提拔担任了宁明县农业预报站的站长，这也使得韦雄的专业技能有了更广阔的发挥空间。

在担任农业预报站站长三年之后，韦雄因工作需要被调到了县农业生产办公室，主要负责当时县里最大的三个公社的农业生产数据统计和文字材料工作。对于原来没涉及过的统计和文字工作，韦雄做的兢兢业业，统计数据和典型材料从未因自己的工作疏失而出错。最让韦雄高兴的是 1965 年自己被评上了农业技术助理员，对于一个只有初中文化的人来说，能取得这个成绩着实是不易的。

正当韦雄准备让自己的农业科技和管理水平再上一个台阶，争取更大的荣誉时，“文化大革命”开始了。面对突如其来的巨大社会动荡，韦雄曾感到过苦闷和煎熬，但他并没有放弃自己热爱的农业科技事业，在条件十分恶劣的那几年他依然坚持农业科技知识的学习，“把科技书偷偷藏在身上，放牛的时候把牛赶到人少的地方后就抓紧看书，看到有人来的时候就赶紧藏起来”。他不但坚持学习，还根据自己多年的工作实践经验编写了一本农业技术手册，自己的专业知识和能力就这样延续了下来，直到改革开放政策的到来。

1979 年，随着国家政策的落实，韦雄又回到了县农业局。由于自己技术没有荒废，回来后不久他就评上了技术员，1982 年又被任命为宁明县种子站副站长并在1983年到广西农学院参加了为期半年的广西农业领导干部培训班的学习。在这个培养农业管理人才的培训班上，韦雄学到了许多农业生产经营管理知识，农业生产的组织管理能力得到了进一步加强。学成归来后，韦雄担任了宁明县农业情况站的总负责人一职，主管全县的农业生产情况的汇总和分析。凭借自身扎实的农业科技知识，加上全面深入掌握了当地农业生产经营情况，1985—1986年韦雄还参加了宁明县志的编写工作，该县志农业部分就是由其主笔和审核的。

在长期的工作中，韦雄感到宁明的农民科技培训是最迫切的但在当时又是做得最不够的工作之一。他一直想把宁明的农民科技培训搞起来，却苦于条件不成熟，所以1987年当他听到中央农业广播电视学校要在宁明办分校时就毫不犹豫的申请到这个学校任教，这年底韦雄被任命为中央农业广播电视学校宁明分校副校长兼教导主任。农广校刚开始的条件是非常艰苦的，校舍简陋，师资力量薄弱，生源不稳定，“我干了一辈子农业工作，最困难就是那几年了，那时候经常晚上睡觉的时候都在想怎么把学校办好，怎么把教学水平提上来”，提起这段艰难的创业岁月，韦雄老先生至今还唏嘘不已。凭着多年的农业科技工作经验和坚持不懈的努力，宁明农广校在韦雄和同事的共同努力下办的有声有色，各方面的发展蒸蒸日上。尤其是韦雄负责的招生和学籍档案管理，因其规范的流程和严格的分类管理，被中央农业广播电视学校评为全国学习模范，并组织中南五省农广校的教员来宁明农广校参观学习。而作为全广西35所农广校中的一所，宁明农广校还是全自治区第一批获得中等技术文凭颁发单位称号的两所学校之一（宁明县和来宾县）。当说到这些当年办农校取得的成绩时，年逾古稀的韦老仍掩饰不住发自内心的喜悦和自豪之情。

1996年底，在农业工作岗位上工作了40余年的韦老从宁明农广校常务副校长的位置上退休了，因工作业绩突出，韦老退休时获得了劳动模范的称号并能领取全额在职工资作为退休金。退休后的韦老还是闲不住，每天坚持劳动和锻炼，吃的鸡和鸭都是自己养的，看书、看报更是每天生活必不可少的内容，《参考消息》和《报刊文摘》成为韦老日常阅读最多的刊物。此外，韦老还对养生保健有自己独特的方法，一是坚持每天写日记，韦老这一习惯已经坚持了三十几年了，少则几十字多则几百字，每天坚持，少有间断，调研组在他的家里就看到了韦老平时写的日记，厚厚的笔记本满满几大摞。韦老说写日记不但能记录下每天发生的事情还能让自己的大脑保持思考状态，这样大脑就衰老的慢。二是多吃素食，调整心态。韦老还给调研组说了养生的十六字箴言：遇事不怒，基本吃素，多多走路，劳逸适度。

作为从洞廊走出的，长期从事农业科技和培训的老前辈，韦雄老先生对洞廊是非常热爱的，同时从专业的角度他对洞廊的农业发展也有自己独到的见解。韦老是《洞廊村史略》一书的三位主要撰稿人之一，2007 年刚开始书稿写作准备时韦老就非常支持，书稿原始素材整理所需的稿纸就是由韦老提供的，在该书写作过程中韦老承担了重点部分——农业部分的写作任务，韦老根据自己多年的经验，倾其所能写出了一稿。稍有遗憾的是因篇幅有限，韦老的很多关于洞廊农业的叙述没有全部刊登在册，但韦老还是坚持了主体思路和章节，这也使得我们有幸读到这本书时能够比较全面地了解洞廊村的农业生产情况。说到洞廊农业的现状，韦老认为洞廊村现在的农业发展处在有史以来最好的时期，洞廊千万不能错过这个机会。但同时应该注意两方面的问题：一方面是村庄规划和土地集约利用问题。韦老说现在村里有钱人多了，建新房的人是年年有，但现在建房都是在自家土地上随意搭建，这样做时间长了不但村庄不美观，更重要的是宝贵的土地资源被浪费掉了。“很多人家是在原来的良田肥地上建房，太可惜了，没有了这些好田地，洞廊村以后就没有办法发展了，还是要尽可能的统一规整一下才好”。另一方面是村庄的集体公益事业的问题。韦老觉得现在村庄公共卫生和村民教育做得不够，应该有人统一牵头负责村庄环境卫生，如果有可能还要开展定期的农民生产生活培训，教会村民怎么生活得更文明、更健康。访谈最后，韦老动情地对调研组说：“我相信洞廊村的未来会越来越好的，因为我们洞廊人勤劳、团结，懂得怎么搞好生产，老天爷又给了我们这么一块风水宝地，只要洞廊村继续现在的发展势头，我们洞廊人就一定能过上更加美好幸福的生活。到那时欢迎你们再到洞廊来做客！”

十六、村庄里的文化人

洞廊村是一个有着悠久历史文化的壮族村庄，加之经济发展快，所以洞廊村对教育的重视程度很高，受教育水平的提高又反过来促进了洞廊村经济的发展。每年洞廊村都会有很多学生，他们都考上理想的大学，离开村庄接受更好的教育。这些都离不开政府的支持，更离不开村子里最初的传道授业解惑者——村子里唯一的小学老师黄爱琴和洞廊小学的老校长周英贤。

（一）女承父业的黄爱琴老师

正值暑假，洞廊小学的校园里没有了平时的喧嚣，也没有了孩子们朗朗的读书声，显得安逸恬静。调研组的向导之一——村里的大学生黄永安说，学校放假，学生们都回家了，这里的老师大都是从镇里或县里调来的，本村的只有一个女老师。他建议调研组去采访一下这位教书育人的女园丁。

调研组从洞廊小学出发，走过主路，再绕过一条小路，爬一个不大的小土坡，便来到了黄爱琴的家。只见一幢二层小楼拔地而起，墙壁很干净，大概是近几年才建的房子，门前一片大约 10 平方米的水泥地被收拾得十分整洁，整个家给人一种很舒适的感觉，想来主人一定是一个热爱生活的人。当时院里没人，房门紧闭着，向导黄永安用壮话叫开了门，黄老师一边开着门笑盈盈地说正在做饭，没有听见外面有人，一边热情地把调研组请进门。

黄爱琴，出生于 1963 年。在她出生的时候，三年自然灾害刚刚过去，虽说生活条件有所好转，但是家里孩子多，生活还是有些艰辛，黄爱琴从小就经常穿打补丁的衣服。改革开放后村里家家户户过上了好日子，黄爱琴家也逐渐富裕起来，奔了小康。现在家中共有四口人，黄爱琴的母亲同他们一起住，儿子在县里上班。母亲身体很硬朗，平时还能帮家里干点农活。儿子也经常回来看望阿婆和父母，一家人其乐融融。

黄爱琴从教深受其父影响，老父亲出生于 20 世纪 40 年代，从十几岁就开始在洞廊小学教书。黄老先生一辈子兢兢业业，培养了一批又一批优秀人才，学校的老师和学生们都很敬重他。由于表现优秀，20 世纪 60 年代初黄老先生被选为洞廊小学的校长，一干就是 30 年，先后获得很多荣誉，为学校做出了不少贡献。新中国成立以后，洞廊小学的校舍是设在村码头旁的陆佑将军庙里和一座砖瓦房里。当时校舍、课桌都很简陋，一些低年级的学生甚至还要坐在用横竹架起来做成的凳子上学习。1967 年以后，村里的人口不断增加，学生人数逐年增多，原来的校舍已容纳不下了。黄老先生便向大队干部提出建议，后经村民们充分讨论，一致同意搬迁、扩建学校，最终新校舍在村头千年古榕树的旁边落成了，村里的孩子们有了新的、更好的学习环境。

村里人都认为，老校长这是做了件造福子孙的大事情。

这样的一位父亲对黄爱琴的影响是十分深远的。上小学时，身为小学校长的父亲对黄爱琴的要求十分严格。黄爱琴回忆说，那时她在学校上课都十分认真的听讲，老师布置的作业也都及时完成，生怕老师会向父亲报告自己表现不好，因此，黄爱琴从小就严格要求自己。每天放学回家，她都会乖乖地进屋学习。平时在学习中遇到什么难题，黄爱琴都向父亲请教，父亲总会耐心地给她讲解。在父亲的指导下，黄爱琴通过自己不断努力，学习成绩在年级一直都是名列前茅，她也经常会受到老师的表扬，并获得了很多荣誉证书。这不仅是自己的骄傲，也给父亲脸上添了光彩。但是每次黄爱琴拿了奖或者考了第一时，父亲只是简单的表扬几句，并不会有过多的奖励，这样做主要是怕黄爱琴骄傲，希望她能继续努力，取得更好的成绩。父亲的这种教育方式使黄爱琴受益匪浅，父爱的涓涓溪流也深深地流淌在她幼小的心田里，那时她就下定决心长大后像父亲一样当一名人民教师。

1985 年高中毕业后，通过应聘黄爱琴在洞廊小学当上了一名人民教师，实现了自己的愿望，此时的黄爱琴又有了新的愿望：立志做一名优秀的教师，并培养出优秀的学生。那时，洞廊小学的师资较为短缺，总共才有 10 个老师，所以黄爱琴一个人 1 到 5 个年级都要教。由于个人能力较强，黄爱琴教授的科目也比较广泛，语文、数学、音乐、美术等科目她都能胜任，并且学生都很喜欢她。1988 年，为了提高教师教学能力，增强学校师资力量，学校要求老师们进修。经过努力，黄爱琴考上了宁明县师范学院，成了那里的一名中专生，经过二年的进修，黄爱琴的业务水平和教学能力进一步提高，毕业后她又回到了洞廊小学继续教书。

一提起黄爱琴的学生，她显得很兴奋，也很自豪。黄爱琴说，她的学生都很听话，上课都会认真听讲，都会理解和体谅老师，自己也很喜欢教师这个职业。她教了这么多年书，都是兢兢业业，继承了父亲的优良传统，以父亲教育自己的方式严格要求自己的学生，学生们也都很努力，取得了比较优异的成绩。有了这样一位老师，很多学生后来都考上了大学。陪同调研组一起采访的向导黄永安就是她的学生。黄永安说，上小学那会儿黄老师虽然对他们很严格，但是同学们都很喜欢她，平时黄老师也很关心同学们的生活，还主动给成绩不好的同学补课。严师出高徒，在她的严格要求下，我们日后才能走出农村，到外面上大学。同时，黄爱琴所带的班级多次被评为先进班集体，自己也多次被评为优秀教师，2002年还被评为少先队优秀辅导员，还曾获得过一次全国读书竞赛一等奖的辅导奖。黄爱琴的学生们也经常在一些竞赛中拿奖。采访中，在调研组的要求下，黄老师把自己的荣誉证书拿来给我们看，还逐个介绍奖状的来历，自豪中透着几分害羞。这一个个红彤彤的证书，承载着黄老师的辛勤和努力，也是她成功的见证。

黄爱琴回忆说1985年她刚开始教书的时候，学校学生还很多，一个班就有三四十人，现在由于实行计划生育，村里的孩子少了，学生也就少了。那时的教室是平房，现在建了新的教学楼，换了整齐的课桌椅，窗明几净，学生们每天都可以在宽敞明亮的教室里读书，学习科学文化知识，这些都离不开政府的支持。学校的教学水平也在不断地提高，除了有数学、语文这些基础课外，学校还开设了信息课，学生们可以用电脑上课，还可以接受远程教育，逐渐与现代教育接轨。

2010年，黄爱琴当上了学校的教导员，除了带二年级的课程外，还要主管学生的学习情况和纪律安全问题。遇到违反学校规章制度、扰乱课堂纪律的学生，她总是耐心教导，绝不会体罚学生。目前学校共有学生50人，老师6人，她是唯一一个本村的老师，剩下的老师都是从县里或者镇里调过来的。学生虽然不多，但是老师们依然坚守岗位，对每一位学生都认真负责。由于黄爱琴住在本村，平时与学生沟通也更加方便，所以她为同学们的学习和生活付出了更多的时间和精力。但是看到学生都健康成长，并取得优异的成绩，她就感到很欣慰。

除了当教导员，黄爱琴积极上进，还竞聘了学校的会计，主管学校的一些日常财务。据她介绍说，国家普及义务教育，每个学生每年都有200元的补助，这些钱由学校统一管理，给学生购买学习用品或者体育器材，丰富学生的课外生活。黄爱琴说，每个月的工资表都由她来做，她说以前工资是每个月2000元，从2008年涨到了2700元，其中30%要放到学校做绩效工资，这也是一种激励教师的好方法。

说到退休后的打算，黄爱琴显得很开心，她说从今年开始就不种地了，家里有10亩地，以前是夏天种水稻，冬天种些辣椒或者马铃薯，从今年开始，黄爱琴打算租出去6亩地，4亩留给亲戚种了，她想歇歇了。黄爱琴的儿子也很有出息，大专毕业后就在宁明县糖厂上班，现在单位给分了房子，自己也攒钱买了汽车，今年打算结婚了。儿子非常孝敬父母，经常给父母买好吃的，买漂亮的衣服，让父母好好地享受生活。等退休后，黄爱琴就到县里跟儿子享福去，孩子们上班很辛苦，自己可以帮忙做做饭，收拾家务，将来有了孙子，还可以带带孙子，没事了还可以去跳舞、打球，让自己的晚年生活丰富多彩起来。

（二）土生土长的周英贤校长

调研组来到宁明县已经三天了，经过这几天的奔波，加上南方炎热潮湿的天气，大伙儿都有些许疲惫，但是一想到要去村子里采访那些质朴的农民，了解他们简单但不平凡的生活，对于调研组来说，确是一种莫大的吸引。所以大家很快就振作起来，精神饱满的坐上了去洞廊村的汽车。车子在通往洞廊村的乡间公路上行驶着，公路两旁的景色连绵不绝：阳光下大片大片娇艳夺目的龙眼树林，明江奔流不息的水流，还有那一望无际的稻田。看到这样美丽的景色，大家瞬间就兴奋起来，说说笑笑的向洞廊村驶去。

到了洞廊村，队长安排好了计划，约定了采访结束集合的时间、地点，大家便迅速投入到工作之中。采访一开始不是很顺利，调研组成员按照名单来到采访对象家，结果大门紧闭，家里的人都出去了，之后又去了两家，也都没有人。大家显得有些着急，怕不能按时完成任务。向导黄永安很得力，努力想着村里还有什么人可以采访。最终，功夫不负有心人，他想到村里有一位卸任的老校长，应该是一个很好的采访对象。有了目标，调研组便迅速行动起来。到了老校长家，大门是开着的，老人正在屋里看电视，看到有人在家，调研组悬着的心便放了下来。

老校长很配合调研组的工作，很愿意讲他当年经历的事情。老校长名叫周英贤，男，1940 年生人，今年有 70 岁了，但身体看上去很硬朗。周英贤现在和老伴儿一起住，采访时老伴儿正在睡午觉，我们也就没有打扰。老两口有 4 个孩子，2 个儿子 2 个女儿，其中 3 个孩子是大学生，都十分有出息，应该是老校长从小严格教育的结果。现在周英贤的孩子们有的在宁明县里工作，也有在南宁市里工作的，但都经常回来看望父母。

周英贤是土生土长的洞廊村人，小学是在洞廊小学上的，后来又当了这个学校的校长。由于村里没有初中部、高中部，所以大家都得去明江镇上初、高中。周英贤回忆说，上高中时赶上了三年自然灾害，大伙儿都吃不饱，每餐只有2两粥。老人说到这时，感触很深，详细讲述了当时的情况。1958年，国家经济很困难，屋漏又遭连阴雨，苏联又趁火打劫，向我国逼债，弄的我们国家穷得叮当响，普通老百姓已经没有粮食吃了。学生们的生活由国家供应，每人每天2两粮食，当时明江中学就是给每个学生分2两粥，实际上由于种种原因还达不到2两，所以只有靠挖野菜补充。开始的时候还好，还能一星期改善一顿生活，分上两个馒头什么的。那两个馒头就像宝贝一样，大伙儿都不舍得吃。由于天灾人祸，农村食堂也解散了。粮食太少不够吃，大家就响应国家“低指标，瓜菜代”的号召，去河滩刨蒲根，去地里挖野菜。当年大旱灾，农田里别说庄稼不收，连野菜也很难挖到。树上都是光秃秃的，树叶都被人们吃光了。当时村民们挖的野菜主要有荠荠菜、蕖蕖菜等。生活越来越难，人们都饿得皮包骨头，很多人活不下去了。明江中学学生每天的2两指标虽说没变，但实际上连1两也达不到了。就是在这种情况下，人们也没有忘记乐观。学生们还会经常组织一些课外活动，让大家的精神食粮足足的，这也叫苦中作乐吧。周校长说，回忆起那段高中生活，脑海中翻不出坐在教室里上课学习的照片，留下的记忆基本上都是挖野菜、劳动干活的场面，最深刻的感受就是饿。

1961年周英贤高中毕业后，回到家中务农，当时是高级合作社经济，大家都是给生产队种地，早出晚归，实行计工分制度。当时周英贤所在的生产队种了800亩水稻，他自己一天能得到3毛钱，到年底，总共能得1000多分，给七八百斤稻谷。周英贤记得当时洞廊村的粮食产量跟附近的村子比起来，算是比较高的。洞廊村一年下来总产量能达到68万斤，人均口粮450斤。除留足社员口粮、种子以及家畜、家禽饲料之外，还卖给国家余粮21.6万斤。

改革开放后，洞廊村于1981年实行了家庭联产承包责任制，分田到户，周英贤家一共分得10亩地，都用来种水稻，那时家里劳动力很充裕，一年的产量大概有五六千斤，生活条件逐渐得到改善。周英贤回忆说，1981年的时候，洞廊村粮食生产获得了大丰收，有的人家还买到了数量极少的凤凰牌、永久牌自行车和蝴蝶牌缝纫机等商品。

从1978年开始，周英贤应聘到洞廊小学任教，开始了自己的执教生涯。当时由于老师少，周英贤一个人要教好几个年级，同时还要教多种科目。1979年时，洞廊小学由村教学点改为村完全小学，学校设有校长、教导主任等领导人员。学校级别升高了，老师们肩上的担子也更重了，周英贤及其他教师们更加努力地提高教学水平，让孩子们得到最好的教育。由于教学有方，周英贤于1985年升为主任。当主任后，他还要继续教书，主要教四年级、五年级的语文和数学，当时学校有200多名学生。周主任从不体罚学生，通常都是讲道理。当主任除了教书外，还要负责给老师们安排课程，在分配时，个别老师分到的课程较多，就会有意见分歧，这都需要周主任耐心调解，最终基本上可以让每个老师都满意。1991年，在校的学生达到257人，为历年之最，教师最多时有14人。

经过努力，周英贤于1995年升任为洞廊小学的校长，当时在校学生有100人，有七八个教师，一部分是洞廊村里的，剩下的几个教师都是从明江镇里调来的。当了校长，责任就重了，负责的事情也就多了，但周校长只有一个目标，就是把学校的教学水平提上去，让学生们能有更好的学习环境，能接受到优质的教育。

周英贤刚当校长时，上级组织要求他去县教育局培训三个月，由于都是现代化的教学方式与学校管理，就觉得自己文化不够，所以就自学起很多知识。经过培训，周校长掌握了教育管理的基本方法，帮助他在校长的岗位上做出了一些成绩。

教学方面，周英贤在任时，小升初的成绩总体很高，80%的学生都能顺利到镇里读初中。在数学、语文等竞赛中，洞廊小学在镇里的排名都是名列前茅。有个别孩子不愿继续上学，周校长就亲自家访，劝说孩子继续读书。学校建设方面，在周英贤当主任时，教室由平房改建成教学楼；他当校长时，为了发展体育运动，建了篮球场、乒乓球场，还购买了很多运动器材，所需资金都是校长亲自去县教育局申请。每逢六一儿童节，就组织学生们搞趣味体育。普及九年义务教育时，还组织了联欢会等活动。周英贤还曾多次被评为“优秀校长”。

1998年周英贤卸任，但是继续在学校教书，直到2003年退休。周英贤说，在这一段时间里，学校也取得了很多优异的教学成果。自1977年国家恢复高考制度以来，在校学生每年参加初考，考试成绩均排在全镇中上水平。2003年和2004年，毕业生参加初考成绩，排在全镇第一名，取得二连冠。2004年，毕业生韦敏峰参加当年的初考，成绩优异，名列全镇第一，为洞廊村争得了荣誉。这一切周英贤看在眼里，喜在心里。

现在周英贤退休了，也不种地了，退休工资每个月有2000多元，加上儿女平时孝敬的，足够家用。周英贤刚退休时去南宁帮儿子看了四年孩子，现在大孙子在南宁上高中，成绩不错，都期望着他能考个好大学。现在老人每年会给每个孙子存2000元，留作上大学的费用，考虑得十分周到。周英贤说孩子多次邀请老两口到城里享福去，但是自己却不愿意和孩子一起住，孩子们需要了可以去帮帮忙，还是和老伴儿在村里生活比较自在。

十七、明江河畔的新农民

新农民是我国新时期新农村建设的优秀代表和中坚力量，他们懂科学，掌握更丰富的知识、技术，拥有更多的经验，拥有好的习惯。他们靠智慧和机会发展经济，带领村民致富。新农民才能创造新农村，新农村和新农民的发展才能促进国家的发展。洞廊村在新时期下，更是涌现了大批的新农民，他们相互帮助，相互学习，形成了积极向上的发展势头。

（一）养猪能手黄海强

洞廊村是远近闻名的蔬菜、水稻种植大村，但并不是每家每户都是依靠种植发家致富的。很多人从事非农产业走向了富裕，比如养猪、食品加工等行业，正所谓“离土不离乡”，在方便村民的同时，个人和家庭的收入也得到提高。洞廊村已经实现了多种经营方式，在外村人眼中，洞廊人都是很有经营头脑的。调研组就采访到一位靠养猪和酿酒发家致富的年轻人——黄海强。

黄海强，男，1974年生人。他是村里有名的养猪大户，前些年村里也有一些人家养猪，但由于饲料较贵，成本偏高，都陆续地放弃了。目前村里只有黄海强一家有养猪场，且规模大，经营状况很好。现在黄海强家中一共有6口人，父母也搬过来一起住，平时帮着喂喂猪，照顾两个小孙女。黄海强的两个女儿都活泼开朗，一个叫子晴，一个叫雨晴，都是妈妈给取的。大女儿今年10岁，上小学五年级，开学后就要去明江小学寄宿读书了；小女儿3岁，比姐姐更加外向，活泼调皮的样子很招人喜爱。

黄海强是土生土长的洞廊村人。初中毕业后，由于家里劳动力不足，便在家帮父母务农，减轻家里的负担，每年卖粮食的钱也够一家人口粮。但年轻的黄海强并不满足这样平淡的生活。1992年他决定去当兵，锻炼一下自己。

经过考虑黄海强选择进入了海南陆军炮兵部，成为一名军人。到了部队，先是接受半年的训练，生活自然没有在家里时舒服，每天都要接受高强度的训练。虽然身体上很辛苦，但却可以磨炼自己坚强的意志。半年训练结束后，黄海强被分到桂林学习电焊技术，刚去的时候，他还不太适应，总想着当兵就应该扛枪上战场，保家卫国，可现在自己却在这里学习电焊，总觉得大材小用了。经过一段时间适应，也经常和同来的战友或者领导们谈话，黄海强逐渐转变了自己的想法，认为无论自己在什么岗位上，都要发挥自己的作用，认真做好组织给分配的每一项任务。抱着这样的态度，黄海强努力学习技术，在队里的业务成绩经常是第一。没过多久，黄海强学成以后，就回到部队后勤部修理所做了一名电焊工，平时修理部队的机器设备等，在简单但是不平凡的岗位上发挥着自己的光与热。四年的部队生活很快过去，经过这四年的锻炼使得黄海强成熟了许多，复员之后他回到家乡。刚从部队回来，黄海强还不想就此在田地里种田，觉得自己在部队学到的东西没有派上用场，因此决定先去外面闯一闯。

1997 年，黄海强来到南宁，凭借自己在部队的经历，找了一份保安的工作，干的也还算顺利。每个月的工资除了自己在外的日常开销外，还能给家里寄一小部分，黄海强就想着等自己攒点钱，回到家乡给父母盖一幢新房子。也许就是天意，刚到南宁不久，黄海强就与现在的妻子相识了，当时大姐正在一家餐厅做服务员，两个人情投意合，很快就交往了。两个年轻人心中充满了梦想，经常在一起规划未来。时间过得很快，两个人在南宁奋斗了一年，有了些许积蓄后，就决定回家结婚。回到洞廊村后，黄海强的父母对未来的儿媳妇很是满意，便着手开始张罗婚事，在亲戚朋友的帮助和祝福下，黄海强和妻子喜结连理。

婚后，黄海强夫妇没有再出去打工，而是决定在家踏踏实实的务农，这样照顾父母也方便些。家里一共 7 亩土地，每年都是种两季水稻。刚开始时，由于夫妻二人很久没有种过地了，经验和技术都不够，所以产量并不是很高。两个人便虚心向老者请教，慢慢地掌握了技巧，水稻产量一年比一年高，收入也逐年增加。到了冬天，就再种一两亩花生，等收获了之后就拿到加工厂榨成花生油来卖。有时如果县里的厂子有来订马铃薯的，就会种几亩马铃薯，如果雨水多了，就多种点，等成熟之后由工厂来收，收入也还算不错。在外人看来，小两口也算是把小日子过得舒舒服服。

但是富有上进心的两个年轻人，并不满足于只靠种地来维持生计的生活。黄海强经过市场调查、咨询了很多专家，觉得养猪没准是一个可以发家致富的经济项目。思考成熟之后，从1998年开始，家里就建起了养猪场，先期投入不大，先是买了70头猪崽，六个月养成后就卖整猪，慢慢的生意逐渐好起来，黄海强就决定扩大规模。现在家里已经有两个养猪场，今年一共买了100头猪崽，500元一头，等长成后，一头猪大概能有200多斤，一斤卖10元，算算也是一笔不小的数目了。所以现在家里的收入主要都是靠养猪，日子也越过越红火。

据调研组了解，现在洞廊村里只有黄海强一家坚持养猪，其他人由于成本过高，先后都放弃了，所以调研组认为黄大哥一定有什么特殊的技术，才能坚持下来，而且生意越来越好。黄海强表示说也没有什么特殊的方法，只是自己经常会去咨询，还买一些书籍回来自己学习养猪的技术。自己的方法都是科学的方法，所以才可以在节省成本的同时还能提高猪的产量。黄海强说，养猪最重要的环节就是对仔猪的喂养，只要仔猪长得稍大一些后，基本就会稳定下来，只要每天准时喂食就不会有什么问题，但是仔猪就要精心饲养。当仔猪还在哺乳期时，要注意补铁补硒，还要注意给仔猪补水，因为母猪分泌乳汁过浓会引起仔猪口渴，分泌乳汁过稀会引起仔猪饥饿，都容易引起仔猪喝脏水而造成下痢，所以一般生后3天就要开始补给清洁的水源。另外，仔猪光吃母乳还是不够的，还要进行饲料的补充。一般仔猪3~5天时就开始补饲料，10天左右仔猪开始适应，这样仔猪就可以正常采食了。当仔猪断奶后，也要注意一些事情，一般仔猪出生后42~56天就开始断奶。断奶的仔猪最好是分群管理，防止夺食的现象发生。听了这些之后我们才发现，原来养猪也是有很大学问的，看来只有掌握了科学知识，农民才能真正富裕起来。

养猪场逐渐稳定之后，黄海强又萌生了酿酒的念头。广西人都爱喝米酒，这酒价格不贵对身体也好，所以村里人大都喜欢喝。黄海强和妻子一商量，两人一拍即合，很快就付诸行动了。酿酒成本不高，一年四季都可以做，平时半个月就可以成酒，冬天温度低，大概需要20多天。操作简单，需要的成本也低，算是一个低投入、高产出的经营项目了。黄大哥简单给调研组算了一下，100斤大米大概能酿出120斤米酒，大米大约1.5元一斤，酿成的米酒卖1.5~2元一斤，都是散装的，主要是卖给村里的商店。虽然利润不高，但由于产出时间短，所以一年下来也能挣些钱。酿出的酒就放在大型的塑料桶里，每天都会有电话打来要黄大哥去送酒，黄海强就会骑着自己的摩托车给买家送去，把这桶送去，再把上一次的塑料桶取回来，这样每一个固定的买家都给备两个桶，还算是很方便的。

黄海强夫妇靠着养猪和酿酒，日子越过越红火。采访时，家里正在建一幢新楼房，黄大哥说大概下个月就能盖好了。现在他主要管养猪，大姐就照顾酿酒这边，他有时帮着送送货。当调研组问到黄海强今后有什么打算时，黄大哥说，希望能有机会去学习学习养猪的技术，回来继续扩大养猪的规模，目的就是多挣钱，将来让两个女儿都到大城市去上大学，一定要比自己有出息。等有机会了也带老婆孩子们出去旅游，开开眼界。黄海强应该算是新一代农民的代表，是农村未来发展趋势的象征，希望他们不断努力，带动农村的经济发展。结束采访后，调研组在村码头集合时，碰巧看到黄大哥骑着摩托车去给小卖部送米酒，看着他骑车的背影，祝福他们的日子越来越好。

（二）种蔗状元周淑荣

2011 年 8 月 17 日，是调研组进行入户采访的第一天。由于此时正是“双抢”季节，农民们一大早就要去田里插秧，有的要干一整天，有的可能下午就能回到家中休息。了解情况后，调研组吃过午饭才从县里出发，决定来村里碰碰运气，希望能采访到几户。

到了洞廊村，村委会担心调研组与个别村民在交流时有语言上的障碍，特意为调研组每人配了一个小助手，都是村里的大学生。调研组成员与各自的小助手相互认识之后，就开始了采访任务。

周淑荣是采访名单上的第一个人，听助手黄永安介绍说周淑荣夫妇是村里的种甘蔗大户，她还是村里唯一的医生，这样有特色的家庭顿时让调研组产生了兴趣。周淑荣的家是一幢三层的楼房，调研组到达时，大门是开着的，周阿姨抱着小孙女在门口晒太阳。调研组简单说明了来意，周阿姨有些不好意思地说：“我很普通的，没有什么可采访的啊。”在调研组再三的劝说下，周阿姨最终同意接受采访。

周淑荣，1963 年生人，今年 48 岁，壮族，高中文化水平。家中共有 6 口人，父母同他们一起住。周淑荣夫妇有两个女儿，都是高中毕业，大女儿已结婚生子，进门时周阿姨抱着的就是她八个月大的小外孙女，小家伙十分可爱，在整个采访过程中一直在笑，仿佛也想接受采访。

周淑荣是土生土长的洞廊人，在她出生的那个年代，家里条件十分艰苦，勉强能够解决温饱问题。但是，生活虽然困苦，周淑荣却没有放弃学业，于1980年顺利拿到高中毕业证。由于当时教育条件相对落后，加之家里生活上的负担，周淑荣没能考上大学，这对于她来说无疑是一大遗憾。但是，不断要求进步的她选择了另外一条人生道路——自费学医。高中毕业后，周淑荣就来到马山成人卫校学习了两年医学，在这两年中，她刻苦学习，掌握了基本的医学知识，能够熟练准确的医治病人，并于1982年以优异的成绩顺利毕业。

毕业后的周淑荣回到家中，一心想在村里开一个属于自己的诊所，但是由于当时家里经济条件不允许，这个想法也就暂时搁置了。于是周淑荣决定先在家务农，帮助父母减轻负担，等到闲时就拿出自己的医学书籍继续学习，希望有一天可以实现自己做医生的愿望。1985年，周淑荣与丈夫周延安喜结连理，婚后夫妻二人主要靠务农维持生计，踏踏实实地过着幸福的日子。两个人分得三亩多土地，一开始的时候，只种葱花，收入很少，家里生活较为艰苦。后来村里进行水稻种植品种及技术推广，村民们都相继开始种植水稻，周淑荣夫妇也决定将自己的三亩多土地改为水田种植水稻。随着经验的积累，水稻的收成一年比一年好，生活条件也日益得到改善。没过多久，周淑荣就实现了自己的愿望，凭借自己的一技之长在村里开起了诊所。诊所的开业给村民们带来了很大的便利，以前大家生病了都得去镇里看医生，路程虽说不远但看病的价格很高，所以有些小毛病也都扛一扛就不去看了。自从周淑荣在村里开了诊所，大家生病了可以去她那看病，不严重了就拿点药回去，需要了也可以打点滴，日常我们遇到的一些诸如感冒、腹泻、跌打损伤等常见病，周淑荣都可以处理得很好。现在她是村里唯一的医生，村里的人去看病，她也给大家优惠，真是既便民又利民。据周阿姨讲，以前她还给人接生，村里有几个小孩子都是她给接生的，看着他们健康的成长，自己也很欣慰。现在大家都是去镇里或者是县里的医院生孩子，自己也就不再做这个了。当调研组问到诊所的经营状况如何时，周阿姨表示说，在新农合政策实施之前生意还是蛮好的，政策实施之后，大家都参加了医疗保险，由于可以报销部分的医疗费用，所以生病了大都去卫生院看病，生意自然也就淡一些。每年3、

4 月的时候，由于天气变化大，容易生病，来看病的人也就多一些。周阿姨还说，自己很喜欢医生这个职业，能够帮助大家她感到很高兴。

周淑荣自己有了诊所，生活条件也日益好了起来。但是，周淑荣夫妇并不满足于现状，经过深思熟虑，于 2004 年承包了 175 亩甘蔗地。当时，村里只有他们一家承包，从前也都很少有人承包过如此大面积的甘蔗地，所以存在很大的风险。周淑荣夫妇并不惧怕这些，开始种植的第一年，由于经验不足，导致产量低，收益差，但是他们并不灰心，积极主动地去县里学习种甘蔗的技术，并不断引进新的品种，从过去的台糖 16 号到如今的台糖 22 号，周阿姨说品种只有经常更新，才能提高产量。经过夫妻二人的不断努力，近几年甘蔗的产量逐年增高。去年由于田里需要开路，占掉了部分土地，所以只种了 150 亩，总共收了 700 多吨甘蔗，每吨甘蔗可以卖到 480 元，如此算来，也是一笔可观的收入。这两年洪水少，所以收成一直都还不错。

周淑荣介绍说，每年 2、3 月的时候开始种植甘蔗，到 11 月的时候就可以收获了。甘蔗由宁明县糖厂负责派车来收，回收后的甘蔗要进行深加工，这样，承包者就不用担心收上来的甘蔗没有销路了。这样看似简单的种植、销售程序，实际上也存在很多的困难。周淑荣说，种甘蔗最大的困难就是人工问题，虽然现在都采用机械化生产，但是从种甘蔗到收甘蔗，这其中的很多环节还是需要人工来操作的。家中劳动力不足，就只能雇用工人，这样就会增加成本。以收甘蔗这个环节来说，每次大概需要请 20 人左右工作 10 天，每个人的费用大概是每天 50 元到 60 元。把所有需要人工的环节都算上，一年下来在人工上的花费大概要 10 万元左右。另外，这么大面积的甘蔗地，也不方便管理，如果工人的质量较低，也会直接影响到产量，并且雇用到好的工人也是不容易的，所以在雇工方面存在很大的缺口。加之近些年农资价格上涨过快，化肥、农药的价格都较高，这也一定程度上增加了承包的成本。

周淑荣夫妇通过自己的努力，不断克服这些困难，不断学习，现在已经成为洞廊村的种甘蔗大户，在种甘蔗方面是当之无愧的榜样。周淑荣曾被评为“种蔗状元”，丈夫周延安也多次被评为“种蔗先进代表”等荣誉称号。另外，随着收入不断增加，生活条件也越来越好，家中各式家用电器齐全，都是他们努力的结果。在采访最后，周淑荣表示如果有足够的土地，还想扩大承包的规模，但是为了响应国家退耕还林政策的号召，将来就希望能够在现有的这片土地上创造出更多的收获。“勤劳才能致富”，这是周淑荣的丈夫周延安反复说的一句话，在此，调研组祝愿他们用勤劳的双手创造出更多的财富。

（三）建筑巧匠黄子林

近年来，随着村民收入水平的提高，不少农户都纷纷开始盖起了以前想都不敢想的楼房，而这也大大带动了洞廊村建筑业的发展。据介绍，目前村里大概有5个建筑队在本村从事建筑业务，黄子林是其中从事较早，也积累了丰富经验的建筑巧匠。为了更好地展现洞廊村的建筑巧匠，调研组对黄子林进行了专访。期间，一个小小的插曲让采访不得不分成了两次。采访是因为黄子林的小孙子饥饿而不得不打断的，因为黄子林在从事建筑业的同时，还要和从事农业生产的妻子轮流照顾仅有三岁的小孙子。也恰恰是这个小插曲，让调研组真切地领略了洞廊村农民的生产与生活状态。

黄子林出生于1950年，初中文化程度，1966年初中毕业后，由于家庭子女较多，父母无法继续承担学费，他也就没有再继续读高中，直接回村从事农业生产了。1973年他与本村的同学喜结连理，先后从事过农业生产、建筑等行业，目前以建筑业为主。

黄子林对建筑的热爱是因为他觉得农业生产过于辛苦。1980年洞廊村按照国家政策进行了分田到户，集体经济的"大锅"被打破了，黄家按照每人1亩多地的标准领到了属于自己的土地，但是，由于家庭人口较多，生活一直都不富裕，这种情况一直持续到1987年。作为村里较早一批走出山沟沟奔向大城市的农民，黄子林开始接触建筑行业，从最基础的搬运工开始，一步一步学习建筑。当时一天能拿到18元的工钱就足以让黄子林欣喜若狂了，要知道，当时的猪肉每斤才3~4元！这个收入十分可观，一家人的花销终于有了稳定的经济来源。而且，黄子林觉得，从事建筑行业并不像原来在家从事农业生产那样辛苦，自此，他就坚定了继续搞建筑行业的信念。

到了1990年，在黄子林的努力下，黄家的经济情况得到了很大的改善。考虑到家里人口较多，老房子居住面积较少并且不方便，黄子林就与妻子商量利用仅有的家底，于1991年改成了现在住着的两层房子，完全用水泥砖砌成，极大地改善了家里的住宿和卫生条件。对此，黄子林还记忆犹新，"当时水泥砖是六毛一个，而现在红砖一个也要一元钱了……"

1993年，尝到了建筑行业甜头的黄子林跟着别人一起开始在广东等地从事建筑工作。由于没有很娴熟的建筑技术，黄子林虚心地从学杂工开始，在师傅的指导下从搬砖、运送物料等最初级的工作开始，一步一步成长为建筑队里的业务骨干，而工资水平也逐渐提高，到1996年前夕，黄子林已经可以每年拿到超过6000元的工资。

6000元的工资，当时在以农业生产为主的洞廊村算是很高的收入，但是在消费水平很高的广东就并不算高了。黄子林回忆，当时广东的消费大大超过他的承受能力，一瓶啤酒三四元，蔬菜每斤三元，而宁明县同样的蔬菜价格每斤才两毛钱，物价相差十几倍，为此，平时爱好抽烟喝酒的黄子林不得不尽量节约，尽可能多的省钱给孩子上学和养家糊口。

然而，就是这辛辛苦苦的血汗钱，黄子林也经常遇到欠薪的纠纷问题。由于缺乏运用法律保护的能力，黄子林和工友经常被建筑队的老板找各种理由故意克扣工资，黄子林和队友也多次去讨要工资，却没有任何进展，经常一年只能拿到三分之一的工资，不到2000元。即使这样，黄子林也不得不忍气吞声，因为家里等着他的工资过活。这种情况一直持续到1996年，长期受到老板压榨的黄子林决定离开广东回到洞廊村，而老板欠他的工资也就打了水漂。

由于家里农田不足，回到家乡的黄子林只是在农业生产中给妻子打下手。直到后来，村里的一位曾和其姐夫在北海从事建筑工作的青年学成后回到洞廊村，看到当时洞廊村的村民富裕起来，家家都准备建设高层楼房，对建筑队提出了很高的需求，于是准备组织自己的建筑队，有技术的黄子林就被邀请加入建筑队，这样，黄子林重操旧业。黄子林从熟悉的砌砖等活干起，同时经过队长和工友的指导，黄子林开始熟悉建筑的各项业务，他熟悉的项目也逐渐扩展到木工、设计等高级的技术，他还主持设计了村里几户村民的房子，赢得了好评，工资也开始从最初的每天30多元，上升到现在的120～150元。

虽然挣钱相对多一些，但搞建筑也是一个十分危险的工作，并且建筑队也没有相应的保障措施。2008年在建筑一个高层楼房的过程中，由于高层的模板断裂，黄子林从二层摔了下来，直接导致内伤出血，送到医院后开刀住院，住了一个多月的医院，花了1万多元，工头只给了2000多元，其余的都由黄子林自己负担。

由于建筑质量非常好，黄子林所在的建筑队很快在村里建立了很高的声誉，工程越来越多，钱包鼓起来的黄子林也想着建设一个属于自己的楼房。黄子林家的老宅仍然保持着洞廊村原始的住宅风貌，十分的简朴，建筑面积不大。家里现在有9口人，虽然儿子女儿平时不回来住，但是一旦过年过节，家里就显得十分拥挤了，而且由于采用传统的用火方式，独立的厨房已熏成了黑色，居住条件十分不好。另外3个儿子都已经结婚，急需要在村里安家，但是由于建筑队人手不足（客观上每年建筑队只能完成四五个楼房的建设），很多慕名而来的订单还没有完成，所以他自己的建房计划一再搁浅，还是住在老房子里。

实际上让黄子林建新房的计划搁浅在一定程度上还因为自己无法负担如此之高的费用。按照洞廊村的风俗，黄子林要协助自己的3个儿子每人建设一套楼房，仅大儿子准备盖的楼房就要花费17万元，而黄家2010年全家收入仅7万元，缺口仍十分大。对此黄子林计划一个儿子一个儿子的建设楼房，资金主要还是靠儿子自己的收入，自己尽量多补贴一点。

在农忙时节，由于村民们都忙于农业生产，顾不得建房子，因此，包工头一般会放假20多天。这一段时间，黄子林也并不能闲着，一方面要配合妻子进行农业生产，收割、插秧、浇水等，另一方面还要照顾3岁的小孙子，尽管有时候子女也会寄1000元左右作为孩子的花销，但小孩的各种开支主要由他支付。

采访中调研组得知，黄子林头天晚上通宵排队浇灌自家农田，不小心被硬物割破了脚掌，当时鲜血淋漓，一夜也没能休息……农民真辛劳！农村生活真不容易！

（四）客运能人周贵鑫

周贵鑫是村里能人，在洞廊村大部分习惯一辈子背靠黄土的农民看来他有一点点不安分。他从年轻的时候就放弃了农业种植，成了村里最早一批从事客运的人，做得有声有色。

周贵鑫年幼时候的经历也非常不平凡，1962年生于洞廊村，由于父亲是教书匠，而且家里也有读书的传统，小学毕业后升入初中，直到1978年，16岁的周贵鑫大病一场，经过一年的休养之后，周贵鑫最终再也没有继续自己的学业，而是直接回家务农，参加村里的集体生产，刚辍学的周贵鑫积极参加生产劳动，尽可能的帮助家里分担压力。然而，之前的大病导致他的身体供血严重不足，不能从事重体力工作，因此在村里务农的时间里，他只能在生产队里干一些力所能及的杂工，收入十分微薄。

1980 年，在政府“分田到户”的政策主导下，周贵鑫家里每个人分到了一亩三分地，周贵鑫开始帮助父母种田，过上了日出而作、日落而息的生活，虽然简单劳累但是十分充实。这种情况一直持续到 1985 年，周贵鑫的父亲看到孩子们也都长大了，就主持进行分家，由于家庭十分贫困，周贵鑫只分得了两三袋米、两头猪和一些锅碗瓢盆以及微薄的两亩多土地。分家后，周贵鑫安稳地过了几年的农业种植生活，但是每到年底周贵鑫都会发现农业生产并不能满足自己的家庭日常开支，而且也十分的劳累，于是他就开始想着找一个相对轻松一点的工作。

经过一番调研，周贵鑫发现当时还不是很多的农村客运业务的工作相对简单，基本上就是售票员卖票，雇一个司机开车，然后在车里风吹不到、雨打不到，而且当时由于缺乏相关的主管部门，没有准运一说，只要自己有车就可以跑客运，于是他干脆把家里的土地租出去，下定决心跑农村客运，当时家人并不是都很支持他，尤其是他的父亲就坚决不同意，在老人看来，农民要坚持本分，种田才是农民的根本，而且收入也十分稳定，跑运输三天打鱼两天晒网的，不是一个正经生意，但在周贵鑫坚持下，父亲最终同意并赞助他几千元买车。

刚开始不会开车，周贵鑫就从售票员干起，从此他就与客运行业打了一辈子交道。1994 年，头脑灵活的周贵鑫再次看到了客运市场的巨大需求，觉得客流量大，有钱可赚，决定出来单干，到处借了 2 万元和叔叔一起凑齐了 7 万多元，买了一辆 16 座的客运车，一个人开车一个人卖票。

“那是个云南产的汽油车，很容易坏，几个月就有了毛病”，周贵鑫这样回忆属于他们的第一辆车。这一阶段，由于还不会开车，周贵鑫仍负责卖票，主要行驶在“宁明—爱店”这条客运线上，途经很多个农村，每趟 58 公里，每天都要跑 2 ~ 4 趟，乘客人数还算稳定，为了节约一张 5 元的车票，他一般都把售票员的位置给乘客，自己站一路，并且主动帮乘客搬运行李，十分劳累，只有农忙的时候才能轻松一些。

周贵鑫的服务在当时的车队里一直被称道，“虽然车并不多，但是竞争十分激烈，所以要拼服务”，周贵鑫认为。由于十分用心，私底下周贵鑫也练就了一双火眼金睛，当时，经常有偷渡过来打工的越南人，国家为加强对边疆地区的管理，有关部门要求客运部门不允许载运偷渡人员，一旦查实有载运的，将实施重罚，所以，在工作之余周贵鑫练就了一双火眼金睛，通过不断的总结，发现背着袋子的很可能是越南人，经过推广，维护了国家的边疆安全。

由于当时年轻，而且卖票能比务农轻松些，虽然没有很高的工资，但也能满足自家的衣食住行，这更加坚定了周贵鑫搞运输的决心。到了1996年，周贵鑫决定独立出来自己做老板，考虑到自己开车可以节省一笔雇人的费用，做了决定之后他马上就报名去驾校学了车，刚开始，他的驾驶技巧并不熟练，在刚开车第20多天的时候，就遇到了一场严重的车祸，所幸没有出大问题，认识到自己过于着急的周贵鑫，还是决定请人代开，自己从旁认真的学习，慢慢熟悉了才专职开车。

周贵鑫刚开始自己做老板的时候，竞争已经十分激烈，而且缺乏管理部门的有效管理，当地的农村运输业陷入了恶性竞争，客运车辆之间抢客的情况很严重，这让刚干了没多久的周贵鑫十分苦恼，经常因为客人不多而没有钱加油，所以为了多挣钱，周贵鑫不得不多跑几条线，多跑多得。周贵鑫描述那个时候的客运行业的情况：“那时一条路线20多辆车竞争，车多不好管理，你争我抢，经常超车，尤其是山路多的地方，非常不安全，而且价格也比较混乱，有的收6块，有的收4块，到了1996—1997年甚至在一些线路上，出现了不要车费还倒贴2块钱的米粉钱的情况，这种竞争也导致服务不好，有的客运司机听说其他线路人多，甚至就把原来的客人放在半路去跑另一条线路，我不做这事，无论好不好干都争取服务好每一个客人。”

这种情况一直持续到了2000年，随着国家运输改革，运输公司的出现更加规范，周贵鑫的客运环境才变好。然而，2001年实行的“大包干”的经营方式却也让周贵鑫的客运经营受到了很大挫折，根据当时的管理部门出台的规定，客运线路实行统一收支制度，大家一起跑客运，利润上缴集中后平均分配，这种“大包干”的模式大大打击了客运车主的积极性，“大包干”制度四个月就宣告破产，最终还是回归了个人承包制度。制度的变革并没有从根本上解决周贵鑫的经营压力问题，由于当时还没有进行税费改革，每个月要交2200元的养路费，还要交保险、停车费、检测费等，加起来3000多元的费用，尤其是在“非典”期间，客人非常少，客运车辆每天收到的车票钱有时候甚至连养路费都不够交，周贵鑫只得省吃俭用并且把家里的一头牛卖了才勉强渡过难关，这种情况直到国家为减轻农民负担减免了农村客运车辆20%的费用才有了一定的改善，与此同时，自2000年以来，国家每年都给农村客运班线加油补贴，并且逐年增加，从2000年的每年700多元，升到2001年的1000多元，后来2008年提到9000多元，2009年再次上涨到1万多元的补贴，而到了2011年已经上涨到每个座位每个月补贴86元，支持力度更大，有良好路况的保证和国家政策的双重支持，周贵鑫的营运情况也发展越来越好，客运之路也越跑越宽。

时至今日，随着车的折旧，周贵鑫已经先后拥有过5辆车，2011年3月他又向银行贷款5万元，共花了17万元买了辆29座的新车。对于自己从事的客运行业，周贵鑫看来，自己选对了路，客运事业养活了一家人，客运不仅仅适合自己的身体状况，而且也是家庭的主要经济来源。周贵鑫说：“跑运输，每天都可以拿到一部分钱，这样家里也随时有钱用，不用像种地一样非要等到收获季节。”现在周家已经成了运输专业户，周贵鑫的孩子受到他的影响都在从事运输行业，大儿子开工程车拉货，2009年花了15万元买了一辆属于自己的新车，二儿子现在帮大儿子开车运输水泥。据周贵鑫的计划，从事农村客运已经十六七年了，他准备再做五年的客运工作就退休，车留给二儿子，自己退休后也不想闲着，开相对能够清闲一点的出租车。

这位为农村客运事业辛苦奉献了十余年的能人周贵鑫，用他的努力方便了农民的出行，截至目前大约已经有几十万人享受过他的服务，也成就了自己的客运事业，成了村里数一数二的能人。

（五）候鸟式能人项光辉

近年来，打工潮也在洞廊村开始兴起，很多农民看到打工或者技术输出的巨大经济效益纷纷外出，每年村里有超过五百名的年轻人都要去广东、海南、上海等地打工，从事建筑、服务等行业，在大城市通过辛勤的努力来脱离辛苦的农业生产生活。项光辉也是他们其中的一员。

项光辉，1945年出生，初中毕业，汉族。从20岁开始，项光辉就开始了自己的打工生涯，过着漂泊的生活，打工过程中结识了现在的妻子，后来顺理成章，像很多青年一样，入赘到洞廊村，结婚、生子、劳动……如此往复，过着平静的生活。对于一些人不能理解的入赘，项光辉感觉到在洞廊村很常见，入赘不是一个不好的事情，也不会反感别人提到，只要是通过自己努力获得幸福的生活就值得高兴。

项光辉是洞廊村及周边村落里有名的“候鸟”，他是较早一批技术输出到海南种植蔬菜的专业户。当时广州等地对蔬菜、水果需求快速增加，海南等热带地区蔬菜种植业快速发展，急需各种熟练的种植工人，洞廊村周围村庄里有人看到这种巨大的商机，就通过技术输出种菜赚了大钱，项光辉也看到了这一个商机，与此同时家庭的生活压力也让他不堪重负，于是他就经老乡介绍，2007 年到了海南开始种菜。由于平时基本都在海南的蔬菜基地生活，每年只有很少的几次回到洞廊村，才被称为“候鸟”。

刚刚到海南的时候，只有技术和力气，而没有钱，项光辉并不能像一些同乡一样自己租赁一些土地当老板种植蔬菜水果，只能给别人打工。经过简单的培训，掌握了一定的技术之后，项光辉和妻子就在当地种植木瓜，工作从育苗到管理、除草、收获等都要去做，每天都十分忙碌。种植木瓜也是一项很辛苦的工作，项光辉无时无刻不受到这种压力，毕竟每个苗圃的种植都是具体到责任人，一旦出了问题没有办法向老板交代，所以项光辉和妻子每天都起早贪黑的在苗圃和地里认真的照料木瓜的生长，及时地将相关信息反馈给老板。正是这种敬业的心态让他负责的木瓜田的产量都比别人家高不少，这也让他赢得了老板的信赖。项光辉的付出也换来了回报，当年他就挣得了 8 万元。与自己承包蔬菜园的老乡相比，虽然 8 万元并不多，但是在项光辉看来比自己务农已经强很多倍。在他看来，种菜打工并不需要在村里自己耕种一样的投入，而且老板都给解决住宿，日常吃的蔬菜可以自己在苗圃中种植，省去了大量支出，每个月的花费仅仅限于购买口粮和保障日常消费，支出并不大，而收入十分可观。收入由固定工资和提成组成，只要认真管理，可以说旱涝保收，再碰到天气好的节气，木瓜产量很高时，提成十分可观。慢慢地熟悉了技术输出工作的项光辉，在 2007 年种植木瓜的基础上，2008 年又学着种植香蕉，这样一来自己掌握的技术多了，工作变动的风险减少了，而且项光辉也考虑洞廊村的气候适应香蕉的生长，即使以后回到洞廊村自己也可以种植。2009 年在老板的安排下，他又在海南洛东县木瓜苗圃厂种植木瓜，并一直坚持至今，现在老两口负责一片 20 多亩的木瓜种植园，从种植到收获全部由两个人负责，十分辛苦，一个月的工资两人合起来有3400元，木瓜收获后按照每斤4分钱给予提成，折合下来年收入大概月收入5000元左右，收入十分可观。

虽然这种生活十分稳定，但是在项光辉看来，自己毕竟是外乡人，早晚是要回到洞廊村的，而且看到儿女都结婚生子，一家人都挤在老宅也十分的不方便，所以从2010年开始，项光辉就下定决心翻新家里的老宅。以项光辉当时的经济实力来讲，盖一个新楼房并不是什么难题，但是由于木瓜种植需要专人看守，定时照顾，项光辉实在抽不出时间回洞廊村安排新房建设，所以这个计划一直搁浅到2011年。好不容易村里的建筑队安排时间给自己盖新楼，项光辉向老板请了短短的几天假，特意回来安排盖新房。项光辉的新房是一个三层半的楼房，基础建设花费了19万元，预计到完工需要26万元。一下子花这么多自己辛辛苦苦积攒下来的钱，项光辉觉得很值得。他说，新房盖好以后，虽然一家人不会经常回来住，但是过年的时候儿子儿媳都有了自己的空间，这样更方便一些，而且以后从海南回来后也需要一个舒适的生活环境，到时候不管孩子们是否愿意回来住，都分给两个儿子一家一边，这样住在一起很热闹。

调研组采访时项光辉的新楼房已经基本建成，由于老板一直催他回去管理木瓜田，所以刚回来10多天的他也只能逗留几天等新房完全封顶后就赶紧回海南。新房暂时不装修了，项光辉打算等年后再装修。对于未来，项光辉说，外面再好也不如家里好，候鸟也要归巢，忙碌了这些年也应该回家了，再干两三年就彻底从海南回到洞廊村种植一些自己熟悉的经济作物，享受天伦之乐，也把经验带回来，带动村民们共同致富。

（六）致富女强人周喜璇

村民们都说周喜璇是一个爽朗乐观的人，她的笑声每天都会回响在洞廊村的田间地头，在调研组入户调研的时候，周喜璇家门口堆满了今年收割回来的稻米，忙碌了一整天的周喜璇也刚刚回来，虽然农忙时节的生产工作非常累，但是她乐观的态度仍然感染了调研组，在与调研组交谈中，她总时不时地笑出声来，虽然透露着一点点的拘谨。

周喜璇年龄并不大，只有38岁，是调研中较少采访到的女性致富带头人，勤劳朴实、初中学历、崇尚自由的她在新时代农村女性中具有很强的代表性。周喜璇初中毕业后就回家务农，她也没有再继续上学，回家帮助家人生产劳动，分担家里的经济压力，19 岁经过自由恋爱在本村成婚，经过简单的订婚、结婚摆酒席，刚刚成人的周喜璇就开始在新的家庭里撑起半边天，周喜璇是一个很孝顺老人的人，由于坚持在家里照顾老人，所以也没有像不少同龄人一样外出打工，而是一直坚持在洞廊村从事农业生产。

在生产生活中，周喜璇一直对自己的知识和技术水平持有一丝的遗憾，直到婚后，在政府“大榕树课堂”等一系列的科技下乡指导中，她如饥似渴地学习农业科技，尤其是蔬菜种植方面的培训，无论是村级培训还是县级培训，她基本全部参加，对于上级倡导的种植项目，她也一一尝试。村里大力发展优质马铃薯等经济作物时，周喜璇就尝试着种植了 4 亩，但是由于技术不过关，很快出现了病菌感染的问题，马铃薯叶子干枯、变黄，而且马铃薯在地里腐烂的情况非常严重，周喜璇非常着急，她联系了县里的农业技术指导员，在指导员的帮助下解决了问题，避免了经济损失，正是这次经历让周喜璇看到了农业科技的重要性，下定决心学习农业科技，经过不断学习培训和日常生产中的实践，让周喜璇具备了很高的生产技能，她种植的马铃薯等经济作物年年高产丰收，而她也成为村里的蔬菜种植专业户之一，并且种植蔬菜在县里都非常有名，具有了很强的个人品牌效应。除了马铃薯，周喜璇还响应政府号召，在洞廊村里第一批尝试种植甜玉米。当时虽然政府统一发放优质种子并由农业局提供技术支持，而且与种植户签订了定向收购协议，但是洞廊村很多人持有怀疑态度，周喜璇就说通了丈夫进行了大胆的尝试，当年种植的甜玉米获得了丰厚的收入，年纯利润高达七八千元，尝到甜头的周喜璇又进一步的扩大种植面积。

目前，周喜璇和丈夫共种植了 12 亩水稻和 2 亩多茄子、苦瓜、黄瓜等蔬菜，甜玉米由于天气原因暂时没有种植。由于现在是农忙时节，周喜璇每天都要和丈夫出去插秧，借着从村里“大榕树课堂”学习的抛秧等插秧技巧，她和丈夫一天能插一亩多秧苗，但仍需要连续忙碌半个多月，虽然很累，但是她感到非常充实，周喜璇这种忙碌的状态将持续到年底，忙完了水稻还要忙两亩多蔬菜的打理和出售，蔬菜成熟的季节，周喜璇还要和丈夫一起去城里卖蔬菜，挣一些零花钱，补贴化肥、农药等生产性投入和日常生活开支。虽然是村里的蔬菜种植专业户，但是在周喜璇看来家庭的日常支出压力也很大，所以需要辛勤的劳动挣钱，周喜璇心里有个小账本，很清晰数了数家里的各项支出，生产性支出达到了3000元，而教育支出占绝大多数为7000元，红包等支出1000多元。“哪项也不能少，2010年家里收入才3万多元，所以要努力挣钱。”周喜璇说。

实际上，劳动生产并不仅仅是辛勤的周喜璇的日常生活的全部，周喜璇家是村里少有的四世同堂，共有八口人，上上下下都需要她照顾料理，从结婚以后，周喜璇就坚持让公公婆婆过来一起住，但是公婆一直婉拒，周喜璇就经常去公婆家给公婆劝说，直到2006年公公婆婆才搬过来住在一起，周喜璇就每天给老人做饭、洗脚，孝敬老人，对于89岁的老太爷和87岁的老奶奶更是倾心照顾，尤其是老太爷略有痴呆，常常需要额外的照顾，对此周喜璇没有半点怨言，反而把老人照顾的很好，后来周喜璇看到全家八口人挤在一个原来1987年盖的才100多平方米的房屋里十分不方便，经过她和丈夫商量，2008年周喜璇就和丈夫一起，凑足了十多万元建设了新房，让老人和孩子都有了独立的空间，她还把一楼的房间整理出来给老人住，免去了楼上楼下奔波的辛苦，孝心可见一斑，在周喜璇的协调和照顾下，全家和睦相处，家里是村里有名的五好文明户。

采访中，周喜璇告诉调研组，根据国家政策照顾，政府免费给老太爷提供了一个轮椅来方便他的生活，要感谢党和政府给一家人的生活带来了很大的便利。

在孝敬长辈的同时，周喜璇也是村里扶助兄弟姐妹、下爱子女的标兵。作为大嫂，周喜璇也尽心尽力的支持两个小叔子的学习和生活，由于两个小叔子分别在重庆大学和广西大学读大学，需要很多的教育经费，周喜璇变着法儿去赚钱，见收入有限，就又养了四头母猪，为了节约饲料费用，她就自己打猪草，利用四头母猪和小猪崽挣钱供两个小叔子大学毕业，日常生活中，周喜璇还有两个正在上学的孩子，一个读高中，一个读初中，在照顾老人的同时，周喜璇对孩子也是照顾的无微不至，在她看来上学是改变命运的事情，要延续家里读书传统，因此她对孩子们的学习也十分关心，让孩子在一个舒适的环境中学习，大孩子新近考上了市重点的崇左高中，未来也将奔入更好的大学生活中，这让周喜璇感到不少的欣慰。

“我对他们期待很高，希望他们以后能够好好学习，积极上进，像他们的叔叔一样成功。”周喜璇表达了对孩子们的期待。

十八、留守家中的老人

改革开放以来，城乡居民的收入差距日益增大，加之，农村的可耕地面积的减少以及科技水平的提高，造成大量的农村劳动力剩余，越来越多的农民涌向了城市。进城务工增加了农民家庭的经济收入，带动了城市经济的发展，为城市建设贡献了力量。但是，这些进城务工人员大多是青壮年，老人和孩子留在了家里，这对他们在物质上和精神上都有巨大的影响。留守老人也早已引起了社会的关注，在洞廊村这种现象也很普遍，洞廊小学的老教师韦汉强和乐观的老人周彩秋就是众多留守老人的代表。

（一）退休教师韦汉强

2011年8月16日，调研组第一次来到美丽宁静的洞廊村。村委会的干部们向调研组介绍了洞廊村的基本状况，让调研组对即将开展工作的村子有了初步的了解。和《洞廊村史略》编写组的三位作者的访谈，以及之后参观周元将军故居都让调研组成员对这个小村庄有了更多的好感。8月17日中午，调研组再次来到洞廊村进行调查工作。由于农历7月中旬正是农忙时节，各家各户收割好早稻后，抓紧时间在为晚稻插秧。调研组到村子的时候正是大部分村民休息的时间，镇政府的工作人员说村民们吃过午饭后，就会回到田里继续做农活。时间紧迫，镇政府的工作人员为调研组成员安排好翻译后，没有片刻停留，各自按自己分配的任务到农户家里进行访问。刚到韦汉强家时大门是紧闭的，由于这时正是农忙时节，担心这家人去了田里干活，第一次访谈就会这样“夭折”。翻译周燕妮则说这户家里有人，她一直跟屋子里的人讲话，周燕妮说家里有位老人正在休息，过了一会儿一位皮肤黝黑的老人开了门。韦汉强见到调研组时还有一些拘束。当说明来意后老人热情地招呼调研组，当问到为什么像他这个年纪的人能讲这么流利的普通话时，老人一边骄傲地说他曾当过洞廊小学的民办老师，一边急忙从另一个房间拿来椅子，调研组便在他们家门口坐下，开始了第一次访谈。

韦汉强，男，壮族，1944年10月出生，今年67岁，小学文化水平，无宗教信仰，祖辈居住在洞廊村。韦汉强在家里排行老二，有一个姐姐和一个弟弟。韦汉强老人回忆道他小的时候还没有解放，家里的日子过得非常贫穷，父母种植水稻和蔬菜来养活全家人。当时的广西被日本人控制，“听村子里的老人说，在我还不记事时，从南宁来的日本人来到洞廊，全家人一起逃难逃到了邻村，一直到日军退回去后才得以返回家中。”解放后韦汉强老人在洞廊小学上到三年级后去了明江小学读到六年级。当时兄弟两个人都读书，但家里困难，为了减轻父母的负担，1961 年小学毕业后，韦汉强老人就没有再读书，而是在生产队干活挣工分、换口粮。1964 年，已经 20 岁的韦汉强到了成家立业的年龄。当问及与妻子是怎么相识时，老人告诉我他的妻子不是父母之命、媒妁之言讨来的；他与妻子周礼贤是小学同学，和现在的年轻人一样，两人自由恋爱后结婚。婚后一直在干农活，直到 1969 年，他被生产小队直选成为洞廊小学的民办老师。成为一年级和二年级学生的语文老师，并且兼任学校出纳。老人说现在村子里的年轻人出去的多，村子里小孩也少，在洞廊小学读书的孩子只有十几个。当时他教书时学校里学生很多，差不多有 200 多人。当了十一年的老师直到 1980 年，韦汉强作为民办老师参加考核，但没有通过考试，只好回家务农。讲到在文化底蕴深厚的洞廊村有十一年的教书经历时，老人是一脸的骄傲和幸福。从 1980 年至 1985 年，他一直在家务农，1985 年开始韦汉强当了三年的大队民兵长，1988 年后一直务农到 2005 年。

韦汉强有两个儿子一个女儿。女儿嫁到明江镇，也是在家务农。两个儿子分家后，妻子周礼贤住在大儿子韦国台家中，他和小儿子韦国连一家生活。从 2005 年开始小儿子韦国连同妻子韦瑞玉去了广东打工，后来 1990 年出生的韦智锋和 1992 年出生的韦勇锋两个孙子初中毕业，两人都跟着父母出去打工。韦汉强不清楚小儿子一家具体在广东什么地方打工。现在家里就只剩下他一个人，虽然他有一部手机，但是因为没有钱交话费，很少使用。这时老人从屋子里找出一张纸片说：“这是我孙子的手机号，我很少给他们打电话，生病或有急事时会到长子家，让长子给小儿子打电话。”老人通常给孩子打电话的情况很少，即使生病了，邻居和大儿子一家，还有亲戚们也能照顾他。小儿子一家过春节的时候都能回家，那时候冷清的家里能变得热闹一点，但是他们在家也只能住一个星期左右，之后又会回到广东继续他们的打工生活。小儿子一家四口人每年春节回家时，每人都会给老人 100 元。当问到平时是否也会给他寄生活费时，老人说道：“没有，他们自己也不容易，还要给两个孙子攒钱娶老婆。”一年只有四百元，老人的身体看上去也不能从事繁重的体力劳动。当问及老人是靠什么来维持生活时，韦汉强说从2005年小儿子一家去广东打工开始，他在村委会的帮助下成为洞廊村的环卫工人。这么大的村庄难道老人都要负责吗？当调研组把这个疑惑告诉老人时，老人微笑地说："我只负责一段村中主干道路，差不多有500米左右。"这份工作能给老人带来每月200元的收入，这也是老人最主要的收入来源。韦汉强老人家里有4.5亩地，3.5亩水田，1亩旱地。儿子一家出去打工后，这些田地就都出租给亲戚。每年亲戚给韦汉强老人每亩水田200斤的稻谷，当问老人一年700斤的粮食够不够时，老人笑着解释：200斤是带皮的稻谷，加工成大米有140斤左右，一年差不多有500斤的粮食。"我一个人吃不了多少。""国家还给我们种粮补助，每亩地每年给45元，一年能有150多元的补助。"妻子、邻居还有亲戚们偶尔也会给老人带来一些新鲜蔬菜，老人自己很少买菜。老人说他每天要买5元钱的肉，可是现在物价这么高，5元的肉能有几两？"这些肉除了熬些油外还可以吃一点肉。大儿子每个月还给我一斤花生油，我就不用买油了。"当调研组问老人在衣服上面有没有什么开支时，老人说："人老了，不用穿的太好，过春节的时候才会买衣服。"老人指着身上的短袖笑着说："这是孙子的衣服。"

老人每天的生活很简单：每天早晨吃过早饭后就去扫路，从八点钟扫到十点钟，工作两个小时后就回家休息，吃过午饭后就听听收音机、看看电视。下午他通常去村口附近的老年人协会和其他老人一起打麻将、玩扑克、下棋。有时会到大儿子家或亲戚家串门。因为老人家里没有煤气等燃料，老人每个星期还要有两三次去村子里的竹林捡做饭用的柴火，一次捡的柴火够老人用两三天。韦汉强老人一家都参加了新型农村合作医疗，但是生病只有达到住院的程度医药费用才可以报销。通常韦汉强老人得了小病就到村口的卫生室拿点药回来，现在身体还行，去年只是感冒了几次，妻子和长子就在家照顾他。因为家庭的经济状况不是很好，老人也没有参加养老保险。"病不起！即使帮不上孩子们什么忙，也不能给他们增加负担。"提到这两年家里有没有遇到什么困难时，老人指给墙上依稀可见的黄色的痕迹说："2008年水灾时，水淹了近2米，我一直待在二楼，在家困了一个星期。"那时老人又是怎么解决吃饭问题，老人说幸好有政府的人给村民送了饼干和干净的水。他们家在2003年花了5万元建了两层钢筋水泥房，现在盖楼价格太高了，没有办法承受。

根据老人的讲述，笔者粗略地计算了2010年老人的收支状况。

表18-1　　　　农户经济调查表

收入		支出			
工资	2400元	食品	1900元	红白喜事	200元
政府补助	150元	衣服	50元	水电费	150元
儿孙孝敬	400元	娱乐	100元		
总收入	2950元	总支出	2400元		

从这个表中可以看出老人2010年全年的收入和消费，这当中还没有计算几次生病的医药费用。一年下来老人的收入所剩无几。目前在老人身体还比较健康的状况下这样的收入用老人话说就是“刚刚够用”，但是韦汉强老人对他目前的生活还是比较满意。他说和他童年时的艰苦生活比起来，现在这样的生活太好了。当问到老人是否想让儿孙回家时，老人的语气有些缓慢，“当然是一家人在一起好啊，可是家里的田不够，他们在外面也能挣钱，这样也没有办法，村里的老人大部分都是这样过的。”农民工离乡背井外出打工，留守儿童的问题被社会关注，有的孩子还可以跟着父母进城。但是因为身体、经济各方面的原因，没有把父母带在身边照顾的消息。留守老人的问题在调研组看来甚于留守儿童的问题。有人说在亲情中人们的爱是向下的，爱孩子永远是甚于爱父母的。让年老的父母孤独地度过晚年生活对于他们的家庭来说可能是无奈的，但是每个人每天都在变老的路上，这个群体的问题也将是每个人一生中必将面对的问题。单纯地依靠道德的力量来要求农村老人的子女尽赡养义务已经无法解决这一问题。让农村的老年人也有一个快乐的晚年生活，不再为生计而奔波，也是我们的责任之一。对留守老人多一点的关注也是对未来生活的积极态度。

（二）乐观老人周彩秋

随着越来越多的农村剩余劳动力转移到沿海发达城镇就业，造成了目前广西农村地区产生了大量的留守老人和留守儿童。因此关于农村留守老人的抚养、保障等工作以及留守儿童的教育、成长等问题已经成了当前农村工作不可避免的一大难题。留守老人作为一种社会现象，已经普遍受到人们关注，在洞廊村，调研组就采访了一位留守老人——周彩秋。

周彩秋，女，1949年出生，育有两个女儿一个儿子，两个女儿已经出嫁，儿子和儿媳现在在广东打工，儿子从事计算机行业，经过努力已经升为公司经理，很有出息。现在，周彩秋和孙女韦菲妃留在洞廊村一起生活。

周彩秋是本村人，在洞廊村上的小学。那时家里条件十分不好，小学毕业后，周彩秋就不得不放弃学业，到生产队干活挣工分，帮助家里减轻负担。在生产队时，小小年纪的周彩秋和大人一起干活，由于年纪小，就只能干些像挑水这样简单的活，但是这也给周彩秋弱小的身体带来很大的压力，每天回到家都十分疲惫，浑身酸痛，但是也没有办法，为了家庭，只能坚持。

说到家庭生活，周彩秋脸上没了笑容。周彩秋的生父是个文化人，毕业于龙州师范学院。毕业后就参了军，在部队做了文书，后来加入了国民党的部队。在那个特殊的年代，这种行为被村民们视为反革命，周彩秋的父亲也就成了反革命分子，这使得周彩秋一家在村子里的口碑十分不好，小伙伴们也都不愿意和周彩秋一起玩。在周彩秋9岁那年，妈妈带着她改嫁了，跟了现在的父亲，当时小小年纪的周彩秋很有抵触情绪，和继父关系不是很好，每当受委屈的时候就会想念自己的亲生父亲。这些不幸给周彩秋的童年蒙上了一层阴影，和同龄人相比，周彩秋的童年失去了很多快乐。

本以为这些不愉快会随着周彩秋年龄的增长而慢慢淡化，但是命运总是捉弄人。亲生父亲被村民当作反革命分子这件事情还影响到了周彩秋的婚姻幸福。周彩秋与自己的丈夫是经人介绍认识的，见面后周彩秋对这个陌生的男人并不中意，便托人回绝了。但是丈夫却对周彩秋很有好感，便不顾周彩秋的反对，把彩礼送到了周彩秋家。周彩秋毅然把彩礼退了回去，但由于周彩秋家成分不好，处处受人牵制，丈夫家有三个兄弟，相对比较强势，所以在丈夫的苦苦相追下，周彩秋只好答应了这门婚事。1971年，两人结了婚。由于没有爱情的基础，婚后的周彩秋并不幸福。周彩秋说："当时就想着，已经结婚了，还能怎么样呢，就好好过日子吧。"但是丈夫婚后的所作所为又再一次让周彩秋失望了。丈夫很不顾家，生活的重担都落在了周彩秋一个人身上。那时还是在生产队干活，周彩秋为了能让家里的生活条件有所改善，就加倍努力地干活，希望多挣些工分，每天从田里回来都疲惫不堪。1973年，大女儿出生了，可是当了父亲的丈夫并没有相应的承担起更多的家庭责任，周彩秋变得更加辛苦。孩子小，放在家里没有人看管，周彩秋便背着孩子下地干活。虽然周彩秋背着女儿做工，但是干活仍然很利索。她不怕苦，不怕累的精神感动了很多村民。很多村民看到周彩秋这么辛苦，都经常帮助她。当时，周彩秋插秧快又齐在生产队是出了名的，大家都说："阿嫂做得快，得10分。"由于周彩秋的勤劳肯干，每次都能挣到满分10分。

日子就这样一天天过去，1975年，周彩秋生下了二女儿。二女儿三岁时，丈夫离开家去了越南，在一家工厂里烧石灰窑。这一去就是一年多，这段时间丈夫几乎没有回过家，很少和家里联系，也没有给家里寄过钱。周彩秋很是难过，自己带着两个女儿艰难地过着日子。但是再苦再难也得自己扛着，为了孩子，周彩秋只能选择坚强。1979年，中越自卫反击战开始了，丈夫也因此回到了家。一年多没有见的丈夫变得又黑又瘦，周彩秋虽然心里埋怨自己的丈夫，但是看到他如此消瘦，想着这一年在外一定也受了很多苦，心里又多了几分心疼。浪子回头的丈夫有了很大的改变，对周彩秋和孩子们也开始关心起来。周彩秋觉得丈夫是想和自己一起好好过日子了，便也没有再追究以前的事情。没过多久，就赶上分田到户，周彩秋一家分得9亩土地，其中8亩是水田，两口子商量着种了水稻和蔬菜，日子也一天天好了起来。1980年，小儿子出生了，他的到来给家里增添了不少欢乐。周彩秋说小儿子从小就特别受宠爱，从来都不让他干活。

1993年，不幸降临到了这个平静的家庭，周彩秋的丈夫因病去世了。家里没了顶梁柱，孩子们也都还小，生活的重担又一次落在了周彩秋的身上。坚强的周彩秋整理好自己的心情，下决心一定要把这几个孩子培养成人，让全家人的生活越来越好。两个女儿到了结婚的年龄，都出嫁到了外地。小儿子19岁初中毕业后就去了广东打工，想早点独立，好为家里减轻负担。周彩秋也很支持儿子的决定。儿子在广东从事的是计算机行业，刚去时也什么都不会，加上自己文化水平不高，所以压力很大。但是周彩秋的儿子很争气，利用下班的时间自学了很多计算机知识，慢慢地能够很熟练地完成自己的工作，也经常得到领导的好评。经过自己的努力，周彩秋的小儿子现在已经是部门的经理，一个月可以挣五六千元。说着这些，周彩秋脸上洋溢着幸福的表情。

周彩秋的儿子在打工的时候认识了现在的媳妇，两人于2004年结了婚。周彩秋说："那时家里穷，给不了儿媳妇什么像样的彩礼，总共才给了她3000

元，总觉得亏欠儿子和儿媳。但是儿子和儿媳很懂事，了解家里的情况，没有提出什么要求，也没有大办酒席，简简单单就把婚结了。”儿子现在在广东生活得很好，对周彩秋很是孝顺，会经常回家看望她，每个月都会给周彩秋寄些生活费，逢年过节还大包小包的往家买礼物，周彩秋因有这样一个儿子而欣慰。2008年村里发生了特大洪水，自家住的土坯房和木头家具都被洪水冲毁了，房子成了危房，不能住人。儿子便决定给母亲盖一栋全村最好的房子。2009年新房开始动工了，周彩秋向亲戚借了两三万元，剩下的钱都是儿子出的。整个新房总共四层半，里面的装修都是儿子自己设计的，亲自监工完成的。调研组采访时，房子已经盖好了，很是气派，这都是周彩秋的儿子孝敬母亲的最好证明。周彩秋说：“房子盖好后，就摆了30多桌酒席，请了好多亲戚朋友来家里做客，很有面子。这样一方面庆祝新房落成，另一方面也可以弥补儿子结婚时没有办酒席的遗憾，我也算是心安了。”

现在，周彩秋和自己7岁的小孙女韦菲妃住在家里。三个孩子只有到了过年过节才能回家看看。周彩秋表示说，两个人住在这么大的一栋房子里，确实有些孤独，但是没有办法，孩子们都在忙自己的事业和家庭，作为老人也只能留守在家了。周彩秋自己留了1.5亩土地，剩下都分给了亲戚。她用这1亩多地种了水稻、糯米和花生，主要都是自己食用。每年花生成熟后就用来榨油，这样家中一年的油都基本能保证了。收获的糯米主要是留着过年包粽子、米粑和沙糕，如果还有剩余，也拿出去卖，一斤能卖五六元。除此之外，周彩秋还在门口种了些蔬菜，养了几只鸡，过着自给自足的生活。

作为留守家中的老人，周彩秋算是比较积极乐观的一位。她说：“我每天做做农活，照顾好小孙女，空下来的时间可以和村里的人在一起聊聊天，逢年过节孩子们就会回来看我，自己还是很满足的。可是就是苦了自己的小孙女，从小父母就不在身边，和别的小朋友相比，失去了很多父母的关心。”确实，孩子从小不能在自己的父母身边长大，的确是一大遗憾。调研组了解到，虽然韦菲妃的父母经常会给她打电话，放假时也可以去广东找父母，但是这种远距离的关心还是不能弥补孩子成长过程中需要的父爱和母爱，小女孩的性格有些内向，周彩秋说这都是因为父母长期不在身边造成的影响。平时周彩秋都会鼓励孙女学习写字、画画和轮滑，告诉她只有掌握了好多知识，以后就可以跟父母去广东了，所以小孙女学习很努力。今年放假，韦菲妃没能去广东与父母相聚，很是伤心，哭了好几个晚上。看着这个不爱说话的小女孩，也让调研组成员心中多了几分心疼。

现在，对于周彩秋一家来说，物质生活已经得到保障，但周彩秋的精神生活还有待提高。作为一名留守老人，她有着可贵的乐观积极的心态，但是也希望她的孩子们给予她更多的关心，希望政府能给予他们更多的关注。只有这样，才能在充分保证农村劳动力就业、实现农村经济增长、推动社会主义新农村建设的同时，实现农村留守老人有所养、留守儿童有所教的局面。

十九、朴实无华的村民

洞廊村是明江河畔一个人才辈出的小村庄，这里有满腹经纶的“撰史三翁”，有倾力于学生教育的文化人，更有积极致富的新农民代表。但是，就和中国广大的农村一样，这里生活着的更多的是朴实无华的农民。他们踏实、勤劳，在洞廊村过着简单安逸的生活。一生踏实种田的黄明昌，抗日英烈周元将军的后代周卫平等就是洞廊村普通农民的代表。

（一）一生踏实的黄明昌

调研活动转眼就要结束了，在洞廊村的这段时间，给调研组留下了很多回忆，当采访到家庭富裕的农民时，会为他们的幸福生活而感到高兴；当采访到家庭比较困难的农民时，尤其是老人，心中也会为他们而担心。所以当快要离开时，心中感受，难以描述，多少会有几分不舍。黄明昌是采访名单上的最后一位，小助手黄永安说他两家不是一个组的，所以他也不是很了解黄明昌。调研组带着好奇来到了黄明昌家。

黄明昌，男，1951 年出生于洞廊村。育有两个儿子，目前已经分家了。大儿子已经结婚，单立户口；二儿子还没有与老人分家，但是二儿子常年在广西南宁打工，不能照顾家中的老人，所以老两口还是跟大儿子一起吃住。两位老人的身体状况都不是很好，黄明昌患有多年的胃病，经常要去村里的门诊部看病拿药，老伴儿患有冠心病，不能过于劳累。所以，他们现在都不种地了，平时在家就干一些轻体力的活，以帮助儿子减轻负担，而且由于自己没有收入，在生活上主要依靠儿女们提供的生活费度日。

黄明昌家里的生活条件不是太好，从 2009 年 3 月开始，政府每月发给两位老人每人60元的补助，到2010年6月，平均涨了10元，达到每人每月70元的政府补助，让包括黄明昌在内的大多数老人很是欣喜。这些补助都发放到个人的存折上，一个季度发一次，这样算下来，二老每年一共能够拿到1680元的政府补助资金。2005年，黄明昌家里建房，也就是现在老人们和大儿子住的这间房子，从买材料到修建，大约花费了5万多元，这笔花销对于本来就不富裕的黄明昌一家来说，可谓是倾其全部，而且由于家里当时的积蓄不够，还向亲戚朋友借了2万元。更糟糕的是，二位老人的身体一直不好，经常需要到医院看病吃药，所以也就攒不下多少钱，到现在为止，之前的2万元欠款都还没有还清。另外，在那年建房子的过程中，由于缺乏经验，还被砖厂老板骗去了2000元定金，至今都杳无音信，给本不富裕的家庭又增加了负担。

黄明昌是本村人，在洞廊小学读完小学。上学时，小小年纪的黄明昌就开始了半工半读的生活，一边上学一边在放学之余帮助家里做一部分农活。黄明昌的母亲当时一个人带着三个孩子，生活很是困难，加之贫困的家庭缺少劳动力，所以黄明昌在1971年毕业之后就没有继续上学读书，而是为了解决家里的困难，放弃了读书的机会，选择回到家里帮助母亲干农活。那时候，黄明昌一家还是给村里的生产队干活，当时生产队大约有100亩地，大部分种植水稻，小部分种植蔬菜，干活计工分，并规定每年每人平均能得到600斤粮食，但是由于家里只有黄明昌和母亲两个人在挣工分，所以一年下来，四口人的家庭能够分得1200斤的粮食，这样还勉强能够供给一家人。

1974年，黄明昌和村里的少数其他村民一样，参加了洞廊村的民兵队，黄明昌说："民兵工作是一项地方性很强的军事工作，这也是地方的特点。我们当民兵那会儿组织还不是很规范，但是每年还是要进行打靶训练，而且都是真枪实弹的，平时民兵队的队员们并不需要在村里巡逻，只有当村里出现状况或险情的时候，我们才会出动。"现在村里的民兵队选拔也越来越严格，还实行网络征兵，就是每年冬季征兵工作一开始，村干部就利用村委会的网络作用，开展了兵役登记及民兵的宣传工作。利用宣传橱窗、张贴标语、广播等形式，广泛宣传依法服兵役的意义。同时，对适龄青年进行了调查摸底，确定兵役对象后一家一户上门通知，发出兵役通知书，经过目测初检、病史调查、政治审查工作，努力提高兵源质量，把洞廊村最优秀的青年送到部队。同时，还要做好应征青年及其家属的思想工作，才能保证征兵工作顺利完成。

所以，这些村干部都得不厌其烦的到家里去做思想工作，并帮助解决一些在生活上、工作上的困难，让应征青年在部队安心。

1977 年，26 岁的黄明昌结婚了，老伴儿是从外村嫁过来的。听黄明昌老人讲，那个年代的生活条件十分艰苦，就连结婚的时候，两个人也还穿着打了不少补丁的裤子，相对于现如今多少铺张奢华的大型婚礼而言，黄明昌的婚礼极其简单，从前期筹备到结婚当日，总共才花费了 100 元。换句话说，当时的婚礼就是邀请一些亲戚朋友到家里来吃喜糖、瓜子等，还有用红薯叶包的糍粑，这也是当地的一种习俗。当时家里连一口锅都没有，每天都是用野菜衬着炒菜，虽然生活上相当艰苦，但就是这样简简单单的小日子，两个人还是觉得很幸福很满足。

1979 年，洞廊村的生产队到每家每户征集男丁去战争前线扛伤员，虽然有一部分村民是自愿报名前往的，但大多半都是被生产队指派去的，黄明昌就是被指派前去的众多村民的一员。据老人回忆，当时村里大概有 20 多人是一起被送去的，可是等大家到了战争前线才恍然大悟，实际上他们的工作并不是扛伤员，而是去战场后方扛炮弹，再把这些炮弹送到前线，支援前线的战士。说到这时，黄明昌有些激动，老人告诉调研组成员，那时战争使用的炮弹，每一个都达到 180 多斤重，而且每天需要扛送的炮弹数量也不确定，这不仅辛苦，也具有相当的危险性。类似这样的义务征兵每次要去 10 多天，而且经常换地方，前后总共一个多月的时间。虽然在多次往返战场的过程中并没有经历什么生命危险，但是由于炮弹的重量实在惊人，而且工作量也很大，劳累过度也是常有的事儿，因此黄明昌等许多参加义务征兵的村民都留下了胸闷的后遗症。

战争结束后，黄明昌又回到了洞廊村的生产队种田干农活。直到 1981 年，黄明昌一家人总共分得 4.8 亩土地，并且利用全部的土地种了水稻，后来经过全家人的努力，慢慢地又建起了房子。这些年也都一直靠种田为生，生活条件也逐渐得到改善，全家人的生活也越来越幸福。

美好的时光总是那么短暂，洞廊村遭遇了 2008 年发生的百年一遇的特大洪水，黄明昌一家也没有逃脱洪水的魔爪。房子被淹以后，全家人都搬到了楼顶上居住，家里的庄稼也因洪水的侵袭颗粒无收，虽然还留存有一些余粮和咸鱼，但仅仅这些还是不能维持全家人的生活。而且，家里几乎所有的蔬菜都被水泡了，已经无法食用了。虽然在洪水来袭之前，洞廊村村民接到了村委会的通知，但预测仅仅是一米多高，结果可怕的洪水来势凶猛，当时已经涨到了两米多，直到现在，黄明昌家里还留有深黄色的水位线印记。洪水从进到退足足经历了5天的时间，当地解放军也不断地给受灾村民送去吃的喝的，勉强维持大家的生活。但是水流却愈加湍急，使得救生艇难以靠近受灾群众，这就迫使村民需要自己游到对岸取食物，可以说在当时的水势下这是极其危险的行为，但是为了家人的生命，也只能冒险前行了。黄明昌记得，当时年幼的小孙女也在楼顶上，一看到救生队马上直呼救命，这个场景让全家印象深刻，至今都难以忘怀。洪水退后，家里的旧式家具都被泡坏了，那段时间都是依靠在外面打工的二儿子每个月挣得2000多元养活一家人，生活很是艰难。但庆幸的是，灾难过后，国家和政府都对受灾群众给予了生活上和精神上的帮助，黄明昌深深的感激之情溢于言表。

黄明昌老人的一辈子是踏踏实实种田的一辈子，日子过得平平淡淡，倒也安心。大儿子去年用农业补贴买了拖拉机，陆续置办了几件家用电器，生活条件一天天好了起来。希望两位老人可以健康长寿。

（二）抗日英烈之后周卫平

在洞廊村水塘旁边有一栋很不起眼的二层砖瓦房，这就是周卫平家。院子很大，养了一些鸡鸭，调研组到了二楼，由于天气不好，屋内感觉比较阴暗，但是屋子的家电一应俱全。就在二楼，调研组和周卫平老人聊了起来。

周卫平，壮族，今年57岁，初中毕业，洞廊村人。周卫平是周元将军的第四代孙子。周元将军是这个家族的骄傲，周卫平老人首先给调研组成员介绍了周元将军。周元，字凯之，壮族，桂系中将。周元出生在一个贫苦的农民家庭，小的时候给人放过牛。在1905年的时候因为生活所迫，加入广西左江镇总兵陆荣廷部当兵。1917年，参加了“护法运动”。1920年追随李宗仁，1924年加入了国民革命军，参加北伐战争。1930年任龙州教导团团长。1934年到黄埔军校南宁分校第5期高级班学习，毕业后任国民党第二十一集团军第四十八军第173师副师长。1937年“七七”卢沟桥事变后，他奉命率部参加淞沪抗战，10月17日在上海陈家行指挥战斗时，英勇拼杀，虽身负重伤，仍坚持指挥作战。他的忠勇爱国精神，受到上级嘉奖，被提升为中将副师长兼五一七旅旅长。上海战役失利后，第二十一集团奉命驻守江西九江。1938

年5月初，日军在台儿庄受挫后，便调集数十万大军围攻徐州，妄图歼灭第五战区李宗仁部。为避免重蹈京沪战场覆辙，李宗仁决定放弃徐州，转移到豫南、皖西一带，并命驻守在淮河中上游的第二十一集团军第七军第一七一师师长杨俊昌率一个团守宿县，以阻止沿津浦线北上的日军；命第四十八军一七三师副师长周元率一团守蒙城，以阻止沿蒙蚌路和涡河而进之敌，以掩护主力撤退。周元率部于5月6日进驻蒙城布置防务。此时国民党蒙城县长葛昆山逃往望町、高隍一带。此时3000多名日军逼进县城，经过三昼夜激战，在孤军无援的情况下，9日县城沦陷。周元率2400名官兵虽英勇拼杀，仍大部殉国。周元突围至城东南飞机场时，在同日军激战中为国捐躯。日军也伤亡千余人。

为纪念这位守土抗战的将军，蒙城人民在东门外庄子祠东侧，为牺牲的官兵筑起高大陵墓，并立碑纪念。同时还将城关镇改为周元镇，把乐育小学改为周元小学。

1938年秋，在周元的第二故乡——广西桂林市南部，还立有“故陆军中将第一七三师副师长周元抗日阵亡纪念塔”一座，塔高5公尺，呈三棱形，两侧刻有第五战区司令长官李宗仁亲手书写的“成仁取义”和国民政府军事委员会副总参谋长白崇禧书写的“痛失干城”的题词。牺牲后安葬于宁明烈士陵园。1985年5月21日国务院民政部追认周元为革命烈士。每年周卫平一家都会去宁明烈士园扫墓。家里现在还保存着李宗仁赠给周元将军的匾，上面写着“攸跻攸宁”。

周卫平的父亲在明江镇当医生，母亲在家务农。周卫平毕业之后在宁明烟酒公司开车，本来有机会顶替父亲当医生，但是由于他爱喝酒，父亲没让他去，后来也不让他开车了，便一直在洞廊村种田。

1978年，越南多次武装挑衅，并且打死打伤中国边防人员和边境居民三百余人。对于越南地区霸权主义者的这种蛮横行径，中国政府曾多次提出劝告和警告，规劝他们要以两国人民的根本利益为重，不要做不利于两国人民团结的事，并一再提出通过谈判合理解决两国的争端。但是越南当局却置若罔闻，一概当成耳旁风，把中国方面的忍让克制与和平愿望，视为软弱可欺，在侵略的道路上越走越远，致使边境局势急剧恶化，严重地干扰了中国现代化建设，并且危及东南亚甚至整个亚洲地区的和平与稳定。中国边防部队在忍无可忍的情况下，被迫奋起自卫还击。1979年2月14日，中共中央向全国公开下达了准备开始自卫还击作战的通知。1979 年 2 月 16 日对于周卫平来说是个永远难忘的日子。他参加了对越南的自卫反击战，当时是后勤部队明江连的一员，部队里都是年轻人，每人配一把半自动的枪，他们的主要任务是搬战利品，比如化肥、油管、樟木等。周卫平介绍说："那时候乡里来了命令，让我去武装连，后来没去成，就直接去了越南参战。其实参加战争是非自愿的，但是组织上有需要，就必须执行。当时战争十分激烈，峙浪、桐棉、爱店都有我们的驻兵，有一个师的兵力。打仗的时候山上山下都是我们的军队，直升机在天空中飞来飞去。我们白天去越南同登，晚上回到凭祥。洞廊村也有驻军，解放军白天战斗，晚上就住到农户家，洞廊村为抗战提供了后勤保障，战争胜利后，解放军还特地回来感谢。"在前线的时候，妻子就挑起了家里的重担，不仅要种田还要照顾两个孩子，还要时刻担心着周卫平的安全，但是作为周元将军的后人，周将军不怕牺牲、舍生取义的抗日精神一直在鼓励着他们。他说："我们始终记得那句话：人固有一死，或重于泰山或轻于鸿毛。"一个月后，周卫平和他的战友们胜利归来，大家夹道欢迎。因为参加了对越战争，周卫平从 2007 年开始，每月可以领 70 元的参战补助。

战争结束后，周卫平回到村里继续种田。在 1983 年时候，周卫平当选为村里的生产队长，当时村里有八个生产队。由于周卫平干得出色，深得村民的信任，一直连任，直到 1988 年。在 1987 年和 1988 年，周卫平除了当生产队长外，还兼任宁明县农业局的技术员，在村里推广水稻种植，那个时候就变得很忙，早出晚归，指导别人种杂交水稻，那年杂交水稻全村种植面积 300 亩到 400 亩。同样是在 1987 年的时候，为了促进农业生产，满足农田灌溉用水，村民都要求盖一座水电站，周卫平和另外一个生产队的大队长，为了村民种田的利益，亲自去县里和镇里申请建水电站，由于建水电站程序复杂，需要资金较多，经常去一次就要很晚才回来，后来镇里终于同意修建水电站，水电局给了 8000 元的建设资金，又在全村集资了 5000 元，终于把水电站盖了起来。周卫平回忆说："建水电站的那段日子很辛苦，都是村民们亲手盖起来的。"

1988 年之后，周卫平就不当生产队大队长了，专心在家种田。1999 年到 2003 年间，村民选举周卫平为村委副主任，主要工作是维修电泵，维修公路，调节农田纠纷等。这提高了村庄的基础设施建设，方便了村民的生产生活。1999 年到 2000 年间，出现了干旱，河水都干枯了，为了能够让水在农田里保存，周卫平就和村干部一起带领大家用麻袋拦水。由于周卫平交际能力强，2000年还担任村里的甘蔗联络员，负责把村里的甘蔗和糖厂联系起来，给村民找到了销路，提高了村民种植的积极性，保障了村民的经济利益，当时村里400亩到500亩的甘蔗都卖给了糖厂。但是在当村委副主任的时候，由于工作忙，很多工作需要落实，家里的农活都没有时间干，只能让妻子一个人干，对妻子也觉得很亏欠。

2004年以来，周卫平就在家安心种田了，家里有10亩地，3亩旱地，7亩水田。种的是超级稻，早稻卖给国家，晚稻留下来自己吃，冬天时候种马铃薯，还有外地人来种了2亩地的甜玉米。由于周卫平的妻子身体不好，生病6年了，看病的花销很大，也不能下地干活，家里的农活几乎都是靠周卫平一个人来做。

对于未来，周卫平说："现在儿女双全也都很有出息，就是希望我和老伴儿身体健康，我们这就知足啦。"

（三）勤恳一生的韦现庭

韦现庭在洞廊村里是一个平凡的不能再平凡的农民，他的经历几乎可以代表洞廊村所有朴实的40后、50后的农民，甚至也可以代表中国几千年文明以来从事着面朝黄土背朝天的农业生活的朴实而又辛勤的中国农民。他身上的标签也简单得不能再简单：1946年生人，小学文化，幼年时兄妹相依为命，辍学供兄长上学，辛勤养育4个孩子，浓厚的乡土情结……但止是这些简单的标签勾勒了洞廊村一个经历新中国成立后集体经济、改革开放等农村经济发展历程的朴实农民的辛勤忙碌的一生，也勾勒了新中国成立以来洞廊村经济变迁的历史。

1946年，抗日战争胜利后的第二年，韦现庭呱呱落地，随后韦家不断增添子嗣，组成了六个兄弟两个姊妹的热闹大家庭，但硕大的家口也让家庭过得并不宽裕，但全家仍尽全力支持他们上学，学校老师也尽可能地免除他们的学费，幼年时候的韦现庭十分刻苦，学习成绩十分好，在班级成绩中数一数二。小学毕业后，由于一连串的不幸，韦家只剩下几个兄弟姐妹相依为命，为了让在读师范的大哥能继续读书，韦现庭主动退学和其他兄弟姐妹一起撑起这个大家庭。当时只有十几岁的韦现庭由于年龄过于幼小，并不能参加重体力劳动，只能在生产队里放牛，但这也并不是一个简单的工作，更不像故事里描述的像牧童抚笛般的舒适，由于农业生产任务紧迫，生产队只有两个人来照看生产队的重要生产物资——16 头牛，年少的韦现庭不得不每天绷紧神经跟着 16 头牛跑来跑去，走过山坡，下过河流……对此，韦现庭无怨无悔，因为辛勤的劳动每天可以换得 8 个工分，虽然比一个成人的 10 个工分少，但是这个家庭需要任何的一点收入来支撑 8 个人的生活。直到 1963 年，韦现庭才开始在生产队里承担成人的重体力活，主要负责沉重枯燥的犁田工作，农忙时节还要参加抢收抢种工作，18 岁的韦现庭经常与生产队里的成人一样加班加点，在农闲的时候，韦现庭也不错过任何一个挣工分的机会，经常给其他人打打下手，贫困的生活和艰苦的生产劳动磨砺了韦现庭的意志，也让韦现庭积累了丰富的农业生产经验，为以后联产承包后发展个体农业经济走上致富之路打下了坚实的基础。

时光荏苒，1965 年韦现庭感到很自豪的一件事情就是他可以拿到整个劳动力工分了，可以给家里分担更大的压力。韦现庭当时记忆最深的就是农闲时候的水利设施修缮工作，由于缺乏大型的机械设备和技术，全部凭借人工修缮，十分劳累，但是当时受体制等因素的制约，由于农村经济仍十分不发达，因此当时生产队的收入也并不高，辛苦工作一天换来的 10 个工分只能换来五六角钱，甚至于连一斤才 7 角钱的猪肉都买不起，韦现庭不得不日复一日的辛苦劳作来与兄弟姐妹们一起维护家庭的基本温饱。1981 年，国家实行分田到户，这一农业政策不仅造福了数以亿计的中国农民，同样也让韦现庭享受到了分田到户的好处，据韦现庭回忆，当时家里一共有 7 口人所以一共分得 7 亩地，为了生计，韦现庭和妻子不得不早出晚归两个人一同耕种 7 亩多田，当时家里的四个孩子，最大的 16 岁，最小的 5 岁，已经可以承担一定的农业劳动了，但是深知知识重要性的韦现庭坚决不让孩子干一点重活，三番五次叮嘱孩子要努力学习，并且竭尽所能支持孩子们上学，经常在农忙时节，早上韦现庭要 5 点钟起床给孩子做好饭，然后匆匆吃两口就和妻子一起下田干活，一忙碌就是一天，傍晚赶回来给孩子做晚饭，然后继续回到田里劳作到天黑……在当时的农村，两个人耕种 7 亩田，要养活 7 口人已经实属不易，再要支付四个孩子上学的费用十分困难，但是韦现庭坚持下来了，直到四个孩子全部上完学，这一点在洞廊村里赢得了大家的交口称赞，而对于自己养育出来的四个孩子也都有了所成，让韦现庭十分自豪，他常常如数家珍地向乡里乡亲介绍："大儿子在广东工作，老二在宁明养蜂站做出纳，老三自己做生意，老四在镇上工作。"四个孩子都有了出息之后，也并没有忘记生养的父母，多次要求父母去城里生活，颐养天年，但是韦现庭都委婉地拒绝了，在他看来，农民的秉性就是劳动，现在一年家里纯收入能达到1万多元，虽然并不高，但是自己还能劳动就要坚持劳动，创造价值，不给儿女增加负担，而且生活了几十年的乡土也让他舍不得离开。

所以时至今日，韦现庭和妻子还耕种了10多亩田地，2亩甜玉米和花生，4亩水稻，平时还种一些香葱来换点零花钱，除了农忙时节为了赶生产雇人之外，都是与妻子一起辛勤劳动，不舍得雇劳动力，例如在插秧的农忙时节，韦现庭要和妻子连续忙十天才能插完秧，十分辛苦。"现在雇工好贵，一个人一天90元钱，太贵了，自己多干点就省了"，韦现庭说。由于田地多、劳动力少，韦现庭和妻子都保持了几十年前的习惯，"比别人起得早，比别人回的晚"来赶农业生产，有时候妻子要去城里帮儿子带孩子，韦现庭就会一个人更早一点起床，在别人还在梦乡的时候开始一天辛苦的劳作。闲暇的时候，辛苦了一辈子的韦现庭也感到了儿孙满堂的幸福，而且也的确照顾不过来这么多的田地，在孩子的要求下，韦现庭也逐渐开始转变自己的一些观念，但他感觉儿女都已经成才，自己的压力不再像以前一样大，他下了好大的决心才把其中的一亩地租出去，一年的租金400多元，但是言语间他仍不自觉的透露出没有亲自耕种这块田的遗憾。

在生活中韦现庭仍然难改勤劳节约这一几千年来中国农民闪光的优点，抽便宜的几元的本地烟，家里的电器也较少，家里也养了几只鸡，还种植了一些瓜果蔬菜，省得平时再花钱去买，每个月家里的固定花销就是15元的电费和闭路费，他平时的娱乐休闲也就是在村里与村民聊天逛街，也并没有一些赌博的不良嗜好，在日常生活中韦现庭也建立了良好的邻里关系，主动友爱老人，院里种植的葡萄，成熟的时候他经常送给周围的一些老人和一些调皮贪吃的小孩子，赢得了良好的村民口碑。近些年，洞廊村富裕起来的农民都纷纷开始搭建楼房，一家好过一家，对此韦现庭并不羡慕，他认为孩子们都已经在城里落脚，不需要家里另起楼房，而现在家里的老房子够两个人住就好，韦现庭现在住的房子是20世纪80年代修建的，当时筹建全部由自己家出钱，没有借一分外债，在当时村里十分少见。

"甜玉米今年亩产2000斤，利润还不错，只可惜今年没有订单，只能自己去销售，价格大概六毛一斤，还低于往年工厂收购价六毛五，水稻今年早晚两季大概亩产 1600 斤左右，收购 1.4 元/斤，留点晚稻自己吃，其他的都卖了，收成不错”，韦现庭介绍了自己今年的收成，今年对辛勤的韦现庭又是一个丰收年。

（四）明理好强的周玉金

“洞廊村是远近闻名的先进村，农业生产在县里名列前茅，靠种植水稻和蔬菜走出了一条发家致富之路，新中国成立六十多年来一直都是先进示范点和种植示范基地”，周玉金对自己所在的洞廊村有很强的荣誉感，在调研中他也反复向调研组介绍村里获得的各种荣誉。

周玉金今年 68 岁，家里现在是三代同堂，一共有 6 口人，夫妻二人、儿子和儿媳，还有两个孙女，生活的十分幸福。在洞廊村来讲，周玉金这样人口少的家庭是很少见的，之所以如此，是因为周玉金很早就萌发了优生优育的理念。据他回忆，1968 年结婚时洞廊村还没有计划生育的概念，但他自己就觉得要太多的孩子会产生很大的家庭负担，还不如少生优生，所以在养育了一个儿子和一个女儿之后，就和妻子商量再没有继续要孩子，这在当时相对保守的农村十分少见。由于孩子并不多，周玉金把大部分精力放在了孩子们的学习上，他十分重视子女的教育，更愿意让孩子们在知识的道路上走得更远，也不用像他这样这么辛苦，在他的鼓励下，女儿从南宁师范毕业后成为一名小学教师，在洞廊村小学任教两年，后来因教学成绩优秀被调整到明江镇小学担任校长，现在迁任宁明县城中镇一小当老师。周玉金的儿子高中毕业后去读了当地的一所艺术学校，希冀在自己喜爱的艺术行业有所作为，后来从事运输行业，对此周玉金仍十分鼓励，他认为年轻人就要去寻找自己的梦想，而且对两个子女的成长也感到十分自豪。这种对知识的尊敬也延续到了今天，现在周玉金每天的一个重要任务就是给自己上学的小孙女做好“后勤保障工作”，并且监督她学习。

对于知识的看重，来自周玉金自己爱好读书的习惯，他经常找各种机会学习。小学毕业时，因为当时国家提出了旨在赶超欧美的“大跃进”、“大炼钢铁”等运动，15 岁的周玉金不得不放学回家参加农业生产，对此他时至今日仍十分遗憾，但是这没有影响他对知识的热爱，养成了看报纸、科技资料的习惯，学习种植水稻和蔬菜生产技术，为他后来的生产和生活打下了坚实的基础。正是这种对知识的渴望与尊重，让他在洞廊村也有很高的威信，从参加农业生产开始，周玉金慢慢开始担任生产小队队长、大队会计等职务。1970 年时，经过推选，他担任了生产小队的队干部，带领社员按计划生产，保质保量完成国家生产指令，很好地完成了国家的生产任务，但是由于当时生产还很落后，当时亩产水稻最高也只能达到 500 斤，而排除上交国家 60 斤的公粮，按照当时的人均粮食需求水平，基本每人每年要分到 400 斤水稻，而且还需要保留一部分作为种子以备下一年生产，因此粮食仍不够分，当时除了公粮，国家的购粮计划在洞廊村也有施行，一般按照每百斤 9 元的价格收购，与此同时还有双超粮收购，价格则一般按照市价，价格更高，这种国家购粮制度保证国家的粮食供应，而且也致力于让多生产的农民创收，看到这种情况周玉金很着急，因此在没有其他工作的时候，他都是尽量争取能参加劳动，以身作则，带动大家多劳动多生产，保证完成国家公粮、村民口粮和下一年种粮的正常供应，也进一步提高了周玉金所在小队的收入。后来，到了 1981 年，洞廊村进行分田到户，周玉金被编入了第四小队，他也从村里的干部职务上退了下来，周玉金带领家人在分到的五亩田地里种植水稻和蔬菜，发挥自己经常学习和以前生产经验的优势，生产劳动积极性大大提高，带领全家人积极投入到生产中来，在正常农业生产之余，周玉金也制订了家庭的副业生产计划，根据市场导向种植红薯、黄豆等经济作物，而且坚持养猪和养牛。周玉金表示，养牛主要用于平时的生产用，解决劳动力不足的问题，之所以养猪，是因为当时国家肉类供应相对紧张，购买猪肉是需要凭票供应，自行购买并不方便，大家一般都只有过年过节才能吃上肉，自己养猪的话，一方面猪粪便可以用来作为田里的肥料，另一方面，养猪到了年底还能卖肉，增加家庭收入，因此按照国家政策养猪户每上交给国家一头、才能屠宰一头，但周玉金还是坚持养猪，每年养大概四头猪，但因为周玉金平时十分照顾亲戚和乡亲，所以他经常把肉分给亲戚朋友，因此收入也并不多。

由于这一时间，孩子们正在上学，各项开支都比较大，因此周玉金的经济压力十分大，但由于乡村经济、农业经济的滞后造成了这种情况一直持续到 1985 年在当地政府主导的农业产业升级创新努力下才得到了改变。当时地方政府大力推进高产稻等技术，为了推动家里粮食高产、提高经济效益，周玉金在村里学习了高产稻的技术，将自己的土地也种上了高产水稻，成为村里较早种植的专业户，在种植过程中他经常向县里的技术员学习技术，还经常向左右邻里请教经验和技术，大大提高了科技种植的效率，也带来了家庭收入的大大增加，周玉金感到腰包鼓了。在周玉金看来这一切都归结于党和政府的好。

进入21世纪以后，由于农业生产、外出务工等原因，洞廊村收入大大提高，富裕了的村民们开始翻新自家的新房，改善住宿条件，不少都纷纷盖起了几层的小高楼，不少家也愿意比比谁家的更宽敞更漂亮，但是周玉金在这种环境中并没有追赶这种风潮，反而根据家庭实际需求和能力进行了建设。周玉金原来的老房子是1969年盖的土屋，由于儿子结婚和两个孙女的出生，家庭住宿条件十分紧张，周玉金就想改造下房子，给下一代创造更好的成长环境，结合自己的经济实力，2008年周玉金和儿子商量决定建一个两层半的小楼房，自己积攒了多年的8万元加上向亲戚借的4万元，凑够了12万元在老屋的旧址上盖起了新楼房，这样一来家庭的居家条件大大改善。对于老屋原来旁边的小屋，怀旧的周玉金就物尽其用改造成了厨房和柴房，一来节约了地方，二来也不会因为把厨房设在家里而把家里弄得到处都是油烟，卫生条件大大改善。

现在的周玉金，就生活压力来讲，由于儿子跑运输每个月能拿到不错的收入，儿媳通过种田收入也比较稳定，虽然两个孙女上学正是需要钱的时候，但是借助国家关爱女孩工程，每年都能从政府获得一定的补贴，并且免费给周玉金一家人加入了新农合，因此家庭的支出并不多，这也让周玉金欣慰不少。周玉金平时都在家里帮助儿子照料家务和做一些力所能及的农活，不忙的时候周玉金就跑到村里的培训中心去学习农业技术，经常参加各种培训班，平时也会看看新闻，关注国家大事和政策变化，时不时地还给小孙女讲讲，生活比较恬淡，这并非他不想劳动，而是因为一次上山砍柴时，不小心被木头压坏了腿，为了省钱也就没有完全治好，无法再从事重体力劳动，采访中周玉金挽起裤腿，给调研组展示了当年的伤疤，但是乐观的老人表示从未把这些放在心上，反而他认为现在有了农村医疗保障制度，国家对农民给予了很多的补贴，所以要感谢国家和党，过去的生活是“苦中苦”，正是在国家和党的带领下让农民发家致富，尝到了“甜中甜”的生活。

（五）农民养路工周法凯

几千年以来，由于农村福利措施建设的滞后，农民一般都无法享受到国家的各项福利待遇，因此农民都会以“吃上皇粮，捧上铁饭碗”为荣，在洞廊村也有着这样一位吃“皇粮”的有着39年工龄的农民养路人——周法凯。

1969年，16岁的周法凯从小学毕业，由于年龄已经稍大，他就没有选择继续读书，而是直接下地务农。凑巧的是，当时国家为推动经济建设，大力推进边疆建设，其中国家在广西提出了修建边境道路的计划，急需修路工人，周法凯就报名了，也开启了他以后养路人的职业生涯，从养路到修路、护路。修路的生活是一种长期奔波的生活，需要经常根据需要外出工作，经常与家人半年见不上一面，“从工作开始，基本上就是哪里需要修路、维护路，就去维护，现在宁明的一些路都参与了，今后还要继续维护呢”，周法凯老人这样表述着自己的工作，在工作中，从最初修路的桐棉乡、临近越南边境等地开始，几乎跑遍了大半个广西。

周法凯刚进修路队的时候就成了正式工，并很快成为队里的一级工人。虽然在大家看来，周法凯捧的是铁饭碗，但是实际上挣钱并不多而且也并不轻松。刚刚参加工作的时候，只有16岁的周法凯也要与其他成人一样承担定量的工作任务，而且工资也并不是很高，每个月也只有29.5元的固定工资，除去简单的日用，周法凯尽量节约，把剩下的钱都寄回家，仅仅能维持家庭的基本运转。周法凯回忆，当时他刚刚进入修路队时参加桐棉、那楠等地的修路养路工作，山区较多十分容易塌方，大型机械难以通过，因此几乎全部使用人工修路，修路工人每天都要挖掘大量的土方，非常耗费体力，但当时由于工地多在山区，所以周法凯每天只能吃一些咸鱼、南瓜、冬瓜、青菜、白菜这类，每顿饭都吃不饱，当时为了完成各项建筑修路任务，建筑队也多是经常加班加点，周法凯和队友每天都要至少工作8小时，挖土方、平整、挖水沟、捞河沙、铺路，而每天下班修路工作结束后，周法凯也不能马上休息，按照上级领导的要求，每天下班后工人都要坚持接受思想教育，这样周法凯都会挺着累了一天的身体按照领导要求学习国家的相关精神，经常听辅导员读报，周法凯还经常参与热烈的讨论，成了当时的学习积极分子，虽然身体上辛苦，但是他觉得自己精神上很充实，很快成长为积极向上的工人楷模。

修路的工作并没有多少技术含量，但周法凯对自己的工作也是非常的自豪，他参与修过的路遍布广西地区，从1969年在他工作之初就参加的国防路修建，到后来到凭祥、那堪等地修路、322国道，每一条路都留下了他的足迹。在工作中，周法凯的积极工作也让他得到了很多荣誉，20世纪80年代他作为积极分子、劳动模范，受到了南宁地区的奖励，并作为基地的代表去南宁学习，而当时一个基地只有一两个人有这个荣誉。到2008年退休时，周法凯已经数不清自己到底获得了多少荣誉，他将很多荣誉奖品都送给了小孩子，给他们讲当年的一些故事，将自己的工作精神潜移默化地传播到下一代心中。

虽然，周法凯从开始工作就基本上脱离了农业，但是他在闲暇时间仍不忘农业生产，因为仅靠自己微薄的工资不能够满足两个孩子读书和家庭生活的需要，当时周法凯大儿子上中专，二儿子就读于广西大学，周法凯不得不经常向亲戚借钱生活，来维持家庭生活的运作，所以为了缓解这种情况，即使工作再忙，当时他每两个礼拜才能休息一次，每逢休息他就回家种田，甚至有时半夜回来还要去农忙，“家里困难，所以没办法”，周法凯这样表述当年的辛劳。后来随着国家经济越来越发达，农民的生活也有了很大提高，国家对相关单位的工资也提高了，周法凯也享受到了这一实惠，慢慢才开始积攒了一些钱。2008年，为了孩子工作方便，周法凯和两个儿子在宁明盖起了三层半的小楼，购置了家具彩电，与儿子们住在了一起，告别了1972年盖的古老简陋的木制小楼，过上了城里人的生活。周法凯的两个儿子都非常有出息，都在公路局工作，一个是办事员，一个是工程师，每个月的工资也都十分可观，而周法凯也享受到了1900元的退休工资，并参加了单位的医疗保险，生活压力已经很少，但周法凯仍舍不得让家里的农田荒废，每天都坚持回洞廊村老宅喂养自己的鸡鸭，还种了不少的稻谷，完全靠自己犁田、插秧，而在其他时间他每天也帮着儿子带孙子孙女，自得其乐。

周法凯很满足现在和老伴儿、两个儿子、一个孙子、一个孙女共享天伦的生活，他激动地告诉调研组，现在的生活一天比一天好，当年没有毛主席，老百姓都受到欺压，都生活在暗无天日的生活中，在党的领导下，老百姓的生活越来越幸福，要感谢党领导的革命为广大劳动人民赢得了新生。在周法凯的旧宅中，调研组也看到挂着毛主席、朱德等国家领导人的画像，深深地表现出对老一辈无产阶级领导人的崇拜和尊重。

二十、村庄发展带头人

近些年，洞廊村的经济发展迅速，村庄精神文明建设也走在前面。在村干部的带领下，洞廊村已经成为远近闻名的无公害蔬菜生产大村，村民们都过上了丰衣足食的好日子，这一切都离不开村庄发展带头人的正确领导。这些“领头人”从村民的根本利益出发，充分发挥党员的先进性，实现了洞廊村的和谐发展。

（一）能人村支书韦敏坚

时任洞廊村村支书和村委主任的韦敏坚是调研组此次在调研中接触最多的村委成员之一，他1952年出生，初中学历，历任公社的记分员、村农业生产小队队长、民兵排长、村拖拉机驾驶员、村委副主任和村支书等职务，自2002年以来带着洞廊村村民走上了致富大道，他尊老爱幼并照顾妻子的坚强形象也得到洞廊村全体村民的敬佩，给村民树立了良好的农村基层干部楷模，大大提高了洞廊村的经济和社会发展水平。

1969年，韦敏坚初中毕业，直接分配到公社担任记分员工作，后来由于工作突出，三个月后韦敏坚返回到村里担任了第二生产队的副队长，并兼任民兵排长，一年后，由于具有驾驶技能韦敏坚在生产队中担任中型拖拉机手的职务，一开就是八年，直到现在韦敏坚已有33年驾龄，一直坚持到儿子大学毕业。随着时间的转移到了1980年，洞廊村开始分田，韦敏坚家里一共分得5亩多地，由于主要以经济价值并不高的水稻种植为主，家庭收益并不高，所以为了扩大再生产水平而且具有驾驶技能，韦敏坚花了3700元最早一批购买了手扶拖拉机，一方面为自家农业生产使用，另一方面也帮别人犁田挣钱。

正是作为一个农民深切体验到艰难，让韦敏坚下定决心要为村民服务，可以说，韦敏坚从土地规划、农村基础设施建设、产业结构调整等方面改变了洞廊村的经济发展，提高了产业化发展水平和竞争力。韦敏坚从2002年上任村委副主任以来，他就看到之前往届村委在土地等问题上的失误，导致村里土地的划分和归属很乱，造成了一些土地权属不明朗等困扰村民的问题，韦敏坚上任一年后大力整顿，重新丈量土地，按照人口数量重新分配，使得村级土地归属和使用权更加明晰。与此同时，韦敏坚也看到了村民经济来源少，以种植传统水稻为主的初级生产模式为主，为大力贯彻上级政府的集中化管理土地的政策，向镇里领导反映情况后，2004 年主动去其他村学习土地规划和辣椒种植，当年下半年，规划了 600 亩的辣椒种植示范。由于涉及很多户村民，因此在推行的过程中并不顺利，有的百姓不相信而不愿意出田，有的还坚决反对，有的还到上级政府上访，为此韦敏坚挨家挨户去做工作，前前后后一共花费了四个月的时间，同时韦敏坚还动员家人响应号召种了甜辣椒，做出了表率，最终通过“划片”的思路实行土地集中，让 300 ~ 500 亩的目标都实现了，突破性地实现了 600 亩的最终目标，而收获时丰厚的效益也十分可观，每亩增加了 1000 元的收益，群众得到了实惠，开始积极响应。

在韦敏坚带领下，洞廊村实现了对村庄经济的集体规划，一方面坚持水稻种植为基础农业项目，实现种植 1200 多亩、年产 100 万吨的目标，上半年早稻按照国家统一收购价格 1.4 元/斤卖给国家，大大提高了农民收入，下半年晚稻留给村民自已吃，保证村里的原粮供应。另一方面还大力推广蔬菜种植。2010 年，洞廊村种植荷兰 15 号马铃薯 1100 多亩，单个最大 2.2 斤，平均 6 ~ 9 两，亩产 3000 多斤，按照 2011 年 0.7 元一斤，刨除成本价格 0.55 元，让种植户获得了丰厚收益，村民人均收入提高更加明显。与此同时，韦敏坚也看到由于年轻人外出打工带来的土地富余，他就积极推介政府推广的“公司 + 农户 + 基地”模式，让村民集中种植，提高了规模化效益，而这一模式由于第一年合作机构给了种子和一亩土地有一包半复合肥，现在化肥自己买，种子购买有补贴，一亩地种子大概花费也仅有 500 元，大大降低了成本，提高了收益，而且他主动配合农业局下来的技术员，大搞技术田间指导并且将农业信息发布到网上，扩大了农产品出售渠道，保证了农民的利益。但这也让韦敏坚略有遗憾，由于一些厂商的经济实力有限，对村民的收益进行了拖欠，例如马铃薯收购目前仍有部分企业还没给钱，欠村里总共 50 多万元，欠书记 17 万元，欠科技委员 4 万多元，而且欠韦敏坚也有 10 多万元，但对此韦敏坚相信在政府的积极介入下，未来将得到很好的解决。

在解决土地问题的这一过程中，韦敏坚也发现村里的灌溉基础设施已经十分落后，村级的灌溉设施基本损坏殆尽，仅有的 4 台电灌机年久失修，每年要花 10000 多元来养护和使用这些电灌机，一遇到洪水还不能使用，与此同时，韦敏坚也看到了村里缺乏道路规划，不重视交通道路建设，尤其是不考虑农业生产，随意起田垄导致田地间最基本的农业生产通道都没有，村里也到处是烂泥路，碰到雨雪天气就难以行走，当时韦敏坚愁的一包烟抽到天亮。后来韦敏坚反复向国土局、水利局、农业局打报告申请项目支持，最终在2007年得到上级政府的支持，在国家下拨的100万元水利款的支持下，重新完善了水利设施建设，并实现了村里主要道路的修葺，提高了农业生产的保障能力和村里交通的便利性。让洞廊村村民难忘的还有，同样是在韦敏坚的带领下，洞廊村在2007年实现了自来水管道家家通工程，破解了2005年以前直接用抽水机从河水抽，没有卫生处理设备而存在很大卫生隐患的情况，村民喝上了县里水厂卫生健康的自来水。

实际上，作为洞廊村的村委主任和村支书，韦敏坚还要主管村里的党建日常管理工作，主要负责发展党员。截至目前村里55个党员，女党员12个，韦敏坚要带领他们一年一到两次去部队训练，并指导村里治保主任指导小组长维护安全。正是由于这些成绩，2005年下半年，洞廊村第四届村委会选举中韦敏坚被推选为村委主任，并连任两届，赢得了村民的拥护。韦敏坚让村民信服的并不仅仅是他的领导才能，还有对于家庭的责任感，由于体会到了缺乏知识的不足，他在自己儿子小时候就积极灌输学习的重要性，提供各种条件帮助其学习，将儿子培养成了1997年的村里仅有的三个大学生中的一个，儿子后来考入了板棍乡宣传委，让村里人十分羡慕，也让韦敏坚十分自豪。在家里，作为儿子和丈夫的韦敏坚还有八十多岁的患有白内障的母亲和患病的妻子，妻子2004年一直在帮儿子看孩子，拖延了病情的诊治，最终导致了动脉硬化，韦敏坚就四处带着妻子去看病，花了4万多元，但仍留下了头晕的病根，现在韦敏坚每天除了农活和村里工作还要时不时地回家照顾妻子和母亲。韦敏坚这种对老年人的关心和孝顺也体现在对村里所有老人的关爱中，他大力推进村里老年人的公益工作，将码头前的鱼塘要了回来，通过对外承包给老年人创造活动经费，还经常组织老年人搞象棋、拔河、排球等比赛，既为大家创造了欢乐的平台，又解决了以往村民缺乏娱乐活动的问题。

看到韦敏坚的积极性这么高涨，很多人以为他的工资一定很高，实际上按照统一标准，他每月只有600元的工资，其中还包括200元的手机费，为了操劳村里的工作，他经常需要自己补贴。2011年新一届村委会选举，韦敏坚连任呼声仍比较高，但是韦敏坚觉得应该放手给年轻人，并想多抽一些时间照顾家人，所以他并没有参加选举，但是作为仍然在任的村委主任，他仍然决定要站好最后一班岗，调研组采访结束时，韦敏坚仍念念不忘自己的工作，说还有几个表格没填，任职三年的工作总结还没有写，但他浑然忘了别人家的秧苗都已经插完了，自家的地还一棵没有插。

（二）老生产队长黄吉昌

今天的采访情况比较特殊，由于白天绝大部分村民都在田里插秧，所以村委会组织调研组晚饭时分再入户采访。在镇里吃过晚饭后，调研组乘车来到洞廊村，天逐渐黑了下来，夜晚的洞廊村由于没有路灯，显得漆黑幽静。调研组一行三人摸黑向采访对象家行进。采访的第一户是一位年过七旬的老人，名叫黄吉昌，家里生活条件不是太好，是村里的低保户。到了黄吉昌家，老人热情地出门迎接。环顾四周，老人住的房子有些破旧，应该是20世纪七八十年代建的，还是青砖房。老人搬了凳子在门口坐下，采访便开始了。经过了解，调研组才发现这位看似平凡的老人，经历却是十分丰富的。

黄吉昌，男，1937年生人。现在家中有5口人，老伴儿去年因病去世了，目前老人跟小儿子一起住。黄吉昌身体也不是很好，去年老伴儿生病，自己在护理的过程中也得了病。多亏参加了医疗保险，可以报销部分医疗费，才没有给本来已经不富裕的家庭增加过多的负担。黄吉昌的小儿子有两个孩子，女儿今年14岁，因为调皮，已经不上学了，在家帮忙做做家务，照顾爷爷，家里打算等她再大一些，就让她出去打工，到城里去闯荡闯荡。小孙子今年刚满一岁，老人平时在家就帮忙照顾两个孩子。经过询问，得知现在老人住的房子是1978年时建的，由于家里一直不富裕，所以也没有盖新房。黄吉昌是低保户，每月可以领到107元的补助，除此之外，孩子们再给补贴点，也还够日常生活所需。

说到黄吉昌的经历，也算是不平凡的一生，受当时社会环境的影响，黄吉昌小学毕业后也就没有再继续读书，而是回家帮家里干些农活。后来认识了现在的老伴儿，都是本村人，两人结伴一起去下石农场干活。在农场时，两个人互帮互助，黄吉昌经常迅速地把自己分配到的任务完成，而后就帮老伴儿干活，慢慢地两个人感情越来越好，1956年就在农场结了婚。在农场举行婚礼也是很特别的，农场的工友们帮助他们简单布置了新房，然后大伙在一起吃顿饭，也就算结婚了。婚礼虽然简单，但是这丝毫不影响两人的感情。从洞廊村到下石农场只有一个小时的车程，婚后两人也经常回村看看。黄吉昌在农场干了两年，由于表现突出，就做了队长。做队长就要负责全队的生产活动，这段时间，黄吉昌积累了很多生产经验，为他日后在生产队的光荣经历打下了坚实的基础。

1963 年，夫妻二人回到村里生产队，凭借在农场当队长的经历，黄吉昌一到生产队就做了队长。黄吉昌说当时全国的总体形势是：生产队收获粮食后，首先是完成国家缴公粮任务，再是留足种子，然后分给社员当口粮。分配是按人头分的，即不管大人小孩，都算一份。举个简单的例子：一个生产队，一年共打下 1 万斤粮食，缴完公粮，留下种子后，剩下 5000 斤。生产队共有 50 人，则每人 100 斤。然后统计工分，计算分值。再把每家所获得的工分折算成粮食，如果某个家庭的工分折算后有 200 斤粮食，那么生产队就会再支付 100 斤粮食或者相应的人民币给这个家庭。如果某个家庭的工分折算后只有 50 斤粮食，则要掏出价值 50 斤粮食的钱去弥补工分的不足。所以当某个家庭里劳动力多，挣的工分多的时候，粮食就有富裕；而缺少挣工分的劳动力，吃饭的人口又多的家庭，则难免出现入不敷出的窘况。在黄吉昌的带领下，他所在的生产队光景一年比一年好，几乎没有出现过有家庭入不敷出的情况。据老人回忆，生产队总共有 78 亩土地，在他接手之前，每年水稻的总产量才能达到 8 万斤，还要留下四五千斤做种子，剩下的几乎都不能满足生产队的日常所需。黄吉昌接手后，总产量逐年增加，最高的时候可达到 32 万斤。以前生产队每个月只能分给每个人 26 斤稻谷，黄吉昌当队长后，每个人可以领到 50 斤。除此之外，逢年过节时，也有福利，黄吉昌会组织大家杀猪分肉。那时实行生产计工分，黄吉昌总共当了 20 年的队长，几乎每一年他的生产队在明江镇工值都是最高的，成了整个明江镇的模范生产队。黄吉昌作为队长，要经常去南宁农学院培训，学习生产技术，那时大概每年去 3 次，开会就更频繁了，用黄吉昌的话说，就是“去南宁开会就跟去县城逛街一样”。

黄吉昌带领生产队还干出了花样，除了种水稻外，他还决定用 25 亩土地种烟草，烟草的收益很好，而且可以由国家统一收购，不用担心销路问题，那时烟草的价格大约是每斤 0.6 元，算是农作物中价格较高的，一斤烟草就能兑换 5 斤红薯。烟草逐渐形成规模后，他又带领生产队建砖窑烧青砖，一年大概烧四五窑，每窑能出1万多块砖，每块砖6分钱，销量也很好，当时赶上宁明县建火车站，几乎都用的是生产队烧的砖。在黄吉昌的带领下，生产队经营的红红火火，每家每户都有富余的口粮，大家见到了好处，也都十分尊敬黄吉昌。

黄吉昌1965年就加入了中国共产党，党龄已有46年了，现在每个月有50元的补助。刚入党那年，正赶上肃清运动，要求他写检讨，后来“文革”的时候，他继续在生产队当队长，同时还当上了民兵排长。中越战争时，当过一段时间的副营长，主要负责晚上防空。自卫反击战时，后勤部队还来洞廊村里住过，当时有几个工作人员就住在他家里。黄吉昌表示，队长也不好当，管理一定要把握好分寸，否则群众会埋怨，但自己就只有一个信念，就是让每一个群众都过上好日子。

改革开放后，实行了分田到户，自家分得了13亩土地。1983年，当年的几个生产队队长找到黄吉昌，想一起合伙承包20亩地种中草药。黄吉昌想想也觉得没有什么不妥，就答应了下来，总共15个人，签了一年的合同，承包费大概有1万多元。由于管理有方，那一年中草药大丰收，大伙把收上来的中草药卖了，又继续种蔬菜，收获后由蔬菜公司收走，供应给部队。15个人还商量着买了3头猪，养到过年的时候就杀了分肉，给大伙当福利，也算庆祝丰收。一年合同到期后，就由别人承包了，结果由于对方没有计划、管理不善，最终失败了。村里的人都赞叹：“还是老黄脑瓜儿好，做什么都能挣钱啊。”

从1984年开始，黄吉昌就只种自己家的地了，主要是种水稻，当时就夫妻两个人种田，很是辛苦，一年下来总产量有9000斤，也还算是高产。当时，以前一起搞承包的人还主动找过黄吉昌，还想一起合作搞承包，但是黄吉昌觉得搞承包风险大，压力大，不想再做了，就想轻轻松松的把自己家的几亩地经营好，后来那个人也就放弃了这个念头。第二年，黄吉昌的女儿出嫁，就分出几亩地给女儿做了嫁妆。1997年的时候，还养过50头猪，猪长成后就卖猪肉，但是由于饲料价格高，有时赚不到钱反而还赔钱，所以养了两年也就不养了。现在黄吉昌有5.9亩地，由于自己身体不好，也都给小儿子种水稻了。儿子和儿媳2006年去深圳打工，就把土地承包给别人，后来儿媳有了身孕，两人就又回到村里。小孙子出生后，又赶上两个老人生病，所以儿子和儿媳也一直没有再出去打工。老人讲，等家里情况都基本稳定了，小儿子就准备去海南那边种木瓜，多挣些钱，让家里人都过好日子。

老人年纪大了，也没有什么过高的要求，就想在家里过上几年舒坦日子，希望儿子去海南那边能顺利，多挣些钱回来盖个新房，等将来孙子长大了，一定要好好学习，能考到北京上大学，让全家脸上都有光彩。调研组祝愿老人身体健康，安度晚年。

（三）资深老村官黄必福

天色已经逐渐黑了下来，担心村里人都休息的比较早，怕打扰到别人休息，调研组快步向黄必福家走去。到了黄必福家，趁着夜色调研组发现这里正在盖一幢新楼，大体的框架都已建好，离新房不远处有一个小平房，看上去像是个厨房，里面有灯光。走进小平房才发现，黄必福和老伴儿正在里面看电视，原来由于家中建新房，二老暂时在厨房里搭了个床，凑合几日。黄必福近日已经听说村里来了调研队，可能会来家中采访，所以对调研组的到来并没有感到意外，大方的和调研组聊起天来。

黄必福，男，1940 年出生，目前与老伴儿一起生活。老伴身体不是很好，患有骨质增生，多年一直纠缠着她，经常会影响做家务或者下地干活。老两口育有 4 个孩子，1 男 3 女，其中儿子在明江镇政府工作，二女儿在宁明县妇幼医院工作。家里一共有 8 亩土地，老两口种 5 亩，其余 3 亩给小女儿种。黄必福这 5 亩土地主要是种植水稻，一年总产量大概有 1 万斤左右，但由于老伴儿身体状况不佳，农忙时经常需要雇人或请亲戚朋友过来帮忙。到了冬天，会再种一些辣椒或者玉米，虽然辣椒收成很好，可惜近几年的市场形势持续走低，严重影响农产品的销量，导致 2010 年的时候有 4000 斤辣椒都烂在地里卖不出去，老两口很是心疼，但又很苦恼没有解决困境的办法。在乡亲们的建议下，今年冬天他们打算利用 2 亩田地种植东川茳兰，剩下 3 亩地给农业局种植马铃薯。采访的时候，黄必福还把东川茳兰的种子拿给调研组成员看，并简单地解释种植茳兰的好处。另外，家里正在修建新楼房，预计过年就能修好。

黄必福并不是本村人，1963 年他才来到洞廊村，并做了上门女婿。提及黄必福的童年生活，可以说十分不幸。黄必福 11 岁的时候就失去了父母双亲，成了孤儿，原本幸福的家庭就这样只剩下他和哥哥两个人相依为命的生活。从此，哥哥承担起照顾家庭的重担，含辛茹苦地将他一手带大。那些年家里条件很困难，上学期间兄弟两人经常没有鞋子可以穿，放假时他们就去水田里抓鱼，然后依靠着卖鱼得到的钱拿给学校交学费。黄必福感叹地说："多亏了国家的优惠政策，提供了一定数额的助学金，才能维持我读完初中。"

黄必福年轻的时候就积极上进，当上了村里的记分员，同时兼小队的会计。他工作起来一向认真负责，秉公办事。黄必福回忆说，有一次队里给大家分红薯，但是队长的老婆却只挑又好又大的红薯往自己家的篮子里放，这样的场景被黄必福看到后，马上把她篮子里的红薯都给倒了出来，并义正词严地说不许挑。正是他这样的工作态度，才能真正地维护群众的公平利益。

黄必福为人正直，在洞廊村里很有威信，并得到了大家的信赖和尊敬。按当地习俗来讲，外村人能够在洞廊村担任村干部的实在不多，但是深得民心的黄必福就是一个例外。从 1984 年到 1999 年的 15 个春夏秋冬里，黄必福先后做过洞廊村的民兵营长、文书、计生委员和村支书。

当民兵营长的时候，黄必福主要负责洞廊村的安全问题，同时又兼管科教。谈起这份工作，黄必福觉得极其需要足够的耐心，因为琐碎的事情很多，比如平常开会时，村干部在讨论村里当下需要哪些物品之后，黄必福就负责去采购。其实，采购物品虽然看上去只是一件普通又不需要技术含量的事情，但是要做到既能保证物品质量，又能以最低廉的价格购买到，这就不是那么简单的工作了。另外，在负责宣传科教的职责上，黄必福主要是给洞廊村村民普及科教知识，尽最大努力使大家在种植、养殖业领域都能获得最佳的收益，并把可能产生的损失降到最低。这就要求作为宣传者的黄必福，首先自己平时多看书学习，积累科教知识，同时还要注意总结实践中的经验，只有做到这些，才能更好地与村民交流，并为大家解决在种植、养殖过程中遇到的困难。采访时，黄必福就给调研组成员普及了一个农业科学知识，就是关于葫芦花为什么是白色的问题。虽然看似很生活化的一个小知识，但是调研组成员却没有一个人能够清楚地回答上来。这时，老人才哈哈一笑，并解释道："因为葫芦花都是夜间才开，白色的花到了晚上比较明显，可以吸引飞蛾来授粉。"听过老人一席话，调研组成员既感惭愧又觉得每个人需要学习的知识实在还有很多，对"三人行必有我师焉"这句古话的理解也更加深入。

黄必福老人在做洞廊村文书工作的时候，主要负责解决村里大大小小的纠纷。常见的一些案件就是土地、宅基地纠纷等。老人微笑着把这份工作形象地描述成“管家婆”。虽然事件此起彼伏，但值得庆幸的是，在解决纠纷的过程中，一方面发生纠纷的村民都很讲道理，另一方面黄必福本人也很有威信，正是基于以上两点，使得事情每次都可以顺利解决，并不需要太费周折。而且，遇到纠纷案件时，老人主要是依法行事，并按照事实来处理，这样对村民们来说，都是公平的。比如，洞廊村自古都是用树来作为划分土地的界线，但这就导致有时候会出现类似这棵树到底应该归属于哪一户这样的问题。黄必福告诉调研组成员，此时就要依据村里的古书来判断，一般原则就是这棵树的树根在哪一户，那么这棵树就是归属于哪一户的。像这样，把遇到的案件类型都制定了相应的规定和原则，而且执行人也能够按照规则，秉公处理，以村民的切身利益为重，那么以后再发生类似的纠纷就会清晰明了地解决了。

1993 年，已经 53 岁的黄必福成了洞廊村的村支书。他的主要工作是负责看管村里的 4 台抽水机。或许，生长在城市里的孩子并不觉得一台小机器到底有多大的作用，但是抽水机对于每一位农民来说，都是起到至关重要作用的。所以，一旦抽水机发生故障，就要连夜抓紧修好，绝不能因此而耽误村民们干农活。除此之外，黄必福还负责村里的税收、征粮、计划生育等工作。20 世纪 90 年代，正值全国大力推进宣传计划生育政策之际，而黄必福正负责抓计生户的工作，他的大女儿积极响应国家政策，并支持父亲的工作，作为全村第一人去医院做了节育手术，起到了很好的带头和模范作用。

1999 年，黄必福卸任了村里的职务，之后，老人就专心在家里研究起了建筑，还经常和村里一些有经验的老者商量并探讨房屋的朝向问题。由于对建筑的热爱，一直到去年（2010 年），老人还在做这件事情。终于，今年自己家里也要盖房子了，由于事情比较繁多，也就没有多余的精力放在研究建筑的方面了，更别提出去干活了。虽然年纪大了，但忙碌了一辈子的黄必福却闲不下来，所以打算在自己家的房子修建好以后，出去找点儿轻松的活做，比如给有需要的人家修修阳台、补补墙之类的工作。当然，工作之余，黄必福也偶尔和村里的老人们一起活动活动，打打气排球，权当锻炼身体了。

在洞廊村生活了几十年的黄必福，如今很喜欢村里悠闲自在的生活，也对自己和家人的未来生活充满了美好的希望。现在的他就希望早日把新房建好，一家人都搬进新居，住的舒舒服服。

（四）老村委主任周涛波

南国的夏天烈日炎炎，洞廊村里的村民们都在自家田里“双抢”。下午来到村里的时候，几乎看不到什么人。村北口大榕树旁是一片茂密的竹林，一位瘦高的老人正在收拾砍下来的竹子。小助手黄永安说这就是调研组要采访的洞廊村前任主任周涛波。调研组过去与老人打了招呼，老人便放下手中的活，拍了拍身上的灰尘走到大榕树下，示意可以坐在这里采访。调研组拿出相机想先和老人合影留念，老人不好意思地说：“你看我这身衣服，都是土，不好照相的。”我们说：“这样才可以体现出您辛勤劳动的一面嘛。”老人便笑呵呵的答应拍一张。

周涛波，男，1942 年出生，是洞廊村的老主任，眼前的这片竹林是自家承包的，周涛波卸任后便经营着自己承包的这片 100 亩竹林，日子还算过的殷实。周涛波今年快七十岁了，和老伴儿一起生活，老两口身体都还很硬朗。1964 年两人结的婚，有三男两女五个孩子，和现如今中国广大农村的众多老年人一样，他们也接近过着“空巢老人”的日子。

周涛波的大儿子在附近的县里做蔬菜生意，虽然在村里住，但由于生意很忙，所以也只是偶尔回家看看父母。其他的四个孩子都在广东一带打工，但是节假日都会回来看他们老两口。和其他“空巢老人”不同的是，周涛波的几个孩子都很孝顺，没有把他们“遗弃”在农村老家无人问津，五年前几个孩子出钱给老两口翻新了老房子，这两年孩子们的收入也还不错，又给老人盖了新房子，采访截止时还没有装修好。周涛波还约调研组有时间可以到他的新房里看看，从表情上，可以看出老人很是自豪。孩子们都有自己的奋斗目标，都想在城市中立足能生活得更好，也都三番五次地邀请他们老两口去城里住，可是他们在乡下住习惯了，“人老了，不爱动弹了，城里也没啥好的，我在这浑身上下都舒坦啊。”周涛波语重心长地说。

年轻时的周涛波可以说是村里的中坚力量。1968 年，那时村里还没有电灌，大家种田浇地都很不方便，村民们便自发地组织起来共同兴修水利工程，老周不但参加了，而且成了工程的领导者。二十多岁的他已经显现出了一定的领导能力，慢慢地这个热情似火的小伙子开始被村民们认可。除了种地以外的时间，他尽可能的加强自身的学习，积极地参加村上的各项活动。到

1980 年，改革开放后的第三年他开始担任村主任，这一干就是二十年。

改革开放的春风虽然没有快速的传播到这个小村庄，但是热衷于学习的老周确实早就开动了脑筋准备带领广大村民走上致富的道路了。20 世纪 80 年代，他带领村民圈地制种，这一圈就是 800 亩，要不是他威望高、村民们都信任他恐怕在当时是行不通的。90 年代初，又拿出 22 亩旱地作为新建住宅区，把村民们的“住房问题”好好的统筹规划了一番。1994—1999 年，老周带领村领导班子大干了五年，也是老周任期的最后五年。自筹资金兴建村委会办公大楼；政府资助部分资金、自筹部分资金建起百岭、户维罗、驮疗三个电灌站。在修电灌站、改善村里水利设施方面，当时开展村民集资工作并不是十分顺利的。刚开始还有很多村民不理解，很多没有主见的村民就开始不配合村干部工作了，万般无奈下老周带领村干部下农户，挨家挨户的讲解修水利工程的好处，并且与其他村干部一起先拿出一部分资金开工。在村民集资工作完成后，村委会又将河对面的一片甘蔗地承包给了外地人，这样才凑齐了全部费用。后来老周又自筹资金兴建了从百岭到鸟查 300 米长的“三面光”灌溉渠道，这在当时是很超前的了。之后老周又带领大家修建了从废弃的码头到百龙长达 350 米的水泥路和一座灯光篮球场。那时他已经意识到在发展农村经济的同时丰富广大村民业余文化生活的重要性了。老周经常组织村民搞活动，与邻村人打篮球比赛和拔河，再就是每年的壮族节日等，村民们的活动热情也十分高涨。在周涛波的带领下，1992 年洞廊村还被评为广西壮族自治区文明村称号。老周是个老党员，三十年来党会从来没有迟到过一次。他一直严于律己，积极发挥自己的光和热，为广大村民服务。说起当年的这些“峥嵘岁月”老周的脸上洋溢着自豪的笑容。

现年七十岁、“功成身退”的老周与老伴儿过着幸福而充实的晚年生活。家中有 6 亩水田种水稻、3 亩旱地种花生和玉米等，每年的收成足够老两口的口粮，除一部分留作种子外，剩下的都卖掉，攒一些钱。由于孩子们在外打工，每到收获季节家中劳动力不足，周涛波就得雇人来收割，雇人的费用一般是每人一天 70 ~ 80 元，为了自己的身体，花这些钱还是必要的。

除了种地，周涛波还承包了 100 亩竹林，如果这一年没有什么水灾、虫灾的，收益也都很不错。这百亩竹林每年可以收 600 多条竹子，大竹子能卖 15 元，小竹子能卖 10 元，刨除雇人砍竹子的每条 4 元的工钱，算下来这一年靠竹林的收入差不多能有五六千元，也算是一笔不小的数目。周涛波很有经营头脑，把这片竹林打点的井井有条。当然种竹子也是靠天吃饭的，总也有天公不作美的时候。2008 年的洪水淹了老周家的稻田不算，连竹子也都被水泡了，泡水后的竹子没法正常生长，几乎都没有长起来，遭受了严重的损失。但是心胸宽广、处事冷静的周涛波年轻时也算是见惯了大风大浪的人，所以这点儿不顺心事儿也没有影响到老人的心情，第二年就重整旗鼓，经过一年的精心照顾，竹子长势喜人，卖了个好价钱。

说到退休后周涛波的晚年生活，老人高兴的又合不拢嘴了。他说一生做的都是正正经经的事，也算是为洞廊村做出了贡献，现在看着村里一天比一天好，自己心里也很高兴。五个儿女也都长大成人，老两口虽然一把年纪了但还算硬朗，孙子女们也都很健康，自己也没有啥奢求的了，每天除了种地，看管竹林外，日常自己最喜欢做的就是打皮排球，年轻时也算是洞廊村队的主力。说到体育运动，老周又打开了话匣子："洞廊村的青壮年都爱打篮球，老人都喜欢打气排球。新中国成立前，因为生活穷困，村里买不起标准的篮球架，也没有像样的篮球场地。村民就用四根木头，钉上几块木板和篮圈，立在平坦的地面，便成了村民争魁夺冠的篮球场。每当闲时饭后，大家便分队打球，玩得甚是开心。1994 年，那时我还当主任，就组织村里新建了一个铺着水泥地面、装有标准篮球架的灯光球场，球场四周还砌座位、看台，篮球运动更加活跃了。2001 年，村里又建起了一个老年气排球场。这两个球场，白天黑夜没少过人，成为村民锻炼、竞技的场所。特别是逢年过节，村里举行各种赛事，两个球场灯火通明、热闹非凡。解放初期，那时村村寨寨打篮球比较盛行，各村球队都想争优夺冠。洞廊村也组了个篮球队，叫'廊朗'队，曾征战明江、东安、西靖、寨安一带，每次外出比赛，都获得较好名次。后来我们也继承光荣传统，在村里组织打球，我的球技也还蛮高的哩。"说到这，老周不好意思地笑了。

周涛波虽然年纪大了，但心却不老，听着老人津津有味的给调研组讲述当年打球的场景，仿佛自己还是一个壮小伙。采访的最后，周涛波再一次邀请调研组有时间去家里坐坐，说家里种了很多好吃的水果。结果直到调研组离开洞廊村时，也都没有时间去看看这位老人以及他的新家。借此机会，调研组祝愿周涛波老人永远都保持好心情、好心态、好身体。

（五）村委老干部周宝贤

周宝贤，1946 年生人，初中学历的他也是算村里的“文化人”，先后在镇、村里担任多项职务，尤其是对洞廊村的村貌改造、村史编撰等工作起到了重要作用，受到了全村人的拥护。

1964 年，刚从初中毕业的周宝贤，正巧碰上了“文化大革命”在全国如火如荼地展开，他和同学们也十分积极地去桂林、南宁等地参加过一段时间的大串联。后来，由于当时初中学历在农村已经算是高学历，周宝贤就被镇级人民公社直接委任分配到几个村合办的农科站担任会计职务，负责种子培育、科技推广、产量统计等工作，成了村里少有的“干部”。由于他工作期间勤勤恳恳，多次受到了领导的表扬。1973 年，由于机构改革和生活压力等多方面的原因，周宝贤离开了农科站回到村里，与妻子一起参加农业生产工作，共同承担家庭的负担，直到 1990 年，村里选举村支书，颇有声望的周宝贤被推选为村支书，这期间，周宝贤像以前在镇里工作一样，勤勤恳恳，每天忙忙碌碌管理村里工作，积极服务村民。

在任职村支书期间，由于村里经济发展十分迅速，周宝贤的工作量非常大，既要落实上级交给的各项任务，又要处理村里的各项工作，对村里事情都要一一管理和协调，要协调落实村里的生产，还要负责村里报表的申报、出板报宣传上级精神和农业科技、协调村民关系等工作，与此同时还要抽空帮助妻子完成自家农业生产，每天都要忙得团团转。对此，周宝贤这样说，“当干部要吃亏，才能把事情给做好，家里的事情再大也是小事，村里的事再小也是大事。”在周宝贤的努力下，洞廊村的发展取得了很好的效果。周宝贤看到村民用水条件十分恶劣，家庭用水安全得不到保障，于是他动员村民筹资建造村里的水塔，由于村民自行筹资的资金缺口较大，周宝贤就带领村里干部到县、镇两级政府去协调资金支持，由于上级政府的资金也十分紧张，周宝贤反复多次到主管领导处，申明建设水塔的重要性，最终向上级政府“磨”来了余下资金，总共花费 16 万元才建成了村里的水塔，时至今日，这一水塔仍然矗立在洞廊村里，为村民解决吃水问题。不仅如此，周宝贤在任期间带领村民一砖一瓦的把村里的村民办公室建设起来，并且将洞廊村的道路整修一新，每到下雨天村里的路泥泞不堪的情况一去不返，村容村貌焕然一新。

更让周宝贤难以忘记的是，1996 年 11 月，在周宝贤的带领下，村里的计生工作取得了重大突破，村计生委荣获南宁地区的奖励，并获得了 4000 元奖金，按照当时物价，4000 元已经是巨资，足够买 6 台当时十分时髦的 17 英寸电视机，但周宝贤并没有私自扣下这笔钱，反而按照他的安排，拿出 2000 元用来奖励村委成员，余下 2000 元全部拿来请村里有声望的老人吃了一顿“老人宴”，赢得了村委会成员和村民的一致肯定。

1999 年，周宝贤带着县优秀法制宣传教育工作者、优秀共产党员、计划生育先进工作者、计划生育先进个人等荣誉称号从村委卸任，由于在任期间的成就和威望，被返聘为村里顾问，继续指导新一届村委的工作，经常为村委会出谋划策，时不时地还利用自己的威望为村民调解关系。

比共和国还要年长的周宝贤经历颇多，对洞廊村的发展有着清晰的记忆，于是闲不住的他热情参与了村志编写的工作，对诸多洞廊村人事变动等历史发展的重要问题进行了回顾，提供了准确的历史依据。其中，村志编撰过程中，有人对洞廊村大英雄周元将军的党组织问题提出了疑问，周宝贤回忆自己 1976 年在参加整理村里国民党资料时研究过这个问题，指出周元将军虽然是国民党出身，但后期参加了共产党，加入了人民解放军队伍，并且提供了翔实的历史资料，为周元将军的历史提供了依据。除了为村志编撰提供各种历史资料，周宝贤还自掏腰包进行捐助，并且号召自己的侄子等进行捐款，在他看来，村志编著是对洞廊村历史的记录，能让后代知道洞廊村的历史发展沿革和洞廊村民祖祖辈辈取得的各项成就，是洞廊村的一项文化盛事。

在为村里构建和谐新农村做出巨大贡献的同时，周宝贤也把家庭构建的十分和睦，从分家开始，周家都像未分家一样，周宝贤和几个兄弟姐妹经常走动，力所能及的相互帮衬，年节的时候还经常聚在一起，晚辈也十分孝顺老人，家庭关系十分融洽。周宝贤家里读书人很多，说起自己的大家庭，周宝贤感觉到十分荣耀，周家晚辈中目前一共出了 4 个大学生，分别在梧州市公安局、重庆大学和宁明医院工作，其中一个侄子更是大学深造后在重庆从事航天事业工作。在农忙之余，一直重视读书的周宝贤经常用他们来教育自己的孙子们，让他们好好学习，争取为家庭争光，为国家做贡献。

现在，周宝贤家一共六口人，两个儿子和媳妇在广东打工，由于路途遥远，平时也很少回来，但是经常寄钱回来，周宝贤的侄子们也经常寄钱给他，但周宝贤把这些钱都存起来给小孙子作为学费和生活费，自己仍然坚持劳动。

“两个儿子都要回来盖新房，准备来年一起盖，到时候还要帮衬他们一点，而且孩子们在外面赚钱也很辛苦，自己多劳动一点，可以减轻他们的压力”，周宝贤说。周宝贤一共种了约 9 亩田地，规划种植了 4 亩多水稻、2 亩多马铃薯和 2 亩多葱花、白菜等蔬菜作物，按照周宝贤的设计，一方面，水稻和马铃薯能提供固定的收入，另一方面，种植葱花、白菜等蔬菜作物也能赚一些零花钱，解决家庭日常开销问题，同时由于只有老两口参加农业生产，即使姐姐的儿子能够用自家的拖拉机帮忙生产，但在农忙时劳动力仍不够，这一情况下，蔬菜种植赚回来的钱也只能够及时解决雇佣劳工的费用问题。在种植结构上，周宝贤并没有种植村里不少农户种植的甜玉米，对此，周宝贤的想法是，种植结构要经常根据市场来调整，虽然之前甜玉米种植取得了很好的经济效益，近几年甜玉米市场价格依然不错，但是由于没有企业统一收购，并且在下半年也容易受到冷冻自然灾害而减少收成，因此也就选择了更加稳妥的水稻种植和蔬菜种植。

周宝贤给调研组算了一笔账，葱花种植更加合算，2011 年当季的葱花收购价格是 2.5 元/斤，80 天就能上市，亩产 3000 多斤，亩收入 1 万多元，十分划算，因此他还想扩大葱花的种植，但是由于劳动力有限也只得作罢。

由于从小就爱好运动，周宝贤在农忙之余也十分喜欢运动，尤其爱好象棋和排球，2002 年他代表洞廊村参加了镇上的排球比赛，还赢得了一面锦旗，成了远近闻名的农民健将。这种爱好运动的习惯，也让周宝贤的身体非常硬朗，平时很少生病，偶尔有小感冒也让在医院工作的侄子们简单诊治就很快康复，即便如此，他还是积极地参加了洞廊村的农村合作医疗，因为在他看来，这是党和国家对农民的关心和照顾，理应得到每一个社会公民的支持。

（六）洞廊多面手周瑞英

周瑞英老人出生于 1947 年，与其他洞廊村很多村民一样，10 岁从小学毕业后继续进入初中读书，1968 年初中毕业。他在学校中，各方面表现优异，得到了老师的一致好评，令他尤为自豪的是，1966 年 9 月曾作为学校的代表获得了到北京接受毛主席检阅的机会。初中毕业后，周瑞英家庭并不富裕，随着父亲的病逝等原因让家庭经济情况雪上加霜，家里只有一个姐姐可以为家里赚些钱贴补家用，但是这远远不能支撑家里的生活，穷困的家庭条件不得不让他放弃继续读高中的计划，开始工作。

当时在洞廊村，初中毕业已经是较高的学历，因此，周瑞英放学后，直接被安排到村里进行工作。由于当时小学缺乏老师，他被安排到洞廊小学做了三年小学老师。虽然周瑞英在读书时语文并不优秀，但是数学很好，在学校学习的时候十分爱好数学，在班里数一数二，经常得到老师的表扬，所以小学就安排他同时担任学生的数学和语文两门课的讲授，而且还要负责向小学生们普及普通话，周瑞英在教学中也总结出了丰富的教学经验，带出了一班“数学尖子”，有一次他带领20个小孩去镇上参加数学比赛，结果18个同学得奖，创造了镇上的优异成绩。实际上，在周瑞英短暂的教师生涯中，他也教出了不少优秀的学生，比如广西自治区公安厅王伟英、宁明县民族中学的教导主任黄克里等都曾跟着周瑞英学习，这让他十分自豪。

1972年，由于各种原因，周瑞英离开了他热爱的教学岗位，在接下来的8年中开始在村里生产队的生产中奉献自己的宝贵青春。在这一阶段，周瑞英勤劳生产得到了好评，其中1977年，周瑞英的努力得到了回报，当了村里小生产队的副队长，后来由于文化水平较高，被培养成小队长。这一阶段他既要带队犁田干插秧、送肥料等生产工作，还会经常帮队长指导员做些力所能及的思想政治等工作，例如集体化生产经常有一些社员的积极性不高，生产效率不高，周瑞英就和指导员一起给这部分社员做思想政治工作，动员其提高生产积极性，取得了很好的效果。在担任副队长期间，周瑞英所在小队的各项生产指标都取得了很高的提升，而且他在社员当中也积累了很高的声誉。1979年正式被推举当上了生产小队的正队长后，为了完成国家安排的生产任务，并尽可能地为社员谋取福利，他开始一门心思的管理小队的生产任务。在他的带领下，小队的生产产量大增，当年的粮食增产就达到17万斤，比之前多了5万多斤。在粮食相对紧缺的大环境下这一成就在全县引起了轰动，县政府对周瑞英所在的小队给予了很高的荣誉，颁发了“粮食生产先进单位”称号，且奖励了一个当时十分时髦的钟表，在当时引起了剧烈反响，周瑞英在周围的乡村里成了名人，有不少的小队纷纷过来学习经验。面对收成的17万斤粮食，周瑞英也有自己的小算盘，他更多的是想到了村民的福利，除了按照计划将4万斤上交国家之外，周瑞英主持大家按照生产队的指标将粮食分配给个人。最后剩余的大约有8万斤粮食，经过征得大家的同意，他就决定按照当时每斤0.13元的收购价，一共卖了一万多元，这一收入在当年村里小队中排名第二，让其他小队的社员十分眼红。

“当时1～3岁的小孩按每月20斤粮食的标准，3～5岁每月25斤的标准执行，可见当时分配并不富裕”，周瑞英表示。

在小队工作的时间里，周瑞英不仅未贪污小队的一分钱，反而在自家人口较多、工分不够用的情况下大公无私地将自己家的微薄收入倒贴给小队来分担村民的压力。面对卖粮食剩下来的钱，周瑞英首先按照工分进行了正常分配，剩下来的钱，他也并没有贪污一分，而是为了村民的福利用在了给群众大锅饭加菜或者邀请电影队来放电影等提高村民物质和精神文化水平等活动上。这虽然对提高村民的生活无异于杯水车薪，但是也改善了村民的日常生活。

随着国家土地改革的进行，1981年洞廊村实行分田到户制度，周瑞英一共分了8亩地，微薄的收入也让他感觉到了很大的压力，小队也解散了，大家开始以户为单元进行生产，周瑞英与妻子将所有心思都放在了农业生产中，周瑞英凭借在生产队积累的丰富经验，和妻子种植高产水稻、红薯等经济作物样样都经营得十分有特色，几乎都成了镇上的专业示范户。在农业生产中，周瑞英一直是一个敢于尝试的人，看到生猪养殖有市场，他就开始尝试着养猪，也取得了不错的收益，直到后期粮食价格上涨带来的养猪成本高企，生猪养殖利润大幅下滑，镇政府推出了各项资金和技术政策，但是由于资金有限，支持都倾向于专业化生产的示范户，这使得不是示范户的周瑞英感觉到不挣钱了，据他计算，当时养了半年的一头猪才挣一百多元，所以到2005年他也就停止了养殖，一门心思搞好自己的水稻和蔬菜种植。2005年时，村子里有几家农户开始种植香蕉，他曾进行了专业的了解，但是后来由于没有技术怕不挣钱也没有冒险尝试。时至今日，周瑞英已经64岁年龄，每天仍然坚持辛勤劳动，周瑞英的收入仍然以农业生产为主，甜玉米种了1亩，年收入1500元左右，水稻5亩，年收入2000元左右，还有1亩蔬菜用来种植辣椒等经济作物，年收入3000元左右，收入十分微薄。

实际上，当年周瑞英能够走出农村，但是他却一直坚持留在了洞廊村。这里有一个让大家都很佩服的原因，那就是为了与年迈的母亲住在一起。为了更好地照顾母亲，他婉拒了村里年轻人叫他一起去打工的建议，一门心思在农业生产的同时细心照顾年迈的母亲，直到母亲90岁时病逝，这也赢得了全村的好评。现在周瑞英年纪也很大了，但由于周瑞英的子女们像村里的其他年轻人一样都外出打工了，很少能够回家。虽然说没有子孙承欢膝下，但周瑞英表示这并不怪孩子们，反而非常自豪子女能经常打电话回来问候并寄一些钱回来。即使面对家里劳动力不多的情况，他也没有抱怨，农忙时节早晨7点就要去插秧，甚至为了能节约中午的一点时间，他往往带着一点粥当作午饭，在田间吃了午饭简单休息下继续劳动直到傍晚才回家，有时候晚上还要排队灌溉，有的时候基本连轴转，十分辛苦。对于这种农业生产的辛苦，周瑞英已经习以为常。1995年由于劳动过度，他患上了肺结核，由于当时也没有医疗保险制度，只有国家每年给的600元医疗补助，而且当时家里要改善住宿条件盖新房，家里还借着外债，经济条件并不宽裕，所以周瑞英为了省钱也就没有去医院治疗，只是买药在家休息，偶尔做点力所能及的劳动活，直到后来感觉身体恢复了，又开始投入到高强度的劳动中去。

调研的当天外面正在下雨，周瑞英不时地看着外面的天气，打算一会儿利用农闲赶紧放牛。一个勤朴的当代农民形象让调研组感到敬佩不已。

（七）村计生委员韦家贤

今天天气不是太好，下起了雨，但是这小雨也算是帮了调研组的大忙。村民们由于天气不好，中午时分就从田里回来了，这会儿应该都在家，就不会发愁找不到采访对象了。今天的采访对象是计生委员韦家贤，之前在村委会开见面会的时候，和这位村干部有过一面之缘，这次去要深入地了解一下。到了韦家贤家，看到他的妻子正在院中厨房里做饭，小助手黄永安询问之后告诉调研组说韦家贤正在睡午觉。调研组向韦家贤的老伴儿说明了来意，阿姨便热情地招呼调研组先找地方坐下，她去叫老伴儿下来。调研组很担心打扰了村民的休息，结果没有想到，不一会儿韦家贤热情的下楼来接受采访，让调研组感受到了洞廊村村民的热情好客。

韦家贤，男，生于1946年。现在和老伴儿一起住，有4个孩子，1个女儿3个儿子。孩子们都已经成家并到外地打工去了，节假日会回来看望两位老人。老伴儿今年得了高血压，身体不是很好。老两口一共种了3亩水稻，都是新品种——再生稻。每年收上来的稻谷卖掉一两千斤，挣的钱用来买肥料和种子，剩下的稻谷就留着自己吃了。自家还有一个沼气池，是大儿子给建的，平时做饭可以用电，也可以用沼气，很方便。老两口在一起生活得很惬意。

韦家贤是本村人，从小就努力上进，表现突出。上高小时，县政府选拔人才去南宁农校学习两年（现在改为广西农业职业技术学院），韦家贤从3000人中脱颖而出，被县里选中到农校学习农业知识，很是光荣。由于表现突出，思想积极要求上进，1973年韦家贤加入了中国共产党。

1975年，那时洞廊村和思明村属于一个大队，韦家贤被派到思明村任党支部副书记、生产队大队长、技术员、民兵营长等职务，身兼数职达4年。作为党支部副书记，主要抓全面的工作，还要负责群众的思想先进性问题。作为生产队大队长和技术员，首要的任务就是将村里的生产搞上去。当时韦家贤作为大队长，整个大队有2000亩土地，他主要负责推广水稻种植，这个是相当有难度的，但是他都处理得很好。除此之外，他还要负责管理附近16个大队的电灌，洞廊村当时就有两个。在韦家贤的带领下，大队的产量逐年增加。1975年，身为民兵营长的韦家贤带领民兵去桐棉乡修边防公路，为祖国的边防建设做出了贡献。

1981年，按照上级的安排，韦家贤被分配到洞廊村生产大队，又做了三年的村主任、技术员及民兵营长。由于在思明大队4年积累下了丰富的经验，所以在他的领导下，洞廊村大队也连年喜获丰收。

1984年，韦家贤接受组织的安排，到明江水厂当厂长，这一当就是17年。说起当自来水厂厂长这段经历，韦家贤显得有些兴奋。他说自己很喜欢这个工作，一方面和种地相比要轻松很多，另一方面也可以挣钱养活家庭。当时厂里有5个工作人员，每天的工作都井然有序。水是从明江里引出来，放到水池里过滤、消毒，然后输送到水塔，靠压力送到每家每户。自来水厂的效益一直都不错，除了每月250元的工资以外，每逢节假日还有补助，到了夏天还有降温费等。

2002年，韦家贤卸任厂长后，就回到了洞廊村，当时村里选举村干部，韦家贤当选了村主任，但是当时他还不太想做，觉得很辛苦，想在家踏踏实实的种几年地，但是镇政府对他寄予了厚望，选举那天晚上9点钟镇政府派人到他家给他做思想工作，最终韦家贤答应了下来。作为村主任，主要负责看管村里的抽水机，必要时还要解决群众纠纷。在他任职的这些年里，也为洞廊村做了很多贡献。在他的带领下，修建了气排球场及3150米三面光灌溉渠道，洞廊村也被列入了宁明县社会主义新农村建设试点村。2004年，按照上级要求，韦家贤将村里原来种水稻的800亩土地转为种甜辣椒，亩种4000株，结果那年收成特别好，亩产量达5000～7000斤，市场价收购平均价为1.5元/斤，亩产值达7000元以上。所有的辣椒都被四川老板收购一空。通过甜椒的种植，洞廊村的村民们尝到了市场经济带来的甜头，在很大程度上提高了积极性。2006年，甜椒的种植面积达到了1000亩。韦家贤说这次种植甜椒取得如此的成功，重在措施的落实到位，主要有以下几个方面：一是镇政府积极了解市场信息，引来订单农业；二是积极引进老板投入资金、技术并建立示范片，以带动居民大规模种植，形成“公司+基地+农户”的模式；三是镇政府和农业局在资金、技术和物资上给予洞廊村的大力支持。2005年，韦家贤当选了村里的副主任，主管农业生产，当时正赶上超级水稻的推广，韦家贤就在村里为大家宣传超级稻的“超级之处”，但是很多群众还是不敢尝试新品种，韦家贤就带头种，第一季水稻成熟后，产量十分高，大家看到了好处，都积极主动要求种超级水稻。

2008年至今，韦家贤都是洞廊村的计生委员，主管村里的计划生育问题。由于洞廊村靠近镇政府，可以说是镇政府的门户，所以各项工作一定要做好。韦家贤积极向村民们宣传计划生育政策的重要性，切实做到让每家每户都贯彻落实国家的政策。在他的努力下，村民的觉悟很高，都积极响应号召，目前村里都没有超生的情况。整个明江镇共有13个村，洞廊村连续三年获得第二名，村干部每人可以获得500元的奖金作为鼓励。能作出这样的成绩，韦家贤认为主要是认真贯彻了国家的政策，大力推行“诚信计生”的结果。

目前，洞廊村下辖8个村民小组，共有农户426户，总人数1374人，其中已婚育龄妇女240人，历年来已生育二孩妇女98人，其中生育纯二女23户，已落实结扎手术21例，节育措施及时率和“两查”到位率均为100%。

洞廊村委在镇党委、镇政府“富民兴边”的政策引导下，以深入开展学习实践科学发展观活动为契机，充分发挥人口文化平台，少生快富，优生优育，充分发挥综合服务和指导功能。具体的做法主要有：第一，抓好组织建设。洞廊村在镇党委、政府的重视、支持关心下，认真组织学习《宁明县诚信计生试点工作实施方案》精神和《明江镇诚信计生试点工作实施方案》，并认真组织讨论研究制定了“诚信计生”活动计划，成立诚信计生工作领导小组，完善各项制度，做到年初有计划、半年有小结、年终有总结，经常组织小组长和骨干培训，学习有关计生政策、法规等知识；健全活动记录簿、定期评议计生工作。积极动员广大群众参与“诚信计生”活动，为提高洞廊村计划生育工作水平、稳定低生育水平做出贡献。第二，积极开展各项活动。大力开展“婚育新风进万家”活动，洞廊村以深入开展学习实践科学发展观活动为契机，把“婚育新风进万家”活动融入奖励辅助制度、利益导向机制等计划生育政策落实工作中；充分发挥远程教育平台作用，深化计划生育宣传教育工作，把计划生育宣传融入、渗透到农村群众性社会主义精神文明建设各项活动中，使婚育新风深入人心；以村级人口学校为阵地，以宣传教育为目的，对新婚、怀孕、生育、避孕、节育等对象进行了各类培训和知识讲座，促使群众改变了旧思想，树立了科学、文明、进步的婚育观念。从而积极稳妥地推进了节育措施，使群众对计生工作满意程度明显提高，密切了党群干群关系。第三，大力提高服务质量，帮扶见成效。针对不同程度、不同情况，采取不同方式，因地制宜地进行帮扶，注重结合本村以种植业为主的实际情况，在种植上给予资本、技术帮扶，派技术员现场技术指导，分发管理技术材料。特别注重对计生“两户”给予优先优惠。在危房改造工作中，就优先安排 4 户纯二女结扎户建房，在冬种开发项目中，给纯二女户免费提供种子、免机耕费、免费发放肥料等，从而增强群众参与诚信计生的自觉性。为提高人口素质迈开了新的一步，带动了村民婚育观念的根本性改变，推动了洞廊村计划生育工作健康发展。现在洞廊村流行一句话：“生男生女都一样，少生快富奔小康。”第四，完善计生网络。洞廊村积极完善计生网络，配有村级计生专干，制定有计生专干管理制度，落实县镇计生激励机制，对计生有突出贡献的个人给予表彰。通过一系列的做法、措施，形成了科学合理的奖惩机制，调动了村屯骨干参与计生工作的积极性和主动性，形成镇、村、组三级联运、齐抓共管的计生局面，使全村计生工作逐步走上制度化、正常化和规范化。韦家贤表示今后洞廊村将加强诚信计生试点工作建设，努力把洞廊村建设成能够发挥“五大职能”作用的村，认真总结经验，动员广大群众自觉计划生育，组织群众实行自我教育、自我管理、自我服务，坚持村为主工作机制，努力推进诚信计生顺利开展。

韦家贤做了多年的村干部，他表示明年换届时就不想再做了，但是镇政府很看重他，加上他人缘也好，所以希望他能够继续担任一个职务，韦家贤告诉调研组说他还在考虑中。年纪大了，就想在家种种地，看看孙子，享享清福也是不错的。

附　录

附录1　宁明县第十四届人民代表大会第六次会议政府工作报告

县长　刘　勇

各位代表：

现在，我代表县人民政府，向大会做政府工作报告，请各位代表连同《宁明县国民经济和社会发展第十二个五年规划（草案）》一并审议，并请各位政协委员和列席会议的同志提出意见。

“十一五”时期工作回顾

“十一五”时期，是我县克难攻坚，创造辉煌，经济社会快速发展，各项事业取得长足进步的重要时期。五年来，面对百年一遇的冰冻、洪涝、特大干旱的自然灾害，面对百年一遇的国际金融危机的严重冲击，在崇左市委、市政府和县委的正确领导下，在县人大及其常委会的监督和县政协的支持下，我们坚持以科学发展观为统领，紧紧围绕“打造面向东盟的陆路经济驿站，加快建设广西边境强县、实现富民强县新跨越”总体目标，抢抓机遇，开拓奋进，真抓实干，顺利完成了“十一五”规划的各项目标任务。初步统计，2010年与2005年相比，地区生产总值翻1.07番，人均地区生产总值翻1.15番，财政收入翻1.22番，全社会固定资产投资翻2.45番，社会消费品零售总额翻1.16番，外贸进出口总额翻2.1番，城镇居民人均可支配收入翻1.2番，农民人均纯收入翻1.07番，各项存款余额翻1.4番，全县经济社会发展迈上新的台阶。

（一）经济持续快速发展，综合实力显著提升

初步统计，地区生产总值由2005年的19.22亿元增加到2010年的56亿元，年均增长16%；人均生产总值由4780元增加到14703元，年均增长17.3%；财政收入由2.2亿元增加到5.12亿元，年均增长18.4%；各项存款

余额由 14.2 亿元增加到 37.29 亿元，年均增长 21.3%；全社会固定资产投资由 7.19 亿元增加到 39.23 亿元，年均增长 40.4%；社会消费品零售总额由 3.23 亿元增加到 7.2 亿元，年均增长 17.4%；城镇居民人均可支配收入由 6106 元增加到 14014 元，年均增长 18.08%；农民人均纯收入由 2159 元增加到 4525 元，年均增长 16%；城镇化率由 15.7%增加到 32%，提高 16.3 个百分点，年均增长 15.3%。县域经济实力不断增强，荣获 2008 年度广西科学发展十佳县进步奖、2009 年度崇左市工作目标管理综合二等奖等称号。

（二）项目建设成果丰硕，发展后劲明显增强

"十一五"期间，项目建设取得新突破，通过招商引资，新引进重大项目 179 个，总投资额 75.79 亿元，实际到位资金 44 亿元，有效拉动了城镇投资和农村投资，五年累计完成固定资产投资 101 亿元。五年间，引进重大项目数量之多、完成投资规模之大、增长幅度之高，均创历史新高，2009 年荣获崇左市固定资产投资工作一等奖。

（三）工业经济不断壮大，产业结构实现新调整

蔗糖、林产两大支柱产业不断发展壮大，两家糖厂日榨能力由 2005 年的 1.1 万吨提高到 2010 年的 2.7 万吨，机制糖产量由 18.3 万吨提高到 37.2 万吨，"二步法"生产水平走在广西制糖企业的前列。林产品加工业发展较快，松香产量由 2005 年的 5.1 万吨提高到 2010 年的 12.6 万吨，木材加工业也得到长足的发展，五年累计完成林业总产值 83.79 亿元，是"十五"期间的 3.63 倍。2008 年、2009 年连续两年被评为自治区林业产业发展先进县。同时，生物质可再生能源、建材、矿产和农产品加工业等实现新的突破。"十一五"期间，全县工业总产值达 175.63 亿元，年均增长 33.8%，其中规模以上企业工业总产值达 161.92 亿元，年均增长 36.7%。工业增加值由 2005 年的 4.3 亿元增加到 2010 年的 17.6 亿元，年均增长 24.3%。产业结构实现新调整，三次产业比例由 2005 年的 43.2∶27.2∶29.6 调整为 2010 年的 30.2∶37.1∶32.7，工业在三次产业中的比重逐年上升，提高近 10 个百分点。

（四）特色农业迅速发展，农村经济稳步增长

在稳定粮食生产的基础上，大力发展甘蔗、超级稻、马铃薯、瓜菜等特色农业，促进农业增效、农民增收、农村发展。2010/2011 年榨季甘蔗产量达到 330 万吨，比 2005/2006 年榨季增长 72.9%。五年来，我县特色农业健康发展，成效显著，超级稻种植面积 31 万亩，明江镇百亩超级稻超高产示范

片，得到世界杂交水稻之父袁隆平院士的亲临指导，经国家农业部有关专家的验收和认定，亩产达到630.5公斤，产量居全区15个示范片同类水稻品种首位。农作物间套种、超级稻推广、冬种马铃薯三项工作得到了自治区领导的肯定。先后荣获“中国果菜无公害十强县”、“中国果菜无公害科技示范县”、“全国粮食高产创建单位”、“全国马铃薯万亩高产创建示范县”、“全国糖料蔗万亩高产创建示范县”、“全国粮食生产先进县”等国家级荣誉称号。认真落实各项强农惠农政策，农机补贴工作得到自治区肯定，被自治区评为2010年度“农机补贴工作先进县”。林权制度改革工作加速推进，全县完成宗地勘界268.65万亩，超额完成自治区下达年度任务。新农村建设试点工作有序推进。劳务输出取得显著成绩，“十一五”期间，累计外出务工人员7万多人。

（五）基础设施建设扎实推进，城乡面貌大有改观

完成县城总体规划修编和初步评审。县城基础设施建设快速推进，花山文化广场、江滨南路和城南小区等路网工程、宁明新汽车站、县城污水处理厂、垃圾填埋场、供排水管网改造、榕峰市场等一批重大基础设施项目建成使用。旧城区改造和房地产建设加快发展，县城区绿化、亮化、美化不断推进，“五乱”现象得到有效整治，公共交通基础设施建设进一步加强。城市框架全面拉开，县城建成区面积由5平方公里扩大到6.6平方公里，县城人口由4.5万人增加到7.65万人，城镇化率由15.7%提高到32%。大力实施“城乡清洁工程”、“城镇管理工程”和“城乡风貌改造”活动，2006年荣获崇左市市容市貌综合整治竞赛第二名；2007年、2010年分别荣获自治区第六届、第七届“南珠杯”竞赛优秀奖；2010年开展城乡风貌改造活动得到自治区好评。交通基础设施建设取得新突破，县城至爱店口岸二级公路开工建设，322国道宁明段改建二级路建设工程顺利启动。“十一五”期间，共完成交通固定资产投资6.8亿元，等级公路总里程超过1400公里。水电建设取得显著成绩，水库除险加固工程、灌区水利工程、县城防洪堤工程、电网改造工程等项目加速推进，驮英水利枢纽工程已进入自治区重点推进项目，并开展前期工作。水电发电量由2005年的1.05亿千瓦时提高到2010年的1.72亿千瓦时。边境物流加工产业园区建设取得新进展，筹措资金1500万元，投入园区基础设施建设，新引进园区项目12个，协议总投资5亿多元，已开工建设项目6个，总投资4.5亿元。

（六）改革创新不断深化，对外开放取得新突破

五年来，改革创新不断深入，供销合作、粮食流通、农村信用体制改革稳步推进，为农村经济社会发展提供了有力保障。开放合作进一步扩大，国务院明确提出，把爱店口岸与凭祥、东兴口岸共同构建成自治区对东盟开放的主要通道。爱店口岸升格为一类口岸已进入自治区层面向国家申报。爱店建设规划通过自治区级评审。进一步加强与越南等东盟国家，尤其与越南谅山省高禄、禄平、亭立三个边境县的交流和合作。爱店口岸基础设施建设进一步加快，边境贸易迅速发展，2010 年全县边境贸易进出口总额突破 15 亿元大关，比 2005 年增长 328.6%。

（七）文化旅游业取得新进展，花山文化品牌初步形成

以花山岩画保护和开发为重点，积极推进文化资源与旅游资源的整合，全力打造花山文化旅游品牌，花山岩画申报世界文化遗产已进入自治区层面重点推进。《宁明花山骆越文化寻根探秘游近期开发建设规划》已通过评审。创新旅游开发模式，成立景区管理处和旅游投资开发有限公司，花山景区顺利通过国家级风景名胜区验收。花山岩画第一期保护工程如期完成，骆越古都、宁明花山温泉国际度假村、乡村旅游等重大项目建设加快推进。成功举办第三届花山文化艺术节、花山民族民俗风情节和骆越祭祖典礼，进一步提高了宁明知名度，花山文化品牌初步形成。在 2008 年北京奥运会开幕式上，作为中华五千年文明的重要元素，花山岩画与陶瓷、青铜器同时亮相，让世界领略了花山岩画这一壮族文化瑰宝的独特魅力。2010 年，全县接待游客 17 万人次，比 2005 年增长近一倍，旅游总收入 1.87 亿元，增长 42%。

（八）节能减排工作成绩斐然，生态环保建设加速推进

2010 年，全县规模以上工业增加值能耗 1.49 吨标准煤，同比下降 6.5%，比 2005 年降低 49.9%，提前两年超额完成市下达“十一五”期间能耗降低 40% 的目标任务。完成《宁明县生态建设规划》编制，并通过评审。大力实施以退耕还林、农村能源建设为重点的林业生态建设工程，全县完成新造林面积 21.79 万亩，森林覆盖率达 55.2%，比 2005 年提高 0.6 个百分点；新建沼气池 1.03 万座，沼气池入户率占可建池农户的 66%，比 2005 年提高 11.3 个百分点。全民节能减排意识进一步增强，环境质量不断改善，“山清水秀生态美”成为我县一大优势和亮丽品牌。

（九）各项工作协调发展，社会事业全面进步

科技工作成效显著，2009年首次通过“全国科技进步县”考核。教育事业快速发展，创建“义务教育学校常规管理达标县”、中小学财务管理规范化工作顺利通过自治区评估验收；“两基”巩固提高工作高质量通过自治区复查评估验收；中小学校教育教学质量不断提高，2010年高考，全县本科上线总人数达519人，是崇左市本科上线增幅最大的县份。文化体育事业不断发展，文化基础设施建设取得新成效，文艺创作表演、体育竞赛在全国及区市多次获奖。成功举办中越文化友好年联谊活动，承办2010年中国门球冠军赛暨广西第十一届“宁明杯”妇女门球赛。群众性体育运动健康发展，重点文物和非物质文化遗产保护得到加强。1995年至今，连续16年保持“全国文化先进县”殊荣。民族工作得到进一步加强，被列为“国家兴边富民行动重点县”。人口与计生工作全面推进，顺利通过区、市两级验收，得到了上级领导的充分肯定。城乡基本医疗卫生服务体系不断完善，新型农村合作医疗工作全面推进，全县参合农民31.2万人，参合率达到91.72%。安全生产事故总起数大幅下降。兵役征集和民兵预备役工作有效开展，国防动员能力不断增强，军政军民团结和谐。老龄工作健康发展，荣获“全国老龄工作先进县”称号。

（十）民生事业加快发展，城乡居民得到更多实惠

五年来，我们坚持以人为本，教育惠民、医疗卫生保障惠民等为民办实事全面落实。扶贫开发工作成效明显，实施广西兴边富民行动基础设施建设大会战，完成通屯道路项目建设679公里，总投资5066万元；第三批整村推进15个贫困村扶贫开发工作扎实推进。农村贫困人口由2005年底的8.69万人下降到2010年底的7.48万人。扎实推进就业再就业工作，城镇失业率控制在2.3%以内，城镇年均新增就业人口超过0.39万人。41万人次城镇居民和106万人次农村居民享受最低生活保障，基本实现应保尽保。

（十一）民主法制建设巩固加强，社会更加和谐稳定

强化禁毒斗争，同“法轮功”邪教组织的斗争成效明显。加强精神文明建设，净化社会环境。重视信访工作，加大“三大纠纷”调处力度，城南开发区遗留问题等一批群众关注的信访疑难问题，得到妥善解决，维护了社会和谐稳定。2009年，荣获“部级平安畅通县”、“全区综治和平安建设先进县”称号。

刚刚过去的2010年，我们深入贯彻落实科学发展观，全力加快经济发展方式转变，全面完成了县十四届人大五次会议确定的各项目标任务。初步统

计，全县地区生产总值完成56亿元，同比增长12.3%；规模以上工业总产值完成52.03亿元，增长60.01%；全社会固定资产投资完成39.23亿元，超额完成崇左市下达38.8亿元目标任务，增长43.2%，创历史新高；财政收入完成5.12亿元，增长25%，首次突破5亿元大关，创历史新高；边贸交易总额完成15亿元，增长25.32%；社会消费品零售总额完成7.2亿元，增长18.89%；城镇居民人均可支配收入14014元，增长12.6%；农民人均纯收入4525元，增长15.2%，保持和扩大了经济社会发展的良好势头。

五年来，人事、监察、审计、统计、供销合作、国有资产监督管理、工商管理、机关事务管理、技术监督、食品药品监督、宗教、广播电视、外事侨务、口岸、涉台事务、防震减灾、气象、人防、边防、地方志、老龄、档案、保密、司法、调处等方面工作都取得新进展。石油、烟草、通信、邮政等行业和工会、共青团、妇联、科协、文联、残联等群团组织在经济社会发展中发挥了重要作用。

五年来，政府自身建设迈出新步伐。稳步推进政府机构改革。认真执行县人大及其常委会的决议、决定，自觉接受人大监督，充分尊重和采纳政协参政议政意见，主动争取人大、政协的帮助和支持，接受社会监督。完善重大决策程序和机制及突发公共应急处理机制。强化行政监察和审计。按照“戒空、戒虚、戒假、戒骄、戒懒、戒奢”和“实干就是能力，落实才是水平”的要求，深入基层，迎难而上，争创一流，开创了全县经济社会发展新局面。

五年来，全县各族人民用勤劳和智慧、激情与拼搏，谱写了宁明发展的新篇章！过去五年，是宁明县域经济提速增长、综合实力显著增强的五年；是改革开放不断深入、发展基础逐步夯实的五年；是城乡面貌明显改观、人民群众得到更多实惠的五年；是多种矛盾有效化解、对外形象快速提升的五年。今天，陆路东盟竞相开放，明江两岸热潮涌动，花山儿女激情迸发，骆越大地繁荣和谐，一个古老而生机勃勃的宁明正崛起在祖国的南疆边陲！

五年的发展令人鼓舞，五年的成就催人奋进。我们深深体会到：必须坚持深入学习实践科学发展观，加快转变经济发展方式，推动经济又好又快发展；必须坚持解放思想，创新发展理念，突出发展重点；必须坚持调整优化经济结构，提升发展的质量和效益；必须坚持改革创新，增强发展的动力与活力；必须坚持依靠广大干部群众，凝聚合力，克服难事，办好实事，办成大事；必须坚持深化开放合作，充分发挥区位优势，利用国际国内两个市场、两种资源；必须坚持加强生态文明建设，实现人与自然和谐发展；必须坚持以人为本，切实保障和改善民生，推进和谐社会建设，让人民群众共享改革发展成果。

五年的成就来之不易，五年的经验弥足珍贵。这是上级党委、政府和县委正确领导的结果，是全县各级各部门，各族人民团结奋斗、顽强拼搏的结果，是历届党委、人大、政府、政协打下的良好基础和社会各界人士大力支持帮助的结果。在此，我谨代表县人民政府，向全县各族人民以及所有关心、支持宁明各项事业发展的社会各界人士，向驻军和武警官兵表示最崇高的敬意和衷心的感谢！

回顾五年来的工作，我们清醒地认识到，我县经济总量还比较小，可支配财力仍然不足；工业基础薄弱、产业结构单一；农业抵御自然灾害能力不强；城乡统筹力度还不够大；农民增收渠道还不够多，增幅不够大；改善民生和维护社会稳定任务依然艰巨。我们一定高度重视，千方百计加以解决和改进，把全县改革发展的各项事业不断推向前进。

“十二五”时期经济社会发展的奋斗目标和主要任务

“十二五”时期，是我县加快建设面向东盟陆路经济驿站、实现富民强县新跨越的关键时期，是深化改革开放、加快转变经济发展方式的攻坚时期。根据《中共宁明县委员会关于制定国民经济和社会发展第十二个五年规划的建议》，“十二五”时期，我县要坚定不移地高举中国特色社会主义伟大旗帜，坚持以邓小平理论和“三个代表”重要思想为指导，以科学发展为主题，以加快转变经济发展方式为主线，以加快建设面向东盟的陆路经济驿站、实现富民强县新跨越为战略目标，以推进陆路东盟经济产业带、城镇化、文化旅游、民生工程和生态建设为重点，扩大改革开放，保障和改善民生，保持经济长期平稳较快发展和社会和谐稳定，努力把我县建设成为社会和谐、环境优美、富有边关民族特色的面向东盟陆路经济驿站，为全面建成小康社会打下具有决定意义的基础。

《纲要（草案）》提出“十二五”时期经济社会发展的目标是：

——经济平稳较快发展。2015 年，地区生产总值达 100 亿元以上，年均增长15%，力争实现地区生产总值比2010年翻一番，人均生产总值达28000元；财政收入年均增长16%以上，实现财政收入10.8亿元，比2010年翻一番以上，增长速度达到崇左市平均水平；全社会固定资产投资，年均增长22%，2015年达到106亿元。

——经济结构调整取得重大进展。三次产业结构由2010年的30.2:37.1:32.7,调整为2015年的25:41:34，工业增加值占生产总值比重达到37%以上。

——城镇化水平明显提高。城镇化建设步伐加快，城市规模进一步扩大，到2015年，县城区建成面积达12平方公里以上，城区人口达10万人以上，城镇化率达42%。

——城乡人民收入不断提高。城镇居民人均可支配收入年均增长11%，农民人均纯收入年均增长11%。

——社会民生建设明显加强。覆盖城乡居民的基本公共服务体系逐步完善，社会主义民主法制更加健全，文化事业繁荣发展，社会更加和谐稳定。

——生态文明建设不断加强。万元GDP能耗、二氧化硫和化学需氧量排放总量等指标，控制在自治区下达的指标以内，森林覆盖率达58%。

——改革开放不断深化。财税金融等重点领域和关键环节改革，取得明显进展。到2015年，外贸进出口总额达30亿元，年均增长15%。

《纲要（草案)》提出了“十二五”时期，我县经济社会发展的七个重点：

（一）加快推进面向东盟的陆路经济产业带建设

发挥区位与丰富资源优势，实施“对接东盟”的空间发展战略，以崇左市全面推进陆路东盟南崇经济产业带、中越凭祥—同登跨境经济合作区和广西凭祥综合保税区建设为契机，优化发展环境，加快完成面向东盟的陆路经济驿站经济产业带发展专项规划，加快完善经济产业带的交通基础设施、信息设施和城镇化建设，着力培育形成资源加工制造业、国际商贸物流业、现代生产服务业、国际文化旅游业等四大核心产业，主动融入南崇经济产业带建设，推进南崇一体化，提高我县沿边开放水平。

1. 大力调整优化产业结构。着力调整优化产业结构，完善区域发展布局，加快构建现代产业体系。坚持把新型工业化作为宁明加快发展的主攻方向和核心战略，增强工业带动经济的龙头和主导作用，全力打造制糖、林产加工、生物质能源、矿产资源加工、农产品加工等重点产业，积极培育战略性新兴产业。大力推进企业实施技术改造，实现企业转型和产业升级。到2015年，一次产业所占的比重要下降5.2个百分点，二、三次产业要分别提高3.9个百分点和1.3个百分点。我县要明显跨入工业化阶段。文化旅游等特色服务业、新兴产业要有显著发展。

2. 加快推进特色新型工业化。确定“200亿元工业”发展目标，“十二五”期间，重点抓好“2个50亿元和3个30亿元”产业，制糖循环经济总产值50亿元以上，生物质能源循环经济总产值50亿元以上，农林产品加工制造和以膨润土、煤、铁为主的矿产资源加工，以及进出口加工制造（包括电动汽车、建材和新材料、节能环保）3个产业，各实现总产值30亿元以上。到2015年，全县工业总产值100亿元以上，力争到2020年完成200亿元以上。

发展壮大制糖循环经济产业。围绕建设高效糖业循环经济示范园区，重点开发蔗渣、滤泥、糖蜜、蔗叶，大力推进蔗渣纸浆、余热发电、生物有机肥、糖酒联动等一批重点支撑项目，实现产品升级，构建产业链完整、资源综合利用率高、低排放的高效循环经济产业体系。力争到2015年，实现糖业总产值40亿元。2020年产值达到50亿元以上。

做大做强生物质能源产业。围绕建设“全国重要新型生物质可再生能源发展示范基地”目标，强力推进诺沃奇年产50万吨生物质可再生能源生产项目建设，争取到2015年，建成年生产能力达50万吨规模。同时，开发高科技含量、高附加值新产品，深度开发生物质高效固体燃料、民用燃气、润滑材料等新型能源产品，拉长产业链。到2015年实现总产值30亿元以上，力争到2020年完成50亿元以上。

大力提升特色农林产品加工业。加快推进林产工业集中区规划和建设，努力打造与“林业大县”相匹配的林产加工基地。巩固和壮大特色农产品加工业，推进健康养殖，建设标准化和规模化养殖基地，促进肉食品加工业发展。着力培养一批经济实力强、科技含量高、辐射范围广的农林产品加工龙头企业，生产高附加值特色产品。加快建设特色大型农产品综合批发服务市场，构建国际性农产品集散地，促进农产品资源加工贸易的发展，形成产加销一体化产业集群。力争到2015年，实现农林业总产值30亿元以上。

加快推进矿产资源加工业。力争“十二五”期间，膨润土产能达到100万吨，煤矿产能达到50万吨。大力推进石油、天然气、铝、铁等资源的勘探和开发。积极引进大型干法旋窑水泥生产企业，带动混凝土、水泥制品、新型建材等行业取得新的发展。到 2015 年，实现矿产业产值达 10 亿元以上，力争到 2020 年完成 30 亿元以上。

加快发展边境进出口加工业。以凭祥口岸和爱店口岸为依托，大力发展环保电动汽车、机械、电子、食品、纺织、饲料、五金和精细化工等边境贸易加工制造业；加快推进进口加工业，强力推进阿帕奇环保电动汽车生产等一批加工出口项目建设，带动相关产业的发展。加快推进入园项目建设，带动其他项目的投资。到 2015 年实现产值达 10 亿元以上，力争到 2020 年完成 30 亿元以上。

积极培育和发展新兴产业。积极培育和发展新材料、新能源、生物医药、节能环保等新兴产业。引导和支持企业深度开发松脂、膨润土的新材料和节能环保产品。结合我县糖业循环经济发展，开发蔗糖、中草药新产品，发展生物质能发电，培育现代中药和壮药为重点的民族医药产业。

3. 加快发展现代特色农业。以打造中国东盟现代农业示范县为目标，以发展特色高效农业为重点，突出抓好农业产业结构调整，以龙头企业为带动，优化农业区域布局，重点发展无公害优势产品和特色产品，形成适合宁明农业发展的优势产业带和特色主产区，实现农业可持续发展。

大力提升种植业。稳定粮食生产。建设 10 万亩超级稻标准化生产基地和 5 万亩冬种马铃薯基地，较大幅度提高粮食单产，每年粮食播种面积稳定在 20 万亩左右，确保粮食年产量 9 万吨以上。加强甘蔗基地建设。大力推行蔗区标准化建设，改善蔗区生产条件，提高机械化作业程度，加强实用技术培训和生产指导。加大糖蔗种植技术改造力度，以优化品种、提高单产为目标，推进“吨糖田”建设，在“十二五”期间，糖蔗种植面积要保持在 70 万亩左右。2015 年，甘蔗年总产量达到 450 万吨以上。建设特色农产品基地。大力发展高产、优质、高效、无公害、特色鲜明的农产品基地。着力建设规模化甘蔗、超级稻、胡萝卜、马铃薯、蔬菜、有机茶、中草药、西瓜、生猪、八角香鸡等特色生产基地，重点打造生态农业品牌。大力推进广西餐饮作料加工生产基地建设。积极发展无公害秋冬菜生产，2015 年，秋冬菜种植面积达 15 万亩以上。扩大林业生产。“十二五”期间，新造林 30 万亩，森林面积达 23 万公顷，森林覆盖率达 58%，森林蓄积量 1153 万立方米。继续深化林权制度改革，调整优化林业种植结构，积极发展名优经济林，适度发展速丰林，推进珍优树种种植。建立 250 万亩桐棉松生产基地、60 万亩速生丰产林基地、

35 万亩八角林基地、5 万亩中草药基地、2 万亩珍贵树种基地。继续实施优果工程，建设无公害水果基地，扩大柑橙、沙糖桔等特色水果种植。大力发展林下经济，种桑养蚕，扩大茶叶种植面积，推进茶产业发展。切实保护好水源林。加强桐棉松原产地保护，争取申请原产地保护和地理标志产品。

大力发展规模健康养殖业。改良品种，优化传统畜牧业。大力提高优质瘦肉型猪生产，发展杂交肉牛、山羊等草食畜禽养殖业，推行优势产品小区养殖、圈养和林下养殖等规模化、标准化、集约化养殖模式。加强畜禽检疫、防疫体系建设，确保畜禽业健康发展。2015 年，全县肉类总产量 2.83 万吨。提升水产养殖业。建设无公害水产养殖基地，推广龟、鳖等特种养殖，2015 年，水产养殖面积 2.3 万亩，水产品产量 8000 吨。扩大蜂蜜养殖业。充分利用果园、山林资源，发展有机蜂蜜产品，做大做强蜂蜜特色产业。2015 年，蜜蜂饲养量 3 万箱。

大力推进农业产业化经营。重点扶持现代农产品物流市场、生物肥加工企业、食品加工企业、规模化无公害特色种养植基地等建设，大力发展农产品精深加工和储运，提高农业现代化水平。加强农产品地理标志认证。引导和鼓励农民兴办各类专业合作社，提高农民组织化程度。推进农产品流通业发展，加快建设农产品市场营销网络和冷链物流设施。拓宽政策性农业保险覆盖范围和品种，完善农业生产灾害补偿机制。

加强农业基础设施建设。全面开展基本农田标准化建设项目，加强水利基础设施保护、改造和配套，加快发展节水灌溉和旱作农业，建立完善测土配方施肥体系建设。积极推进左江治旱灌区水源驮英水库工程建设，抓好水库除险加固、小灌区节水灌溉工程、农田标准化建设、沃土工程综合示范基地、中小河流治理、山洪灾害防治等基础设施项目，努力改善农业生产条件，增强抵御自然灾害能力。

加强农业对外开放合作。进一步加强与越南等东盟国家的农业合作，重点是加强对甘蔗种植、水产养殖、农产品储运加工技术、无公害栽培技术、无公害标准化养殖技术、农业资源高效利用、现代集约化种养技术、农业生物灾害防治技术等项目的科技合作，为今后宁明东盟现代国际农产品物流港的发展打下良好基础。

4. 加快发展现代服务业。加快发展生产性服务业。合理规划布局物流产业，完善商品市场体系，重点发展一批集散能力强的大型综合批发市场和专业批发市场，建立现代物流体系，加快推进宁明东盟现代国际农产品物流港、爱店口岸物流园项目建设，使其成为辐射全国乃至东盟的物流龙头企业集团，把宁明建设成为面向东盟的商品集散地、区域性贸易中心和物流中心。积极发展消费性服务业。加快完善建设城乡消费品市场，优化商业网点结构和布局，大力发展新型流通业态。提升住宿餐饮娱乐业水平。加快城乡商贸市场建设，培育和完善商贸批发市场体系。积极发展社区服务、教育培训、文化娱乐、餐饮休闲等需求潜力大的服务业，推进农村服务业的发展。加快发展现代金融服务业。促进金融合作，扩大金融开放，构筑各金融机构金融信息的互联系统网络，实现金融电子化、网络化和国际化。大力发展销售、交通运输、营销策划、信息咨询、科技服务等生产性服务业，增强服务经济社会发展的能力。

5. 加快产业园建设进程。抓好宁明边境物流加工产业园区建设。采取“一区多园”模式，将园区规划建设扩大到20平方公里以上，努力建成广西重要的边境物流加工产业园区。

抓好爱店口岸经济产业园建设。规划建设面积5平方公里，重点发展集进出口加工、运输、物流、仓储等为一体的边贸加工物流产业园。

抓好宁明华侨经济产业园建设。规划园区面积10平方公里，重点发展农产品加工、矿产资源加工以及物流产业，打造有特色的华侨经济产业平台。

（二）加快推进文化旅游建设

着力构建文化旅游产业。加快花山文化旅游产业发展，突出“世界文化遗产”（申报名录）特色，打造花山文化旅游品牌，构建县城—花山岩画沿明江旅游产业带，融入左江流域旅游一体化，推进花山生态旅游、明江生态农业观光游项目，打造文化旅游强县。打造一批特色鲜明、功能齐全的旅游景区景点，努力创建4A级景区。加快建设花山岩画观景设施项目，大力推进花山温泉国际度假村、花山古都、乡村旅游等重点项目建设，构建新的旅游接待服务平台，提高旅游接待水平和服务质量。重点推进花山探秘游、生态体验、独木成林、狮子山、公母山生态等旅游项目的开发，不断拓宽新的生态旅游空间。加强旅游基础设施建设，推进旅游沿线综合整治与开发建设，大力实施花山景区明江沿岸绿化美化工程。加大旅游小商品开发力度，形成我县特色旅游产品体系，做好旅游招商引资和宣传促销。到2015年，力争年接待国内外游客25万人次以上。

加强花山岩画申报世界文化遗产工作。积极配合国家文物部门实施好花山岩画修复保护工程，加快推进花山“申遗”，加大花山岩画的保护管理，抓好花山文化展示工作，建设花山博物馆，弘扬花山文化。进一步完善花山旅游风景区旅游开发总规、详规和项目规划，严格保护开发。通过“申遗”，大幅提升“宁明花山”旅游品牌总体形象，带动旅游业大发展。

（三）加快推进城镇化进程

1. 加快发展中心县城。实施中心城市带动战略，以产业园区建设促进县城新区扩展，着力推进沿边开放合作，加快推进工业化进程，重点发展蔗糖产业、林化产业、生物质能源产业、矿产资源开发、造纸业、边境口岸加工业、特色效益农业、现代物流业，初步建成边境口岸加工和旅游城镇。

县城道路交通设施。重点建设骆越大道工程、边境加工物流产业园区路网工程、城南大道延长干线和路网工程、福龙大道扩建工程、宁明新汽车站至驮龙桥头绕城公路工程、驮龙至花山民族山寨旅游公路改扩建工程、南华街至榕峰市场环城路工程、防洪堤路一体化工程、县城明江河水位提升工程、县城二桥工程、驮龙大桥维修加固工程等项目，基本形成县城交通大框架。

市政公用服务设施。改造和完善市政公用设施，加快县城给排水、供电、通信等市政公用设施建设，规划建设县城第二水厂。建设公共停车场和公共汽车便民候车设施。加快县城体育中心、行政、商业、文卫等公共服务设施建设，逐步改造旧城区商业中心。

县城环境建设。实施“城中村”改造工程，力争在5年内，完成“城中村”改造3个以上，建设具有地方特色的文化街1条。实施沿江岸线的绿化改造工程。规划建设蓉峰公园，建设各居住区级公园、小游园、街头绿地等休闲场所，不断提升文化品位，改善人居环境。

提高县城管理水平。加快城镇重点区域特色建设，建设特色街区、特色小区、精品小区。以经营的思想规划县城，以经营的手段建设县城。创新管理方式，全面提高城镇土地、市容市貌、道路交通、社会治安、物业管理等方面的管理水平，推进县城管理信息化，建设数字城市，加快住房信息系统建设，完善符合县情的住房体制机制和政策体系，合理引导住房需求。深化户籍制度改革。

2. 重点发展中心镇。

爱店镇：加快建设边贸城镇、中草药市场贸易中心、边贸加工出口物流中心和边境旅游小镇。大力推进爱店基础设施建设，解决供水、垃圾处理等突出问题。逐步完善口岸综合服务功能，提升通关能力和城镇品位。

海渊镇：做大做强加工工业和特色农业，进一步修编和完善建制镇规划，加快城乡一体化进程，大力推进区域性农产品集散地和建材市场建设。

3. 统筹城乡发展。加快实现城乡基本公共服务均等化。科学编制城镇规划，完善城镇居住、公共服务和社区服务等功能。加快推进那堪、桐棉、北江、亭亮等乡的撤乡建镇工作。启动村镇规划集中行动，争取到“十二五”末，基本实现乡镇和村委会所在地村屯、中心村以及交通干线沿线50户以上自然村的规划全覆盖。加强城镇道路、桥梁、给排水、污水垃圾处理等基础设施和教育、文化、卫生、体育等公共设施建设。推进小城镇加快发展，全面推进城乡一体化，加强农村基础设施建设，促进城乡基本公共服务均等化。大力推进城乡风貌改造和城乡清洁工程。继续深入开展城乡风貌改造和城乡清洁工程，组织实施“百镇千村行动计划”。推进城镇危房改造、城中村和城乡结合部改造，启动县城、重点镇城镇面貌改观“三年行动计划”，加大房地产开发和经济适用房、廉租住房建设，加大农村饮水、电力、道路、通信、垃圾处理等基础设施投入力度，实现城乡共建、城乡联网、城乡共享。积极探索农民工转化为城镇居民、迁入城镇落户定居农业转移人口宅基地的增减挂钩机制，引导农村人口有序向城镇转移，提高城镇化水平。积极推进社会主义新农村建设。重点是抓好“五个一批”，即一批社会主义新农村、一批优势特色产业、一批农业龙头企业、一批农业项目建设、一批“三农”工作先进典型。

（四）加强生态建设和环境保护

1. 大力发展循环经济。全面推进节能、节水、节地、节材和资源综合利用，大力发展循环经济，构建资源循环利用产业链，重点建设糖业循环产业园、生物质能源循环产业园、农林产加工循环产业园、矿产品加工循环产业园等多个循环产业园，打造循环经济示范企业。

2. 全力推进生态建设和环境保护。加强保护和恢复天然林，增加森林覆盖面积，扩大植被，防止生态恶化。切实保护好野生动植物资源、水源涵养林和生物多样性。加强野生动植物的监测和管理。加快林业重点工程建设，继续实施珠江防护林工程和桐棉松保护工程。2015年，生态公益林达48万亩。

加强绿化建设。加快绿色通道建设，重点在高速公路、二级公路、旅游景区公路沿线植树造林，加强明江河段沿岸绿化带建设，建设明江绿色长廊、十里花廊。实现绿化从山上到山下拓展、从街道向园区拓展、从城市向农村拓展、从专业公司向全社会拓展的生态建设。

加快小流域综合治理。继续推进小流域治理和水土保持生态修复工程，重点实施思州河、公安河、派连河小流域综合治理工程。

加快生态产业建设。加快生态示范村建设，加大农村改水、改厕、改厨、改路、改舍力度，“十二五”期间，各乡镇要建设2至3个生态示范村。积极推进海渊狮子山生态文明示范区建设。

3. 强化城乡环境污染综合防治。加大治污力度。强化制糖、酒精、淀粉、水泥、医院、建筑、餐饮和交通等重点污染源行业治理。加强自然环境保护和环境监测设施建设，完善环境监测网络。到2015年，全面完成国家下达的“十二五”节能减排目标任务，工业固废综合利用处置率达到70%，县城大气综合环境质量达到国家空气环境质量二级标准，明江水质达Ⅱ类标准。

4. 加强地质灾害防治。全面开展地质灾害调查，建立健全群专结合的监测体系和县、乡、村三级群测群防网络，提高应急通信、应急交通、应急救助、应急物资储备能力。加强桐棉、那楠、爱店、峙浪等地质灾害高发区防治工作，及时落实防灾措施，避免突发性地质灾害造成重大损失。加强对煤矿、膨润土矿区以及石场等其他矿区地质灾害环境防治管理。

（五）着力保障和改善民生

1. 优先发展教育事业。

积极发展学前教育。进一步加大对农村幼儿教育的扶持力度，建立政府主导、社会参与、公办民办并举的办园体制，引导、鼓励、支持现有城镇幼儿园改善办园条件，提升办园水平。同时，加快中小学教育资源整合，举办农村学前教育，鼓励民办农村幼儿园的发展。到2015年，基本普及学前教育。

巩固提高九年义务教育。推进义务教育标准化学校建设，实现县域内教师、设备、图书、校舍等教育资源的均衡配置。到“十二五”期末，全部农村普通中小学校要达标，加快推进义务教育均衡发展。

加快发展普通高中教育。继续加大投入，建设宁明县花山民族中学，改扩建宁明中学和海渊中学，不断改善办学条件，扩大高中办学规模。积极推进高中课程改革，完善教学管理，全面提高教育教学质量。

大力发展中等职业教育。加快实施中等职业教育基础能力项目建设工程，巩固和发展职教攻坚成果。建设职业教育实训基地，努力把县中等职业技术学校办成自治区示范性中等职业学校。不断深化中等职业教育改革，创新办学模式，改善办学条件，扩大办学规模，提高教育质量。

积极发展特色民族教育和特殊教育。加大对边远山区教育发展的扶持和对口支援力度，改善教学设施设备、师资等办学条件，逐步提升民族学校教育质量。建立县特殊教育学校，保障残疾少年儿童接受教育。

鼓励社会力量兴办教学。不断扩大社会资源对教育的投入，推动民办教育持续快速发展，促进教育公平和提高教学质量。

加强教师队伍建设。建设一支高素质专业化教师队伍。进一步优化育人环境，创新教育管理体制，加强管理，提高办学效益，努力办好人民满意的教育。

2. 繁荣文化体育事业。

大力发展文化体育事业。重点建设县文化体育中心、综合会堂，规划建设花山博物馆、非物质文化展示中心。继续推进乡镇综合文化站、农家书屋，文化信息资源共享、农村电影数字放映、文化示范户、农民健身广场、乡镇村灯光球场、村级公共服务中心、特色民族村寨等基层文化惠民工程。广泛开展群众性民族文化体育活动，丰富群众业余生活。

加快发展文化体育产业。继续实施花山岩画保护工程，建设花山岩画观光设施，加快推进花山岩画“申遗”工作，打造花山文化品牌。发掘和保护民族特色文物和非物质文化，继续办好花山文化艺术节，积极开展各种文化活动。加强基层文化队伍建设，培养高层次文化专业人才队伍，扩大对外文化交流与合作。广泛开展群众性体育活动，打造民族体育优势品牌，不断提高竞技运动水平。

加强文化创新。实施文化精品战略，深入挖掘民族文化资源，创作出体现民族特色、反映时代精神、艺术水准精湛、群众喜闻乐见的文化精品，提高文化产品质量。

提高各族人民文明素质。加强理想信念教育，倡导爱国守法和敬业诚信，加强群众性精神文明创建，营造积极健康的思想舆论环境，引导人们知荣辱、讲正气、尽义务，形成扶正祛邪、惩恶扬善的社会风气。

3. 提高医疗卫生服务能力。

加强公共卫生服务体系建设。建立完善重大疾病预防控制体系、慢性非传染疾病防治网络和疾病预防控制服务体系，全面提高突发公共卫生事件应急反应与控制能力。继续完善县疾病预防控制中心、传染病防治医院及医疗应急救助中心设施建设。加强卫生监督机构基础设施建设和采血机构能力建设。

加强城乡医疗卫生服务体系建设。加强城乡医疗卫生服务网建设，继续完善城乡医院对口支援制度。加强县人民医院、中医院、妇幼保健医院和各乡镇卫生院等医疗服务设施建设，改善服务条件，提升服务水平。加强医疗质量管理体系、医疗机构优质服务体系和医疗服务监管体系建设。建立健全药品供应保障体系。

大力促进基本公共卫生服务均等化。切实加强重大疾病防治、慢性非传染疾病防控工作，加强妇幼保健机构能力建设。积极推动全民健康教育，广泛开展爱国卫生运动。加强食品安全管理，大力推进卫生监督工作，保障公共卫生服务经费。

深化公立医院改革。开展公立医院改革试点工作，加强规划管理，推进补偿机制改革。建立县壮医院，鼓励社会资本兴办大型民营专科医院。

巩固完善新农合制度。继续完善基本医疗保障制度，提高新农合的筹资和保障水平。加快建立完善市场机制，加强基本医疗保障制度间的衔接。

4. 提高人口和计划生育服务水平。加强人口和计划生育工作，稳定低生育水平，改善出生人口素质，有效遏制出生人口性别比升高势头。全面提升计划生育公共服务和社会管理能力。积极应对人口老龄化、流动人口增加带来的压力。坚持男女平等，切实保障妇女合法权利，加强未成年人保护。实施县乡服务站所标准化规范建设工程，加强人口计生系统信息化建设，提高人口计生系统信息化水平。到 2015 年末，全县人口控制在 45 万人以内，人口自然增长率控制在 9‰以内，新生儿出生缺陷率和死亡率逐步降低。

5. 加快人力资源开发。实施人才强县工程。加大人才培养和引进力度，培养造就高素质人才队伍，依托重点产业、重点项目、重要科技创新平台和优势企事业单位，建立人才小高地提升工程，加快吸引和培养高层次创新创业人才。改进人才管理方式，落实重大人才政策，促进优秀人才脱颖而出。

6. 积极扩大就业再就业。

实施更加积极的就业政策。大力发展劳动密集型产业、服务业、中小企业和个体经济，积极开发社区服务、公共服务、生态建设、环境保护、社会管理等公益性岗位，多渠道增加就业机会。鼓励自主创业、自谋职业，完善创业扶持政策，开辟创业服务绿色通道，支持以创业带动就业。

加快就业服务体系建设。进一步加大城乡劳动力技能培训，加强县劳务市场建设，有序组织劳动力输出。加大青年就业创业支持力度，加强职业技能培训和创业培训，全面提高劳动者素质和创业能力。加强劳动执法，积极推进农村劳动力转移就业，切实做好劳务输出工作。“十二五”期间，城镇新增就业1万人，农村劳动力转移就业30万人次。

7. 努力提高社会保障水平。

加快社会保障体系建设。扎实推进新型农村社会养老保险试点，到2015年，力争实现新型农村社会养老保险制度全覆盖；积极推进农民工参加社会保险。提高企业退休人员基本养老金，实现新农保全覆盖。进一步扩大保险覆盖面，完善城乡医疗救助制度，大力发展公共租赁住房，引导社会资金参与保障性住房建设营运。

加快养老和慈善事业的发展。基本建成社会福利服务网络、养老服务体系。建立健全社会救助体系和医疗救助制度。把住房困难五保对象纳入农村危房改造计划；提高五保对象供养和门诊救助标准；加大农村养老服务机构建设力度，五保集中供养率提高到40%以上。

8. 加强防灾减灾体系建设。建立全县统一的灾害监视、预测、预报、预警、情报信息平台、指挥和救援等综合网络和公共突出事件应急处理体系，重点加强对防洪减灾、消防、地震与地质灾害、人防、气象灾害预防的防治。

9. 加强安全生产防控体系建设。进一步加大安全生产监管力度，建设更加高效率的安全生产事故和自然灾害应急救援体系。

10. 加大扶贫开发力度。整合各类资金，实施兴边富民行动和扶贫整村推进、连片开发，切实改善边境地区群众生产生活条件，大幅度减少绝对贫困人口。

11. 促进社会和谐发展。加强市场管理，严厉打击违法交易。建立健全人民调解、行政调解、司法调解联动工作体系，强化社会矛盾化解工作。妥善处置集体上访、非正常上访和各类群体性、突发性事件。逐步建立应急保障体系，全面提高应急保障和救助能力。开展社会治安专项整治行动和“严打”专项斗争，依法严厉打击危害公共安全和人民生命财产安全的刑事犯罪。加强国防后备力量、国家安全建设。强化安全生产监督管理，减少安全事故。

深入开展“爱民固边”活动，确保边境安全稳定。加强爱国主义教育基地设施建设和制度建设。加强民族团结工作，贯彻落实党的民族政策，不断改善少数民族生活条件，提高少数民族科学文化素质，实现各民族共同团结奋斗、共同繁荣发展。

（六）大力推进基础设施建设

1. 加快完善交通基础设施。铁路方面：配合铁路部门实施天西、龙伯屯、宁明、馗塘等4个铁路站场扩容扩能工程，扩大货运仓储面积，提高装卸能力。公路方面：到2015年，实现所有乡镇公路达等、通行政村委公路80%硬化、100%建制村和千人以上自然村通公路的建设目标。全县公路网总里程达到1680公里。水运方面：加快建设崇左港宁明驮龙作业区和宁明旅游码头，配套建设港口集疏运设施，力争到2015年，港口货物吞吐能力达50万吨。航空方面：积极推进宁明军民两用支线机场的规划工作。

2. 加快完善水利基础设施建设。抓好驮英水利枢纽及输水工程、派连水库扩容工程、海丘机电泵站工程、县城明江水位提升工程、六怀水库工程、那党水库工程、县城区防洪工程、小河流域综合治理等项目建设，提高防洪抗灾能力。加快推进以病险水库除险加固、农村饮水安全、中小型灌区续建配套与节水改造为重点的民生水利建设。

3. 加快完善能源基础建设。大力推进驮英、平利、那密、新洞、驮象等小水电站工程和两家糖厂生物质发电项目建设，争取到2015年，新增电力总装机5.78万千瓦。加快城乡电网建设与改造，建立可靠的输配电网络。加快县城天然气管道建设，2015年天然气入户率达20%。加强煤炭资源开发与管理。

4. 加快完善边境口岸基础设施建设。实现爱店口岸通二级公路，互市贸易点通三级以上公路。大力推进爱店口岸升格为国家一类口岸，完善爱店口岸和北山、板烂等边民互市贸易点基础设施，加快推进电子口岸工程建设。争取旺英申报成为互市贸易点。加快爱店国际边贸城、物流中心和中草药交易中心建设，提高口岸服务水平和货物通关能力。

5. 加强信息基础设施建设。建设数字化城市管理信息系统，积极推进农村信息化建设。

（七）创新体制机制，扩大开放合作

1. 加快建设服务型政府。加快政府职能转变，提高服务效率。加强政府经济调控能力，提高政府的社会管理和公共服务水平。

2. 增强科技创新和服务支撑能力。全面树立和落实科学发展观，走科技含量高、经济效益好、资源消耗低、环境污染少、人力资源优势得到充分发挥的新型工业化道路。实现速度与结构、质量与效益相统一，经济发展和人口、资源、环境相协调。

3. 积极参与东盟多区域合作。加强与越南的经贸、农业、旅游等各领域交流合作。建立健全双边合作工作机制。促进双方共同推进边境口岸和互市点基础设施建设。主动融入中国—东盟自由贸易区、“泛珠三角经济合作区”、北部湾经济区开放开发。积极参与西江黄金水道建设，加快推进左江航道宁明作业区工程建设，加快完善边境口岸和沿江产业发展规划，融入左江国际水路大通道。积极引进国内外知名企业参与宁明开放开发。

4. 加大招商引资力度。实施“引进来”、“走出去”战略，采取更加灵活的措施，创新招商引资方式，拓宽招商引资领域，招好大商，上大项目，吸引民营资本和集团公司投入资源开发、现代农业、高新技术、新兴产业、社会事业和生态环保等领域。进一步加强软环境建设，优化工作流程，简化审批手续，提高办事效率。

5. 深化农村综合改革和制度创新。加快国有企业改革，全面推进农村综合改革，积极稳妥推进华侨农场改革。扎实推进行政体制改革。深化农村金融体制改革。加快社会体制改革。

6. 大力发展非公有制经济。大力发展各种类型的非公有制经济，放宽市场准入，允许非公有资本进入法律未禁入的行业和领域，鼓励和支持非公有资本以独资、合资、合作、联营、项目融资等方式，参与经营性的公益事业、基础设施项目建设，非公有制企业参与国有企业改制、租赁或重组，参与其分离办社会职能和辅业改制。

7. 加快财税金融事业发展。充分发挥财税金融的杠杆作用，大力推进财税金融改革，加快财税金融事业发展，确保县域经济持续跨越发展。

各位代表！展望“十二五”，我们站在更高的历史起点上，开启了新的伟大征程，前景广阔，催人奋进。我们坚信，经过全县各族人民的共同努力，宏伟的规划蓝图一定能够实现，奋斗目标一定能够达到，宁明的明天一定会更加美好！

奋力实现“十二五”规划开局之年的目标任务

2011年是“十二五”开局之年，是提速前进、加快发展、实现富民强县的关键一年，做好今年工作意义十分重大。今年全县经济社会发展的主要预期目标是：生产总值增长12.5%，达到62亿元；财政收入增长17.04%，达到6亿元；固定资产投资增长21%，达到47亿元；社会消费品零售总额增长18%，达到8.5亿元；外贸进出口总额增长20%，达到18亿元；城镇居民人均可支配收入增长12%，达到15690元；农民人均纯收入增长12%，达到5068元；居民消费价格指数涨幅控制在5%左右；城镇登记失业率控制在4.2%以内；人口自然增长率控制在9‰以内。节能减排控制在自治区和崇左市分解下达的指标以内。

为实现上述目标，今年要重点抓好“八个突出”和“三个加强”，共十一个方面工作。

（一）突出抓好面向东盟陆路经济产业带建设

进一步统一思想，集中力量，把面向东盟陆路经济产业带建设作为全县经济工作的重中之重。以加快转变经济发展方式、优化升级产业结构为动力，推进面向东盟陆路经济产业带建设。

加快产业带规划编制工作，以规划为先导，推动产业布局，全面融入崇左市发展战略。以“200亿元工业”为目标，以项目建设为突破口，推动产业带建设，统筹推进重大项目开工竣工，从现在起，开始掀起项目建设新高潮，以大项目推动产业带大发展。

强力推进制糖循环经济产业项目。重点推进宁明东亚总投资6亿元的蔗渣纸浆、投资2500万元的滤泥生产有机肥等项目，强力推进甘蔗生化循环经济产业项目，促进宁明糖产业跨越式发展。制糖业总产值达到13.12亿元以上。

加快推进林产业项目。重点推进投资1.5亿元的科茂松香深加工、投资2.6亿元的祥盛刨花板等重点项目建设，计划年内竣工投产。引进红木加工项目，发展红木文化。建立木材和松香加工贸易合作协会组织，培育名牌产品，提高企业的市场竞争综合能力，努力打造林产加工集散基地。

全力推进生物质能源产业项目。围绕建设“全国重要新型生物质可再生能源发展示范基地”目标，强力推进总投资3.2亿元的诺沃奇生物质可再生能源一期项目建设，力争年底前20万吨生产线建成投产。同时，建立生物质可再生能源研发和信息交流平台，开发生物质高效固体燃料、民用燃气、润滑材料等新型能源产品，拉长产业链。加快推进原料配套及相关生产项目的规划和引进，聚集相关项目进入。

着力推进矿产资源开发项目。强力推进总投资1.8亿元的北江红岭煤矿开采项目前期工作，年内实现开工。继续抓好膨润土和铁矿勘探开采项目前期工作，力争取得实质性进展。大力推进石油和天然气开发等项目前期工作，力争在物探和开发上取得新突破。遏制偷采、无序开采等违法行为。

加快推进边境物流加工项目。以边境口岸为依托，充分利用我县优势资源，大力发展环保电动汽车、机械、电子、食品、纺织、饲料、五金和精细化工等边境贸易加工制造业。加快推进宁明东盟现代国际农产品物流港和爱店口岸物流园项目建设，使其成为辐射全国乃至东盟的物流龙头企业集团，带动加工业的发展。大力推进阿帕奇环保电动汽车生产等项目建设，带动相关产业的发展。加快推进已协议入园的绿业食品、金花山食品、怡锦冷冻、兆业丝绸、巴戟酒业等项目建设，年内实现竣工投产。

强力推进产业园区建设。积极融入南崇经济带和凭祥综合保税区建设，进一步抓好宁明边境物流加工产业园区、爱店口岸经济产业园和宁明华侨经济产业园的总体规划，争取三个园区列入崇左《陆路东盟南崇经济产业带发展规划》的发展战略。加大基础设施建设投入，做好园区“三通一平”和其他配套设施。进一步完善园区管理体制，强化领导和人员配置。制定和完善园区优惠政策。加大项目用地储备力度，加快推进入园项目建设。

实施广西“百家小企业成长”工程。加大小企业扶持力度，采取灵活有效的帮扶措施，切实帮助企业解决发展、技改、融资等实际困难和问题，为企业生产和发展提供良好的环境。

（二）突出抓好基础设施建设

加快交通基础设施建设。推进宁明至爱店口岸二级公路竣工通车，加快322国道宁明段二级公路项目前期工作，尽快开工建设；做好北江至长桥、北江至在妙、崇左至亭亮、北江至桐棉、桐棉至爱店通乡和通边二级公路工程申建和前期工作，力争开工建设，构建覆盖全县的交通大环道；开工建设高岭至花山民族山寨、亭亮至那堪三级公路建设项目；加快建制村硬化路建设进程。加快推进双龙大桥建设进度，争取今年10月份竣工通车。实施南执桥危桥改造。

加快边境基础设施建设。继续实施边境0～20公里兴边富民行动基础设施建设大会战项目，推进2011年第一批广西贫困地区基础设施项目建设。

加快水利基础设施建设。加快防洪减灾体系建设，实施农村人口饮水安全和中小河流治理工程。积极改善农田灌溉条件，建设渠道防渗工程，新增和恢复灌溉面积3万亩。配合崇左市，推进“左江治旱”工程规划建设，争取驮英水库立项。开展小流域综合治理、坡耕地水土综合治理，减少水土流失。推广节水灌溉技术，因地制宜，大力发展蔗区地头水柜建设和喷灌、微灌工程示范建设。

加快能源基础设施建设。进一步优化电网布局，改善电力电网结构，增强电力保障。加快推进宁明东亚和海棠东亚生物质发电项目前期工作。

加快农村公共事业建设。加快建设村级公共服务中心，抓好乡镇文化站和农村党员干部远程教育基层点建设，扩大公共服务资源城乡共享。加快农村路网、信息网、供水网建设，提升农村基础设施水平。

加大政策资金扶持力度。落实财政配套资金，加大财政对基础设施建设的投入。加大制糖企业反哺农村基础设施建设资金支持力度。

（三）突出抓好城镇化建设

全面启动县城和爱店、海渊两个重点镇建设三年大会战，做大县城规模，聚集城市人气，提升城市品位，力争2011年，全县城镇化水平提高1.5个百分点以上，达到35%以上。

做好城乡建设规划。力争上半年做好县城建设总规、详规和评审工作；年内完成所有乡、镇、行政村所在地的建设规划。

加快县城基础设施建设。实施五大工程，一是实施路网建设及改扩工程。建设百宁商都与322国道绕城线连接路段、骆越大道、花山大道、南华街至榕峰市场路段、新华书店至县人民医院路段、福龙大道等重要道路工程。二是规划建设县城第二水厂，抓好供水管网改造工程、看守所整体搬迁等项目建设。三是实施绿化、美化、亮化工程。加快推进实施县城主要街道、沿江两岸绿化、亮化、美化工程和县城明江河水位提升工程。四是实施交通“红绿灯”控制工程，县城主要街道路口实行交通“红绿灯”控制，优化交通秩序。五是实施城市品位提升工程。注重融入花山文化元素，建设民族风情浓郁、人居环境优美的边关特色城市；深入开展城市综合整治，努力提高城市管理水平；大力发展公交车、电动车和出租车，有计划地限制三轮车数量；

规划建立公共停车场，合理布局停车位，探索停车收费管理模式，规范县城街道交通标志。

统筹城乡一体化建设。启动城中镇北斗村改造工作。在爱店镇和海渊镇社区及附近村屯，启动开展城乡一体化试点工作。做好那堪、桐棉、北江、亭亮等乡撤乡建镇前期工作。创新城镇管理方式，加快城镇化步伐。加快廉租住房、经济适用住房建设和棚户区、农村危旧房改造。进一步完善城镇污水垃圾处理设施。创新城区社会管理，完善城乡衔接的社会保障制度，改革户籍制度，吸引农民进城驻镇置业创业。大力推进城镇私人建房，规范发展房地产市场，加快推进老城区改造。

深入开展城乡风貌改造。加快发展各具特色的小城镇带建设，启动宁爱二级公路沿线村屯城乡风貌改造工程。重点把爱店镇打造成特色边贸旅游小镇。

实施土地增减挂钩。学习借鉴成都市，推行城乡建设用地增减挂钩，加大土地整理复垦，加快农村建设用地确权和流转，科学集约节约利用土地资源。

（四）突出抓好“三农”，开创农业和农村工作新局面

加快发展现代农业。做好现代农业发展规划，以亚热带沿边特色农业的特点和宁明农业资源优势为依托，以创建东盟现代农业产业示范区为目标，以宁明东盟国际农产品物流港为龙头，高起点规划，高标准建设，分步实施，构建面向东盟的农副产品集散地、区域性贸易加工中心和物流中心。继续稳定粮食生产。确保全县粮食播种面积26万亩以上，其中超级稻种植面积12万亩，粮食总产量7.2万吨以上。抓好粮食高产创建工作，实施中低产田改造和基本口粮田改造项目建设。做强做大特色农业。发展甘蔗、木薯、水果、蔬菜、中草药等特色产业，加快培育一批产业专业村，构建“一村一品”、“一乡一业”格局。推进农业产业基地和农业示范片建设，抓好甘蔗“三高”示范片建设，形成一批农业设施装备精、服务带动能力强、科技示范水平高的现代农业示范基地。积极开展“菜篮子”工程建设，加快蔬菜基地建设，大力发展秋冬菜生产，做大做强蔬菜产业。继续加大农作物间套种技术推广覆盖面积。打响“中国八角之乡”品牌，建设广西餐饮作料加工生产基地。抓好糖业“第一车间”生产。甘蔗种植面积稳定在66万亩以上，加强甘蔗良种化、机械化生产，搞好高糖高产建设，力争今年甘蔗平均每亩增产1吨以

上，确保2011/2012年榨季，原料蔗总量达350万吨。大力发展特色养殖业。重点建设年出栏10万羽的八角香鸡养殖示范基地项目；推进兴边富民庭院特色养殖示范推广项目，建立龟鳖养殖示范村1个，养殖示范户100户；建设生猪标准化养殖示范场2个。今年全县水产畜牧业总产值，要完成4.68亿元，增长10%以上。

千方百计促进农民增收。推进农民就业和增收方式转变，提高农民生活水平。深入实施农村劳动力转移等培训工程。提升农民转移就业和创业能力，增加农民工资性和经营性收入。扶持农村二、三产业发展，引导和支持农民，在乡村旅游、农村服务业等领域创业就业。

努力创建生态文明示范县。大力推进“绿满八桂”造林绿化工程，抓好山上造林绿化，新增造林1.2万亩。继续推进集体林权制度改革工作，筹建县林权交易管理中心，强化森林资源管护，巩固发展全县森林资源。重点推进通道绿化，以南友高速公路、旅游公路和明江河段为重点，全面建设绿化工程，大种树、大种木棉和竹子、大种珍贵树。提升绿化质量，形成优美的通道森林景观。扎实推进城镇城区绿化、村屯绿化以及单位园区绿化工作。发展循环型生态农业，推广秸秆综合利用。发展绿色、无公害有机食品。

完善农村社会化服务体系。鼓励土地向规模化集中，促进农业生产向规模经营发展。培育扶持农业龙头企业和专业合作社，健全农产品流通信息服务体系，加大购机补贴力度和范围，重点推广水稻、甘蔗耕种收机械化。健全农村气象灾害防御体系，全县50%以上的乡镇建立相应气象服务站。

（五）突出抓好现代服务业加快发展

高起点打造文化品牌。加快花山文化旅游产业发展，加大对重要旅游资源的整合和优化配置力度，促进产业联动发展，加强旅游资源开发一体化管理，突出“世界文化遗产”（申报名录）特色，打造花山文化旅游品牌，围绕花山岩画保护开发，深度挖掘古骆越文化。着力推进弄那生态旅游公园的扩建和完善，重点推进花山探秘游、生态体验、独木成林、狮子山、公母山生态等旅游项目的开发，不断拓宽新的生态旅游空间。继续举办花山文化艺术节，抓好花山岩画的维修和“申遗”工作。加快县文体中心、花山岩画观光台、花山博物馆和归侨文化博物馆、村级公共服务中心等项目建设。开展花山民族民俗风情、骆越祭祖典礼和歌坡节活动。

高水准提升管理水平。推进花山景区创建国家4A级景区和“广西优秀旅游县”工作，建设星级饭店，加快推进花山古都、花山温泉国际度假村等旅游服务重大项目建设，确保今年投入经营。加快推进攀龙屯乡村旅游示范点、珠山入口综合服务区、骆越文化体验区、花山岩画生态探秘区、骆越文化宫等项目。在宁明华侨农场规划建设归侨文化展示区，向游客展示具有东南亚特色的服饰、饮食、风俗和文化。注重培育地方特色突出、文化氛围浓厚、社会影响力大的品牌餐饮企业。加快游船更新步伐，力争年底前完成4~6艘豪华游船建造并投入运营。加快旅游公共服务体系规划建设，加大旅游小商品开发力度，形成我县特色旅游产品体系。做好旅游招商引资和宣传促销，加强与凭祥、龙州、大新等旅游区域合作，加大与区内外大型旅游企业的合作，全力开拓客源市场。力争年接待国内外游客18万人次以上。

统筹发展各类服务业。发展“家庭旅社”、“农家旅馆”、“休闲养生”、“农家乐”等经济型酒店。培育地方特色突出、文化氛围浓厚、社会影响力大的品牌餐饮企业。规划建设特色餐饮一条街。发展物流、科技、商贸等生产性和健身、休闲、娱乐、家政等生活性服务。

加强市场建设和监管。鼓励大型连锁企业落户我县，引导金融、客货运、零售等生产性服务企业，落户我县或开办分支机构，完善消费服务功能。培育消费热点，加大促进服务性消费的力度。加强“万村千乡市场工程”配送中心和农家店建设，确保农家店建设覆盖我县100%的乡镇和82%以上的行政村。加快建材、农产品等城乡商贸专业市场建设，培育和完善商贸批发市场体系。

（六）突出抓好对外开放合作，不断增强经济发展活力

推进爱店口岸升格为国家一类口岸，做好口岸经济发展规划，进一步完善爱店口岸基础设施建设，按照“一城两中心”建设思路，加快推进爱店国际边贸城、物流中心和中草药交易中心以及相关配套设施项目工作；推进爱店、北山、板烂三个边贸点建设，争取旺英申报成为互市贸易点。加大对边贸企业的扶持力度，促进边贸经济的发展。努力争取外贸进出口总额增长18%以上，边境贸易成交额增长12%以上。

（七）突出抓好民营经济发展

一是降低门槛放宽条件。鼓励和引导民间投资各行各业，凡是民营企业投资符合国家产业发展方向、技术含量高、产业带动性强的项目，投资1亿元以上、每亩投资强度500万元以上的项目，优先安排新增建设用地指标。

二是优化服务机制体制。建立领导联系重点民营企业制度，解决民营经济企业实际市场准入门槛高、融资难等问题。县财政要列入年度预算，安排扶持发展民营经济专项资金。力争今年全县民营经济增加值增长20%以上。三是大力促进全民创业。鼓励各行各业放开创业，鼓励外出务工农民回乡创业，努力实现充分就业。加大各类创业人才培训力度，激活各类创业主体。充分发挥工商联和各级商会、产业协会在经济建设中的作用。

（八）突出抓好保障和改善民生，促进社会和谐发展

一是积极为民办好实事。今年，我们将结合自治区、崇左市政府实施的为民办实事工程，围绕群众最关心、最直接、最现实的问题，结合宁明实际，继续筹措资金，为民办好教育惠民工程、文化惠农工程、医疗卫生保障惠民工程、社会保障工程、城乡安居工程、生态绿化补偿建设工程、农业补贴工程、农村水利和道路建设工程、农村饮水安全解困工程、水库移民和地质灾害防治新村建设工程、城乡风貌改造工程11件实事。

二是优先发展教育。实施科教兴县战略，加大教育投入，重点发展农村学前教育。今年，要建设幼儿园21所，每个乡镇三分之一行政村要建立村级幼儿园，扩建幼儿园1所；巩固提高九年义务教育水平，加快调整中小学校布局结构；加快普及高中阶段教育，力争完成宁明县花山民族中学前期工作；巩固和发展职业教育攻坚成果，整合资源，加快县职业技术学校实训基地建设；重视发展特殊教育，力争建成县特殊教育学校。

三是加快发展卫生事业。着力推进医药卫生体制改革，认真执行国家基本药物制度，启动第二批试点工作。巩固和发展新农合制度，提高新农合保障水平。加强基层医疗卫生服务体系建设，加强对乡镇卫生院及社区卫生机构服务人员的培训。加强食品、药品安全监管，确保食品药品安全。

四是加强人口和计划生育工作。切实抓好诚信计生工作，建立计划生育长效工作机制，千方百计稳定低生育水平。大力实施出生缺陷干预，提高出生人口素质。深入开展“关爱女孩行动”，综合治理出生人口性别比偏高问题。大力推进“少生快富”工程，促进人口和计划生育事业持续健康发展。

五是千方百计扩大就业。积极开展就业援助活动，落实就业和再就业政策。加强乡镇和村级公共就业服务机构的建设，完善公共就业服务体系。统筹做好城镇新增劳动力就业、下岗失业人员再就业和农村富余劳动力转移就业，加强大中专毕业生、退伍军人、失地农民的就业指导和服务。

六是抓好扶贫开发工作。开展贫困村整村推进扶贫开发，整合各类涉农资金和机关定点帮扶、社会帮扶等资源，集中投入，分期分批实施。突出抓好产业扶贫，续建和新建一批有区域特色和优势的生产基地，扶持贫困农户发展种养业。加大对扶贫龙头企业和贫困地区农民专业合作社的扶持力度，扩大带动面和提高带动能力。

七是加快社会保障体系建设。继续巩固基本养老金按时足额发放成果，扩大基本养老、失业、医疗、工伤、生育等各类社会保险覆盖面。加快建立基本养老、基本医疗保险、城乡居民最低生活保障制度，加快推进新型农村社会养老保险试点。健全社会保险、社会救助、社会福利和慈善事业相衔接的社会保障体系。加强防灾减灾救灾工作。

（九）加强财税金融工作，增强经济社会发展支撑能力

积极培植财源。推动重点财源项目建设和发展，培育壮大民营经济和现代服务业，加快形成新经济增长点。支持产业园区、文化旅游、民生工程等重点项目建设，综合运用贷款贴息等专项资金，推动工业主导产业优化升级。加强扶持企业发展，夯实财源基础。

强化收支管理。大力组织税收收入，抓好重点税源监控，确保税收新增长。扩大新的非税收入征收管理。规范支出管理，优化支出结构，确保财政收支平衡。坚持勤俭办事业，严格控制公务购车用车、会议经费、公务接待费用、出国（境）等费用。

优化金融服务。抓好金融机构和基础设施建设。加强政银企合作，争取更多的银行信贷资金投入项目建设。培育和扶持一批优质企业改制上市。大力推进农村金融改革。支持邮政储蓄银行发展农村小额信贷业务。发展涉农保险业务，增强农业、农村和农民抵御风险能力。

（十）加强和创新社会管理，确保南疆国门和谐稳定

深入推进平安宁明建设，深化严打斗争，加强治安乱点整治，加强校园周边治安管理，完善城乡治安防控网络，积极创建社会和谐稳定模范县。坚持领导干部接待群众机制，强化信访工作责任制。深入开展社会矛盾“大排查、大接访、大调处、大防控”和“驻村夜访”活动，全力化解各类突出矛盾纠纷问题。全面启动“六五”普法教育宣传工作。规划社区矫正工作和安置帮教工作。深入开展民族团结进步创建活动，建立和完善民族关系监测评价处置机制。建立流动人口服务管理综合信息系统。严格企业安全管理，强

化安全隐患整改落实。完善应急救援体系，提高应急管理能力。推动交通、消防、出入境管理创新。开展双拥共建，做好优抚安置和人民防空工作，巩固军政军民团结。加强边境管控，深入开展“爱民固边”活动、和谐建设在基层活动。依法保障公民特别是妇女、未成年人和残疾人合法权益。充分发挥工会、共青团、妇联等群团组织的作用。做好外事、统计、地震、水文、史志、档案等工作。

（十一）加强和改进政府工作，努力建设服务型政府

深化行政管理体制改革，推动政府职能向创造良好发展环境、提供优质公共服务、维护社会公平正义转变。全面推进依法行政，切实做到依法决策、科学决策、民主决策。建立健全有利于转变经济发展方式的体制机制。进一步提高政府的执行力。切实加强督促检查，确保政令畅通。着力提高服务发展的效率和水平。全面推行联审联批制、集中会签会审制，创造更良好的发展环境。转变工作作风，始终保持奋发有为、只争朝夕和雷厉风行的工作劲头，深入基层、深入一线，关心群众疾苦，倾听群众呼声，为群众解难事、办实事、做好事。加强廉政建设，依法惩治腐败，切实把建设优质工程、安全工程、阳光工程、廉政工程的要求落实到各个环节。自觉接受人大及其常委会的工作监督和政协民主协商，认真听取各民主党派、工商联、人民团体和社会各界人士的意见。充分发挥监察、审计等专门监督的作用，主动接受人民群众监督和新闻舆论监督。大力推进政务公开，健全政府信息发布制度，提高政府工作透明度。我们一定要励精图治，努力建设为民、务实、高效的政府。

各位代表！“十二五”宏伟蓝图绘就在我们面前，实施重任落在我们肩上。让我们紧密团结在以胡锦涛同志为总书记的党中央周围，高举中国特色社会主义伟大旗帜，深入贯彻落实科学发展观，在县委的坚强领导下，同心同德，锐意进取，扎实工作，为“十二五”规划实施开好局、起好步，为实现富民强县新跨越而努力奋斗！

附录2 宁明县明江镇洞廊村生态文明示范村规划建设

一、项目建设背景

洞廊村位于宁明县明江镇南部，距离县城8公里，有驰名区内外的“独木成林”景点，是抗日名将周元将军的故里，明江河绕村而过。洞廊村下辖1个经联社、8个村民小组，总人口1373人，其中，劳力1021人，党员54人。全村耕地面积1880亩，其中水田1546亩、其他334亩。2006年以来，洞廊人响应政府“改水、改厕、改路、改房、改灶”的号召，大搞生态农业建设。目前，有264户建起了新楼房，建有28座沼气池，并配有卫生厕所。此外，在地、县扶贫办的大力支持下，投资25万元硬化了长2000米、宽4米的环村道路。一个生态文明示范村已初见雏形。

二、项目建设的必要性

近年来，洞廊村群众生活水平有所提高，居住条件、交通条件及卫生各方面有了很大的改善。但是，全村基础设施还很差，不适应新形势社会发展的要求，为此需要进一步规划建设。基础设施差表现在：水利建设差，通向各户的道路凹凸不平，脏、乱现象还可见，没有科技活动场所和娱乐场所等。因此，迫切需要上级部门给予大力扶持，以改善基础设施落后的状况。

三、项目建设内容和投资估算

（一）灯光篮球场400平方米，投资4万元；

（二）道路硬化0.8公里，投资5万元；

（三）屯内绿化面积45亩，投资5万元；

（四）科技培训中心1个100平方米，投资5万元；

（五）屯标志牌1座，投资4000元；

（六）黄瓜深加工厂生产基地100亩，投资1万元。

以上项目总投资估算为20.4万元。

明江镇人民政府

2011年10月24日

附录3　明江镇洞廊村关于“公推直选”村党总支部委员会和第五届村民委员会换届选举工作实施方案

2008年，我村党总支部委员会和第四届村委员会届满。根据《中国共产党章程》、《中国共产党农村基层组织工作条例》、《中华人民共和国村民委员会组织法》、《中华人民共和国城市居民委员会组织法》、《广西壮族自治区实施〈中华人民共和国城市居民委员会组织法〉办法》和《自治区党委办公厅　自治区人民政府办公厅关于转发〈自治区党委组织部　自治区民政厅关于全区村党组织委员会和第四届村民委员会换届选举工作的实施意见〉的通知》（桂办发〔2005〕14号）等上级文件精神，为切实做好我村“公推直选”党总支部委员会和第五届村委员会换届选举工作，特制定以下工作方案：

一、指导思想

坚持以邓小平理论、“三个代表”重要思想和党的十七大精神为指导，以扩大民主为主线，依法依规组织选举，扩大党在农村基层的群众基础；以党员和群众满意不满意为标准，把党管干部原则同群众公认和公开、公平、公正的原则相结合，通过“公推直选”和村民直选选好配强村党总支部委员会和村民委员会班子，加强以党组织为核心的村级组织建设，提高村级组织建设的整体水平，为加快我县农村经济社会发展、推进基层民主政治建设、维护农村稳定，推进全面建设小康社会进程提供坚强的组织保证。

二、村“两委”领导班子选配要求

村民委员会的换届选举日为2008年4月10日。

村党总支部委员会由5人组成，设书记1人，副书记1人，委员3人；村民委员会由5人组成，设主任1人，副主任1人，委员3人。按照干部队伍“四化”方针和德才兼备的原则，把那些认真贯彻执行党的路线方针政策和国家法律法规，清正廉洁、公道正派、身体健康，并具有一定文化素质和较强工作能力，热心为群众服务，带头致富并能带领群众共同致富、受到群众拥护的人选进村“两委”领导班子。提倡党员通过法定程序竞选村民委员会成员、村民小组长、村民代表；提供适合担任村党总支部委员会书记的村民委员会主任通过党内选举，担任村党总支部委员会书记，实现村党总支部委员会书记与村民委员会主任“一肩挑”；提供村民委员会成员中的党员通过党内选举，兼任村党总支部委员会成员，积极推进村民委员会成员与村党总支部委员会成员交叉任职。

三、时间安排

我村“两委”换届选举工作从2008年3月1日开始至4月30日结束。根据《中共中央办公厅　国务院办公厅关于进一步做好村民委员会换届选举工作的通知》（中办发［2002］14号）精神，村民委员会选举安排在村党总支部委员会换届选举前进行。

四、方法步骤

第一阶段：组织准备阶段（5月18日至5月23日）

1. 成立组织机构。为了加强对换届工作的领导，成立村“两委”换届选举工作指导委员会（具体名单附后）。办公地点设在村委办公室。

2. 组织培训，宣传发动（5月18日前完成）。按照镇5月17日召开全镇村（居）“两委”换届选举工作会议精神，动员培训本村工作人员，统一部署“两委”换届选举工作。通过广播、板报、宣传栏和召开党员大会、村民大会等多种形式，广泛宣传“公推直选”的重要意义和具体要求。使换届选举的精神深入人心，家喻户晓。调动广大党员、群众参与选举的自觉性和积极性。

3. 进行村（居）财务审计（5月22日前完成）。村财务审计小组按照财务公开的有关规定对村民委员会进行三年任期财务审计，并将审计结果进行公布。如遇村级财务有问题的，报由镇组织有关人员进行审计，并进行公布。

4. 村党总支部委员会议必须在5月22日前召开，讨论通过《关于召开党员大会进行换届选举的决定》，并向镇党委呈报关于召开党员大会的请示。接镇党委批复后，及时召开村党总支部委员会和党小组会议，传达批复精神，研究召开党员大会推行“公推直选”的有关事宜、《村党总支部委员会候选人初步人选民主推荐办法》。

5. 召开村“两委”联席会议（5月23日前完成）。研究召开第三届村民代表会议的有关事项：讨论第三届村民委员会三年任期工作报告、村财务审计小组报告；提出村民选举委员会成员的建议名单等。

6. 召开第三届村民代表会议（5月25日前完成）。会议由第三届村民委员会主持，村党总支部委员会委员参加。会议内容：（1）听取和审议第三届村民委员会三年任期工作报告。（2）听取村财务审计小组财务审计报告。（3）组织推荐、选举产生村民选举委员会。村民选举委员会由7人组成。村民选举委员会由村党总支部委员会和第三届村民委员会提出候选人，候选人中应有村党总支部、共青团、妇代会的代表和第三届村民代表，其中村居民代表不得少于40%，候选人确定后，由村民代表会议选举委员会。村民选举委员会产生后，召开选举委员会全体成员会议，推行产生选举委员会主任、副主任各一名，报镇村“两委”换届选举工作指导委员会备案，并在村务公开栏上公布村民选举委员会成员名单。（4）确定第四届村民委员会成员职数和村民代表名额。（5）确定选举日，并向选民公布。根据上级部署，我村第四届村民委员会选举日安排在6月20日。（6）研究制定《村民委员会换届选举办法》，并把《村民委员会换届选举办法（草案）》向村民公布，组织村民讨论酝酿。

第二阶段：登记推选阶段（5月25日至5月30日）

1. 选民登记（5月29日前完成）。凡满18周岁（1987年6月选举日零时前出生）的村民，不分民族、种族、性别、职业、家庭出身、宗教信仰、教育程度、财产状况、居住期限，除被依法剥夺政治权利以外，都具有选民资格，均具有选举权和被选举权。凡具有选民资格的村民，都应当在户口所在村的村民委员会进行选民登记。选民名单要于选举日20天前在村民委员会所在地张榜公布，并在每个村民小组张榜颂该组选民名单。村民如果对选民名单有不同意见，可以在选举日的7天前，向村民选举委员会提出。村民选举委员会应当在选举日的3天前依法作出答复或者补正。

2. 推选第四届村民代表和村民小组（6月4日前完成）。村民代表具体名额由村民选举委员会按5户至15户推选1人的要求确定，但不得少于30名。村民代表的构成，要具有一定的代表性和广泛性，妇女代表应占一定的比例。村民代表由村民选举委员会召集村民小组会议投票推选产生。村民代表的推选按照直接、差额和无记名投票的方式进行。村民小组设组长1人，可以设副组长1至2人，协助组长工作。村民小组长由村民委员会召集村民小组会议推选产生。推选村代表和村民小组长的村民小组会议应当由本村民小组有选举权的村民过半数参加推选有效；候选人获得参加推选选民过半数赞成票的始得当选。村民代表、村民小组长每届任期3年，可连选连任。村民代表和村民小组长产生后，要向全体村民公布并报村选举委员会及镇村“两委”换届选举工作指导委员会备案，颁发《村民代表当选证》。

第三阶段：推荐选举阶段（6月1日至6月30日）

1. 提名推荐审查村民委员会成员初步人选。村民委员会成员初步人选的提名由有选举权的村民直接提名。每一选民提出的候选人数不得超过应选人数，不得提名同一人为两项或两项以上职务的人选。对提名推荐的初步候选人，由村选举委员会汇总后，按姓氏笔画为序，在选举日前7天向村民公布初步候选人名单。为了确保正式候选人具有代表性、先进性，必须对村民委员会成员的初步候选人作必要的资格审查。在镇村“两委”换届工作指导委员会的指导下，村选举委员会对选民提名的初步候选人进行资格审查，要求候选人应该能够认真贯彻落实党的路线方针政策，热心公益事业，有奉献精神，能带领群众脱贫致富。

2. 召开村民代表会议，确定村民委员会正式候选人。会议内容有六项：一是讨论通过《村民委员会换届选举办法》；二是村民选举委员会作第四届村民委员会初步候选人资格审查报告；三是按照程序确定正式候选人；四是对村民选举委员会成员进行调整；五是确定选举的主会场地点，分会场及流动票箱个数；六是通过第四届村民委员会换届选举主会场主持人，总监票员、监票员和总计票员、计票员及各流动票箱发票员、登记员等工作人员，每个投票站或者流动票箱必须设发票员和登记员各1人，监票员2人。由选民直接提名的村民委员会成员初步候选人名单公布以后，如果初步候选人人数超过规定的差额数时，由村民代表会议采取无记名投票方式，按照得票多少确定正式候选人。正式候选人中妇女应有一定名额。初步候选人如不愿意参加竞选，要以书面的方式向村民选举委员会声明不参加竞选，视为自动弃权，不能确定为正式候选人。村民委员会实行直接差额选举，村民委员会主任、副主任正式候选人应当分别比应选名额多1名，委员正式候选人应当比应选名额多1至3人。正式候选人必须在选举日前3天，以村民代表预选得票多少为序向村民公布。村民选举委员会成员被提名为村委员会正式候选人的，自公布之日起，应当辞去村民选举委员会职务，不再担任村民选举委员会成员或选举工作人员。

3. 公布党员名单。在公布村民委员会成员正式候选人的同时，在村民委员会及各村民小组所在地公布全村民委员会及各村民小组所在地公布全村党员的姓名、性别、年龄、文化程度、所在村小组等基本情况。

4. 召开选民大会进行直接选举村民委员会成员和公开推荐村党总支部委员会委员候选初步人选（6 月 20 日完成）。必须召开选举大会或者设立中心会场进行投票选举。投票前，由村民选举委员会按照公开、公正、公平的原则向村民介绍正式候选人的情况，让正式候选人发表治村演说并回答村民提问。村民选举委员会可以根据选民居住状况和便于组织选举的原则，设立若干投票站或流动票箱。在选举大会场和投票站，要设立秘密写票处。在投票选举产生村民委员会成员的同时，公开推荐村党总支部委员会委员候选人初步人选。选票分村民委员会选票、村党总支部委员会委员候选人初步人选群众民主推荐票和村党总支部委员会委员候选人初步人选党员民主推荐票各一张（村民委员会选票、党组织委员会候选人初步人选群众推荐和党员推荐票的颜色各不相同）。发给每一位选民和每一位党员的村党总支部委员会委员候选人初步人选推荐票，推荐的候选人初步人选以村党总支部委员会委员职位职数为准，不得超过应选人数，所推荐的人选必须是中共正式党员，村委会正式党员名单按姓氏笔画为序附在推荐票上。村委员会选票和村党组织委员会委员候选人初步人选民主推荐票同时发放、同时填写、同时投票。选举大会的所有投票活动应当在选举日内完成。

5. 计票。投票结束后，所有投票箱应当加封并于当日集中到选举大会会场或者中心会场，当众开箱，由监、计票人员公开核对，选票和推荐票要分别计算票数，做好记录，选票计票后，选举结果报告单由监票人、计票人签字，推荐票上交镇党委。

（1）村民委员会选举经村民选举委员会依法确认选举有效后，当场宣布选举结果，并颁发当选证。

获得过半数选票的候选人人数少于应选名额时，不足的名额应当在没有当选的候选人中另行选举。另行选举时，根据第一次选举得票多少的顺序，差额确定候选人名单。

经过三次投票选举，当选人仍不足应选名额，而当选人已达 3 人以上的，不足名额可以暂缺，但应当在 90 日内补选。

当选人数不足 3 人，不能组成新一届村民委员会，应当在 10 日内召开村民会议就不足的名额另行选举。

（2）群众和党员推荐村党总支部委员会委员候选人初步人选推荐结果上

交镇党委研究确定考察对象后进行公示。

6. 确定村党总支部委员会委员候选人预备人选。召开村党总支部委员会会议，根据村民委员会选举结果、群众和党员推荐结果、镇党委考察、公示结果、工作需要和职位要求提出下届村党总支部委员会委员候选人预备人选，报镇党委审批。村党总支部委员会书记、副书记候选人预备人选应分别比应选名额多1名，委员候选人预备人选的差额为应选人数的20%。

7. 进行党内选举（6月30日前完成）。按照《党章》和《中国共产党基层组织选举工作暂行条例》的规定，村党总支部召开党员大会，研究制定《村党员大会选举办法》，对镇党委批复的人选，组织全体正式党员以无记名投票的形式，直接差额选举产生村党总支部委员会书记、副书记和委员。投票前正式候选人要进行竞选演讲，回答党员和群众的提问。投票分三次进行，第一次投票选举产生村党总支部委员会书记，落选的村党总支部委员会书记正式候选人列入村党总支部委员会副书记正式候选人。第二次投票选举产生村党总支部委员会副书记，落选的村党总支部委员会副书记正式候选人列入委员正式候选人。第三次投票选举产生村党总支部委员会委员。选举结果报镇党委审批。

第四阶段：总结交接阶段（7月15日完成）

新一届村“两委”班子成员产生后，村“两委”换届选举工作委员会办公室要及时总结经验做法上报上一级组织、民政部门。在镇党委和政府的监督下，上届“两委”成员在7日内向新一届村“两委”成员移交办公设施、财务账簿、经营资产、文书档案等有关资料和物品。新一届村“两委”产生后，要认真研究修订本届村“两委”任期工作目标，开展村民自治、发展经济的规划和年度计划。组织党员认真开展“三会一课”，发动村民依法修订以村民会议和村民代表会议议事规则为主要内容的民主决策制度，以村民自治章程为主要内容的民主管理制度，以村务公开办法为主要内容的民主监督制度，进一步健全和完善村民委员会的各项工作制度。

五、加强领导

1. 加强领导，严密组织。开展“公推直选”村党组织委员会委员和第四届村民委员会换届选举工作，是村级组织领导班子选举方式的一项改革，是一项严肃、认真、细致的工作。为把村“两委”换届选举工作做好，村委会要把这项工作列入重要议事日程，严密组织，精密部署。抽调精干力量来做好这项工作。

2. 认真做好调查摸底工作。在换届选举前，要全面掌握本辖区农村基层组织建设情况及其存在的问题，制定分类指导方案。对村情复杂、管理薄弱的“难点村”、“重点村”，要给予更多的关注和指导，研究制定切实可行的选举工作方案。鼓励“四培养”（把致富能手培养成党员，把党员培养成致富能手，把党员致富能手培养成村干部，把党员村干部培养成村党总支书记）对象踊跃参与这次“公推直选”，即鼓励党员村干部竞选党总支书记职位，鼓励党员致富能手竞选村“两委”成员，鼓励致富能手竞选村民委员会成员。

洞廊村党总支

洞廊村民委员会

2008 年 3 月 5 日

附录4 洞廊村村规民约

一、爱国、爱党、爱集体、爱劳动、爱社会主义。

二、遵守国家政策法规，履行公民义务，积极参加各种公益活动；学科学、学文化，积极倡导文明健康的生活方式。

三、尊老爱幼、男女平等；勤俭持家、团结邻里；文明礼貌、助人为乐；爱护公物、保护环境。

四、不参加任何邪教组织，反对封建迷信，树立良好的村风、民风。

五、不拉帮结派，不仗势欺人，不打架斗殴，不酗酒闹事，不聚众赌博，不侮辱陷害他人，不妨碍公务，违者按《治安管理处罚条例》处理。

六、红白喜事从简，不大操大办，不借机敛财；违者没收礼金归村集体所有，用于公共事业。

七、自觉实行计划生育，不超生不偷生，不为计划生育对象提供躲避场所，违者按《计划生育条例》处罚。

八、严禁虐待、遗弃老人和婴儿，违者除责令赡养老人和抚养婴儿外，缴纳500～3000元养老及抚育押金，并写悔过书张贴到村务公开栏内。

九、严禁毁坏、偷盗庄稼、水产、林木、水利设施、村室、校舍、宣传栏等。违者除按有关规定处理外还责令赔偿3～5倍的损失。

十、严禁侵占他人承包地和宅基地，违者责令退出多占部分，并按损额的两倍予以补偿。

十一、严禁在路面堆放杂物，违者限期清除，并收取每平方米5元的占道费。

十二、不越级上访，不闹访集访，违者按信访条例严肃处理。

十三、本村规民约有与国家法律、法规、政策相抵触的，按国家规定执行。

明江镇洞廊村村民委员会

附录5　洞廊村经济调查问卷

调查问卷统一编号：

中央民族大学国家“985工程”

区域经济社会发展调查

农区家庭问卷

地区别			代码
广西 自治区、省			□□
崇左 自治州、盟、市、地区			□□
宁明 自治县、旗、市、区			□□
明江 乡、镇			□□□
洞廊 村委会			□□□
调查时间	开始时间	2011年8月17日18时10分	
	结束时间	2011年8月17日19时50分	

调查员 南措吉

指导员 韦金洋

补：乡民办老师期间的学校入学率，男女比，影响村民对孩子受教育的态度如何
为何选上民兵长。

一、姓名韦汉强　　二、性别 ①男 2.女　　三、年龄 1944.10 67

四、文化程度 1.大专及以上 2.高中（中专） 3.初中 ④小学 5.文盲半文盲

五、婚姻状况 1.未婚 2.初婚有配偶 3.再婚有配偶 4.离婚 5.丧偶

六、你是哪个民族 壮

七、你信仰什么宗教 1.佛教 2.伊斯兰教 3.基督 4.道教 5.天主教 6.撒满教 ⑦不存在

八、你家共有几口人（包括户籍人口和外来半年以上人口数）6 人

九、你家16岁及以上劳动人口数 4 人

十、去年以来，你和你家人是否患过大病（达到住院程度的疾病）1.是 ②否

十一、你是否会讲普通话 ①能流利讲 2.讲不很好 3.不会讲

十二、2010年你家的收入为______元（包括政府补贴和社会救济）

十三、2010年你全家收入来源情况

职业	收入（元）	职业	收入（元）
从事种植业		本乡镇就业工资	2400
从事渔业		外出打工	
家庭手工业		从事运输业	
从事畜牧业		政府补贴和社会救济	150
从事养殖业		出租草场耕地房屋等	200
从事旅游业		其他经营收入	

老人 → 不清楚

十四、制约你家农副业收入增长主要原因（限选三项）①自然灾害 2.市场（销路、价格） 3.政策 ④缺少劳动力 5.土地少 6.缺少资金技术信息等 7.缺少项目 8.不存在

十五、2010年你家的农作物、牲畜、家禽情况　无　该户无劳动力，靠低保维持生活

种类	亩数	折算价值（元）	种类	亩数	折算价值（元）	种类	个数	折算价值（元）
玉米			瓜果			羊		
麦类			花草			牛		
薯类			烟草			马		

种类	亩数	折算价值（元）	种类	亩数	折算价值（元）	种类	个数	折算价值（元）
棉花			油料			驴		
蔬菜			糖茶			猪		
水稻			桑麻			禽类		
大豆			药材					

十六、　你家住房主要建筑类型是什么

1. 砖瓦石房 2. 窑洞 3. 土坯房 ④钢筋水泥房 5. 其他________

十七、　你家住房建筑面积是　90　平方米　二层 5间房

十八、　你家住房取暖设施 1. 炉子 2. 火炕 3. 土暖气 4. 其他____ ⑤不存在

十九、　你家饮用水主要类型是什么 ①自来水 2. 水窖水 3. 井水 4. 河湖水

二十、　你家院子里是否有厕所　　①有　　2. 没有

二十一、你家做饭主要燃料是什么

1. 煤气液化气 2. 电　3. 煤炭 ④ 木柴　5. 其他________

二十二、你家承包土地情况（单位：亩）

总面积	水浇地面积	旱地面积	良田面积	荒地面积
		1	4.5	

二十三、你家农业生产水源情况

1. 湖泊水库水 2. 降雨 3. 井水 ④河流水　5. 泉水 6. 其他________

二十四、你家主要生产性固定资产数量情况　（单位：个）　无

汽车	拖拉机	打草机	收割机	机动三轮车	牛车	马驴车	水泵	其他

二十五、你家农业生产耕、收手段情况　1. 人工 2. 机器 3. 人工机器混用 4. 不存在

无

二十六、2010 年你家支出情况（单位：元）

总支出	生产性	衣服	食品	看病	教育	娱乐	红白喜事	交通	通信	住房
	[illegible]	50.	[illegible]			100	200.			

二十七、2010 年你家耐用消费品情况（单位：个）

项目	个数	项目	个数
电视	1	农用车（拖拉机）	

一年一套过节时买衣服，孙子们旧衣服给老人

3

项目	个数	项目	个数
电冰箱		卡车	
洗衣机		小轿车	
照相机		电话	
影碟机		组合音响	
电动车		手机	
摩托车		自行车	1

二十八、如果你们这里有新型合作医疗制度，你是否参加了

①已参加 2. 没参加 3. 不存在

二十九、如果你们这里有社会养老保险，你是否参加了

1. 已参加 ②没参加 3. 不存在

耕粮补贴 45元/年/亩×3.5×3

三十、近三年你家接受政府、社会补贴救济金(包括低保金) 150 元.

三十一、 如果你家是贫困家庭，难以脱贫的主要原因（限选三项） 1. 疾病或工伤 2. 教育费用 3. 建房或结婚负债 ④劳动力少 5. 自然灾害及自然条件差 6. 失去土地 7. 文化水平低 8. 不存在

三十二、你闲暇时间主要做什么（限选3项） ①看电视 2. 聊天 3. 文体活动 4. 下棋 5. 看书 ⑥打牌 7. 上网 ⑧闲逛 9. 其他________

三十三、如果你家耕地被占用，得到了什么补偿（限选3项）

1. 金钱 2. 食物 3. 牲畜 4. 土地 5. 没补偿 6. 安排工作 ⑦不存在

三十四、你认为耕地被占用的补贴标准是否合理 1. 合理 2. 不合理 3. 说不清

三十五、你家外出劳动力情况

姓名	性别（男填1，女填2）	年龄	外出距离（公里）	如没有外出劳工力填零

三十六、你家距离最近的医疗点有多远________公里

三十七、你家距离最近的柏油马路有多远 0 公里

你家是否有电话，请留下电话号码：(　　　　　　)

调查问卷统一编号：

中央民族大学国家“985工程”
区域经济社会发展调查

农区家庭问卷

地　区　别			代　码
广西　自治区、省			□□
崇左　自治州、盟、市、地区			□□
宁明　自治县、旗、市、区			□□
明江　乡、镇			□□□
洞廊　村委会			□□□
调查时间	开始时间	2011年8月17日15时50分	
	结束时间	2011年8月17日17时50分	

调查员 宋洋

指导员 韦金阳洋

一、姓名丰建雄　　二、性别 ①男 2.女　　三、年龄1958，53

四、文化程度 1.大专及以上 2.高中（中专）③初中 4.小学 5.文盲半文盲

五、婚姻状况 1.未婚 ②初婚有配偶 3.再婚有配偶 4.离婚 5.丧偶

六、你是哪个民族仫

七、你信仰什么宗教 1.佛教 2.伊斯兰教 3.基督 4.道教 5.天主教 6.撒满教 ⑦不存在

八、你家共有几口人（包括户籍人口和外来半年以上人口数）5人

九、你家16岁及以上劳动人口数5人

十、去年以来，你和你家人是否患过大病（达到住院程度的疾病）①是 2.否

十一、你是否会讲普通话 ①能流利讲 2.讲不很好 3.不会讲

十二、2010年你家的收入为______元（包括政府补贴和社会救济）

十三、2010年你全家收入来源情况

职业	收入（元）	职业	收入（元）
从事种植业	65000	本乡镇就业工资	7000
从事渔业		外出打工	280000（挖掘机） -240000 40000
家庭手工业		从事运输业	
从事畜牧业		政府补贴和社会救济	
从事养殖业		出租草场耕地房屋等	
从事旅游业		其他经营收入	

十四、制约你家农副业收入增长主要原因（限选三项） 1.自然灾害 ②市场（销路、价格）3.政策 4.缺少劳动力 ⑤土地少 6.缺少资金技术信息等 7.缺少项目 8.不存在

十五、2010年你家的农作物、牲畜、家禽情况

种类	亩数	折算价值（元）	种类	亩数	折算价值（元）	种类	个数	折算价值（元）
玉米	18	43	瓜果			羊		
麦类			花草			牛		
薯类	20	23	烟草			马		

续表

种类	亩数	折算价值（元）	种类	亩数	折算价值（元）	种类	个数	折算价值（元）
棉花			油料			驴		
蔬菜			糖茶			猪		
水稻	6	5000元	桑麻			禽类		
大豆			药材					

十六、 你家住房主要建筑类型是什么

1. 砖瓦石房 2. 窑洞 3. 土坯房 ④钢筋水泥房 5. 其他________ 2层5间

十七、 你家住房建筑面积是___215___平方米

十八、 你家住房取暖设施 1. 炉子 2. 火炕 3. 土暖气 4. 其他____⑤不存在

十九、 你家饮用水主要类型是什么 ①自来水 2. 水窖水 3. 井水 4. 河湖水

二十、 你家院子里是否有厕所 ①有 2. 没有

二十一、你家做饭主要燃料是什么

①煤气液化气 2. 电 3. 煤炭 4. 木柴 5. 其他________

二十二、你家承包土地情况（单位：亩）

总面积	水浇地面积	旱地面积	良田面积	荒地面积
5		6分	5亩	

二十三、你家农业生产水源情况

1. 湖泊水库水 2. 降雨 3. 井水 ④河流水 5. 泉水 6. 其他________

二十四、你家主要生产性固定资产数量情况 （单位：个）

汽车	拖拉机	打草机	收割机	机动三轮车	牛车	马驴车	水泵	其他

二十五、你家农业生产耕、收手段情况 1. 人工 2. 机器 ③人工机器混用 4. 不存在

二十六、2010 年你家支出情况（单位：元）

总支出	生产性	衣服	食品	看病	教育	娱乐	红白喜事	交通	通信	住房
	4万		7000			3000	4000	800	800	

二十七、2010 年你家耐用消费品情况（单位：个）

项目	个数	项目	个数
电视	2	农用车（拖拉机）	

续表

项目	个数	项目	个数
电冰箱	1	卡车	
洗衣机	1	小轿车	
照相机		电话	
影碟机	2	组合音响	
电动车	1	手机	5
摩托车	1	自行车	1

二十八、如果你们这里有新型合作医疗制度，你是否参加了

①已参加 2. 没参加 3. 不存在

二十九、如果你们这里有社会养老保险，你是否参加了

1. 已参加 ②没参加 3. 不存在

三十、近三年你家接受政府、社会补贴救济金(包括低保金) 0 元.

三十一、 如果你家是贫困家庭，难以脱贫的主要原因（限选三项） 1. 疾病或工伤 2. 教育费用 3. 建房或结婚负债 4. 劳动力少 5. 自然灾害及自然条件差 6. 失去土地 7. 文化水平低 8. 不存在

三十二、你闲暇时间主要做什么（限选 3 项） ①看电视 2. 聊天 3. 文体活动 4. 下棋 5. 看书 ⑥打牌 7. 上网 8. 闲逛 9. 其他______

三十三、如果你家耕地被占用，得到了什么补偿（限选 3 项）

1. 金钱 2. 食物 3. 牲畜 4. 土地 5. 没补偿 6. 安排工作 7. 不存在

三十四、你认为耕地被占用的补贴标准是否合理 1. 合理 2. 不合理 3. 说不清

三十五、你家外出劳动力情况

姓名	性别（男填 1，女填 2）	年龄	外出距离（公里）	如没有外出劳工力填零
韦平	2	28	2000	
韦卫	1	26	50	
黄梅青	2	21	50.	

三十六、你家距离最近的医疗点有多远 0.2 公里

三十七、你家距离最近的柏油马路有多远______公里

你家是否有电话，请留下电话号码：（13597078843）

参考文献

[1] 宁明县志编纂委员会编．宁明县志［M］．北京：中央民族大学出版社，1988（6）．

[2] 梁庭望．壮族文化概述［M］．南宁：广西教育出版社，2000（4）．

[3] 广西壮族自治区统计局．广西统计年鉴［M］．北京：中国统计出版社．

[4]《洞廊村史略》编写组编．洞廊村史略［M］．2010（8）．

[5] 宁明县统计局．2010 年第六次全国人口普查宁明县主要快速汇总资料，2011.

[6] 宁明县统计局．2009 年宁明县国民经济主要统计指标［M］．2010.

[7] 明江镇政府．2011 年明江镇村“两委”换届选举工作实施方案［M］．2011－08－08.

[8] 明江镇政府．明江镇洞廊村“两委”班子换届选举试点工作总结，2008（8）．

[9] 洞廊村村委会．明江镇洞廊村关于“公推直选”村党总支部委员会和第五届村民委员会换届选举工作实施方案，2008－03－05.

[10] 明江镇政府．明江镇两基综合统计表（2010－2011 学年度），2011（6）．

[11] 宁明县农业局．宁明县明江镇洞廊村新农村示范建设，2009（9）．

[12] 宁明县农业局．宁明县新农村百村示范（洞廊村）工作总结，2011（2）．

[13] 宁明县农业局．宁明县农科所超级稻品种比较试验示范情况简介，2009（7）．

[14] 宁明县农业局．宁明县洞廊村 1000 亩马铃薯高产示范片简介，2010.

[15] 明江镇政府．明江镇洞廊村超级水稻示范基地简介，2009.

[16] 明江镇政府．洞廊村灾情简介，2010.

[17] 宁明县党委宣传部提供资料《宁明县概况》。

[18] 明江镇政府提供资料《明江镇概况》。

后　记

洞廊村是一个景色秀丽，土地肥沃，民风淳朴的壮族村落。得益于明江河谷冲积盆地所提供的得天独厚的自然条件，加之壮族世世代代从事稻作生产积累了丰富的经验，洞廊村自古以来就是远近闻名的稻米之乡。改革开放后，尤其是新农村建设以来，洞廊村在党的民族政策和农村政策的扶持下，立足本地的农业资源优势，通过引进现代农业科技进步成果，实现了由传统单一的水稻种植向以高产水稻、马铃薯、甜玉米、香葱为拳头产品的多元化种植方式的转变，走出了一条符合农业生产实际情况、有洞廊村庄特色、能够大力促进村民和集体富裕的农业产业化路子。在村庄生产得以发展、村民生活更加宽裕的同时，洞廊村还加大了对村庄基础设施和精神文明建设的投入，村庄容貌整洁干净，村民的医疗、养老等条件得到了切实改善，尊老爱幼、邻里互助的行为在洞廊村蔚然成风。更值得一提的是，洞廊村村民具有强烈的民主意识，村民们对民主选举和村庄自治持有高度的热情，作为整个宁明县村级“两委”班子换届选举的试点村，洞廊的村庄管理因为村民们的民主参与和决策而显示出了强大的凝聚力和生命力。调研组全体成员衷心祝愿勤劳善良的洞廊人齐心协力，再接再厉，在现代农业发展进程中再创佳绩，为千年村庄抒写新传奇、奏响新篇章！

《洞廊村调查》一书付梓出版得益于中央民族大学经济学院《中国少数民族村庄经济调查丛书》的项目设计，得益于宁明县党委和政府的大力支持，得益于宁明县明江镇党委、政府以及洞廊村村委会的直接协助。全书的顺利完成凝聚了中央民族大学经济学院洞廊村调研组全体师生的辛勤工作，是集体智慧的结晶。同时，在整个调研过程中，宁明县县长刘勇、宁明县政协主席陆伟宁、宁明县宣传部部长张儒聪、宁明县宣传部副部长欧文华、宁明县文联主席吴能贞等同志给予了极大的关注并对具体工作的开展进行了直接指导，宁明县明江镇党委书记钟清文、宁明县明江镇党委副书记韦金洋、宁明县宣传部廖艳丽、洞廊村委会主任韦敏坚、洞廊村委会副主任周尚尧等同志均以饱满的工作热情直接参与了村庄调研工作，洞廊村大学生周妮江、周燕妮、周佳恒、黄永安、黄丽辉、周美娇、黄娱等作为调研组的翻译，积极热情配合调研组工作。不论是野外考察的向导工作还是入户访谈的语言翻译，他们都不辞辛苦、认真负责。可以说，没有他们的直接参与，整项工作的开展将困难重重。在此，我们向他们表示最真挚的谢意，同时也深深地感谢洞廊村村史的撰写者黄育章、韦柄权、韦雄三位老者，老村委主任周涛波，洞廊小学校长周英贤以及周淑荣、黄天龙、周庆梅、周喜璇、陆建合等农户的热情接待，感谢所有为本项调研顺利完成提供帮助的人们。

作为集体之作，本书是在分工合作的基础上完成的。尽管为了保证本书稿的整体性，几经统改与修订，但仍然不免保留着各研究者的撰写个性，仍然难以避免研究遗憾的发生，也许我们书中的确存在诸多不足，也许大量资料的收集整理存在偏颇或疏漏，敬请各位读者不吝赐教。我们将以此为鞭策，更加努力地去做好今后的研究工作，民族经济的繁荣、为民族经济学科的发展做出我们应有的贡献！

中央民族大学经济学院洞廊村调研组

2012年6月12日